Portais da Eternidade

Portais da Eternidade

Pelo espírito
MARIUS

Psicografia de
BERTANI MARINHO

LÚMEN
EDITORIAL

Portais da Eternidade
pelo espírito Marius
psicografia de Bertani Marinho
Copyright © 2012 by
Lúmen Editorial Ltda.

2ª edição – fevereiro de 2013

Direção editorial: *Celso Maiellari*
Coordenação editorial: *Fernanda Rizzo Sanchez*
Revisão: *Maria Aiko Nishijima*
Projeto gráfico e arte da capa: *Ricardo Brito / Designdolivro.com*
Imagens da capa: *Ioana Grecu / Dreamstime, Dweaver1 / iStockphoto e Cristian Popescu / Stock.xchng*
Impressão e acabamento: *Orgrafic Gráfica*

Dados Internacionais de Catalogação na Publicação (CIP)
(Câmara Brasileira do Livro, SP, Brasil)

Marius (Espírito).
    Portais da eternidade / pelo espírito Marius ; psicografia de Bertani Marinho. – São Paulo : Lúmen Editorial, 2012.

    ISBN 978-85-7813-057-2

    1. Espiritismo 2. Psicografia 3. Romance espírita I. Marinho, Bertani. II. Título.

11-14391   CDD-133.9

Índice para catálogo sistemático:
1. Romance espírita : Espiritismo   133.9

LÚMEN
EDITORIAL

Rua Javari, 668
São Paulo – SP
CEP 03112-100
Tel./Fax (0xx11) 3207-1353

visite nosso site: www.lumeneditorial.com.br
fale com a Lúmen: atendimento@lumeneditorial.com.br
departamento de vendas: comercial@lumeneditorial.com.br
contato editorial: editorial@lumeneditorial.com.br
siga-nos nas redes sociais:
twitter: @lumeneditorial
facebook.com/lumen.editorial1

2013
Proibida a reprodução total ou parcial desta obra
sem prévia autorização da editora

Impresso no Brasil – *Printed in Brazil*

Para

Vera Lúcia Andrade,
Lício Radicce Marinho
e Alexandre Andrade Alves Correia,
com gratidão pelo incentivo irrestrito.

Agradecimentos a

Celso Maiellari
e Equipe da Lúmen Editorial
pelo apoio generosamente oferecido.

Sumário

1 Uma vida em comum 9

2 O início 16

3 A força do passado 26

4 As garras do mal..39

5 Joana Peixoto 50

6 O começo da ladeira 59

7 O trabalho e a vida..75

8 Uma semana inquietante 85

9 Nova paciente, velho problema 97

10 Diálogos 112

11 O império contra-ataca 128

12	Um incidente lamentável	142
13	Crise existencial	158
14	Ladeira abaixo	169
15	A resposta	185
16	Tempos difíceis	197
17	Vida nova	218
18	Retribuição	231
19	A queda	249
20	A sessão	269
21	Conversações	290
22	Confabulações	306
23	Um novo caminhar	332
24	Caminhando contra o vento	349
25	Consagração	374
26	Uma nova vida	391
27	Em construção	412
28	Via interrompida	432
29	Tudo tem a sua finalidade	453
30	Do vazio à plenitude	464
31	O Mestre e seus aprendizes	477
32	Portais da Eternidade	491

1
Uma vida em comum

MARCONDES OLHOU BEM PARA A PACIENTE que estava reclinada no divã, com os olhos fechados, e quis dizer algo, porém engoliu as palavras e aguardou silenciosamente que ela se manifestasse. Nada aconteceu. A mulher, de cerca de quarenta anos, remexia as mãos, no entanto, não emitia nenhum som. O silêncio prosseguiu por mais alguns minutos, até que ela proferiu algumas sentenças e finalizou:

— É tudo o que me vem à memória. Não me lembro de mais nada. Mas, ao mesmo tempo, é tudo muito aflitivo. O meu marido impede a execução dos meus planos.

— Ao que você associa essa atitude dele?

O tempo passava muito devagar na percepção da paciente, que relutava em falar de assuntos que lhe eram dolorosos. Os cinquenta minutos da sessão pareciam horas intermináveis, mas ela não podia negar que tivera uma melhora desde que iniciara a terapia. Afinal, estava diante de um psicólogo experiente, que sabia como retirar lá do fundo da alma da paciente o que mais precisava aflorar à consciência. Foi assim que, ao terminar a sessão, ela agradeceu o auxílio do terapeuta e pensativa rumou para casa.

Marcondes, de cinquenta e dois anos, já clinicava há mais de vinte, tendo acumulado uma boa experiência em sua profissão. Era casado com uma senhora de quarenta e sete anos, que se formara em Ciências Contábeis, mas não exercia a profissão. Dora sempre se vira como dona de casa e mãe extremosa, preocupada em cuidar do marido e da educação da filha de dezenove anos, Beatriz, que estava no segundo semestre do curso de Direito. Não acalentava sonhos elevados nem buscava novos conhecimentos além daqueles que adquirira na faculdade. Preferia o lar às festas e às visitas aos familiares e amigos. Isso, às vezes, causava certo atrito com o marido, que tinha gostos opostos. Marcondes gostava de viajar, visitar casais amigos, ir ao cinema e ao teatro, coisas que não agradavam à Dora. Isso, porém, não era motivo para maiores problemas. Em geral, eles se entendiam bem: ele fazia as visitas e ela ficava com a filha em casa. Ele ia ao cinema ou ao teatro e ela ficava assistindo à televisão. Às vezes, para não parecer "bicho do mato", como ela mesma dizia, arrumava-se e saía com o marido, ainda que fosse apenas para passear num *shopping* e jantar por ali. De resto, a vida do casal seguia sem grandes batalhas ou armistícios duvidosos. Nem paixões reluzentes nem confrontos avassaladores. Os dias caminhavam naturalmente ou — como diriam outros — maquinalmente, como os ponteiros de um relógio, seguindo sempre pelos mesmos caminhos...

Para Marcondes, diferentemente de Dora, a vida era uma eterna aventura. Nada parecia estar determinado. Atrás de pequenos incidentes, ocultavam-se enormes possibilidades de fruir o que a vida nos oferece no cotidiano. Materialista, acreditava que a vida humana é como uma árvore, que nasce da semente, cresce vicejante, oferece frutos saborosos aos viajores para, depois de um tempo, longo ou breve, fenecer inexoravelmente até desaparecer sem deixar vestígios. Isso, entretanto, não o tornava pessimista. Pelo contrário, uma das características de Marcondes era o otimismo e o bom humor, que ostentava em todo lugar por onde passava. Gostava de citar o pensador grego Epicuro, que afirmou que o mais sensato, racional e inteligente é viver esta existência como se fosse a única. "Ou aproveitamos muito bem esta vida" — dizia eufórico — "ou nunca saberemos o que é bem viver". Também aqui havia uma divergência com a esposa. Dora dizia-se católica, mas não praticante. Acreditava numa vida futura, no céu e no inferno, depois do dia do Juízo Final. Mas, embora tivesse uma moral ilibada, não era de frequentar igreja nem de participar dos sacramentos e cerimônias próprias do catolicismo. Marcondes evitava entrar em discussões filosóficas ou teológicas sobre o catolicismo, mas, vez por outra, lançava uma de suas frases prediletas, que acabavam por entrar em choque com o pensamento de Dora. Nesses momentos, porém, não havia grandes debates. A esposa fingia não entender ou não ouvir e prosseguia com os seus afazeres. Às vezes, apenas dizia que não concordava com o que fora dito e terminava por aí. Assim, se a vida conjugal não lhes era bem uma "serenata ao luar" ou um braseiro ardente, também não os impedia de fruir a convivência quando estavam juntos.

Os diálogos entre o casal, além das confabulações noturnas, aconteciam também pela manhã quando Marcondes ajudava na limpeza da casa ou na feitura dos pratos do dia. Nesse aspecto, ele colaborava bastante, pois gostava de cozinhar, preparando deliciosos pratos árabes e italianos.

— Dora, o que você acha de saborearmos amanhã um quibe de bandeja e charutinhos de repolho acompanhados por um saboroso tabule?

— Vai dar muito trabalho. Deixe para domingo.

— Amanhã, o meu primeiro atendimento será às quatro da tarde, portanto, há tempo de sobra.

— Bem, você é quem sabe. Mas, pelo menos, deixe que eu compre o pão árabe no supermercado.

— Tudo bem. Escolha com gergelim.

— Combinado.

Muitas vezes, Marcondes levantava-se bem cedo e começava a preparar suas receitas. Fazia o almoço com gosto, pois apreciava a culinária. Outras, preparava uma deliciosa carne-de-sol, acompanhada por feijão-de-corda e arroz à moda nordestina. Dora deliciava-se com as prendas culinárias do marido e ajudava no que podia, pois quem entendia mesmo de cozinha era ele.

— Parece que só sei fazer arroz, feijão e picadinho, não é, Marcondes? — e ele respondia rindo:

— E que picadinho!

— Não deboche das minhas deficiências.

Nesses momentos, o marido tornava-se sério e dizia:

— Temos de saber dividir as coisas. Na cozinha, eu faço os pratos diferentes, mas quem sabe fazer o melhor trivial é você. Na decoração e ordem da casa, você bate de dez a zero em mim. E, no tocante à educação da Bia, nem tenho palavras para elogiá-la, Dora. — Em seguida, com um sorriso maroto, concluía: — Somando tudo, acho que você é a rainha da casa e eu, um mero vassalo.

— Sem essa de "rainha do lar" — respondia Dora, rindo. — Por causa disso, muitas mulheres passaram toda uma vida na frente do fogão.

— E cavalgando uma vassoura de piaçaba — acrescentava Marcondes, *cutucando* a esposa.

— Você não sabe nem falar. O certo é piaçava.

— Piaçaba!

— Piaçava!

E lá ia Marcondes consultar o dicionário, para voltar dizendo:

— Nós dois estamos certos. As duas formas são corretas.

À tarde, ele rumava para o consultório, onde permanecia até as nove ou dez da noite. Quando voltava para casa, ainda encontrava tempo para conversar com Dora e paparicava a filha, que, na infância, sentira falta da sua presença mais próxima. Ainda agora, ressentia-se dessa ausência, embora entendesse a sua causa.

— Eu me ausento constantemente por causa do trabalho — disse-lhe Marcondes.

— Eu sei. Eu entendo. Mas se sinto a sua falta é porque o amo muito.

Marcondes emocionou-se e fez de tudo para a filha não perceber que havia uma lágrima no canto do olho.

— Neste fim de semana, vamos ao cinema e depois almoçaremos no *shopping*. O que você acha?

— Não vai dar, pai.

— Por quê?

— Vou sair com a turma. Vamos ao aniversário do Lucas.

Desse modo, a ausência de Marcondes tornava-se crônica e não permitia sua aproximação com a filha, que crescia de modo assustador para ele, que não conseguia acompanhar de perto as mudanças que ocorriam inexoravelmente na vida dela.

Às vezes, Marcondes passava por um terrível sentimento de culpa por estar perdendo o desenvolvimento da filha, porém, não podia deixar de ir ao trabalho para ficar em casa. Afinal, havia pacientes esperando para serem atendidos. E, neste ponto, ele era rígido: não quebrava a rotina de atendimento por nenhum motivo, nem mesmo quando o seu melhor amigo desencarnou. Ele foi ao velório, no entanto, teve de faltar ao enterro por causa dos atendimentos no consultório. Apesar de saber que os familiares do falecido ficariam sentidos com a sua falta, não condescendeu: "Ele já se foi", pensou, "mas os meus pacientes estão bem vivos e precisando de mim. Tudo o que vivemos em nossas andanças pelo mundo continua na minha memória. É o máximo que posso fazer. Afinal, ele não existe mais. E nunca voltará a existir". Faltou também ao casamento da cunhada. Dora foi sozinha à igreja. Eles só se encontraram às dez da noite, na festa, quando não havia mais quase ninguém. Ele se desobrigou de outros tantos compromissos, também por pensar em primeiro lugar naqueles que precisavam da sua ajuda. Era esse o modo de encarar a psicoterapia como uma verdadeira missão, que lhe dava alento para superar o sentimento de culpa, quando batia um remorso por estar distante do desenvolvimento da filha. Entretanto, havia outro motivo: de onde saía o dinheiro para a educação de Bia e para o sustento geral da família? Nada poderia ser diferente. Era preciso encarar a sina de sua vida e demonstrar, do melhor modo possível, o seu grande amor pela filha.

Na verdade, este era o único tema a lhe tirar o bom humor constante. De resto, não tinha por que se queixar. Ganhava o suficiente para levar uma vida simples, nada faltando para o sustento familiar. Tinha o companheirismo da esposa e a amizade de alguns de seus antigos colegas de faculdade, que ainda se reuniam, vez por outra, para lembrar as aventuras juvenis. E mesmo quando ia sozinho ao cinema ou ao teatro, envolvia-se tanto com o filme ou a peça, que não sentia a ausência da esposa. Quando voltava para casa, contava-lhe ao que havia assistido, tecendo muitas considerações de ordem psicológica, que muito lhe agradavam. Aliás, Dora tinha verdadeira veneração pela inteligência e cultura do marido, de modo que ficava fascinada pelo modo peculiar como ele interpretava as cenas a que havia assistido. O mesmo acontecia com os livros que lia. Se ela não era dada à leitura, pelo menos gostava de ouvir as conclusões de Marcondes sobre as obras. Esse era talvez o maior ponto de ligação entre ambos. Nesses momentos, agiam como se estivessem namorando. Os olhos cintilavam, as mãos gesticulavam febrilmente e o coração batia mais forte. Nenhuma nuvem cinza surgia entre eles quando dialogavam amavelmente no silêncio das noites adormecidas. O filósofo judeu Martin Buber provavelmente chamaria de "diálogo autêntico" esse encontro essencial entre Marcondes e Dora, quando conversavam sobre livros, teatro, cinema ou cotidiano. Isso porque, nessas ocasiões, eles se voltavam um para o outro, considerando a presença do outro, dirigindo-lhe a sua atenção e exteriorizando em gestos o que queriam demonstrar no íntimo da alma. Havia ali uma entrega total, superior a qualquer contato de ordem sexual. Era no diálogo que a vida conjugal se fazia presente, com todos os dons que as instâncias divinas lhe conferiam. Quando o assunto terminava e o lume inusitado da união se desfazia, cada um se virava para um lado da cama e caía num sono profundo, talvez curtindo ainda as últimas palavras proferidas em estado quase extático.

No restante, a existência de ambos era comum, muito semelhante à de tantos anônimos que se imiscuem na multidão, em meio à faina pelo pão de cada de dia.

2
O início

Se a vida de Marcondes era comum num sentido, noutro enveredava para consequências desastrosas, que teriam de ser detidas logo no início para não se converterem em séria barreira ao seu próprio equilíbrio e à convivência familiar. O pivô dessa ladeira, que se colocava à sua frente e que poderia tornar-se precipício, era uma de suas pacientes.

Ivete era uma mulher de quarenta e um anos, solteira por opção, e executiva numa grande empresa. Bonita, simpática, independente e firme em suas convicções, atraía a atenção de homens mais maduros, que ainda não haviam encontrado o seu par para a convivência matrimonial e mesmo daqueles que só desejavam aventuras. Entretanto, as experiências vividas com os pais, na infância e juventude, predispuseram-na a viver só, de tal modo que já recusara inúmeras tentativas, até mesmo de homens bem-sucedidos financeiramente e de moral ilibada. Ela escolhera uma vida celibatária e reclusa e não tinha nenhum interesse em mudar, principalmente agora em que se avizinhava a meia-idade. A convivência com os pais, já desencarnados, fora uma experiência triste, que marcara toda a sua vida. Não que se tratasse de uma vida conjugal frustrada, em que o casal não combinava e as brigas eram intermináveis, chegando, às vezes, à agressão física, longe disso. Os dois se amavam profundamente. Havia até mesmo uma simbiose que resvalava para o mórbido, ou seja, um não conseguia viver sem o outro. Tudo era feito em conjunto. Em sociedade, não se via nenhum dos dois sozinho, fosse em reuniões de amigos, aniversários, batizados ou qualquer encontro social. "Eles são unha e carne", diziam os mais chegados. Outros, mais afoitos, completavam: "Quando um morrer, o outro não vai aguentar viver sozinho. Morrerá em seguida".

Foi nesse clima que Ivete viveu a sua infância e juventude. Sua mãe teve uma doença degenerativa e foi perdendo o contato com a realidade, não reconhecendo mais ninguém, nem mesmo o marido e a filha. Depois de cinco anos de sofrimento atroz do marido e uma intensa dor no coração da filha, ela desencarnou, deixando um vazio que ele não conseguiu suportar. Um ano após viver enclausurado em sua própria casa, também deixou esta dimensão em busca desesperada pelo ser amado. Ivete, por sua vez, viu-se completamente só, sem saber o que fazer. Nessa época, ela iniciara o trabalho na mesma empresa em que agora era executiva. Sem a convivência paterna, atirou-se ao trabalho como tábua de salvação. Não quis ir morar com os tios, preferindo o isolamento na casa que herdara dos pais. Estava com vinte e um anos e decidida a nunca estabelecer vínculos profundos com ninguém para não sofrer o que sofrera seu pai em alguns anos de definhamento físico e extenuação mental, devidos à doença da esposa. Desde aquela época, ela crescera como profissional. No entanto, sentia que uma parte do seu ser definhara, não acompanhando o nível intelectual que se desenvolvera em anos de trabalho e estudo. Esse fora um dos motivos pelo qual iniciara a terapia com Marcondes, indicado com muitos elogios por uma de suas poucas amigas. Ela estava satisfeita com os resultados que vinha obtendo, mas, ultimamente notava um olhar diferente por parte do psicólogo. Não que ela esperasse uma postura fria e distante, como a de alguns psicanalistas ortodoxos, mas havia um estranho brilho nos olhos dele, que não agradava a ela. Às vezes, ela achava que isso era fruto das suas próprias perturbações, mas outras, ficava com uma dúvida: o que estaria acontecendo?

～

Marcondes sempre se mantivera distante de seus pacientes, particularmente das mulheres, ainda que fosse extremamente gentil e afável com elas. Respeitoso e interessado na resolução dos conflitos interiores daqueles que o escolhiam como seu confidente, granjeara fama de excelente terapeuta. Tinha já auxiliado muitas pessoas a encontrar o caminho mais adequado para o encaminhamento da sua existência. Havia também a questão do matrimônio. Se não amava loucamente a esposa — e ele mesmo dizia que "louco amor é paixão e não amor" —, também não podia dizer que não houvesse um doce vínculo afetivo entre eles. E, sobretudo, respeito. Nunca botara olhos lúbricos sobre nenhuma das pacientes. No entanto, já na meia-idade, e inconscientemente desejoso de um lubrificante que azeitasse as engrenagens um tanto enferrujadas do sexo, muito lentamente foi sentindo, de início, uma pequena curiosidade e, depois, um interesse maior pela paciente que se mostrava forte, independente, decidida e, ao mesmo tempo, frágil em relação à vida sentimental. Sem que percebesse, a figura de Ivete começou a tomar conta da sua mente diurna e das profundezas dos sonhos nas horas mortas das madrugadas. "O que será que Ivete pensa a este respeito?" "Ivete aprovaria?" "Com que roupa ela irá amanhã?". Esses e outros pensamentos semelhantes bailavam em sua mente, mas, como o iogue em meditação, que deixa os pensamentos fluírem sem interferência, para manter a mente vazia, Marcondes chegava a rir das ideias que teimavam em voltar à sua mente. "São como a brisa", pensava, "vão e vêm, sem causar nenhum dano". E continuava os seus afazeres. Entretanto, com o passar lento do tempo, essas ideias começaram a tornar-se fixas. Ele acordava e seu pensamento corria para a figura insinuante de Ivete. Tomava banho pensando nela. Ia para o café e aquela imagem não lhe saía da mente. Procurava distrair-se, buscando assunto com a esposa.

— Dora, o que você acha de saborear um delicioso filé à parmegiana?

— Não vai dar muito trabalho?

— Que nada! Eu vou ao supermercado e compro o que for preciso.

— Sim, mas e o preparo?

— Será para mim uma distração.

— Eu quero ajudar.

— Sem dúvida. A sua ajuda será fundamental.

Ele saiu de casa, foi ao supermercado, mas, enquanto escolhia a carne e olhava para uma cliente a seu lado, lhe veio o pensamento: "Esta mulher se parece com Ivete. Não, nem tanto. Ivete é mais bonita, mais encorpada e com uma silhueta muito mais definida. É difícil encontrar uma mulher como ela". Ao perceber o que estava ocorrendo, mudou rapidamente de pensamento: "Este filé não está bom. Vou comprar mussarela e tomate aqui, mas a carne comprarei no açougue". No entanto, outra ideia lhe surgiu: "Será que Ivete gosta de *picanha à brasileira?* Ficaria feliz se pudesse preparar-lhe um belo prato para saborearmos tranquilamente em sua casa. Seria um dia memorável". No entanto, quando se deu conta, procurou distrair-se com outro assunto. Voltou para casa e dedicou-se ao preparo do almoço, secundado por sua esposa. A refeição transcorria tranquila, porém, lá no seu íntimo, Marcondes sentia uma ponta de remorso por não estar conseguindo dominar aqueles pensamentos ridículos a respeito da paciente. Afinal, ele tinha um bom casamento, uma esposa fiel, uma filha adorável, por que inventar dor de cabeça? "É falta de respeito dar vazão a pensamentos desse teor. Falta de respeito à paciente e à minha esposa", pensou envergonhado. Mas, poucos minutos depois, como um adolescente, lá estava ele pensando no sorriso ou nas palavras que Ivete diria quando chegasse ao consultório. "Como ela se comunica bem. O seu vocabulário é superior ao dos demais pacientes. Há uma musicalidade na sua fala que não encontro em ninguém, nem em Dora."

O dia passou até chegar o momento de ele ir ao consultório. Ele estava se arrumando melhor. Comprara um perfume masculino de *grife* e caprichava na escolha de calças, camisas e sapatos. Dora estranhou, mas como era época de mudança de estação concluiu que o marido estava se preparando para o inverno.

— Você está melhorando o visual, hein?

— Por quê? Eu era relaxado, antes?

— Não, de modo algum. Mas você está saindo da linha esportiva para a linha social. Por que a mudança?

— Não é bem social, mas "esporte chique". Comprei hoje estes dois *blazers*, o que você acha?

— Acho que você está gastando demais, Marcondes.

— Não exagere. As minhas roupas estavam fora de moda. Estou apenas me atualizando. Você não sabe que um terapeuta deve estar sempre muito bem-vestido?

— Claro. Mas noto também outra coisa.

— Lá vem.

— Você falou tanto num congresso de psicanálise, que não perderia por nada. Há mais de um mês não ouço nenhuma referência a ele.

— Você muda de assunto com tanta facilidade!

— Mas não é estranho? Primeiro, você vivia discursando sobre o congresso. De repente, não diz mais nenhuma palavra a respeito. Se era tão importante para você, por que a falta de entusiasmo agora?

— Vai me tomar muito tempo. Não posso deixar de atender os meus pacientes.

— Mas não será num fim de semana?

— Começa numa sexta-feira à tarde.

— Ótimo. Dá para você participar.

— E os clientes?

— Procure mudar os horários. Eles entenderão. Será apenas um dia.

— Para você é tudo fácil. Eles têm afazeres, sabe? Não ficam fechados o dia todo em casa.

— Você está me dando indireta?

— Pronto! Agora é que a comunicação vai por água abaixo.

Bem, esse foi o início de uma discussão que não havia antigamente entre o casal. Marcondes estava mudando o comportamento, e a esposa não estava preparada para isso. O seu mundo sempre fora estático e as modificações não eram bem-vindas. Mudanças eram desequilíbrios momentâneos pelos quais Dora não gostava de passar. Afinal, depois de tantos anos de convivência com o marido, ela notava claramente alterações que, intuitivamente, não lhe agradavam. Daí para o início das discussões, que pareciam surgir do nada, foi um pulo muito rápido.

— Marcondes, você disse que faria o almoço de quarta e quinta-feira, mas agora, às dez horas da manhã, informa que vai à livraria do *shopping*. E o nosso almoço?

— Dora, não se ofenda, mas você está mal acostumada. É certo que às vezes eu preparo a comida, mas isso não pode ser todo dia. Eu tenho meus afazeres, preciso estudar diariamente e para isso tenho de comprar livros. Preciso estar sempre atualizado. Não dá para ficar na cozinha o tempo todo.

— O tempo todo? Você cozinha porque quer, porque gosta. E cozinha melhor do que eu. Disso estou cansada de saber. Mas quem fica mais tempo no fogão sou eu. Sempre fui eu. Os seus pratos são como um *hobby* para você. Para mim, são o trabalho do dia a dia. E eu não estava reclamando disso. Apenas estava dizendo que você deveria ter me avisado antes.

— Vá até o bar que fornece refeições e compre a mistura. A comida de lá é boa.

— Tudo bem, mas não faça mais isso.

— Dora, você anda reclamando demais. Se quiser, eu desisto de ir ao *shopping*. Livro não é importante mesmo.

Bem, a partir daí a discussão tomou novo rumo e contribuiu com mais um tijolo retirado da construção que antes fora forte, parecendo ter sido edificada em terra firme, mas que agora começava a aparentar um edifício construído na areia. Com relação ao congresso de psicanálise, realmente Marcondes estivera interessado, pois pensava em solidificar os seus conhecimentos e preparar-se para apresentar um tema no próximo. No entanto, não queria deixar de ver Ivete. A sua racionalização para justificar a preocupação exagerada era que ela, por ser executiva, não tinha "todo o tempo do mundo à sua disposição. Afinal, os executivos são muito ocupados. E ela é uma grande executiva", pensava. Mas o que estava acontecendo era algo bem diferente. O pensamento do psicólogo fixara-se de modo incomum na pessoa da paciente e ele ainda não se apercebera plenamente disso. A esposa não sabia o que estava ocorrendo, mas intuía uma mudança para pior na conduta do marido. Algo de destrutivo começava a acontecer e ela não conseguia detectar com segurança o que era. As coisas começaram a se tornar um pouco mais claras para Marcondes num encontro com Chicão, um de seus antigos amigos.

— Comprei este livro para emprestar à minha paciente. Será que ela vai gostar?

— Qual paciente?

— Ivete.

— De novo?

— Não entendi. Nunca lhe emprestei livro nenhum.

— De novo Ivete?

— Como assim?

— Já faz uma hora que estamos batendo papo e só ouvi o nome de Ivete. O que está acontecendo? Não me diga...

— O que é isso, Chicão? Eu gosto dela como pessoa. É muito inteligente...

— Simpática, bonita, sedutora...

— Vire essa boca pra lá. Não é nada disso.

Entretanto, quando apagou a luz do abajur para dormir, ficou pensando e, a contragosto, chegou à conclusão de que, nos últimos tempos, a imagem que mais lhe acorria à mente era mesmo a de Ivete. Se Chicão, em uma hora de prosa, já matara a charada, era porque ele estava exagerando mesmo. "Mas eu não havia notado isso", pensou. Será que está tão claro assim? Estou falando demais esse nome? E Dora? Será que desconfiou de alguma coisa? Isso não pode acontecer de modo algum. Preciso tomar mais cuidado. Quanto a Chicão, vou marcar novo encontro e procurar mudar a sua opinião sobre o que está acontecendo comigo. Não falarei uma vez sequer de Ivete. Quando ele perguntar, responderei que foi um equívoco desastroso de sua parte. Farei um ar de descontente e direi, demonstrando convicção: 'Você tira conclusões precipitadas e, o que é pior, totalmente erradas'. Quero vê-lo desculpando-se e prometendo tomar mais cuidado com o que diz". Contudo, o incidente ficou marcado em sua memória e Marcondes procurou tirar Ivete de suas atenções. Iria tratá-la exatamente como fazia com as demais clientes: sem secura e rispidez, mas também sem sorrisos largos ou grandes mesuras.

No dia seguinte, na hora marcada, a paciente entrou em sua sala, recendendo suavemente o perfume costumeiro. Marcondes não pôde deixar de pensar: "Ela deve usar Chanel nº 5. Essa fragrância é inconfundível".

A sessão teve início. Durante as falas de Ivete, o terapeuta não se continha. Olhava para a roupa, os sapatos e o penteado da paciente, querendo marcar na memória a sua maneira de vestir-se e o estilo do seu penteado. Numa das intervenções de Ivete, ele se viu pensando: "Ah! Como seria bom marcar um chopinho com essa mulher, logo mais. Eu subiria nas nuvens". O pensamento pareceu-lhe ridículo, mas não pôde deixar de reconhecer que passara pela sua mente, como outros que lhe sucederam.

Marcondes não praticava a psicanálise ortodoxa. A sua terapia, de linha analítica, recebia alguma influência de psicanalistas contemporâneos, libertos das amarras da psicanálise tradicional. O relacionamento com os pacientes era mais aberto, permitindo algum breve diálogo após a sessão. Nessa tarde, Marcondes, que prometera a si mesmo evitar qualquer contato com a cliente, após a sessão, não resistiu e lhe ofereceu um livro emprestado.

— Creio que a leitura desta obra vai ajudá-la a entender melhor a sua própria situação.

— Você acha mesmo?

— Com certeza. Leia com vagar e depois comente comigo.

— Está bem. Mas aviso que estou com pouco tempo devido ao trabalho. Creio que levarei cerca de dois meses para concluir a leitura. Você não vai precisar do livro?

— Não, não. Pode levar.

Quando a paciente se retirou, a realidade caiu abruptamente sobre a cabeça do terapeuta: "O que está acontecendo comigo?". Ele percebeu nitidamente que estava ficando preso àquela mulher. Não sabia explicar "como" nem "por que", mas estava convicto de que estava começando a haver uma ligação entre ambos, que não lhe parecia positivo. "Por que Ivete não me sai do pensamento? Como isso pôde acontecer? Logo entrará outro paciente e estarei muito mais propenso a lembrar-me da sessão anterior do que a ouvir o que esse paciente tem a me dizer. Preciso pôr um fim nessa situação antes que saia do meu controle. Tenho uma família para cuidar e uma esposa a quem amo. Isso não pode continuar. Está começando a atrapalhar a minha vida e, se persistir, ficará pior ainda."

Marcondes tomara consciência da situação que começava a viver, mas a força das ideias que o assaltavam era tão grande que ele não sabia como assumir as rédeas da sua própria conduta. O que poderia acontecer dali para a frente?

3
A força do passado

O SÉCULO XIX PRESENCIOU UM AUMENTO significativo da ocupação do território brasileiro, que se iniciara timidamente já no século XVI. Por outro lado, fatos políticos e econômicos marcantes tiveram peso na distribuição populacional do Brasil. Um evento político fundamental foi a modificação pela qual passou a cidade do Rio de Janeiro, então capital da colônia, com a vinda da família real, em 1808. Outro acontecimento significativo, de ordem econômica, foi o cultivo de café no sudeste, que teve início nessa mesma cidade, na primeira metade do século XIX, difundindo-se depois para o sul de Minas Gerais, do Espírito Santo e leste de São Paulo, onde está o Vale do Paraíba.

Foi no ano de 1835, na região do Vale do Paraíba Fluminense, que chegaram de Portugal as famílias Alcântara e Peixoto, interessadas em encontrar terras cultiváveis no Brasil para dar início à própria lavoura. Aconselhados por parentes, escolheram duas localidades situadas entre Pinheiral, Piraí e Barra do Piraí, estendendo-se até Porto Real. Despendendo quase todo o dinheiro que haviam acumulado, conseguiram, em meio a esse espaço, adquirir duas pequenas fazendas, onde pretendiam cultivar café. Uma família não sabia da presença da outra, até os dois proprietários descobrirem que eram vizinhos. A família Alcântara era composta por Joaquim Alcântara, de trinta e dois anos e sua esposa, Maria Angélica Alcântara, de vinte e oito. Tinham dois filhos, Fernando, com oito anos e Pedro, com sete. Já a família Peixoto era composta por Gaspar Peixoto, de trinta anos e Joana Peixoto, de vinte e cinco. Não tinham filhos, o que os preocupava, pois isso não era comum entre os casais da época.

O encontro entre Joaquim e Gaspar, certa manhã, na divisa entre as duas fazendas, selou uma amizade que duraria por quatro anos de muita alegria e comemorações regadas a vinho em noites de conversas intermináveis. As duas fazendas, embora pequenas, já tinham plantações de café em plena fase de cultivo. Os escravos, adquiridos pelos amigos, faziam o trabalho pesado, cabendo aos proprietários administrar todos os passos do processo de produção. Homens de fibra, trabalhavam ininterruptamente da manhã até a noite, a fim de poderem colher os frutos do árduo trabalho de produtores de café. Nos fins de semana, à noite, reuniam-se numa ou noutra fazenda para trocar ideias e relaxar um pouco. Eram momentos de conversa animada, em que Joaquim e Gaspar dialogavam na varanda do casarão, enquanto as esposas confabulavam na ampla sala, em que as crianças brincavam com grande agitação.

— Então, Joaquim, quando começa a colheita?

— Daqui a dois meses.

— É o que também farei. Meus escravos conhecem muito bem todo o processo. Na verdade, estou aprendendo com eles.

— O mesmo acontece comigo. Tenho um escravo de cinquenta anos, de grande confiança, que me orienta em tudo. Logo serei um conhecedor profundo dessa área e poderei colher os frutos de um trabalho que me deixa esfalfado à noite, quando vou para a cama.

— Não é brincadeira, Gaspar. Entramos num ramo que nos consome as forças. Entretanto, seremos vencedores. Disto estou certo. Mas... e as negras?

— Não entendi.

— São bonitas?

— Ora, Joaquim, não tenho olhos para elas.

— Nem para aquela cachopa de olhos amendoados?

— Está brincando, Joaquim? Você observa bem, não é mesmo?

— Não dá para não notar. Aliás, se quiser vendê-la, aqui está um bom comprador.

— Você não tem jeito! É só passar mais algum tempo e ela vai me dar novos braços para a lavoura futura.

— Quer dizer-me que vai acasalá-la com algum de seus escravos?

— Tenho um negro jovem e forte, que poderá ser um grande reprodutor.

— Você é que não tem jeito, Gaspar.

Joaquim, embora gostasse da esposa, não morria de amores por ela. O casamento fora um arranjo entre os pais, que eram grandes amigos. Isso, no seu entender, permitia-lhe que tivesse intercurso sexual com as escravas que lhe conviessem. Maria Angélica tinha conhecimento das relações extraconjugais de Joaquim, e como isso fosse muito comum entre os homens da época e por depender do seu amparo, fazia vistas grossas, ainda que isso lhe doesse, lá no fundo do coração.

Gaspar era diferente. Amava apaixonadamente a esposa e não conseguia pensar na vida sem a sua presença. Talvez até exagerasse nas suas manifestações românticas diante de Joana, que se enfastiava com o seu comportamento pegajoso. Na verdade, ela não queria um homem postado a seus pés dia e noite, mas alguém que lhe abrisse as portas da sensualidade represada e adormecida. Isso, até aquele momento, Gaspar não conseguira promover, de modo que os dias corriam para ela sem tempero e sem ardor, numa monotonia enfadonha.

Desde que vira a vizinha, Joaquim teve ímpetos de tentar conquistá-la. Era bonita, de porte elegante, altiva, bem diferente da postura passiva e tímida da esposa. Entretanto, Gaspar tornava-se cada vez mais chegado a ele, mostrando-se um amigo sincero e leal, o que tornava as coisas mais difíceis. Contudo, o tempo foi passando lentamente e Joana começou a notar a figura atlética de Joaquim, sempre a sorrir numa mostra de bom humor insuperável. Os olhares furtivos começaram a ser trocados e a paixão foi lançando seus tentáculos sobre o coração e a mente daquela jovem senhora. Observava com o canto dos olhos os menores gestos do vizinho, enquanto ele conversava alegremente na varanda. Qualquer movimento era notado, qualquer palavra dita com mais força era ouvida com atenção. Joaquim, por seu lado, foi dando rédeas à situação insustentável que começava a se instalar entre eles, que ocultavam de si mesmos as consequências desastrosas a que isso poderia levar. Como a semente que, lançada no solo fértil, tem o seu tempo de germinação, também nos corações despreparados para o enfrentamento das situações difíceis da vida, a curiosidade leviana transformou-se paulatinamente na paixão avassaladora e incontrolável, que não puderam mais conter. Dissimuladamente, Joaquim e Joana começaram a trocar algumas poucas palavras, que traduziam o sentimento devastador que lhes inundava a alma. Das palavras sussurradas, passaram para os bilhetes lascivos, em que confessavam o amor proibido que nutriam, qual serpente que, num momento de invigilância, daria o bote fatal.

O primeiro encontro entre ambos se deu três meses depois do primeiro bilhete, que Joaquim passou disfarçadamente para as mãos de Joana. Era um dia de semana à tarde. Alegando uma forte dor de cabeça, Joaquim deixou o capataz supervisionando o trabalho escravo e enveredou para a fazenda de Gaspar. Deu a volta por trás das árvores, que escondiam os fundos da casa do amigo, e bateu levemente na porta da cozinha. Joana esperava-o com indisfarçável ansiedade.

— Está tudo tranquilo, Joana?

— Sem dúvida. Gaspar foi à cidade e só voltará à tardezinha.

— E a mucama?

— Passei um serviço que vai ocupá-la a tarde toda, Joaquim. Fique tranquilo. Fiz tudo como o combinado.

Mais tarde, quando deixou a residência de Gaspar, Joaquim olhou bem à volta e, vendo que não havia ninguém à vista, rumou para a sua fazenda. Tudo permanecia em ordem. Podia ficar tranquilo. Embora uma dor de cabeça real começasse a se fazer sentir, ele procurou não lhe dar atenção e retomou os afazeres. À noitinha, quando conversava com a esposa, pôde acalmar-se mais, pois ela demonstrava não desconfiar de nada. Também na casa de Gaspar, Joana procurou mostrar-se como sempre, de modo a não despertar qualquer suspeita. Pela madrugada, quando o marido já dormia, ela começou a relembrar o acontecido: "Parece que entrei por um túnel estreito, que se afina cada vez mais até sufocar-me", pensou. "Não sei onde isso vai dar, mas não tenho forças para desistir. Joaquim é irresistível. Não consigo desvencilhar-me de seus braços carinhosos, nem sei se quero mesmo fazer isso. Nunca senti com Gaspar o prazer que me deu Joaquim. Estou atada a ele para sempre... para sempre". A várias centenas de metros dali, Joaquim também estava pensativo: "Comecei hoje uma loucura, que não sei como vai terminar. Mas isso me brindou com a sensação de ser um homem que encontrou uma verdadeira mulher. Joana superou todas as minhas expectativas. Não tenho mais como afastá-la de meus braços. Estou sendo impelido incontidamente para ela, como o tronco de árvore que segue com a correnteza rio abaixo até precipitar-se nas profundezas do abismo. Não sei o que há lá embaixo, mas não posso impedir a queda".

Os dias foram passando. A vida dos dois casais continuava aparentemente a mesma. Nem Gaspar nem Angélica desconfiavam de nada. Joaquim e Joana continuavam a encontrar-se, sempre que as circunstâncias permitiam. Em vez de diminuir, a paixão irresponsável de ambos, entretanto, parecia inflar cada vez mais, como se fosse um balão de gás que, a qualquer momento, iria explodir. Na mente dos amantes, porém, tal pensamento não tinha guarida, envolvidos que estavam até o fundo da alma com a gigantesca onda de volúpia, que não dava margem à lógica e à reflexão.

O intercâmbio imoral entre Joaquim e Joana perdurou por mais seis meses. No entanto, a religiosidade adormecida da jovem senhora despertou, falando mais alto. De família católica, lembrou-se das lições de moral passadas pela mãe, das missas a que assistia, quando solteira, e da comunhão de que participava, após ter-se confessado para limpar a alma que iria receber o sacramento da eucaristia. "Hoje não tenho coragem nem mesmo de aproximar-me de uma igreja", pensou. "Tornei-me impura e não mereço receber em meu peito Aquele que é todo candura e amor. Não sei como isso tudo aconteceu, mas tenho a convicção de que não pode mais continuar. É preciso dar um basta ao impudor dos nossos atos pecaminosos. E tem de ser o mais breve possível." Com essa reflexão, Joana esperou pela costumeira reunião que acontecia na casa de um dos casais aos sábados, e, no meio das conversas, passou cuidadosamente um bilhete a Joaquim, marcando encontro na segunda-feira seguinte. No dia aprazado, o moço chegou, pensando que teria mais uma tarde de prazeres libidinais. Ao ouvir de Joana que o relacionamento entre ambos estava terminado, a partir daquele momento sua surpresa foi chocante.

— O quê? Deve ser uma brincadeira de mau gosto, não é, Joana?

— Estou sendo séria e prudente, pelo menos uma vez na vida, Joaquim.

— Mas o que aconteceu? Eu a magoei? Diga-me o que fiz de errado.

— O grande erro foi termos traído nossos parceiros, quando lhes devíamos, se não amor, pelo menos respeito.

— Mas você mesma disse que não ama seu marido, Joana, que ama a mim.

— Foram arroubos de uma alma desencaminhada. O que lhe disse não nasceu do coração, mas foi fruto de tentação demoníaca. O nosso falso amor não tem respaldo na moral e na religião. É preciso romper isso hoje. Agora! Ou seremos condenados à fogueira eterna do inferno.

— Você está confusa, Joana. Esqueça a carolice das beatas de sacristia e venha para os meus braços sequiosos de suas carícias.

— Cale-se, Joaquim. Não sabe o que está dizendo. Caia na realidade, homem! Nosso amor é impossível. Temos de terminar isso enquanto conseguimos lavar as pegadas indecentes que deixamos na soleira de nossa casa. Não seja insensato. Já chega a loucura a que nos submetemos durante todos esses meses.

Joaquim ficou transtornado com a decisão irrevogável de Joana. Para ele, aquela situação iria perdurar até a paixão fenecer e a vida retomar os ares costumeiros do torpor que invadia os lares daqueles confins. Terminar um caso que se incendiava com as labaredas faiscantes da lascívia, não poderia acontecer. Não naquele momento. Não bastava dizer "não" para que ele abaixasse a cabeça e batesse em retirada.

— Pensa que sou um brinquedo que se usa e joga fora, sem maiores consequências?

— Não entende, Joaquim? Acabou. A loucura chegou ao fim. Retomemos o nosso pudor e vivamos daqui para a frente uma vida digna.

— Não e não! Quem você pensa que é? Deus? E que Deus é esse que não permite a união de duas almas que se encontraram no clamor do desejo e pretendem perpetuar a única união que lhes traz, se não felicidade, ao menos prazer?

— Enlouqueceu, Joaquim? Não dá para conversar com você. Seja pelo menos homem o suficiente para atender à súplica de uma mulher ultrajada em sua honra.

— Você fala em ultraje, Joana? Por que não pensou nisso quando estava em meus braços, enquanto o seu marido trabalhava sob um sol abrasador?

— Assim você me ofende, Joaquim. Pelo amor de Deus, retire-se desta casa e não volte nunca mais com a intenção conspurcada pela volúpia.

— Enxota-me, Joana?

— Não há mais nada a dizer. Retire-se, Joaquim. Por favor, retire-se.

❧

Naquele início de tarde, o sol parecia estar mais forte que o habitual. Gaspar começou a sentir uma insistente dor de cabeça, acompanhada de náusea. Não dava para continuar a inspeção pelas fileiras contínuas de pés de café. O melhor seria voltar para casa e, se possível, retornar mais tarde ao cafezal. Foi o que fez, acompanhado pelo capataz e por um escravo de confiança.

Quando chegou diante da casa principal da fazenda, dispensou os auxiliares e subiu as escadas até a porta da frente. Pôs a mão na maçaneta, mas, antes que fizesse qualquer movimento, ouviu vozes no interior. Pensou tratar-se de Joana e a mucama, entretanto, prestando mais atenção, escutou uma voz masculina. Abriu a porta vagarosamente e começou a discernir quem realmente estava falando. Joaquim expressava-se muito alto e nervosamente, de modo que não foi difícil escutar o conteúdo do que estava sendo dito. O sangue de Gaspar gelou suas veias. Completamente atônito, deixou escapar o relho, que segurava na mão esquerda. Apoiou-se na porta para conseguir sustentar-se. Seria alucinação o que estava ouvindo? Seria um sonho malfazejo? Não. Era tudo real e acontecia em sua própria alcova. Então, Joaquim não era o amigo leal e brincalhão que se mostrava ser? Tudo o que fazia era para encobrir a maldade que lhe ia na alma? O que dizia era para ocultar a infâmia, a desonra, a ignomínia que alimentava em seu coração? E Joana? Como conseguira macular o leito impoluto em que ele, Gaspar, lhe jurara amor eterno, tantas e tantas vezes? Como chegara a ponto de cair do alto do seu pedestal para o baixo nível daquele ser indigno e abjeto, que não merecia ser chamado de homem? Nessa altura, o marido ultrajado já se refizera do assombro que tomara conta de todo o seu ser. Sem mais pensar, colocou a mão no coldre, segurou firme o revólver e caminhou rapidamente para o dormitório do casal.

Joaquim, enquanto altercava com Joana, pôde ouvir um ruído que vinha da sala. Como Gaspar, também tomou do revólver e caminhou para a porta. O marido afrontado, sem conseguir distinguir nitidamente o que via à frente, notou o vulto de Joaquim que assomou à porta da alcova.

— Miserável! Traidor! Covarde! Isto é para você permanecer no inferno por toda a eternidade.

Tentou acionar o revólver, mas Joaquim, que já empunhava a sua arma, foi mais rápido e lhe desferiu três tiros certeiros. Gaspar, colhido de surpresa, caiu no chão sem dizer mais nada. Com a cabeça colada na madeira do assoalho, jazia inerte. Joaquim, com o rosto lívido, ficou por alguns segundos estático, observando o corpo tombado à sua frente. Depois, retomando a consciência, nada falou. Apenas correu para a porta dos fundos e saiu numa correria desabalada em meio às árvores frutíferas que ornavam o quintal. Joana não teve coragem de sair do quarto. Caminhou tropegamente para a cama e desmaiou sobre a colcha de alvura nívea, que fora a muda testemunha de sórdidas tardes de infidelidades conjugais.

O capataz e o escravo, que se dirigiam para a área de plantação, ouviram os tiros e voltaram rápidos. Entrando na casa, tentaram socorrer Gaspar que, entretanto, estava morto. Joana, ao acordar, nada disse, permanecendo em estado de choque.

∾

Joaquim, ao sair da casa de Gaspar, dirigiu-se para a sua fazenda, pensando em como agir depois do gesto impensado. Oculto sob as árvores, observou quando o capataz e o escravo acorriam pressurosos para a casa-grande. Viu quando o escravo, perplexo, saiu na porta, enquanto o capataz lhe dizia em alta voz:

— Corra na cidade e chame o sr. Afonso para cuidar da patroa. Diga-lhe que nosso patrão está morto. No caminho, avise dona Angélica para que comunique o fato ao seu marido e peça para que ele venha aqui. Eles eram muito amigos.

A mucama estava ausente, pois havia ido com os escravos da casa até a cidade próxima, a pedido de Joana, para fazer pequenas compras, com o objetivo de deixar a casa livre. Afinal, em sua mente, aquela seria a última vez que se encontraria a sós com Joaquim.

Joaquim chegou à casa-grande com o rosto lívido, o que fez a esposa pensar que realmente ele não se sentia bem.

— Deite-se, Joaquim. Está trabalhando demais. Deixe que o capataz supervisione o trabalho. Ele é competente e de confiança.

Não vou deixa-lo ir às plantações amanhã. Terá de ficar em repouso. Pedirei a um escravo que vá até a cidade para chamar o médico.

Joaquim não conseguia articular nenhuma palavra. O assassinato não lhe saía da cabeça. E quando Joana se recompusesse? Mandaria seus escravos darem conta dele? Deixou a arma sob o travesseiro, caso precisasse defender-se. No entanto, o que mais lhe doía na alma era o fato de ter jogado fora o seu casamento. Como ficariam as crianças? Qual seria a reação de Angélica? De repente, sentiu por ela um amor desconhecido, talvez fruto do sentimento de culpa que lhe corroía o peito.

Estava assim, jogado na cama, com mil pensamentos passando céleres pela mente, quando ouviu um grito na varanda. Era a voz da esposa. Colocou a arma na cintura e levantou-se, dirigindo-se para o local de onde viera o ruído de outra voz, que falava nervosamente. Espiou pela porta e viu um escravo gesticulando. Angélica virou-se rapidamente para ele e disse perplexa:

— Joaquim, Gaspar foi assassinado por malfeitores. Vamos até a casa dele. Joana está em estado de choque. Sei que você não está bem, mas é importante irmos até lá.

Sem tempo para refletir, lá se foram ambos com mais dois escravos. No caminho, o escravo explicou o que o capataz havia lhe dito:

— Dois escravos da fazenda do coronel Bartolomeu fugiram ontem à tarde. Certamente foram eles que invadiram a casa-grande e assassinaram o patrão.

— Mas como se pode ter certeza? — perguntou Angélica.

— A patroa confirmou com a cabeça quando o capataz lhe perguntou se foi isso o que aconteceu.

— Meu Deus! Precisamos reforçar a nossa segurança, Joaquim. E lá também. É necessário que coloquem outros escravos para proteger Joana. Aliás, vou trazê-la para casa, assim ela ficará mais bem atendida.

Joaquim tranquilizou-se um pouco ao ouvir a versão sobre o assassinato, mas sentiu uma dor no peito quando a esposa anunciou a decisão de levar a vizinha para casa. Afinal, havia ainda a possibilidade de ela contar o que realmente acontecera. De qualquer modo, chegaram o mais rápido possível à fazenda vizinha e dirigiram-se para a casa-grande. O corpo de Gaspar fora colocado sobre a mesa da sala, recoberto por um lençol branco. Ao vê-lo, Joaquim sentiu as pernas trêmulas e fez um esforço descomunal para seguir adiante. Entrou com a esposa na alcova do casal e defrontou-se com Joana, deitada, imóvel, de olhos fechados. Angélica avançou em direção à amiga e tomou-lhe as mãos.

— Tenha força, Joana. Eu e Joaquim faremos tudo para ajudá-la neste momento de tristeza e aflição.

Ao ouvir o nome do ex-amante, Joana teve um estremecimento, que foi tido na conta de reflexo da dor que sentia pelo triste passamento do marido.

Durante o decorrer do dia, até o sepultamento de Gaspar, Joana não disse nenhuma palavra. Somente no terceiro dia começou a articular algumas sílabas e, aos poucos, voltou a conversar. Profundamente abatida, quando lhe foi perguntado o que de fato ocorrera, respondeu apenas que ouvira um ruído na sala e antes que pudesse ver de quem se tratava, o marido fora atingido por alguns disparos e ela desmaiou. Para inocentar os escravos fugitivos, disse que ouvira uma única voz e o som de botas sobre o assoalho. Os escravos fugitivos nunca foram capturados, de modo que não se falou mais sobre a responsabilidade deles na morte do fazendeiro. Ao certificar-se de que uma injustiça deixara de ser feita, Joana sentiu-se pouco melhor. Entretanto, uma decisão foi tomada de modo irrevogável: ela não permaneceria mais naquele local, que iria sempre lembrá-la do gravíssimo pecado que cometera diante da lei de Deus. Para lavar-se da mancha que lhe ia na alma, resolveu ingressar num convento de freiras. Para tanto, foi até a cidade, a fim de confessar-se e pedir a orientação espiritual de um padre com respeito à sua resolução. Ficou acertado que ela venderia a propriedade, deixando os escravos com os vizinhos e rumaria para uma cidade distante, fazendo doação do valor da venda a um mosteiro, que a receberia pelo resto da sua existência. Assim fez, tendo tido apenas mais uma oportunidade de conversar a sós com Joaquim, quando o intimou a honrar a sua esposa dali para a frente, pois ela não merecia a aviltação por que tinha passado, sem saber. Assim, deixou às pressas a fazenda onde vivera pouco tempo, mas que lhe desgraçara a vida, como confessara a Angélica. Convicta de que não deveria interferir no casamento da amiga, nada disse a respeito do que realmente acontecera, levando consigo para o túmulo o segredo que lhe corroía a alma. Viveu no convento de freiras, em meio ao silêncio e ao sacrifício, por mais doze anos, quando desencarnou, vítima da tuberculose e do remorso.

Joaquim, profundamente abalado, também caiu num mutismo inusitado, que significou para a esposa a tristeza pela morte do amigo. Entretanto, passados alguns meses, voltou a procurar as escravas jovens, buscando na volúpia incontida apagar da memória o que havia ocorrido. Viveu ainda por mais trinta e cinco anos, tendo-se tornado dono de muitas terras, e vindo a desencarnar aos sessenta e sete anos, quando os filhos, já casados, administravam as suas terras. Angélica prosseguiu nos seus afazeres, tornou-se avó amorosa e nunca sequer desconfiou do que, de fato, ocorrera entre o marido e a vizinha. Desencarnou aos sessenta anos, de morte natural.

Desse modo, aparentemente, havia terminado a saga daquelas duas famílias portuguesas que tinham vindo para o Brasil em busca de uma vida melhor. Entretanto, a história não se encerrava ali. A Lei de Ação e Reação começava a cumprir-se...

4

As garras do mal

MARCONDES TINHA CONSCIÊNCIA DE QUE pensamentos alheios haviam começado a invadir-lhe a mente. O que estava acontecendo não era habitual. Procurara sempre pautar-se pela ética em seu relacionamento com os pacientes. Por que, agora, esse interesse doentio por aquela senhora respeitável, que lhe confiara a própria vida, dando-lhe o crédito que ele parecia não estar merecendo? De onde vinha aquele interesse, aquela inclinação, a necessidade neurótica de ocupar-se com a vida de Ivete? Era preciso colocar um ponto final naquilo, retomar o equilíbrio, enquanto ela não desconfiasse do que estava acontecendo. Assim pensando, inscreveu-se no congresso de psicanálise, tendo remanejado os pacientes para outros horários e dias da semana. Dora ficou muito satisfeita, pois sabia da dedicação do marido ao estudo, a fim de aperfeiçoar-se cada vez mais, melhorando desse modo o atendimento.

Na sexta-feira em que se iniciaria o congresso, Marcondes levantou-se com enjoo e vomitou tudo o que comera no café da manhã. A esposa, solícita, ministrou-lhe o remédio que lhe fora indicado pelo farmacêutico e esperou que ele melhorasse. Só no início da tarde ele deu sinal de melhora. Como o congresso iria ter início à tarde, teve ainda tempo de recuperar-se e, após um banho regenerador, deixar a casa para dirigir-se ao local da reunião.

— A sociedade ocidental, dado seu sistema de produção altamente competitivo, leva às consciências muitas situações conflituosas. — Disse o palestrante, continuando: — A psicóloga norte-americana, Karen Horney, na sua conhecida obra *A personalidade neurótica do nosso tempo*, aponta algumas dessas contradições. Primeiramente elenca, por uma parte, possíveis conflitos entre as exigências de competição e de lutas impostas pelo sistema capitalista e, por outra, o imperativo cristão de fraternidade e amor ao próximo...

Estava difícil para Marcondes concentrar-se nas palavras do orador. O tema era-lhe muito interessante, dado que Horney desvia-se da corrente ortodoxa da psicanálise para cerrar fileira com os psicanalistas culturalistas, uma vertente específica da psicoterapia, que, de algum modo, influenciava o seu trabalho. Entretanto, um pensamento começava a tomar forma em sua mente: "Não teria sido melhor atender os clientes no horário já combinado, em vez de remanejá-los? E Ivete? Como teria recebido a mudança? Ah! Como seria bom estar agora diante do divã, ouvindo a sua voz aveludada falando dos problemas que lhe rondavam a alma! E como seria melhor ainda saber que ela está se desenredando desses obstáculos que vêm obstruindo a sua vida plena!".

Se a conferência prosseguia com a desenvoltura do orador, na mente de Marcondes parecia não ter mais espaço para as palavras que deveriam motivá-lo a refletir melhor sobre os meandros da psicoterapia. Já não eram mais os clientes a tirar-lhe a concentração, mas uma cliente específica: aquela que não saía da sua mente e que começava a penetrar-lhe no coração. "Como deveria ser bom conviver com Ivete! Estar dia a dia ao seu lado, ouvindo os seus planos, as suas dificuldades e as palavras ternas a sair da sua boca semicerrada, no silêncio da noite adormecida...".

— Karen Horney compartilhava com Freud a crença no desenvolvimento da personalidade nos primeiros anos da infância — dizia o palestrante —, mas era do parecer que a personalidade continua a passar por mudanças durante toda a vida. Freud detalhava as etapas psicossexuais do desenvolvimento, já Horney discordava dos conceitos das etapas de desenvolvimento universal, como estabelecia o criador da psicanálise...

A palestra caminhava para o fim e Marcondes não conseguia concentrar-se no seu conteúdo. Embevecido com a suposta possibilidade de conviver com Ivete, imaginava, de modo romântico e irrealista, como deveria ser um dia ao lado dela: "O almoço deveria ser muito agradável. Eu me sentaria numa ponta da mesa e ela na outra. Assim, cada um poderia ficar olhando nos olhos do outro. Falaríamos de coisas sérias, mas também riríamos muito. Ao sair para o consultório, beijá-la-ia demoradamente e sairia impulsionado pela energia amorosa que ela costuma irradiar. A noite seria o momento das confabulações românticas, até já não conseguirmos ficar de olhos abertos e...".

— Agradeço a presença de todos e coloco-me à disposição para responder às perguntas que me forem formuladas.

"O quê! Já terminou a preleção? Perdi um dos temas que mais me interessavam. Preciso dar um jeito de conseguir o texto. Creio que perdi algumas orientações que me ajudariam a conhecer melhor a psicanálise culturalista de Karen Horney". E como ocorreu nessa palestra, também veio a acontecer nas outras. Enfim, Marcondes saiu, no domingo, do Palácio das Convenções quase do mesmo modo como entrara, sem quase nada aproveitar das conferências e mesas-redondas que se sucederam durante todo o evento.

Algo precisava ser feito. Não dava para continuar daquele jeito.

∾

Quando Gaspar desencarnou, estava com o coração repleto de ódio e desejo de vingança. A infâmia que seu amigo praticara contra ele não tinha perdão. A esposa era considerada por ele mais uma vítima do que propriamente ré. Não que estivesse isenta de culpa, ela também merecia castigo, mas o móvel de tudo fora Joaquim, que a seduzira, aproveitando-se da sua ingenuidade. Assim pensava Gaspar, que ainda nutria um terno sentimento por ela, embora estivesse fortemente ferido no coração. Quanto a Joaquim, merecia uma vingança à altura. "Não descansarei, enquanto não me vingar desse ser imundo e desprezível", pensava. "Não permitirei que fique impune. Tudo farei para causar-lhe a infelicidade e para que saboreie o amargo fel que a vida oferece aos que não merecem o banquete dos puros de coração. Maldito seja, Joaquim, por toda a eternidade!"

A ideia irremovível de desforra imantou Gaspar com espíritos que se sintonizavam com essa mesma faixa vibratória de pensamentos e sentimentos inferiores. Desse modo, logo após deixar o corpo, achou-se num vale escuro de areias secas e acinzentadas, a ouvir os lamentos de mulheres e homens traídos em sua última encarnação.

— Eu vou matá-lo, Eleutério — dizia um espírito alto e forte, a vibrar as mãos crispadas. — Não deixarei pedra sobre pedra do lupanar conspurcado em que você transformou o solo impoluto do meu lar profanado.

Outro espírito, com o rosto colado na terra, chorava furiosamente num frêmito espasmódico, dizendo palavras incompreensíveis aos ouvidos de Gaspar. Já uma jovem vestida de noiva, com um buquê na mão esquerda, vibrava nervosamente a destra, enquanto uivava palavras de baixo calão contra o marido que a deixara logo após a lua de mel. Um senhor de cerca de quarenta anos, adornado com vestes eclesiásticas próprias da quaresma, lamentava-se em choro desesperado:

— Tirou-me a virgindade, Leonor. Quebrou-me a honra impoluta por momentos impensados de prazer, quando eu deveria estar orando em silêncio no altar das delícias celestiais. Jogou-me fora da abadia santificada, gemendo a ignomínia dos tresloucados gestos de amor carnal. E o que fez depois? Santo Deus, o que fez? Abandonou-me na frigidez da estrada insana dos solitários. Usou-me e me trocou depois por outra vítima de sua volúpia insaciável e de seus desejos insatisfeitos. Mas eu vou me desforrar, Leonor. Você não sabe de que sou capaz. Não provou ainda do fel que me alimentou as horas acres de solitude e sofrimento atroz. O momento da desforra está chegando, Leonor! A hora está próxima, desgraçada! Já chegou!

Assim falando, o abade vomitava um líquido escuro sobre o qual rolava em convulsões descontroladas até perder os sentidos e permanecer inerte por algum tempo, com os olhos saltados para fora das órbitas e a língua descomunal exageradamente solta sobre o rosto cadavérico. Passados, porém, alguns poucos momentos, voltava a proferir a ladainha insana como um robô previamente programado a repetir-se incessantemente.

Tristes personagens, como as aqui apresentadas, transitavam por esse vale de lágrimas diante do olhar estupefato de Gaspar, levado precocemente para o plano astral. Por ali vagou por tempo indeterminado, também alimentando no coração dolorido o desejo incessante de vingança. Instado por companheiros desatinados, seguiu-os por caminhos estreitos e tortuosos até uma espécie de vila, em que inúmeros espíritos perambulavam sem destino e sem finalidade consciente. Ali aprendeu a arte nefanda da obsessão e as artimanhas maléficas para a efetivação da vindita, cujo desejo crescia cada vez mais em seu coração. Acompanhou muitas vezes os novos companheiros em suas buscas para encontrar um velho ajudante de ordens do Exército que, em sua última encarnação, os havia perseguido por maldade e sádico prazer, levando-os até a morte por mentira e difamação. Já tendo desencarnado e novamente reencarnado, foi alvo da procura meticulosa dos desafetos, até ser encontrado para sofrer as dores da obsessão. Gaspar acompanhou todas as armadilhas arquitetadas pelos espíritos sequiosos de vingança, aprendendo com eles as estratégias e táticas que buscaria usar para o sofrimento de Joaquim. Quando se deu por "diplomado", despediu-se dos comparsas e partiu sozinho na caça ao seu inimigo. Tomando conhecimento da sua reencarnação, usou todos os meios aprendidos para localizá-lo, ao mesmo tempo em que também procurou descobrir o paradeiro de Joana. Joaquim foi finalmente descoberto na cidade de São Paulo, onde morava com a esposa e uma filha. Apesar da aparência um pouco diferente, devido às roupas, ao penteado e às maneiras refinadas, foi identificado e devidamente marcado para sofrer o início de uma obsessão que só terminaria, segundo o desejo de Gaspar, com a sua morte. Na verdade, não terminaria, mas passaria por novos lances no mundo espiritual. O castigo deveria ser eterno, pensava o desafeto.

Enquanto estudava a melhor maneira de dar início ao processo obsessivo, Gaspar acompanhou cada passo de Joaquim, agora com o nome de Luciano Toledo Marcondes, um psicólogo clínico de cinquenta e dois anos de idade. Mas a grande surpresa chegou quando Gaspar, seguindo Marcondes, entrou no consultório do terapeuta e viu nada menos que Joana, uma senhora de quarenta e um anos, que usava o nome de Ivete Souza e Silva.

— Matarei dois coelhos com uma cajadada só! — gritou Gaspar com uma voz cavernosa, que demonstrava a alegria banhada de ódio, que nutria no íntimo. — As coisas serão mais fáceis do que imaginei. Miseráveis! Traidores! Agora vocês vão sofrer.

Habituado a ouvir o português do Brasil entre os sofredores das localidades por onde vagueara no astral, Gaspar usava agora o linguajar do país que o acolhera um dia, e que, ao mesmo tempo, fora palco do sofrimento atroz por que passava até agora. Em contrapartida, começava ali a vingança alimentada por anos e anos de dor indizível e infindáveis padecimentos. Gaspar poderia finalmente pôr em prática o que aprendera durante tanto tempo com os companheiros desafortunados de maligna convivência. Era o início do terrível processo da obsessão.

Costuma-se chamar de obsessão a preocupação constante com uma ideia que passa a dominar o indivíduo de modo doentio. No Espiritismo, como afirma Allan Kardec, obsessão é a ação persistente que um espírito mau exerce sobre um indivíduo. Por meio dela, espíritos inferiores alcançam o domínio sobre uma pessoa, agindo com intenções maléficas. Mas a obsessão, considera ainda Kardec, decorre sempre de uma imperfeição moral, que dá ascendência a um espírito mau ou inferior. Quase sempre, ela é fruto de uma vingança exercida por um espírito e cuja origem frequentemente se acha no relacionamento que o obsidiado manteve com o obsessor, em encarnação ou encarnações passadas. Em síntese, chamamos de obsessão o constrangimento mental negativo que um encarnado ou desencarnado exerce sobre outrem por meio de uma sugestão, indução ou coação, tendo por finalidade o domínio sobre ele. Se houver superioridade moral da pessoa visada pelo espírito, a obsessão não se efetivará e o obsessor desistirá da ação ou esperará um momento oportuno, que pode não chegar exatamente pela elevação moral da suposta vítima. Por outro lado, o obsessor é sempre um espírito inferior, consciente do que faz, das dores que provoca e dos prejuízos que acarreta lucidamente no exercício do seu livre-arbítrio. Trata-se, pois, de espíritos que se inclinam ao mal, objeto de suas preocupações. Dão conselhos pérfidos, sopram a discórdia e a desconfiança e se mascaram de todas as maneiras para melhor enganar. Ligam-se aos homens de caráter bastante fraco para cederem às suas sugestões, a fim de induzi-los à perdição, satisfeitos ao conseguir retardar-lhes o adiantamento, fazendo-os sucumbir nas provas por que passam.

∽

Gaspar ficou pensando em como dar início ao sofrimento e à derrocada moral da antiga esposa e do amigo infiel. Vendo-a diante daquele que lhe tirara a possibilidade de ser feliz, o ódio assomou a seu coração também contra ela, não fazendo distinção entre um e outro. Ambos deveriam sofrer pelo que haviam feito, pois ela também consentira com a pérfida traição. Estava claro para ele que havia um liame invisível entre eles, oriundo da ligação imoral que haviam tido na última encarnação. E mais: o fraco de Marcondes era o sexo. Não que ele, nesta encarnação, mantivesse relações extraconjugais. Isso ainda não fizera. O que se lhe tornara habitual era olhar cupidamente para as mulheres que, de algum modo, lhe interessassem. Também ficava, às vezes, imaginando como seria a intimidade com elas, chegando a detalhes indizíveis, com que passava extensos minutos, a vislumbrar o prazer que poderia suscitar o intercurso sexual com cada uma delas. No entanto, sabemos que a conduta tem início com o pensamento, particularmente quando, aliados a ele, estão a livre imaginação e a emoção forte. Marcondes, sem perceber, dava forma ao que lhe ia na mente e no coração. E isso não passou despercebido ao espírito, que agora o encontrara para proceder à vingança tão esperada. "É por aí", pensou enquanto maquinava como agir desde o primeiro passo. Iria começar o processo obsessivo...

Na concepção de Kardec, fundamentado por espíritos de elevada estirpe, a obsessão passa por gradações, começando pelo que se convencionou chamar de "obsessão simples". Trata-se da fase inicial da ação obsessiva, que pode tanto regredir quanto evoluir para um grau mais elevado. É o momento em que o obsessor interfere, procurando impor suas ideias, emoções e sentimentos. Por meio de sua tenacidade e persistência, intromete-se na vida do obsidiado, dando-lhe sugestões que podem ser contrárias à sua forma habitual de pensar, mas também busca atingir o ponto fraco do indivíduo. Surgem, assim, como sinais e sintomas da obsessão simples, as desconfianças excessivas, os estados de insegurança pessoal, as enfermidades sem causas definidas etc. Ocorrem igualmente mudanças repentinas no temperamento habitual do obsidiado, em virtude das mensagens telepáticas emitidas pelo obsessor e reforçadas pelos hábitos oriundos das fraquezas do indivíduo.

A obsessão, basicamente, consiste na tenacidade de um espírito, do qual não consegue desembaraçar-se a pessoa sobre quem ele atua. Mas, se não houver sintonia de pensamentos e sentimentos, a obsessão não terá continuidade. O que ocorre é que, de alguma forma, o indivíduo obsidiado imanta-se no obsessor por afinidade moral, que se constitui no elo entre ambos. Foi o que ocorreu com Marcondes. Como Dora não fosse fogosa como ele gostaria e como ele viesse de uma encarnação em que fora dominado pelos prazeres do sexo, agora vivia a fantasiar o que, de fato, não conseguia realizar no cotidiano. E isso o importunava constantemente, tirando-lhe parte da alegria de viver. Daí ter o espírito Gaspar decidido submetê-lo a partir, inicialmente, de um vago interesse por Ivete, que fora sua amante na encarnação passada. O segundo passo foi procurar converter o interesse pela atenção concentrada no sexo. Marcondes deveria concluir que o que ele não conseguia com a esposa, poderia alcançar de modo redobrado com a paciente. A isca foi lançada e o peixe desavisado mordeu-a com motivação suficiente para ser fisgado e ter dificuldades imensas para poder escapar.

Gaspar regozijava-se diante da situação que corria exatamente como ele previra. Desse modo, foi insuflando pensamentos voltados à efetiva traição de Marcondes. Este, porém, de início recusou-se a prosseguir com aquelas ideias inusitadas que lhe acorriam à mente. "O que se passa comigo?", pensava atônito. "Nunca me interessei por nenhuma das minhas pacientes. Fui sempre ético na minha conduta profissional, mesmo nos casos em que elas se insinuaram para mim. Desde os bancos da faculdade, eu sei do clima afetivo que pode ocorrer entre uma paciente e um terapeuta. Sei o que fazer nesses casos, aproveitando o próprio interesse da paciente para promover o seu reequilíbrio emocional. Por que, agora, essa fixação exagerada na pessoa de Ivete? Tenho de dar um basta nisto, enquanto é tempo. Aliás, ela nunca demonstrou qualquer interesse por mim. Por que então dar continuidade a algo que já nasceu morto?" Com tais conjecturas, Marcondes decidia não mais dar atenção aos pensamentos, sentimentos e até à imaginação no tocante à sua paciente. Entretanto, passadas algumas horas, lá estavam novamente eles, penetrando lenta, mas inexoravelmente, a sua alma. E quando se dava conta, já havia se passado muito tempo em que estivera criando e mantendo fantasias imorais com a paciente que o atraía de modo incomum. Aquilo já estava se tornando uma tortura mental, que vinha atrapalhando a sua vida. Sempre fora uma pessoa concentrada no que realizava, entretanto, agora se pegava constantemente a divagar, alimentando pensamentos totalmente alheios ao que estivesse executando. E isso ocorria, de modo incomum, durante as sessões com os seus pacientes, como nunca acontecera antes. Depois de uma longa explanação de um deles, Marcondes precisava fazer perguntas que o situassem no âmago do problema, pois perdera quase totalmente o que lhe fora dito com emoção profunda pelo paciente. Em casa, enquanto fazia aqueles pratos que tinham sido um de seus *hobbies* prediletos, acontecia às vezes de deixar queimar a cebola na frigideira ou de não notar que a carne já passara do ponto no forno. Dora já vinha notando isso, pois se tratava de fatos totalmente inusitados. Isso não era comum em seu marido. Algo de errado estava acontecendo, dizia-lhe a intuição, e ela precisava saber o que era.

5
Joana Peixoto

JOANA PEIXOTO, ESPOSA DE GASPAR, a conselho do sacerdote a quem pedira orientação, depois de vender seus bens e ceder seus escravos aos vizinhos, rumou para o mosteiro que receberia como doação o valor da propriedade vendida. Recepcionada pela madre superiora, foi aceita para passar pelo período de avaliação, depois de ter-lhe confessado tudo o que ocorrera na fazenda e ter demonstrado vontade firme de permanecer pelo resto da vida no mosteiro, em penitência e oração.

— Você pecou gravemente, Joana. Tem de fazer muito sacrifício e muitas orações para poder limpar sua alma e ser recebida no coração de Jesus. A mancha que vejo na sua alma diz respeito ao nono mandamento e representa um pecado mortal que, embora já tenha confessado, precisa de reparação. Fique tranquila, pois aqui ninguém saberá o que aconteceu no seu passado. Este será sempre um segredo entre nós duas. Entretanto, seus dias daqui para a frente deverão ser de prece contínua, pureza, silêncio, humildade, obediência, fé e esperança de ser objeto da compaixão divina. Jesus será seu esposo de agora em diante e a Ele você não poderá trair jamais. Consagrar-lhe-á sua vida inteira e a aliança que receber será o símbolo da fidelidade que lhe deve por toda a eternidade. Tudo o que fizer será por amor a Ele. Morrerá nesta vida terrena para renascer para a vida eterna. Entende o que lhe digo?

— Sim, madre.

— E está disposta a sofrer todos os sacrifícios, que são muitos, em nome de Jesus? Consegue penetrar a profundidade do que falo?

— Creio que sim.

— O que lhe estou oferecendo, a vida monástica, é uma graça que Deus lhe confere. Não é um mérito oriundo de suas boas ações. Lembre-se sempre disto. Na Sua bondade infinita, Deus houve por bem lhe dar a mão a fim de que você possa sair do lodaçal em que se enredou. Você, por sua vez, deverá esquecer-se de si mesma a fim de viver apenas para Ele. Deverá chegar a um ponto em que possa dizer como o apóstolo Paulo: "Já não sou eu quem vive, Cristo vive em mim". Termina aqui a história de Joana Peixoto para ter início a vida de uma serva de Deus.

Joana, emocionada, começou a chorar. Esperando que ela se refizesse, a madre superiora continuou com as suas palavras:

— Ainda não terminei. Você estará ingressando, passo a passo, na Ordem dos Irmãos da Bem-Aventurada Virgem Maria do Monte Carmelo, a Ordem do Carmo. E precisa ser digna de tão grande honra. Consegue entender a mudança que deverá sofrer sua vida? Consegue mesmo?

— Creio que sim, madre.

— Disse bem: "Creio que sim", pois só saberá de fato quando estiver vivendo o cotidiano sob as regras do Carmelo, com uma vida de silêncio, oração e sacrifício. Pertencerá a uma ordem que muito exige neste mundo, mas que vai lhe permitir, no futuro, entrar para o Reino das Delícias, ao lado do seu Senhor. Até lá, porém, essas regras serão o seu guia e limite. O seu modelo será Santa Teresa de Ávila, nossa amada reformadora, e a sua busca, Jesus, em toda sua glória e esplendor. Quer ouvir um pouco da nossa história, Joana?

— Sem dúvida, minha madre.

— Pois bem, a origem da Ordem Carmelitana está no Monte Carmelo, na Palestina. Seu fundador foi Santo Elias. Reza a tradição que o profeta Elias fixou-se numa gruta, no Monte Carmelo, passando, a partir daí, a ter uma vida eremítica de oração e silêncio.

— Desculpe, madre, mas o que é eremítica?

— Vida eremítica é a vida de um eremita, uma pessoa que opta por viver solitária, em um lugar deserto, longe dos olhos cúpidos do mundo. Foi o que fez o profeta Santo Elias. Sabe de quem estou falando, Joana?

— Não, minha madre. Mas gostaria muito de saber.

— Santo Elias é conhecido como o "Profeta de Fogo". Disse o teólogo holandês Cornélio, a Lápide, nos anos mil e seiscentos, que de fogo eram a sua mente, a sua palavra e as suas mãos, com as quais converteu Israel, sendo posteriormente arrebatado ao céu por um carro de fogo, para voltar à Terra no fim dos tempos. E São Bernardo presta-lhe honra quando afirma que foi modelo de justiça, espelho de santidade, exemplo de piedade, o propugnador da verdade, o defensor da fé, o doutor de Israel, o mestre dos incultos, o refúgio dos oprimidos, o advogado dos pobres, o braço das viúvas, o olho dos cegos, a língua dos mudos, o vingador dos crimes, o pavor dos maus, a glória dos bons, a vara dos poderosos, o martelo dos tiranos, o pai dos reis, o sal da terra, a luz do orbe, o Profeta do Altíssimo, o precursor de Cristo, o terror dos baalitas, o raio dos idólatras.

— Quantos louvores, minha madre!

— Pois então, vê assim de que matéria são feitos os santos. Mas, continuando: foi numa humilde gruta, longe e acima do mundo, no silêncio e na contemplação, que Elias deu início à Ordem do Carmelo. Narra a história bíblica que ele se pôs a orar no alto do monte Carmelo, implorando a Deus que cessasse uma terrível seca, que se abatera sobre o local. Eis que se levantou do mar uma pequena nuvem, como a pegada de um homem, que, em pouco tempo, deu origem a uma grande chuva. Essa nuvenzinha, Joana, era o símbolo de Nossa Senhora. Porque, assim como aquela leve nuvem surgiu do mar salgado, sem conter seu amargor, Maria Santíssima surgiu sem pecado da própria humanidade pecadora. Elias compreendeu tal simbolismo e foi o primeiro a cultuar Nossa Senhora.

— Então, a Ordem do Carmo vem de muito tempo atrás.

— Sem dúvida. Quando o profeta Elias passou a viver monasticamente numa gruta, acabou atraindo outros religiosos que se aglutinaram em torno dessa personagem de primeira grandeza, nascendo, a partir daí, a nossa Santa Ordem. Você terá a oportunidade de ampliar seus conhecimentos com os livros que vou lhe emprestar. Todavia, quero mostrar sucintamente como se organizou a Ordem do Carmo. Foi no século XVI que Santa Teresa de Ávila, após passar por inúmeras provações, achou por bem reformular o Carmelo. Ela teve visões em que lhe foi mostrado o grande sofrimento que lhe teria sido reservado se tivesse seguido o caminho das vaidades mundanas. Isso a impressionou de tal modo que ela resolveu restabelecer a Regra Carmelitana em todo o rigor primitivo. Contudo, não foi fácil, pois o próprio papa Pio IV era contrário a tal intento, ao mesmo tempo em que encontrou enorme resistência da parte do clero e dos religiosos. No entanto, com a intenção de agir por vontade de Deus, não desistiu. Ao contrário, deu continuidade às ações, que culminaram com a reforma do Carmelo. Ela conseguiu fundar trinta e dois mosteiros, dezessete femininos e quinze masculinos, tendo reformado outros tantos. Em todos eles, tanto no convento dos religiosos, como no das religiosas, passou a ter vigência a antiga Regra Carmelitana. Se ela estabeleceu a Regra para as freiras, pediu a São João da Cruz que fizesse o mesmo com os frades. Renascia, desse modo, a Ordem Carmelitana em toda a sua pureza e pujança. Contudo, a Regra tornou-se mais rigorosa. Daí, a atenção e a dedicação que devemos dar a ela para vivermos de acordo com o espírito impregnado na Ordem, consequência dos esforços ingentes de Santa Teresa. Escolher o Carmelo, Joana, não é fruto do acaso. É o início de uma missão. E ser escolhida pelo Carmelo é o começo de uma tarefa para toda a vida. Devo dizer-lhe que você, de algum modo, escolheu a Ordem Carmelitana mesmo sem conhecê-la. Entretanto, isso não quer dizer que já foi aceita por ela. Você terá de passar por etapas de provação e, sendo aprovada em todas elas, aí sim, estará entrando no Jardim de Deus.

— Minha madre, eu poderia saber quais são essas etapas?

— Em primeiro lugar, passará pelo processo de avaliação, que durará um ano. Se aprovada, vai para o segundo estágio: o noviciado. Nesse período, que terá a duração de dois anos, receberá o hábito Carmelita, a Sagrada Regra de Santa Teresa e um crucifixo. Terá, assim, tudo de que precisa para as suas preces e meditações. A terceira etapa, que durará três anos, será a profissão dos votos temporários de pobreza, obediência e castidade. Finalmente, haverá a profissão dos votos perpétuos, em que receberá o véu negro, que simboliza o laço nupcial eterno com Cristo. Terá assim cumprido o noivado espiritual, passando para o desponsório místico. Nesse momento, Joana, você estará vinculada definitivamente à Ordem e será encerrada para sempre na clausura.

Diante da seriedade das palavras da madre superiora, Joana estremeceu. Seria capaz de passar por todas essas provações? Mas imediatamente assomou-lhe à memória a mancha que julgava ter lançado sobre a própria alma e concluiu que faria qualquer sacrifício para não voltar ao mundo.

— Está disposta a tais provações, Joana?

— Sei que não deve ser fácil passar por tais etapas, madre, mas sei também que o prêmio final tem um valor infinitamente maior que todos os sacrifícios que terão sido feitos.

— Neste caso, recebe o primeiro "sim". Começará agora a passar pela primeira etapa.

Uma onda de alegria jorrou do coração daquela jovem mulher que não tinha mais esperança nenhuma de felicidade no mundo dos homens. Viesse o que viesse pela frente, seria melhor que viver sem poder olhar no fundo dos olhos das pessoas com quem se encontrasse. Não havia segunda opção. A escolha estava feita.

— É, a partir de agora, uma nova mulher. Esqueça o seu passado e viva bem o seu presente para que construa um futuro de felicidade com Deus. Devo dizer-lhe, porém, que a estrada tem muitos abrolhos e espinheiros, que vão lhe ferir os pés. Mas você deverá prosseguir sempre em frente, não voltando nunca a face para trás. Não titubeie como a mulher de Ló, que, ao lembrar-se dos bens materiais e da vida que tinha em Sodoma, voltou-se para o passado e se converteu em estátua de sal. Diz Paulo de Tarso que devemos abandonar o homem velho para nos revestir do Homem Novo. É exatamente disso que você precisa.

— É isso que quero, madre.

— Pois bem, a partir de amanhã, levantará às quatro e trinta da madrugada para as primeiras orações. Durante o dia, terá atividades individuais e coletivas, conforme as ordens que receber. Terá por tarefa própria no cotidiano a lavagem e costura dos hábitos das nossas irmãs, além da limpeza de diversas áreas do mosteiro. Também estudará, de acordo com as minhas orientações. Mas, sobretudo, lembre-se de que a sua vida será sempre de silêncio e oração. Como manda a nossa Santa Regra, permaneça na cela que lhe for designada ou em sua vizinhança, meditando dia e noite na lei do Senhor e velando na oração, a não ser que tenha de se ocupar com outros afazeres justificados. Sofrerá as tentações do Maligno, mas não se submeta a nenhum poder que não seja o de Deus e, com toda solicitude, empenhe-se para se revestir da armadura de Deus, a fim de poder resistir às insídias do Inimigo.

Fazendo pequena pausa, enquanto observava atentamente o semblante de Joana, a madre superiora continuou:

— O propósito da freira Carmelita resume-se numa vida de oração e sacrifícios pela santificação dos sacerdotes e salvação das almas. Trata-se de uma participação e um auxílio na vida sacerdotal. O trabalho básico da monja Carmelita é trabalhar pelas almas, rezar e fazer penitência por aqueles que não rezam ou não fazem penitência por eles mesmos. Veja que não é fácil, Joana, pois se passa a vida toda a servir, como o fez o nosso Divino Mestre e a sua serva Teresa de Ávila. Na nossa humildade, na nossa fraqueza e na nossa pequenez jamais conseguiríamos dar conta de tão ingente tarefa, não fosse a graça divina que se derrama sobre nós. Deus está sempre presente para dirigir e orientar quem sinceramente O busca com o intuito de apenas cumprir a sua santa vontade. Como percebe, se há sacrifício e renúncia, há também felicidade e paz. Paz que o mundo não nos pode dar...

Depois de mais algumas breves palavras, a madre superiora deu por encerrado o seu primeiro contato com Joana, não sem antes fazer uma prece em voz alta, em que pediu que a jovem a acompanhasse, repetindo as suas palavras, fazendo-as brotar do fundo do coração: "Ó Deus, que pelos méritos e preces do bem-aventurado Simão, Seu confessor, ornou, pelas mãos da genitora do Seu Filho, Nosso Senhor Jesus Cristo, com o singular privilégio a Ordem do Monte Carmelo: concedei, por sua intercessão, atingirmos a glória que Tu preparou aos que Te amam. Por Cristo, Nosso Senhor. Amém!".

∾

Joana entrou para o Carmelo um tanto assustada com as palavras da madre superiora, mas, ao mesmo tempo, feliz pela possibilidade de ressarcir, com seu trabalho e sacrifício, o mal que havia praticado sob o clamor da carne, quando a sua vontade se mostrou débil diante da força instintiva da paixão. Depois de passar pelas provações típicas dos estágios preliminares, foi definitivamente aceita na Ordem do Carmo, recebendo o nome de sóror Mônica da Ressurreição. Como freira, não se distinguiu por uma santidade excepcional, mas também não deixou de cumprir a Regra, passando a viver de acordo com o espírito do Carmelo. Nunca mais teve notícias de Joaquim nem de Angélica. Entretanto, o remorso foi um companheiro constante a rondar-lhe a alma. Sentia o coração despedaçado pelo mal que praticara e não passava um dia sem que pedisse, contrita, perdão a Deus, sentindo-se manchada até as fímbrias do seu ser. A madre superiora foi quem a tutelou durante os doze anos em que esteve no mosteiro.

— Sóror Mônica, não deve se consumir pelo pecado que praticou no passado. Deus é misericordioso e já a perdoou. Não há mais motivo para tanta angústia.

— Mas o meu coração, madre, vive em frangalhos. Sinto-me como um ser vil e abjeto que não merece a divina complacência.

— Peca mais uma vez ao dizer tais palavras. Isso é fruto da tentação diabólica, sóror Mônica. É orgulho. É soberba.

— Que devo, então, fazer, minha madre?

— Apenas se arrepender, sóror Mônica. Peça perdão a Deus e se sinta na graça divina, com a certeza de que as suas faltas passadas já estão perdoadas. Não queira ser mais justa que o Juiz de toda a

Terra. Peça também a orientação de seu confessor e siga-a à risca, sem imiscuir na sua diretriz as suas próprias interpretações. Humildade deve ser a sua busca e fé, a sua segurança.

A freira ouvia atentamente a madre, como quem escuta os conselhos de uma mãe idolatrada, e procurava obedecer completamente a sua direção. Entretanto, o remorso consumia-lhe as entranhas e a deixava exausta, abatida, com a respiração ofegante e a tez pálida das pessoas cujas forças estão a se extinguir.

— Precisa de um médico, sóror Mônica. Desmaiou na capela ontem à noite.

— Foi apenas uma ligeira tontura, madre.

— E essa tosse que não passa?

— Percebo que, com ela, estou incomodando as irmãs, mas farei o possível para contê-la daqui por diante.

— Não é disso que estou falando, mas do cuidado que precisa ter com a sua saúde. Providenciarei para que seja devidamente atendida.

Foi diagnosticada a tuberculose. Sóror Mônica teve de afastar-se das atividades rotineiras do convento. Passava o dia todo deitada em sua cela, a meditar e a orar. Doía-lhe o peito a cada tosse ou golfada de sangue. À meia-voz, já se falava que a sua partida era questão de semanas. E assim foi. Abatida e debilitada pela doença e pelo remorso, já sem forças para respirar, deu o último suspiro numa fria madrugada de julho. Cercada pelas monjas, acordadas às pressas, foram suas últimas palavras, depois de doze anos de reclusão, sacrifício e sofrimento: "Perdoai-me, Deus, ainda que não mereça o Vosso perdão". As freiras, instaladas à sua volta, não entenderam bem o significado dessa súplica angustiada, mas a madre superiora, que a tinha como um livro aberto, apressou-se em concluir: "Segue com Deus, minha filha. Os seus pecados lhe são perdoados". Um silêncio interior abateu-se sobre os corações apertados que se despediam de uma serva de Deus...

6
O começo da ladeira

GASPAR, ENQUANTO ESPÍRITO DESENCARnado, após ter reconhecido Joaquim e Joana nas pessoas de Marcondes e Ivete não teve dúvidas: "Agora vou pôr à risca o meu plano de vingança. Não há mais tempo a perder".

Na primeira fase da obsessão, a chamada "obsessão simples", a telepatia é o fator fundamental de influenciação do obsessor. Por meio dela, o espírito transmite, de modo extrassensorial, pensamentos, emoções e impressões ao obsidiado, que os recebe e, estando em sintonia com esses conteúdos, incorpora-os, ainda que perceba não terem nascido de seu próprio interior. Foi o que começou a acontecer com Marcondes. Pequenas contrariedades, pensamentos esparsos de interesse por Ivete, foram se transformando em ideia fixa, a ponto, como vimos, de começar a atrapalhar o seu cotidiano.

Discussões com Dora, que raramente aconteciam, agora eram comuns. Os motivos podiam ser os mais fúteis, como a falta de sal no arroz, a cor do vestido da esposa ou o seu penteado. Qualquer pequena diferença entre ambos se tornava o estopim de uma discussão que os debilitava emocionalmente e criava ilhas de estagnação no sentimento que os unia.

— Essa gravata não está combinando com sua camisa, Marcondes.

— Você está dizendo que sou relaxado?

— Não. Apenas acho que aquela azul cairia melhor.

— Para você, devo parecer um palerma que não sabe nem se vestir, não é mesmo?

— Falei para trocar a gravata. Só isso.

— Não quer que eu troque também de calça, camisa, sapatos? Não quer que eu troque de cara, de profissão, de...

— De esposa?

— Não foi o que eu disse.

— Mas pensou, não é verdade?

— Chega, Dora. Chega! Estou ficando atrasado. Tenho muito que fazer, sabe? Não dá para ficar escutando suas lamentações. Já estou saindo!

A porta era fechada com estardalhaço e Dora ficava pensando o que estaria acontecendo com o relacionamento deles, antes tão cordial e compreensivo, e agora tão frio e desrespeitoso. Marcondes, por sua vez, saía perturbado, chegando ao consultório agitado e desmotivado para dar início às sessões que se prolongariam até a noite. Entretanto, quando era dia da ida de Ivete, a sua fisionomia se transformava e ele aguardava com ansiedade e impaciência o momento em que ela entraria na saleta simples e bem decorada onde se daria a sessão. Circunspecta e pensando apenas no que seria discutido naquele dia, a paciente, ao ser chamada, entrava, cumprimentava

Marcondes, deitava-se no divã e, sem rodeios, começava a falar sobre o tema que a estivesse perturbando naquela semana. Se inicialmente, Marcondes também se mostrava reservado, agora, pelo contrário, tudo fazia para tirar um sorriso dos lábios de Ivete ou para, de algum modo, aproximar-se mais dela. A mudança de atitude já estava sendo notada pela paciente, que preferia interpretá-la como uma fantasia de sua parte. Talvez porque procurava afastar-se da proximidade dos homens, já que não pretendia unir-se a nenhum. No tocante à terapia que vinha fazendo, já se acostumara com o distanciamento que tinha o psicólogo em relação a ela. Isso era encarado como um ponto positivo, pois o único relacionamento com ele que lhe interessava era aquele forjado no processo psicoterapêutico. Nada de amizade ou de intimidade. Entretanto, sem saber por que, sentia certa atração por Marcondes. Lá no fundo, ela bem sabia que o terapeuta era uma pessoa charmosa, atrativa e... sensual. Isso, porém, ficava trancado em seu interior, sem possibilidade aparente de expressão concreta. Agora, no entanto, quando ele parecia aproximar-se mais dela, esses sentimentos começaram a rebelar-se na prisão em que haviam sido instalados, aflorando à consciência de maneira aberta e direta. Ela procurava recolhê-los novamente em seu devido lugar, mas não estava sendo muito fácil. Quando recebeu emprestado o livro que lhe fora indicado por Marcondes, quis rejeitá-lo, mas uma força maior obrigou-a a aceitá-lo, tendo logo começado a lê-lo em sua casa, todas as noites, quando voltava do trabalho. Se havia dito que o leria em dois meses, na verdade, três semanas depois, já o entregava ao terapeuta, fazendo muitos comentários.

— O que você achou do livro?

— Muito bom, Marcondes.

— Só isso?

— Claro que não! Ele me ajudou bastante, particularmente em relação a três aspectos: em primeiro lugar...

A sessão transcorria toda ela com os comentários precisos e judiciosos de Ivete. Marcondes maravilhava-se com a inteligência aguda e a cultura demonstrada. "Eu não sabia que ela detinha tantos conhecimentos. Preciso tomar cuidado para que não se enfastie com a terapia. Uma pessoa como ela não pode ser tratada como a maioria dos pacientes. Ela é superior. É especial."

Assim, uma comparação inesperada surgiu-lhe à mente: "Como seria bom se Dora fosse como ela, engenhosa, culta, segura de si e... de uma sensualidade extremada. No entanto, parece que a minha esposa não conseguiu cultivar nada disso. É por esse motivo que o diálogo entre nós tem diminuído. Conversar sobre o quê, se ela de quase nada entende?".

Os cinquenta minutos da sessão pareciam apenas um breve momento para Marcondes. Quando Ivete se despedia, uma cortina de tristeza e insatisfação abatia-se sobre ele. Os dias que faltavam para o próximo encontro, já começavam a ser contados com impaciência.

Gaspar assistia a tudo, pensando sempre em como influenciar o próximo passo para a queda definitiva, tanto de Marcondes quanto de Ivete. O vazio existencial que começou a medrar no íntimo do psicólogo foi insuflado pelo obsessor, que passou a incutir-lhe interrogações despropositadas, que tinham por objetivo levá-lo à derrocada final: "Como é desolador ficar aí a ver navios, quando você poderia usufruir da presença cativante de Ivete, não é mesmo? Olhe sua cara de apalermado sempre que ela vai embora. É isso que você quer na vida, seu bobalhão? Dá para comparar Ivete e Dora? Seja honesto com você mesmo. Dora não chega aos pés de Ivete, não é mesmo? Então... por que continuar com ela, já que não lhe satisfaz? Você tem alguma explicação plausível? Não! Não é mesmo? Pense bem, Marcondes, você não tem aproveitado a vida como merece. Não tem usufruído a satisfação sem fim da união real de um homem com uma mulher, não é verdade? Então, por que não mandar tudo para os ares e recomeçar uma vida de prazeres e felicidade? Por que não?".

Marcondes procurava banir esses pensamentos de sua mente. Mas, com o passar do tempo, já não estava conseguindo mais retê-los trancafiados na inconsciência. Era preciso agir. E, para tal, nada melhor do que procurar conquistar Ivete e, quando ela estivesse apaixonada por ele, aí poderia decidir entre ela e a esposa. O empréstimo dos livros foi apenas uma etapa nesse processo de terrível obsessão. De resto, as atenções redobraram-se. Após as sessões, ele procurava retê-la por mais alguns minutos, buscando expressar em pouco tempo o que de melhor lhe ia pela alma. Tratava-se de uma tentativa desesperada de fazer com que Ivete visse nele mais que um terapeuta. Era mister que ela notasse o ser humano que era, o homem, enfim, o parceiro ideal. E agora que ele entrara de cabeça nessa ingente tentativa, iria até o fim, quaisquer que fossem as consequências.

∾

Inicialmente, Ivete notou uma pequena modificação nas atitudes e comportamentos de Marcondes. Mas não deu maior importância. Depois, achou que era exagero da sua parte, na verdade tudo continuava como antes. E, por fim, concluiu que talvez ela houvesse mudado e estivesse projetando as suas alterações na pessoa do terapeuta. Foi nesse momento que o Espírito Gaspar procurou inculcar-lhe novos pensamentos e sentimentos: "Você já notou como o seu terapeuta mudou em relação à sua pessoa? Não foi você que mudou, foi ele. Ele está interessado em você. É verdade. Aquele safado está interessado em você. Ele é casado, tem uma filha, mas não tem vergonha. Descaradamente, olha para os seus olhos e para o seu corpo. A lascívia, a libidinagem estão estampadas em toda a sua fisionomia. Você, que é uma pessoa tão inteligente, ainda não notou isso? Preste atenção, Ivete, e dê um basta a esta história de atrevimento e desfaçatez".

Ivete procurava não dar ouvidos a tais insinuações que lhe ocorriam — não sabia como — na mente. Não era nada disso, pensava. Marcondes apenas queria ser educado. Afinal, tratava-se de pessoa inteligente, culta e de grande polidez. Assim, não deu maior importância ao que lhe ocorrera e continuou com a convicção a que chegara depois de alguma reflexão. No entanto, após poucas semanas, concluiu que, de fato, Marcondes a encarava com olhos diferentes, perscrutadores, como nunca tinham sido antes. Ela sentiu-se incomodada e pensou em relatar isso durante a sessão. Depois, desistiu da ideia e achou natural que ela, uma mulher considerada bonita na sua idade, fosse admirada por um homem, mesmo que fosse o seu terapeuta. "Antes de psicólogo, ele é um homem", pensou "logo estará farto de me observar, passando a concentrar-se em outros assuntos. Penso que estou exagerando". Com esse veredito, pôs de lado qualquer nova atitude a respeito e continuou a ir tranquilamente às sessões. Na verdade, uma certa ponta de vaidade havia aflorado em seu íntimo. Justamente ela, que recusara tantos pretendentes de modo peremptório, agora passava por uma sensação agradável por estar sendo notada como mulher. Afinal, pensava, Marcondes *não era de se jogar fora.*

Quando este último pensamento aflorou-lhe na mente, ela enrubesceu. Como poderia estar alimentando semelhante situação? Era preciso dar um basta a tal sentimento espúrio enquanto era tempo. E resolveu voltar ao distanciamento que sempre estabelecera entre ela e o terapeuta.

∞

Quando Ivete voltou à postura anterior e tornou-se mais circunspecta e distante, Marcondes concluiu que tinha ultrapassado uma barreira, que se constituía em segurança interior para a paciente. Portanto, resolveu também se distanciar um pouco mais, tomando um procedimento comedido e profissional, sem perder a gentileza e a cortesia. Com esse recuo, não desistia da guerra, apenas mudava a estratégia, pois o desejo de conquista continuava firme em seu coração.

A mudança comportamental de Marcondes surtiu efeito. Pouco tempo depois, Ivete voltou a sorrir e a aproximar-se mais dele. Contudo, nada mais que isso. "Ela está sendo apenas cortês", pensou insatisfeito. "Mas não é isso o que eu quero. Preciso dar um jeito de insinuar-me um pouco mais, sem dar na vista." E, de modo respeitoso, porém decidido, voltou a interpelar a paciente a respeito de assuntos alheios à terapia, buscando uma forma de reaproximar-se dela com a finalidade de conquistá-la.

Entretanto, mesmo decidindo desse modo, às vezes. Marcondes parava para refletir um pouco e notava que os pensamentos que alimentava não lhe eram habituais, não pertenciam a ele. Concluía também que estava agindo contra a ética profissional. Envolver-se afetiva e sexualmente com uma cliente era uma transgressão à conduta necessária a um psicólogo clínico. É verdade que não houvera ainda um envolvimento de tal teor, mas essa era a intenção de Marcondes que, ao pensar desse modo, imediatamente mudava, dizendo: "Não, não é isso que eu quero. Nunca agi assim". Entretanto, se não era isso o que ele queria, por que continuava a insinuar-se para Ivete? A tal conjectura, ele não encontrava resposta. Se decidia alterar a conduta diante da paciente, não conseguia manter a decisão e voltava à estaca zero. E assim, a fixação pela executiva continuou até o dia em que ele deu um passo a mais na ladeira que se descortinava à sua frente. Depois de aproximar-se dela, que também não conseguiu manter o distanciamento a que se prometera, deu uma investida maior. Conhecedor de uma concorrida feira anual de livros, sugeriu a Ivete que fosse lá, aconselhando-a a ir na manhã de abertura, quando ainda estavam à venda os livros mais interessantes e mais raros. Aquiescendo, ela foi realmente à inauguração, pensando em adquirir algum bom livro. Marcondes, é claro, também foi à feira. Antes, porém, caprichou na indumentária esportiva que escolheu para a ocasião. Dora, notando a ansiedade do marido, enquanto se vestia, jogou um comentário que o desagradou:

— Nossa! Parece que você vai a algum encontro.

— E vou. Vou ao encontro da cultura. Seria bom que fizesse o mesmo.

Ao pensar no que havia dito, buscou desatinadamente se contradizer, pois o que menos ele queria naquele momento era a companhia da esposa.

— Desculpe. Não quis lhe dar nenhuma indireta.

— É direta mesmo, não?

— Não foi isso que eu quis dizer.

— Olha aqui, eu sei que você me acha burra, não adianta agora querer encobrir.

— Se você fosse burra, não teria cursado faculdade.

— Sim, mas nunca usei o que aprendi, se é que aprendi. Quer saber de uma coisa? Pois eu vou com você à tal feira de livros.

"Pronto! Viu no que deu, seu cretino? E agora?" Esse foi o pensamento que lhe veio à cabeça, insuflado por Gaspar. Já com o mau humor aflorado, ele não teve outra saída, senão dizer:

— Pois então vista-se logo. Vou sair daqui a cinco minutos.

— Você não quer mesmo que eu vá, não é? Ora, cinco minutos. Mas não precisa ficar agastado. Eu não falei sério. Pode ir sossegado. Não precisa levar nenhum *rabicho*... a menos que queira a companhia de Beatriz.

— Não, não. Hoje não. Preciso escolher livros importantes e ela se cansaria rapidamente. Poderei levá-la amanhã ou depois, quando o fluxo de visitantes for menor.

Marcondes não queria nem pensar na possibilidade de levar a filha naquele dia. Estaria tudo perdido. Teria de desviar-se de Ivete em vez de buscá-la ansiosamente, como fez mais tarde, quando já estava na feira. A esposa pensou: "Por que tanta ansiedade? O que haverá nessa feira que o deixou transtornado?".

Marcondes saiu com tanta pressa que se esqueceu das chaves do carro, tendo de voltar para pegá-las. Já na rua, as suas mãos tremiam ao volante. Será que Ivete fora ao pavilhão, como lhe dissera? E se lá estivesse, como a abordaria? Conversaria normalmente ou fingiria surpresa? Ficaria solto ou teria uma postura circunspecta? Não. Agiria livremente, como se fossem grandes amigos. Assim ele teria mais chance de chegar até o coração da paciente. A palavra "paciente" era a que mais ele detestava para identificar Ivete. Afinal, quando usava esse termo, lembrava-se de que o seu relacionamento com ela deveria ser apenas profissional. Mas não era isso que queria. O seu intento era outro. Queria que ela fosse sua amiga, ou melhor, sua amante. Outra palavra que o fez mudar de atitude. "Amante? Meu Deus, o que está acontecendo?"

Pensou em dar meia-volta e dirigir-se para casa. Mas já era tarde. O carro acabara de ser colocado numa vaga do estacionamento da feira. Ele pegou o bilhete que comprara com antecedência e rumou para o portão principal. Muitas pessoas acotovelavam-se para entrar. "Falta de organização", pensou. "Nos anos anteriores não havia essa bagunça." Bem, depois de alguns empurrões, viu-se finalmente dentro do recinto. As obras estavam distribuídas pelas editoras. Nas partes mais externas localizavam-se as pequenas, em espaços reduzidos. Já as consagradas tinham amplas extensões, com poltronas para leitura e cafezinho à vontade. Numa das alas, estavam as editoras estrangeiras, algumas das quais muito lhe interessavam. Mas, naquele momento, até mesmo os livros não lhe chamavam a atenção, que estava focada exclusivamente na presença ou ausência de Ivete. Circulou a esmo durante cerca de vinte minutos, não notando a figura da paciente em nenhum dos estandes observados. Começou a ficar abatido. "Tanto esforço para nada!", pensou, enquanto olhava distraidamente para o público que lotava os corredores. Depois de quarenta minutos, já havia percorrido todo o espaço ocupado pelas editoras. Pensou em comprar pelo menos um livro para não chegar em casa de mãos vazias. Seu interesse maior era pela obra do psicanalista francês Daniel Lagache, denominada *La jalousie amoureuse* (O Ciúme Amoroso). Assim, dirigiu-se lentamente ao estande da editora Presses Universitaires de France, detentora do título. Pediu ajuda para uma vendedora e, de posse do texto, deu uma folheada geral, quando, sentindo um perfume conhecido, desviou o olhar do livro. Era ela! A seu lado, e sem tê-lo notado, Ivete perguntava a um vendedor a respeito de uma obra, cujo título ele não conseguiu ouvir. Agora a sua atenção estava totalmente voltada para a executiva, que vestia uma saia lápis, *tailleur* e sapatos pretos. Os cabelos dourados sobre os ombros enfatizavam a beleza de seu rosto, que pareceu a Marcondes altivo e sensual. Uma onda fria percorreu seu corpo. Teve vontade de sair às pressas, fugindo da situação que ele mesmo procurara com tanto empenho. Mas, mesmo que quisesse de fato fazê-lo, já não era mais possível, pois, virando-se para o seu lado, Ivete sorriu e o cumprimentou.

— Boa tarde, Marcondes. Então você não perde mesmo a feira, não é?

— Boa tarde, Ivete. É verdade. Como lhe disse, é bom vir no primeiro dia, quando os melhores livros ainda estão nas estantes.

— E o que você comprou? Posso ver?

— Claro.

Ao ler o título, ela sorriu e perguntou:

— Então você, terapeuta, anda às voltas com ciúme amoroso?

— Não, não. É mais uma obra para pesquisa.

— Ou mais uma arma para usar contra os pacientes?

— É um meio para eu poder conhecer melhor os pacientes, com o objetivo de ajudá-los.

— Eu sei. Estava brincando.

— E você? Que livro está comprando?

— Quero conhecer Henri Fayol no original francês.

— Henri Fayol?

— Um dos clássicos da Administração.

— Ah! Agora me lembro. Faz parte dos estudos de Psicologia Organizacional e do Trabalho também.

A conversa começou, desse modo, bastante amena, o que afugentou todo o receio inicial do terapeuta. Aos poucos, ele foi assenhoreando-se da situação, de forma que se sentiu à vontade para fazer sugestões de livros e até mesmo mudar de assunto, tecendo comentários sobre temas triviais, que não faziam parte das sessões psicoterapêuticas. O tempo fluiu rapidamente, de tal sorte que, ao consultar o relógio, Ivete notou que já passava das duas horas.

— Bem, tenho de voltar para casa. Foi muito bom...

— Desculpe, mas poderíamos almoçar aqui. Vi que montaram um espaço agradável da Cantina di Torino. Conhece-a?

— Sim. Já fui lá algumas vezes.

— A comida é excelente. O que você acha, então, de almoçarmos aqui?

— Eu estava pensando em voltar para casa...

— Por que você não volta alimentada? Terei prazer de conversar um pouco mais com você.

— É que...

— Alguém a espera?

— Não é isso. Não sei se fica bem terapeuta e sua paciente almoçarem juntos.

— Você tem razão. Terapeuta e cliente não devem almoçar juntos — respondeu Marcondes, sorrindo. — Mas não há inconveniente algum em dois amigos fazerem o mesmo. Estamos aqui como amigos, não é verdade? Caso contrário, eu bato em retirada.

— Não, desculpe. Você tem razão. Mas sua esposa deve estar esperando-o para o almoço. Afinal, hoje é domingo.

— Ela sabe que no domingo em que se realiza esta feira, eu almoço por aqui mesmo. Aliás, a essa hora ela já deve estar na casa da minha sogra. Vou para lá mais tarde. Teremos ainda muita conversa e, certamente, deverei assistir a algum jogo de futebol, trocando ideias com o meu cunhado.

— Bem, sendo assim, penso que não há nenhuma impropriedade em almoçarmos juntos.

Embora algo lhe dissesse que não deveria aceitar e, apesar da personalidade bem ajustada que possuía, Ivete ter-se-ia sentido mal se houvesse recusado o convite inocente — assim ela pensava — de Marcondes. Enfim, ele fora muito cortês e gentil durante todo o tempo em que estiveram juntos. "Ele não tem segundas intenções", pensou. "Posso ficar tranquila. Noto até certa ingenuidade em seu modo de ser. É verdade que não posso sair com ele por aí, pois poderia ser mal interpretada. Mas uma única vez que almocemos juntos, não terá nada de repreensível." Com esses pensamentos, seguiu mais calma até o espaço reservado à cantina.

Marcondes pensava diferente. Achou que a aceitação ao seu convite poderia significar algo mais: uma queda pelo seu charme. Estar diante dela, não como terapeuta, mas como amigo, era algo que ele esperava havia algum tempo. É verdade que ela parecia vestida mais para uma reunião de executivos do que para uma feira de livros num domingo ensolarado, mas a sua presença altiva e cativante superava esse deslize no vestuário.

Ivete pediu um *fettuccine à carbonara* de camarões e Marcondes, um ossobuco, acompanhado de arroz piamontese. A conversa continuou leve e agradável. O terapeuta, porém, pensava num meio de cativar Ivete de tal maneira que ela concordasse com um novo encontro. "Se sairmos mais uma vez juntos", pensou, "ela estará fisgada. E peixe que eu capturo, não escapa nunca mais". Este pensamento assustou-o pela forma incisiva com que surgiu em sua mente. Entretanto, ele não se desviou da ideia de tê-la noutra oportunidade e noutro local.

Depois de meia hora de almoço, Ivete recusou a sobremesa e anunciou que tinha de voltar para casa. Fez questão de pagar o prato que escolheu e começou a despedir-se de Marcondes, quando, de forma inesperada, ele a convidou para um jantar na sexta-feira seguinte. Desta vez num refinado restaurante chinês.

— Você vai adorar a comida, Ivete. Certamente comerá mais do que se serviu aqui.

A executiva, que no transcorrer do almoço, notara algumas insinuações subliminares, não teve dúvida, recusou frontalmente o convite:

— Não, Marcondes. Se aceitei almoçar com você foi devido à circunstância especial propiciada pela feira de livros. Creio que você deveria ser o primeiro a não aceitar um relacionamento com pacientes que ultrapasse a barreira da psicoterapia. Não precisamos nos ignorar, caso nos encontremos em alguma outra circunstância, mas daí a uma aproximação paralela à terapia, a minha recusa é total. Você não acha que seria até uma conduta antiética da sua parte? Continuemos a nos respeitar, como fizemos até agora, mas nos encontremos apenas em seu consultório. Respeito-o como terapeuta, caso contrário já teria procurado outro. Mas fiquemos apenas nisso. Quero continuar merecendo a sua ajuda, que tem sido de grande valor para mim. Compreenda, estou querendo o melhor para nós dois. Foi muito bom ter conversado com você. Estou indo. Tenha um excelente domingo.

Marcondes respondeu alguma coisa indecifrável e permaneceu paralisado, como se buscasse entender o que se passara nesse tempo tão curto, mas que enterrara todos os seus planos futuros. "Será que *avancei o sinal?* Bem, é claro que sim. Mas o que exatamente fiz de errado? Estava tudo bem, a conversa fluía agradável e, de repente, tudo foi por terra. Ela chegou até a querer me dar uma lição de moral! Na verdade, ela me humilhou. Jogou-me no chão e pisou sobre a minha cabeça. No entanto, até agora me pergunto: *O que fiz de errado?*

∾

Ivete saiu sem muita noção do que dissera a Marcondes. Fora tudo muito rápido. Aos poucos, entretanto, caiu em si e achou que havia sido grosseira e mal-educada. Afinal, ele a tratara tão bem durante todo o tempo em que haviam estado na feira de livros. Ele fora agradável, cortês e respeitoso. Por que aquela reação intempestiva toda? Quis voltar e pedir desculpas, mas uma voz lá dentro lhe disse: "Siga em frente. Você fez bem. É melhor cortar o mal pela raiz". E ela obedeceu. No entanto, ao chegar em casa, sentiu-se mal do estômago e vomitou. "O *fettuccine* me fez mal", pensou. "Será que o camarão não estava fresco?". Depois, pensou melhor e continuou: "Não. Justamente eu, que faço terapia, não posso querer enganar-me. Não foi o camarão que me fez mal. Foi a situação vivida com Marcondes. Melhor ainda, foram as emoções revirando dentro de mim. O que não entendo é por que tive uma atitude tão intempestiva! Poderia educadamente ter recusado o convite. Poderia até mesmo ter falado sobre a inconveniência de uma cliente se encontrar com um terapeuta, principalmente quando ele é casado. Mas tudo isso deveria ter sido feito de modo tranquilo e compreensivo. A minha invectiva contra Marcondes foi desproposital. Cabe-me perguntar a mim mesma: 'O que há em Marcondes que me assusta a ponto de fugir desabaladamente dele, como fiz hoje?'." A palavra "atração" ficou na ponta da sua língua, mas ela não teve coragem de dizê-la. Preferiu sair para comprar algum remédio numa drogaria e depois ir até o apartamento de Dolores, sua amiga de muitos anos. Lá, ela estaria em campo neutro e poderia desvendar o mistério sobre o seu comportamento desatinado, como ela o julgava.

∾

Completamente abatido, Marcondes dirigiu-se para a casa da sogra, a fim de encontrar-se com a família. Mas, no caminho, conjecturava: "Ela não poderia ter feito isso comigo. Afinal, respeitei-a o tempo todo. Acho até que fui muito ingênuo. Poderia ter avançado um pouco mais. Conversei apenas sobre assuntos triviais. O meu desejo era mudar o tema e enveredar para o lado amoroso. Entretanto, consegui conter-me e mantive uma conversa neutra. Por que ela ficou tão agressiva, quando a convidei para jantar um dia desses comigo? Também não gostei de ela ter invocado a ética profissional. Quem conhece a ética da minha profissão sou eu, não ela. Realmente, não gostei dos seus modos".

Enquanto expressava para si mesmo o desapontamento que lhe ia na alma, uma sombra soprava outras palavras em seus ouvidos: "Ela foi correta. Você foi desajeitado. Não é assim que se faz para conquistar alguém. Tudo tem a hora certa e o modo adequado. Você pôs os pés pelas mãos. Peça-lhe desculpas. Dê-lhe um mimo que demonstre as suas boas intenções. Volte à carga. Não desanime diante do primeiro obstáculo. Afinal, você é um conquistador ou um aparvalhado qualquer? Você a ama. Tem de seduzi-la. Só falta encontrar a forma e o momento corretos. Tudo é válido para conquistar quem merece as suas atenções e o seu devotamento. Siga em frente, companheiro. Siga em frente!".

Marcondes deu um suspiro e pensou: "Se ela está achando que vou desistir tão fácil, está muito enganada. Na próxima investida, serei muito mais cauteloso, muito mais sutil".

O carro descia uma ladeira, como faz a alma humana ao ligar-se, de algum modo, a espíritos dominados pelo ódio e pela vingança...

7
O trabalho e a vida

Ivete foi ao apartamento de Dolores, amiga de vários anos, para colocar as ideias em ordem. No caminho, continuou refletindo sobre o que ocorrera na feira de livros. Estava confusa. Marcondes teria segundas intenções a seu respeito ou tudo era fruto da sua própria cabeça? "Será que estou fantasiando? Mas ainda que seja isso, parece-me que, pelo menos, ele se mostrou muito desligado. Afinal, um homem casado saindo com uma mulher solteira para jantar não é comum. Se fôssemos estar com outros amigos, tudo bem. Mas sair sozinha com ele não me parece correto. E tenho certeza de que, nesse jantar, ele me convidaria para outro. Depois de aceitar dois ou três, tornar-se-ia rotina. Como reagiria sua esposa? Se fosse eu a esposa, como reagiria? Será que ele não pensou nisso?" Assim conjecturando, ela chegou às redondezas do prédio em que morava a amiga, deixou o automóvel num estacionamento e dirigiu-se rapidamente ao condomínio. Já no *living* do apartamento, contou detalhadamente tudo o que ocorrera e esperou as considerações de Dolores, que riu e afirmou, sem maiores considerações:

— Ele está querendo conquistá-la.

— Você acha mesmo?

— Claro! Em que circunstância um homem casado procura sair com uma mulher solteira?

— Não sei. Talvez queira apenas *jogar conversa fora.*

— Você está sendo muito ingênua, Ivete. Homem casado que sai com mulher solteira não pretende apenas trocar ideias. Desculpe a franqueza, mas ele está a fim de você.

— Não fale assim, sinto-me uma... sei lá, uma mulherzinha qualquer.

— Esse é o seu segundo erro: você não é uma mulherzinha qualquer, ele que é um safado, um sem-vergonha.

Dolores falava com uma voz estranha e uns modos que não pareciam seus. Ivete, notando isso, ainda tentou contra-argumentar, mas a amiga a interrompeu, dizendo com certo rancor:

— Deixe de ser burra, Ivete! Dê um chute no traseiro desse terapeuta de meia-tigela. Você não merece isso. Você é uma mulher inteligente, culta e muito digna. Não se deixe levar por esse cafajeste.

— Primeiro você fala que sou burra, depois diz que sou inteligente. Afinal, eu sou inteligente ou burra?

— Você é inteligente, claro, mas nessa história está sendo burra. Acabe logo com isso. E mais: diga que se ele insistir, você ligará para a esposa dele.

— Agora você exagerou. Também não é assim. Ele apenas me convidou para jantar.

— Na verdade, o jantar é apenas o aperitivo. Depois...

— Não sei o que dizer. Aliás, foi por essa razão que vim até aqui.

— Nós somos amigas, Ivete, não posso ocultar-lhe a realidade. Ele quer torná-la a sua amante.

— Você crê realmente nisso?

— Eu tenho certeza!

A conversa continuou mais um pouco centrada nesse tema, depois Ivete procurou mudar de assunto, pois o ambiente já estava ficando pesado. Na verdade, ela continuava confusa, sem saber realmente qual era a intenção de Marcondes. De uma coisa, entretanto, estava certa: jamais sairia para jantar com ele. Nesse ponto, o diálogo com Dolores fora produtivo.

Enquanto as duas conversavam, o espírito Gaspar, aproveitando-se do estado de ânimo depressivo de Dolores, insuflou-lhe todas as considerações que ela teceu sobre a pessoa de Marcondes. "Esse pilantra não vai passar-me para trás outra vez", pensava agastado. E a minha mulher não vai cair nos braços de ninguém. Se não é para mim, também não é para os outros, e muito menos para esse moleque descarado". Já com relação a Ivete, ele queria influenciá-la no sentido de repelir ostensivamente Marcondes. No entanto, ela, com sua moralidade superior, não abria nenhuma brecha para as insinuações daquele espírito que um dia fora seu esposo. E também não havia necessidade, pois, exatamente devido a seu caráter, forjado em valores morais elevados, por si mesma ela estava decidida a cortar o mal pela raiz.

∞

Ivete era realmente uma mulher austera e decidida. A sua escolha para gerente-geral na empresa em que trabalhava deveu-se, em parte, à sua competência técnica, e também, às suas qualidades morais. Desde que fora admitida, mostrara-se interessada no trabalho e automotivada para cumprir as suas atividades dentro dos postos que ali ocupou. Agora, como gerente-geral da área de vendas, embora não tivesse sido vendedora, mostrara a sua competência para estabelecer metas e incentivar as equipes para que buscassem cumpri-las. A sua promoção foi uma espécie de "última esperança" do diretor-presidente, visto que haviam sido experimentados dois gerentes comerciais que não tinham conseguido dar conta das funções. O problema era que, mesmo sendo executivos, eles trabalhavam como se fossem executores, ou seja, continuavam vendedores, olvidando as funções de planejamento, organização, controle e, particularmente, liderança. Mesmo como gerentes, agiam desse modo, porém, as metas, bem ou mal, acabavam sendo cumpridas. Mas, depois, como gerentes-gerais, já não conseguiam suportar a carga de trabalho e, na sua disfunção, não conseguiam fazer com que as equipes cumprissem as metas organizacionais. Já Ivete, por não ter sido vendedora, assim que assumiu o posto, começou a desenvolver as suas habilidades de gestão, como o fizera antes, quando era gerente administrativa. O resultado foi que a massa de vendedores sentiu-se motivada pelo novo ar insuflado pela executiva e, como consequência inevitável, as metas voltaram a ser atingidas. Com isso, ela passou a ser muito prestigiada na empresa. No entanto, lá no fundo do coração, via-se como uma mulher muito rígida, fechada numa redoma de intelectualidade. "Era necessário", pensava, "abrir-se mais, deixar que as emoções saudáveis fluíssem naturalmente. Era necessário maior contato com os outros. E, sem dúvida, era importante criar uma rede de amizades, a fim de que a sua vida não se resumisse apenas ao trabalho, como tinha sido até aquele momento." Quando procurou a psicoterapia, tinha a intenção de encontrar apoio para a modificação interior indispensável ao cumprimento do que decidira. A austeridade deveria ceder algum espaço para a ternura, a alegria, o otimismo e a empatia, tão fundamentais para o estabelecimento da amizade. Agora, passados sete meses do seu início, a terapia já mostrara certa eficácia, embora não com a rapidez que ela desejava. Mas não podia negar que conseguira abrir-se mais no trabalho e começara a reviver antigas amizades que o tempo havia empoeirado e tirado o brilho.

No entanto, agora que tudo parecia estar indo bem, acontecia esse problema com o próprio terapeuta. Não seria uma recaída na rigidez anterior? Não seria fantasia desmedida da paciente que, de algum modo, gostaria de ser o alvo das atenções do psicólogo? Este último pensamento desgostou-a. "Onde já se viu pensar tamanha tolice? Justamente eu que sempre tive problema de relacionamento e me fechei como uma ostra em sua casca, estaria querendo as atenções, justamente do meu psicanalista? Ora, de onde surgiu esse pensamento incabível?" Mas, ao mesmo tempo, ela notava que tinha uma certa queda por Marcondes. Achava-o culto, charmoso, simpático e até bonito. Queria, porém, banir de sua mente semelhantes considerações, como se não existissem. Entretanto, as emoções não podem ser abafadas sob pena de explodirem como paixões em circunstâncias inesperadas ou de se transformarem em doenças físicas, algumas até muito graves. As doenças psicossomáticas estavam aí para comprovar tal asserção. Desse modo, Ivete resolveu assumir que não era indiferente a Marcondes. Isso, no entanto, não passava de uma constatação, sem nenhum plano de execução a curto ou longo prazo. Ela chegou mesmo a racionalizar, ao concluir que esse interesse pelo psicoterapeuta era bem conhecido da psicanálise e tinha um nome certo: transferência. Talvez ela estivesse, inconscientemente, transpondo para o psicanalista seus sentimentos em relação a outras pessoas da sua vida pregressa. Na transferência, há um deslocamento do sentido atribuído a pessoas do passado para pessoas do presente. Ela se converte num vínculo afetivo intenso, que se instaura de forma automática e atual entre o paciente e o analista. Pelos estudos que já encetara, por meio das suas leituras, Ivete não demorou muito para concluir que era esse fenômeno que estava se interpondo entre ela e Marcondes. O amor pelo pai, na infância, aflorara agora como desejo pelo terapeuta, mas como o amor sexual pelo pai caracteriza incesto, era preferível afastar-se o mais rapidamente do alvo das suas atenções. E esse alvo era agora o analista.

"Eureca!", pensou Ivete. "Então é isso. Tudo não passa de uma transferência. Talvez Marcondes não esteja querendo nada comigo. Está apenas sendo simpático. Ou está querendo ser um dos meus amigos. Afinal, não foi, em parte, por esse motivo que comecei a psicoterapia? É claro que ele está errado. Não vou ficar saindo com ele a tiracolo por aí. Para mim, ele é apenas o meu analista e é assim que deve continuar. Mas intenções ocultas certamente não existem em sua mente. Apenas devo, na próxima sessão, colocar tudo a limpo e dizer que, infelizmente, não podemos ser amigos íntimos, mas que ele pode continuar me ajudando". Assim conjeturando, Ivete julgou que o caso estava resolvido, embora tenha ficado pensando na possível análise que Marcondes estivesse fazendo da sua reação um tanto intempestiva na feira de livros. Mas isso era parte do mister do terapeuta, portanto, não fazia sentido ficar aborrecida com essa possibilidade. Desse modo, retomou na segunda-feira seus afazeres e, aos poucos, foi se esquecendo dos acontecimentos do fim de semana.

No entanto, como pessoa moralmente rígida e até mesmo perfeccionista, à noite, quando se deitava, caía-lhe na memória a maneira como recusara o convite de Marcondes e ficava meditando se agira da maneira correta. Quanto a recusar o convite era decisão irrevogável, mas o que a preocupava era a maneira como o fizera. Parecia-lhe ter sido ríspida e seca ao dizer "não", podia tê-lo feito de maneira mais suave, talvez mais educada. Diria ao terapeuta que não quis ser grosseira, mas que era necessário conscientizar-se de que tal amizade não ficaria bem, principalmente pelo fato de ele ser casado. No entanto, restava ainda uma pedra dentro do sapato: por que ela sentia certa atração por Marcondes? Por que gostava dos momentos em que ficava a sós com ele, no consultório? Afinal, os temas tratados durante as sessões não eram nada agradáveis para ela. Eram mesmo, muitas vezes, penosos. Então, naturalmente, ela deveria ficar tensa, angustiada, como de fato ocorrera no início da terapia. Mas, nos últimos tempos, ela se sentia até mais alegre, quando se aproximava a sexta-feira, não por causa do trabalho, mas porque teria a chance de se encontrar mais uma vez com Marcondes. Ao constatar esse fato, Ivete teve um sobressalto. "Como posso estar agindo assim? Não faz nenhum sentido. É verdade que sou uma mulher como as outras e, como tal, tenho interesse pelos homens, mas escolhi livremente não me unir a nenhum. E que dizer então de um homem casado? É preciso mesmo pôr um fim em tudo o que está acontecendo. Talvez eu devesse mudar de analista. Mas também pode apenas ser a famosa transferência de que tanto se fala. E se for mesmo isso, agora que tomei conhecimento dela, creio que, aos poucos, estarei livre de seus efeitos. Preciso de mais tranquilidade. Já sofri muito em minha vida. Agora que estou quase ingressando na meia-idade, não quero saber de confusões. Se até hoje, consegui ter uma vida até certo ponto equilibrada, não será agora que desandarei por um caminho escuso e tormentoso. É assim que vou agir."

∾

Católica por convicção, Ivete procurava seguir à risca os imperativos do catolicismo, frequentando semanalmente a igreja, confessando-se mensalmente e comungando todos os sábados e domingos. A igreja que frequentava era anexa a um convento de freiras Carmelitas não enclausuradas, de cuja madre superiora conseguira uma grande amizade. Quando lhe perguntavam qual a sua melhor amiga, ela não titubeava: Madre Teresa do Sagrado Coração. Pois, ao lembrar-se dela, resolveu visitá-la na terça-feira, quando deixaria a empresa mais cedo. E não se esqueceu de repetir, com fervor a oração de Teresa de Ávila, que aprendera com a madre superiora: "Nada mais a perturba. Nada a assusta. Tudo passa. Deus, porém, não muda. Com paciência tudo se alcança. Quem tem a Deus, nada lhe falta. Só Deus basta!".

No dia programado bateu à porta do convento e procurou madre Teresa. Recebida com carinho pela freira, foi até a sala de visitas, onde sempre era acolhida. Lá, depois de poucas palavras sobre assuntos genéricos, entrou no tema que a perturbava. Contou em detalhes o encontro com Marcondes e pediu o parecer da madre, que a olhou com seriedade e lhe respondeu com outra pergunta:

— Qual a sua decisão?

— Bem, madre, eu decidi que vou continuar com a terapia, mas que também terei uma conversa decisiva com ele na próxima sexta-feira, dia da sessão.

— E o que lhe vai dizer?

— Mostrarei que não fica bem um terapeuta, principalmente casado, encontrar-se com uma paciente para jantares ou mesmo visitas a livrarias. Com ele quero apenas um relacionamento psicoterapêutico. Nada além disso.

— Pois eu acho que você está certa. Não posso dizer-lhe se ele tem segundas intenções com esse convite para jantar, mas concordo com você que não fica bem, pois ele, além de ser seu analista, é casado. Parece-me que você chegou a uma conclusão sensata, Ivete. Apenas tenho a acrescentar que a conversa deve ser racional, firme e segura. Se ele insistir, creio que seja melhor procurar outro terapeuta. O que você acha?

— Madre, a senhora falou realmente o que faltava: a conversa deve ser racional, firme e segura. Será um diálogo franco, mas não agressivo. Vou mostrar-me calma, porém, muito convicta do que estiver dizendo. Penso que, agindo assim, ele entenderá e até pedirá desculpas; afinal, como psicólogo, deve conhecer bem o seu código de ética profissional, não é mesmo?

— Sem dúvida. Quanto a você, Ivete, sempre foi uma moça honesta e de moral ilibada; portanto, a sua decisão só poderia ser essa, o que me deixa muito satisfeita por tê-la conhecido.

— Obrigada. Só um reparo: não sou mais jovem, madre. Estou hoje com quarenta e um anos. Já começo a entrar na meia-idade.

Madre Teresa sorriu e respondeu:

— Bem, perto de mim que estou com sessenta e seis, você é ainda uma adolescente. Mas, voltando ao assunto que a trouxe aqui, ainda tenho mais um adendo ao que disse: Você continua rezando a prece de Santa Teresa de Ávila?

— Continuo, sim.

— Pois, lembre-se bem de suas palavras: "Nada a perturba, nada a assusta. Tudo passa. Deus, porém, não muda". Não parece uma resposta às suas inquietações?

— É verdade, madre. Cabe certinho no meu caso. Devo ter confiança em Deus, que "não muda", e que permanece amoroso e compassivo.

— "Com paciência tudo se alcança", diz ainda Santa Teresa. E conclui maravilhosamente: "Quem tem a Deus, nada lhe falta. Só Deus basta!". Como estava inspirada a nossa Madre Maior quando proferiu pela primeira vez esta oração!

— Estava com Deus no coração, não é mesmo?

— No coração e na mente santificada que já possuía.

A conversa continuou por mais alguns minutos, depois madre Teresa convidou Ivete para ir até a capela do convento orar a Deus, pedindo-lhe por intermédio de Jesus Cristo a força e a serenidade necessárias para enfrentar com coragem o momento que estava vivendo. A visita ao mosteiro foi como um bálsamo que caiu sobre a sua alma. A partir do momento em que conversou com a madre superiora, sentiu-se novamente com a segurança característica. Uma paz incomum invadiu-a e ela passou o restante da semana sem que tomasse conhecimento da aproximação do dia em que teria a conversa séria com Marcondes. Quando menos se deu conta já era sexta-feira. Fez, na empresa, as reuniões costumeiras com os gerentes e supervisores da área comercial e, em seguida, deixou o local rumo ao consultório psicológico. Chegara a hora de pôr tudo a limpo.

8
Uma semana inquietante

Marcondes, depois que saíra da feira de livros, mostrara-se taciturno, o que chamou a atenção de Dora. Ele, entretanto, desconversou e procurou minimizar a intuição da esposa.

— Ora, não estou taciturno. Por que estaria?
— Não sei. Você é quem deveria me dizer.
— Pois eu digo que estou muito bem.
— Você esqueceu-se até de comprar a obra de Molière, que tanto estava querendo.
— Não, não esqueci. O vendedor me falou que havia dois exemplares, que já tinham sido vendidos para um professor de literatura.
— Ele foi rápido, hein!
— Mais rápido que eu!

Dora não engoliu as palavras de Marcondes. Alguma coisa estava acontecendo com o marido e ela precisava descobrir. Mas, para não iniciar mais uma escaramuça, resolveu dar um descanso, não falando mais sobre o assunto. Marcondes matutava. Talvez ele tivesse ido com muita sede ao pote. "Devo ter mais tato, da próxima vez", pensou. "Preciso encontrar um meio de me insinuar vagarosamente, de modo imperceptível, para que, quando ela menos esperar, já tiver sido fisgada pela minha astúcia. Aliás, preciso conversar com o Nélio, que conhece tudo sobre sedução. Vou abrir o jogo e pedir o seu conselho."

Nélio era uma amigo da faculdade, com quem Marcondes se encontrava esporadicamente. Nos tempos do curso de Psicologia, tinham passado por várias aventuras estudantis e o amigo era considerado um conquistador inveterado. "Portanto", pensava Marcondes, "nada melhor do que pedir-lhe uma 'aula extra'". Procurou na agenda o número do telefone do amigo e ligou logo na segunda-feira para ele. Marcaram encontro num barzinho, que também frequentavam nos velhos tempos da faculdade.

— E então, Nélio, o que você anda fazendo?

— Tenho trabalhado demais. Demais para o meu estilo.

— Você continua na área de recursos humanos?

— Sim. Dediquei-me à Psicologia Organizacional. Arrumei um emprego na área e, como você bem sabe, não saí mais.

— E conseguiu a promoção de que me falou na última vez em que nos vimos?

— Sim, hoje sou gerente de RH. Mas, acima de tudo, sou daqueles que acreditam que, embora possa demorar, a aposentaria um dia vai chegar.

Marcondes riu e, em seguida, entrou no assunto que lhe interessava.

— Você continua um grande conquistador ou nesse campo já está aposentado?

— Não digo aposentado, mas já não é a mesma coisa. E você?

— Cá entre nós, eu estou às voltas com uma executiva de primeira classe.

— Arranjou uma amante?

— Bem, isso ainda não, mas preciso de umas dicas suas para iscar aquele peixe.

— Minhas?

— Você conhece tudo sobre sedução, Nélio. Não vai me negar uma aula, não é mesmo?

— Claro que não, mas não tenho nenhum manual pronto. Apenas sei o que todos sabem. A diferença é que eu aplico, ao passo que os outros ficam na teoria.

A partir daí, a conversa mudou de rumo para o tema que inquietava Marcondes. Ele pôde ouvir do amigo vários conselhos sobre a "arte da conquista", como chamava Nélio ao conjunto de estratégias que utilizava para seduzir mulheres imprecavidas. Nessa conversa, censurou Marcondes pela maneira atabalhoada com que investira sobre Ivete. Era preciso mais calma e, sem dúvida, mais tato. Marcondes ouvia com muita atenção tudo o que lhe era dito, e procurava memorizar. Seguiria as regras básicas fornecidas por Nélio e pensava, assim, finalmente obter o prêmio da vitória.

O espírito Gaspar não perdeu a oportunidade de comparecer a essa inusitada reunião, também inspirada pelo obsessor. Em companhia de dois amigos da baixa espiritualidade, incentivou o consumo de uísque e semeou uma série de pensamentos que, segundo entendia, levariam Marcondes ao desastre familiar. O resultado foi muito bom no seu entender. Marcondes ficou um pouco *alto*, pois não estava habituado a ingerir tanta bebida alcoólica e Nélio foi encorajado a dar conselhos que só poderiam prejudicar a situação do amigo, que, vagarosamente, começava a cair num precipício assustador.

Encerrada a reunião, Marcondes voltou para casa e, ao chegar, a esposa notou que ele havia bebido.

— Você não está muito bem, Marcondes. O que aconteceu?

— Nada. Deveria acontecer alguma coisa?

— Hum! Você está com cheiro de álcool. Por que foi beber? E com quem?

— Ora, ora. Eu não posso mais sair com amigos? Sempre fiz isso e você não foi contra. Por que agora essa atitude policialesca?

— Não é isso. Você bem sabe que o respeito muito e não quero vê-lo com falsos amigos que lhe fazem mais mal do que bem.

— Virou moralista, também?

— Quer saber de uma coisa? Quando você estiver curado da bebedeira conversaremos seriamente. Agora, vá dormir.

Na manhã seguinte, Marcondes levantou-se com forte dor de cabeça e um peso na consciência. O que fizera não estava certo. Era preciso pedir desculpas à esposa. Procurou minimizar o fato e, é claro, nada disse sobre o verdadeiro encontro com o amigo Nélio. Apenas falou que havia se encontrado por acaso com ele e que resolveram beber alguma coisa, tendo exagerado na dose, sem perceber. Prometeu que tomaria cuidado da próxima vez, e o caso foi encerrado.

Entretanto, em seu mundo interior fervilhavam os pensamentos sobre o que ouvira do amigo. Então era isso. Ele metera os pés pelas mãos. Se tivesse agido com mais vagar, poderia ter conseguido o seu intento. "Bem", pensou, "nem tudo está perdido. Ela ainda é minha paciente. Na sexta-feira, procurarei convencê-la de que o meu convite foi inocente e de que a minha intenção não era outra senão estabelecer mais proximidade com uma pessoa de cultura elevada, coisa difícil de se encontrar. Mas não deixarei de pedir-lhe desculpas e vou lhe dar um mimo qualquer para demonstrar a minha candura". Riu das suas últimas palavras e continuou: "Um mimo qualquer não, tem de ser algo que ela perceba como uma simples gentileza ou um puro pedido de desculpas. Já sei, vou lhe dar um livro que fale sobre um tema que venha a me ajudar nessa conquista tão difícil! Mas que livro?". Marcondes, na verdade, seguia ao pé da letra as orientações de Gaspar, que ria satisfeito a cada frase que o obsidiado repetia como um escolar decorando um texto.

Depois de muito pensar, o terapeuta chegou à conclusão de que lhe ofereceria um livro que ganhara de uma cliente no ano anterior. Tinha por título *A mulher de hoje*, e fora escrito por uma jovem que investira as suas economias numa edição própria. Por tal motivo, a obra não chegara às livrarias. O tema referia-se à maneira como a mulher devia ser atualmente: independente, segura, culta, sem deixar de ser romântica, e, principalmente, "dona do seu próprio nariz", e sem se preocupar com o falso moralismo da sociedade. Era um prato cheio para suas intenções escusas. Satisfeito com a escolha, esperou ansiosamente o dia da sessão.

ॐ

A semana foi muito longa, tanto para o analista como para a analisanda. Para ele, porque esperava, pelo menos, começar a reverter o quadro que se tornara turvo no último encontro que tivera com a paciente. Para ela, porque pretendia pôr tudo às claras, dizendo sobre o dissabor diante do ocorrido na feira de livros. Deveria ficar claro para o terapeuta que a relação entre os dois teria de ser estritamente psicoterapêutica e nada mais. Contudo, ela já decidira que isso deveria ser feito com muito cuidado e prudência, para não ferir quem, talvez, apenas estivesse querendo ser acolhedor e gentil.

Em família, as coisas melhoraram um pouco para Marcondes depois do pedido de desculpas a Dora. Com a filha Beatriz, até aquele momento, o relacionamento continuava o mesmo de sempre: ele quase sempre ausente, mas se desculpando pelo grande volume de trabalho, e ela buscando ao menos alguns diálogos esparsos durante a semana.

Para Ivete, a semana também foi como de costume: muitas reuniões, muitos problemas a serem solucionados no interior da empresa e contatos com representantes de grandes empresas que haviam se tornado seus clientes. Mas, finalmente, em meio ao ritmo intenso das atividades, chegou a sexta-feira. Ela deixou a empresa e foi rapidamente ao consultório. Foi recebida pelo analista, que lhe mostrou um sorriso cordial, bem ensaiado para a ocasião. Precisava demonstrar à paciente que, apesar do ocorrido no domingo, tudo estava bem e poderia continuar no mesmo clima com que estavam sendo conduzidas as sessões. Ivete, mais circunspecta, antes de deitar-se no divã, e antes mesmo de qualquer palavra de Marcondes, disse, do modo mais calmo e educado possível:

— Marcondes, desculpe, mas antes de darmos início à sessão, quero deixar bem claro um assunto a fim de que não reste nenhuma dúvida.

Preocupado com o que seria dito, mas já antevendo o que poderia ser, ele apenas respondeu:

— Por favor, Ivete, esteja à vontade.

— Domingo passado talvez eu tenha sido um tanto áspera com você ao me despedir e, nesse aspecto, quero pedir-lhe desculpa. No entanto, quero também reafirmar que, no meu entender, não fica bem um terapeuta se encontrar com a paciente, mesmo que seja para um inocente jantar. Creio que uma amizade, se é isso que você pretendia comigo, pode interferir negativamente no andamento da psicoterapia. Se um dia eu o procurei, foi para resolver alguns problemas pessoais que ainda necessitam de solução. E até agora você tem me ajudado bastante para eu conseguir esse objetivo. Não devemos, entretanto, passar disto. A sua participação na minha vida é muito importante e eu espero que continue sendo, até o dia em que eu possa receber alta. Nesse momento, Marcondes, terá sido encerrada mais uma etapa da minha vida e eu seguirei o meu caminho, apoiada pela mão de Deus, como tem acontecido até agora. Quanto a você, continuará, creio eu, exercendo essa nobre profissão de ajudar os que necessitam de apoio psicoterapêutico para reconstruir a vida. É assim que eu pretendo dar continuidade à análise. Você concorda?

Marcondes foi pego de surpresa. Não fora para isso que ele se preparara durante toda a semana. E agora? Responder o quê? Aceitar a exigência de Ivete seria renunciar a qualquer possibilidade de conquista; por outro lado, rejeitá-la, seria perder a cliente e a mais remota possibilidade de conseguir o seu objetivo. Como se diz na gíria, ele estava numa *sinuca de bico*. Qualquer resposta que desse, iria levá-lo a ver cair por terra o seu intento. Gaspar, que assistia a tudo com um sorriso malévolo nos lábios, insuflou em Marcondes um pensamento que não lhe ocorrera. Sintonizado que estava com o obsessor, pela invigilância moral, ele assimilou a mensagem e deu uma resposta, entremeada de mentira:

— Penso que você esteja exagerando as coisas, Ivete. Ter amizade com uma paciente não é falta de ética. A minha intenção não era outra senão conversar de vez em quando com uma pessoa culta e de uma inteligência invulgar. Eu queria apenas poder trocar ideias de teor mais elevado, o que não ocorre com as pessoas comuns. Eu não a coloco no rol da mediocridade que impera na maioria das pessoas. Meu único propósito foi elevar o nível das minhas amizades. Não é só você que estou buscando para isso. Há pouco, encontrei-me com um amigo que não via havia muitos anos e procurei reatar esse contato por tratar-se de pessoa de moral elevada e cultura superior. Se, para você, isso for antiético, esqueça o que lhe disse. Nunca mais tocarei no assunto. Será como você decidir. É pena, porque perderemos a oportunidade de crescer juntos, tanto moral como espiritualmente, mas seguirei à risca suas determinações.

Nesse momento, quem ficou *num beco sem saída* foi Ivete. Ela não esperava essa resposta de Marcondes. "Meu Deus", pensou, cheia de dúvidas, "será que não estou sabendo dimensionar as qualidades de Marcondes? Ele falou em crescimento moral e espiritual, isso é algo negativo? Mas, por outro lado, ele é casado e estar saindo com homem casado, mesmo para um simples jantar, não é de meu feitio. Ainda que ele esteja sendo sincero e a sua intenção seja alargar o seu horizonte cultural, definitivamente, não fica bem iniciar esse tipo de contato que só poderá trazer-me aborrecimentos no futuro. É melhor cortar o mal pela raiz, mesmo que isso seja doloroso".

Ivete não podia ver, mas seu mentor espiritual estava a seu lado com o intuito de orientá-la para o melhor. E, ciente das reais intenções de Marcondes, insuflado pela obsessão de Gaspar, sugeriu-lhe a resposta, que ela acatou:

— Lamento, Marcondes, mas continuo pensando que nossa amizade iria comprometer a sessão de análise. Nem cabe citar outros inconvenientes, o simples fato de afetar negativamente a psicoterapia já é motivo suficiente para eu rejeitar qualquer tipo de contato fora daqui. Agradeço as suas considerações a meu respeito, mas peço que procure outras pessoas de nível elevado, que possam ampliar o seu círculo de amizades e favorecer o progresso espiritual de vocês. Não leve a mal a minha negativa. É para o nosso próprio bem. Foi Epicuro, se não me engano, o filósofo a afirmar na antiguidade, que não podemos escolher qualquer prazer. Há ocasiões em que devemos evitar um prazer se dele nos advierem efeitos desagradáveis. Ter uma amizade pura e sincera é um prazer, mas se dela formos colher dissabores futuros, é melhor evitá-la. Muito obrigada pelo convite, permaneçamos, no entanto, com nosso relacionamento estritamente profissional.

A resposta decisiva foi um banho de água fria nas pretensões do terapeuta. Não havia, entretanto, possibilidade nenhuma de refutar o que lhe fora dito. Ele teria de aceitar a decisão. Completamente despreparado para as assertivas que ouvira, respondeu apenas, com voz sumida na garganta:

— Como lhe disse há pouco, Ivete, seguirei à risca a sua determinação e não tocarei mais no assunto. Podemos dar início à sessão.

Ela, porém, não estava mais em condições de participar da sessão naquela tarde. Disse que voltaria na próxima semana e saiu às pressas, depois de despedir-se.

∿

Marcondes fechou a porta e despencou sobre a cadeira. Tudo caíra por terra. Como seria dali para a frente? Apenas terapia? E ele resistiria à beleza de uma paciente tão especial quanto Ivete? Era preciso dar um jeito na situação. Ele se recusava a aceitar o que prometera alguns minutos atrás. Não poderia perder aquela mulher que o enfeitiçara com os seus encantos. De nada valera a conversa com o amigo Nélio. Ele mesmo teria de encontrar um meio de reverter a situação.

Gaspar sabia que a sua ex-esposa mudara muito. Não tinha dúvida de que ela não aceitaria qualquer investida de Marcondes. Por esse motivo insistia tanto para que o pobre terapeuta não desistisse. Queria que Ivete o enfeitiçasse com a sua beleza a ponto de ele não resistir e declarar-se ostensivamente. Aí sim, ele *quebraria a cara* e a perderia de vez. Mas a vingança premeditada não terminava por aí. Gaspar queria que Dora soubesse o que estava ocorrendo. Com isso, a harmonia familiar seria quebrada e Marcondes teria mais uma derrota, bem merecida, como conjecturava o obsessor. Entretanto, para que isso pudesse acontecer, era necessário que Dora também lhe desse ouvidos. Na verdade, ela desconfiava de que havia alguma coisa errada com o marido. Não sabia ainda o que era, mas queria descobrir. O relacionamento conjugal entre ambos já não era o mesmo de alguns meses atrás. Disso Gaspar já sabia. Dora começava a alimentar desconfiança, insegurança e desamor em seu coração, pego de surpresa pelos modos ásperos com que Marcondes a vinha tratando. Era a oportunidade de que precisava o obsessor. Foi assim que, dirigindo-se à residência de Dora, encontrou-a pensativa e desanimada diante da situação que estava vivendo e pela qual nunca esperara. O que estaria acontecendo com Marcondes? Por que essa mudança em suas palavras, em seus gestos, em seu modo de tratá-la?

"Isso é coisa do coração, Dora", sussurrou-lhe no ouvido Gaspar. Uma ideia esquisita percorreu-lhe a mente. Estaria o marido interessado em outra mulher? "Ah! Essa não. De onde me veio esse pensamento? Nunca pensei isso dele. Pode ser a tal crise da meia-idade. Afinal, ele já não é mais jovem, e é justamente nessa fase que alguns homens titubeiam. Já não são mais os garotões de outrora. Os fios brancos estão tomando conta da cabeça. Não conseguiram realizar todos os seus sonhos. E, possivelmente, não realizarão alguns, que acalentaram com muito carinho. A vida parece perder o significado. Não foi assim que ele mesmo me falou a respeito de um de seus amigos? Por que ele também não poderia estar passando por isso?". "O que você pensa pode ser verdadeiro, Dora, mas é apenas uma pequena parte", soprou-lhe Gaspar, buscando ser o mais convincente possível. "Marcondes está passando mais tempo fora. Tem procurado amigos de quem nem mesmo se lembrava. Você notou como ele tem se vestido com esmero? Antes não era assim. Você vivia dizendo para ele combinar melhor a camisa com a gravata, as meias com os sapatos. Hoje ele faz isso muito bem e com muito cuidado. E o perfume? Agora só usa os de grife. E você não reparou como ele está ficando mais tempo diante do espelho, arrumando zelosamente os fios soltos dos cabelos? Abra os olhos, mulher! Abra os olhos!"

Uma nuvem de tristeza baixou sobre Dora. Não era possível que Marcondes estivesse se interessando por outra mulher. Ela pensou: "Ele nunca foi de botar os olhos em ninguém!". "Nem em você, não é Dora?", rebateu Gaspar, continuando: "Mas um homem pode cansar-se de viver uma vida insossa como a que vocês levam. E aí... aparece aquela mulher bela e sedutora, pronta para fisgar maridos alheios e para destruir lares tão bem construídos. Dora, infelizmente seu marido foi fisgado. E eu não sei o que você poderá fazer para mudar a situação. Ou melhor, sei. É preciso que você...". Dora resolveu acabar com pensamentos tão estranhos. Não parecia que fosse ela a pensar tudo aquilo. Os pensamentos pareciam vir de fora para dentro, como se alguém lhe soprasse ideias que ela não alimentara. "Chega! Chega! Vou fazer alguma coisa para o jantar. Assim me distraio um pouco." E pôs de lado os pensamentos insuflados por Gaspar.

Durante a semana, Dora prestou muita atenção aos menores gestos do marido, procurando ler nas entrelinhas o que, de fato ele estava sentindo. O que ela conseguiu foi confirmar que ele mudara. Já não estava rindo como antes, tornara-se taciturno. Às vezes, respondia ao que ela lhe dizia apenas com monossílabos, mostrando-se alheio ao assunto. Parecia ter-se convertido numa pessoa sensível demais, pois qualquer coisa que lhe fosse dita e que pudesse ser tomada como uma crítica construtiva, ele logo ficava amuado e trancava-se em seu escritório, não aceitando mais nenhum tipo de conversa. Enfim, estava difícil a vida comum do casal. Com relação à filha, ele trocava algumas poucas palavras, mas logo procurava qualquer coisa para fazer, a fim de ocultar-se e evitar o prolongamento do diálogo. Se antes ele se sentia mal por não poder estar muito tempo com Beatriz, agora a evitava sempre que podia. Ela, acostumada com sua ausência, não chegou a perceber a mudança, entretanto, a mãe notou também essa modificação negativa do marido. O que ela não sabia, porém, era como reverter a situação nem se isso era possível.

O fim de semana foi péssimo para Marcondes. A rejeição de Ivete caíra-lhe fundo na alma. Ele não tinha fome, não sentia vontade de conversar com ninguém e também não sabia como agir dali para a frente, tanto em família como em relação à paciente. Aceitar o que ela lhe dissera seria pôr de lado tudo o que arquitetara e rejeitar para sempre a conquista maior da sua vida, como ele pensava. Abandonar o barco não lhe passava pela cabeça, porém, não conseguia criar nenhuma estratégia para voltar à carga e conseguir o que pretendia. Por tudo isso, começou a evitar os familiares, fechando-se no escritório e pensando no que fazer para converter a derrota fragorosa numa vitória insofismável. Mas faltavam-lhe ideias que pudessem ter a força necessária para mudar a situação melancólica em que se convertera a sua vida.

Gaspar observava as atitudes e a conduta de Marcondes, rindo satisfeito, pois ele queria mesmo que o desafeto sofresse muito, antes de insuflar-lhe pensamentos que o levassem ao fracasso total. Era preciso que ele experimentasse uma dor profunda, que ele padecesse um sofrimento atroz, sentindo-se rejeitado, humilhado, aviltado até o momento em que, totalmente perdido diante da situação vivida, aceitasse incondicionalmente as sugestões pérfidas do obsessor. Sugestões que o levariam ao fundo do poço. Gaspar teria paciência suficiente para esperar o momento certo e dar o bote final.

Nova paciente, velho problema

9

APESAR DOS MAUS MOMENTOS QUE ESTAVA vivendo, Marcondes fez o possível para continuar atendendo os seus pacientes da melhor maneira possível. Não sabia ainda como faria quando chegasse a sexta-feira e se visse diante de Ivete, mas em relação aos demais pacientes, queria manter a qualidade do atendimento. Assim, seguiu normalmente para o consultório na segunda-feira, fazendo do trabalho uma forma de esquecer-se do sofrimento pelo qual estava passando. Para sua surpresa, conseguiu ter um dia, se não agradável, pelo menos não tão difícil como quando estava em casa com a esposa e a filha.

Estava marcada para o dia seguinte a primeira sessão de uma nova cliente a respeito da qual quase nada sabia. Tratava-se de indicação de uma paciente, que pouco dissera sobre ela. Seria a última pessoa a ser atendida na terça-feira, já à noite. Marcondes aguardou-a com tranquilidade e, quando ela chegou, convidou-a para entrar no consultório. Ao olhar para o seu rosto, viu uma jovem que, depois, soube ter vinte e nove anos. Seu nome era Lucélia e sua queixa, a timidez. Era morena clara, com cabelos pretos caindo-lhe nos ombros. Deveria ter por volta de um metro e setenta de altura e um corpo proporcional. De início, Marcondes não lhe prestou muita atenção, além da necessária para a eficácia da psicoterapia. No entanto, com o passar dos minutos, uma onda de volúpia percorreu-lhe inesperadamente o corpo e um halo de sensualidade pareceu transcender o corpo da paciente. "A sua voz é cadenciada e bela, só comparável à de Ivete", pensou Marcondes. Era como uma das sereias do mito de Odisseu. E foi exatamente isso que passou pela mente dele. Segundo o mito grego, Odisseu foi um dos heróis que lutaram na Guerra de Troia, com duração de aproximadamente dez anos. Numa de suas viagens aventurescas, teve de passar por uma ilha em que habitavam as sereias, misto de mulheres e de peixes, cujo canto melodioso enfeitiçava a mente dos marinheiros e os fazia naufragar. Ao chegarem à praia, eram por elas devorados. Para evitar essa tragédia, Odisseu fez com que seus marinheiros tapassem os ouvidos com algodão, ficando ele amarrado ao mastro, a fim de que não se atirasse nas águas, induzido pela voz hipnótica das sereias. Desse modo, conseguiu resistir, não sucumbindo ao canto sedutor daqueles seres malévolos. Ao relembrar o mito, Marcondes sorriu, pensando: "Aqui está a sereia, mas eu não vou me amarrar a nenhum mastro. Que aconteça o que tiver de acontecer". A seu lado, Gaspar inspirava-lhe tais pensamentos e se regozijava com a obediência instantânea do terapeuta que, nessa altura, já começava a não distinguir seus pensamentos e os do obsessor. "Vá em frente", dizia-lhe Gaspar. Se Ivete está se fazendo de difícil, comece a sua conquista com essa aí. Não notou como ela é maleável, influenciável? Então, está esperando o quê? Que ela também desista? Ela achou você muito bonito, sabia? É o elo que poderá ligá-los por um bom tempo, até a conquista suprema de Ivete, que é o seu alvo. Isso se você não for um palerma, é claro". Marcondes esforçava-se para ouvir o que lhe dizia a jovem, apesar dos pensamentos contínuos que jorravam em sua mente.

— Creio que a minha timidez vem já da infância. Meus pais eram muito rígidos. Na verdade, são até hoje, mas, naquela época, a influência que exerciam sobre mim era avassaladora. Eu ficava muito tempo fechada em casa, sem contato com outras crianças. As pessoas que ali entravam eram quase sempre compostas por adultos, amigos de meus pais, que iam *bater papo*. Isso já não ocorre mais; porém, quando eu era pequena, nos fins de semana, ficavam ao redor da mesa até altas horas da madrugada, jogando, conversando e rindo. Eu ia cedo para a cama, mas durante um bom tempo ainda ouvia as suas vozes animadas e risos estridentes. Durante a semana, minha mãe sempre me levava à creche e me trazia de volta, sem permitir que me misturasse com as demais crianças, que me olhavam como esquisita e chata. Isso as afastava ainda mais de mim. Desse modo, fui perdendo o contato com os outros e me fechando num mundo todo particular. Nessa época, eu devia ter uns quatro ou cinco anos e comecei a me comunicar com um amiguinho imaginário. Seu nome era Nino. Eu ficava durante muito tempo dialogando com ele. Às vezes, falava alto e minha mãe, ao ouvir o que eu lhe dizia, ria do meu comportamento, dizendo que eu parecia uma maluquinha trocando ideias com um fantasma. Então, eu abaixava o tom de voz e continuava entusiasmada a conversa, que me entretinha durante um bom tempo, quase todos os dias. No entanto, isso foi me isolando cada vez mais e eu comecei a me fechar num compartimento sem portas nem janelas, sufocando-me a ponto de hoje ter de pedir ajuda a um analista. Certamente, as aulas de Psicologia, em meu curso de Ciências Contábeis, têm me ajudado, mas preciso resolver de vez esse problema, pois já começo a me sentir excluída entre os alunos da minha classe. Sei que devo abrir-me e procurar os colegas, mas algo me segura e não consigo expressar o que me vai na alma. Daí estar pedindo ajuda de alguém que possa auxiliar-me a arrebentar as amarras que me prendem a mim mesma, para poder estabelecer contato positivo com os demais.

Marcondes ouvia atentamente as palavras da jovem, a fim de poder fazer uma anamnese completa, isto é, o histórico do transtorno, elaborado pela própria paciente. No entanto, Gaspar não cessava de bombardeá-lo com ideias descabidas em relação à moça. Imantado ao pensamento do seu obsessor pelo monoideísmo centrado no sexo, o terapeuta precisava de um esforço muito grande para conseguir entender o que Lucélia lhe dizia, a fim de melhor diagnosticar a queixa apresentada. A paciente, nesse início de análise, relatou tudo de que se lembrou sobre a sua infância e juventude, buscando elementos que pudessem ser úteis ao terapeuta para ajudá-la a quebrar o círculo vicioso da timidez. Ele lhe fez poucas perguntas e ouviu mais o relato sentido que a jovem fazia. Sintetizou em breves anotações o fulcro da queixa e buscou entender o que ia na alma de Lucélia.

"Ela está precisando de uma aventura", sussurou-lhe Gaspar, "e você fica estático ouvindo as palavras vazias que ela lhe diz! Seja homem ao menos uma vez na vida. Ela é jovem, bonita e precisa de alguém mais experiente para tirá-la dessa redoma. Deixe de carolice e dê início à conquista. Esta é mais fácil que Ivete. Você está esperando o quê?".

Lucélia gostou muito dele. Foi a única vez na vida que pôde dizer tudo o que lhe ia no coração. E, melhor ainda, foi a primeira vez que alguém ouviu tudo o que ela tinha a dizer sem interrompê-la ou mudar de assunto. Queria continuar com a terapia, pois achava que, por meio dela, conseguiria finalmente ver-se livre do problema que a atormentava. "Viver no isolamento, na solidão não é fácil", pensou ao sair do consultório. "E agora parece que encontrei realmente o meio de livrar-me desse peso."

Se a paciente saiu satisfeita, o mesmo não aconteceu com Marcondes que, inspirado pelo obsessor se recriminava por ter sido "um palerma, um abobalhado", que não mexera um dedo para iniciar a conquista da moça. "Na próxima sessão tudo será diferente. Vou lançar a isca. Eu vou conquistá-la totalmente ou... não me chamo Marcondes." A verdade é que, infelizmente, ele passava para um estágio mais avançado de obsessão. Não era ele que estava com tal pensamento e sim Gaspar, que lhe instigava ideias impróprias com o intento de destruí-lo tanto profissional como familiarmente. Mas ele não conseguia mais distinguir os seus pensamentos dos pensamentos do obsessor, julgando que todos eles partiam da sua própria mente.

Esta fase em que ele começava a entrar leva o nome de *fascinação*, que é um processo de obsessão mais grave do que a *obsessão simples,* em que o obsidiado consegue identificar os pensamentos do obsessor. Neste grau obsessivo, deixa de existir a separação das ideias de um e de outro. Há um mecanismo de profunda ilusão alojada na mente enfermiça da pessoa. As faculdades intelectuais são perturbadas, alterando-lhe o raciocínio, a capacidade de julgamento e a própria razão. Neste caso, o espírito obsessor ilude o obsidiado, explorando suas fraquezas morais e ludibriando-o com falsas promessas. Existe uma ilusão causada pela ação direta do espírito obsessor sobre o pensamento do obsidiado. Seu raciocínio fica paralisado, assim como o seu juízo sobre as ideias que lhe são inspiradas. O fascinado não acredita que esteja sendo iludido. Destarte, o espírito fascinador tem a possibilidade de lhe infundir confiança cega, que o impede de compreender o absurdo dos seus atos, mesmo que esteja claro às pessoas com quem convive. A fascinação tem consequências mais graves que a obsessão simples, pois sua influência é sutil e persistente, de modo que o indivíduo é levado imperceptivelmente a pensar, sentir e agir da maneira como lhe instiga o obsessor.

Marcondes, até certo tempo atrás, parava para refletir sobre o que estava acontecendo, pois tinha impulsos que antes não lhe ocorriam; pensamentos e emoções que não faziam parte da sua vida intelectiva e afetiva. Ele sabia que tais impulsos, pensamentos e emoções não lhe pertenciam. Apenas não conseguia entender o que, de fato, estava acontecendo. Se tivesse feito preces, pedido ajuda ao plano espiritual, enfim, se predisposto a melhorar-se moral e espiritualmente, com certeza, teria recebido o apoio necessário e a obsessão teria acabado. Quando há melhoria moral de uma pessoa, o obsessor toma distância e deixa de importuná-la. Contudo, quando essa mesma pessoa vai se entregando às insinuações dele, aos poucos, se torna sua presa. Se, no primeiro grau, o obsidiado consegue distinguir suas ideias das do obsessor, no segundo grau essa distinção já não acontece. Ele aceita passivamente as insinuações como se fossem seus próprios pensamentos e busca segui-las. Isso representa um enorme perigo, pois o obsidiado passa a ser um joguete nas mãos do obsessor. Como considera Allan Kardec, este segundo estágio da obsessão, chamado fascinação, é uma espécie de ilusão produzida, seja pela ação direta de um espírito estranho, seja por seus raciocínios ardilosos. E essa ilusão produz um engano sobre os temas morais, falseia o julgamento e leva a tomar-se o mal pelo bem. Daí o perigo imenso de se cair neste estágio da obsessão.

Marcondes ficou ruminando as ideias, a fim de concluir sobre a sua conduta, tanto em relação a Ivete quanto a Lucélia. Instado por Gaspar, concluiu que, por algum tempo, deixaria Ivete em paz. Com o passar das sessões, ela voltaria a se achegar mais a ele, e então ele daria o bote decisivo. Por enquanto, tudo iria ficar em banho-maria.

Já com relação a Lucélia, iria pouco a pouco envolvê-la em suas garras até não poder mais escapar. Foi assim que na sexta-feira seguinte atendeu polidamente Ivete, tratando-a com delicadeza, porém dentro dos moldes profissionais. Ela notou a diferença e, embora de um lado tenha ficado satisfeita, de outro achou o tratamento um pouco frio. Na verdade, ficou indecisa. Teria sido muito ríspida, talvez grosseira mesmo? De qualquer modo, fora ela quem determinara esse tipo de tratamento, de modo que concluiu ser melhor assim. E seguiu um pouco mais tranquila para casa.

∾

Na terça-feira seguinte, Lucélia chegou com cinco minutos de atraso para a sessão. Pediu desculpas, explicando ser consequência do trânsito paralisado, devido à chuva forte que caíra sobre a cidade. Marcondes não estava interessado nisso, mas em ajudá-la, a seu modo, a se desfazer da timidez que lhe tolhia as palavras e as emoções. Mas era preciso seguir o enquadre terapêutico que ele professava. Daí a pergunta incisa, assim que acabou de deitar-se sobre o divã:

— A que mais você associa o seu atraso?

— A que mais? Como assim?

— Diga o que lhe vier à mente, sem qualquer reflexão anterior.

— Associo o meu atraso à chuva... à dificuldade de locomoção... à distância entre minha casa e o consultório... ao... ao medo de vir aqui. Pronto! Ao medo de vir aqui.

— Medo de quê, especificamente?

— Medo de ter de falar sobre mim... sobre o que penso, o que sinto.

A sessão começara dentro dos moldes preestabelecidos, mas a mente do terapeuta era um rol de ideias desbaratadas. Ao mesmo tempo em que procurava auxiliar a paciente, usando dos recursos terapêuticos de que dispunha — e nisso ele era muito eficaz —, procurava encontrar meios de achegar-se mais a ela e conquistar-lhe a confiança. Na verdade, ele queria mais que isso: seu desejo era se apoderar do coração dela, mesmo sendo casado e tendo uma grande diferença de idade entre ambos. Isso não lhe passava pela cabeça. Nessa altura, ele também já não se questionava quanto à conduta ética da profissão que abraçara. Fora-lhe colocada na mente a ideia da conquista e queria alcançá-la a qualquer custo. Não lhe ocorria nenhuma conjectura sobre a dignidade da paciente como ser humano. Ela estava sendo desconsiderada, desqualificada, surgindo-lhe meramente como um objeto de conquista. Dado, porém, que se tratava de um analista experiente, Marcondes não deixava de aplicar as técnicas que bem conhecia para fazer aflorar à consciência da paciente o móvel do problema que a atormentava e do qual queria ver-se livre. Desse modo, a sessão prosseguiu com a irrupção de fatos enterrados nas profundezas da mente e suas respectivas emoções, fazendo com que, ao deixar o consultório, Lucélia consolidasse o seu julgamento sobre o terapeuta, considerando-o um excelente profissional.

Marcondes conseguira refrear o desejo estúpido de aproximar-se mais da jovem e — quem sabe? — conseguir até mesmo um primeiro beijo, roubado com a maestria de um homem experimentado nas paixões irracionais que podem irromper inesperadamente de um coração feminino desorientado. "Se não foi agora", pensou com um sorriso irreverente, "será muito em breve. Disso não tenho nenhuma dúvida".

∾

Lucélia tinha uma única amiga na faculdade. Isso porque os pais de ambas se conheciam, o que facilitou a aproximação entre as duas jovens. Carolina era o seu nome. Fazia análise havia mais de um ano com Marcondes, tendo-o indicado à colega de classe. Se, no trato com os demais amigos, as duas eram fechadas, entre si isso não acontecia. Assim que se conheceram, uma grande amizade nasceu entre elas, de modo que segredos, às vezes guardados a sete chaves, eram revelados sem nenhum temor, pela confiança que havia. Essa abertura fez com que Lucélia começasse a falar sobre Marcondes, inicialmente em seu aspecto profissional, mas logo entrando no campo dos sentimentos.

— Carol, muito obrigada pela indicação do Marcondes.

— Está gostando?

— Ele é um excelente psicólogo. Já deu para perceber isso na primeira sessão. Quando tinha uns vinte anos, procurei um analista, mas não deu certo. Ele não tinha a experiência e o jeito de lidar com as pessoas como Marcondes. Depois de um mês e meio, eu já não queria mais saber de análise. Agora, entretanto, é diferente. Ele sabe como chegar em nosso íntimo e retirar coisas de que a gente nem se lembrava mais. E faz isso com uma facilidade que me espanta.

— Eu lhe disse que ele era muito bom.

— Agora, aqui entre nós, ele é um verdadeiro galã.

— Lucélia! O que é isso? — disse Carolina, rindo. — Ele tem quase o dobro da sua idade.

— Melhor. É mais experiente.

— Você não tem jeito mesmo. Em duas sessões, já perdeu a timidez?

— Que nada. Ainda me sinto muito reprimida, travada mesmo. Isso que estou falando é só entre nós. Mas penso que dentro de alguns meses poderei estar mais aberta para não temer tanto as pessoas e estabelecer um contato saudável com os demais. Afinal, foi para isso que procurei um terapeuta.

— Acredite. Você vai conseguir. A fama de Marcondes não é gratuita. Ele é mesmo um terapeuta muito bom.

— E muito bonito.

— Pare com isso, mulher.

Sem dúvida, ele conseguira uma primeira vitória e não se dera conta. Transferência à parte, Lucélia interessara-se por ele. O clima que se estabelecera em plena sessão fora propício ao nascimento de uma paixão. Lucélia estava carente de uma afeição dirigida exclusivamente a ela. Apesar de estar com vinte e nove anos, namorara apenas duas vezes e por um período muito breve. A sua postura circunspecta afastava os rapazes. Na faculdade, era considerada uma das melhores alunas da classe. Dúvidas de colegas eram muitas vezes tiradas por meio de uma conversa com ela. Mas terminada a explicação, não conseguia manter o diálogo, de modo que as pessoas acabavam se retirando. Isso a magoava muito. Ela sentia-se, até certo ponto, usada pelos demais. Mas, na verdade, era ela quem se retraía, não permitindo a aproximação dos outros. Jovens da sua idade, em sua maior parte já estavam casadas, ao passo que ela ainda não conseguira um namoro firme, como era o seu desejo. Apesar da beleza juvenil, a austeridade da sua fisionomia afastava os possíveis pretendentes. Eram comuns diálogos como este, entre ela e Carolina:

— Lucélia, Arnaldo deve estar interessado em você.

— De onde você tirou essa ideia?

— Não vê como ele não tira os olhos daqui?

— Ah! Então ele deve estar interessado é em você.

— Eu sou noiva, esqueceu?

— É possível que ele esteja olhando para a Marlene, aqui atrás.

— Marlene é casada.

— Sei lá. Tem rapaz que gosta do perigo.

E assim, ela acabava descartando a possibilidade de uma aproximação com os rapazes da classe. No trabalho, era a mesma coisa. Ali era até mais difícil alguém se aproximar dela, pois trabalhava no escritório de contabilidade do pai e era chefe de seis rapazes e cinco moças. E, como supervisora, mantinha uma boa distância entre ela e os funcionários. No entanto, no íntimo, estava frustrada por viver sozinha, sentindo-se solitária e desamada. E quanto mais se isolava, mais difícil ficava sair dessa situação. A sua autoestima estava muito baixa e a autoimagem em nada batia com a beleza jovem que ostentava por trás da sisudez de suas expressões contidas. Destarte, a possibilidade de fazer análise foi para ela uma bênção. Quando deu início à psicoterapia, portava uma esperança enorme de, em breve, estar livre da timidez que a amarrava dentro de si mesma, impedindo-a de estabelecer contato com o mundo exterior. Por outro lado, a sua carência afetiva fez com que visse no terapeuta de meia-idade um pai compreensivo e um homem charmoso e sensual com quem poderia trocar muitas ideias. A experiência que ele tinha de vida era um atrativo que a colocava na expectativa de poder usufruí-la, talvez em longos diálogos que, na sua imaginação, a deixariam mais exercitada para enfrentar o mundo que lhe dava medo e, às vezes, até terror. Jamais ela faria algum gesto para conquistá-lo, mas, lá no fundo, gostaria muito que a iniciativa partisse dele.

Como Marcondes nunca insinuou qualquer interesse, além do profissional, em relação a ela, Carolina, via o terapeuta de modo bem diferente. Para ela, tratava-se de um homem culto e experiente, sério e honesto, cujo único objetivo era auxiliar seus pacientes a livrar-se dos entraves emocionais que os atormentavam. Foi assim que procurou pintá-lo para a amiga:

— Eu sei que você está entusiasmada com o Marcondes, Lucélia, mas se trata de um homem casado, e bem casado, que nunca se aproximou de nenhuma de suas pacientes com outra finalidade que não fosse a de auxiliá-las a libertar-se de seus transtornos psíquicos.

— Sim, Carol. Não quero roubar o homem de ninguém. Ainda mais eu, com toda a minha timidez, não conseguiria nem convidá-lo para um chopinho no bar da esquina.

— Se você está dizendo isso é porque a ideia já lhe passou pela cabeça, não é mesmo?

— Tudo não passa de imaginação. Você sabe que, na imaginação, tudo é possível.

— Mas não se esqueça de que os grandes inventos começaram na imaginação de alguém... e também os grandes desastres da humanidade, como a bomba atômica.

Lucélia riu e respondeu imediatamente:

— Ei! Que exagero! Não vou inventar nada nem criar qualquer tipo de bomba. Apenas...

— Apenas o quê?

— Eu não vou à terapia para perder o meu retraimento?

— Sim.

— Então, um olharzinho diferente de vez em quando não fará nenhum mal.

— O que você entende por "um olharzinho diferente"?

— Sei lá. Um olhar mais romântico, talvez, que mostre a Marcondes que a terapia está fazendo efeito.

— Você está fazendo análise, Lucélia, e não terapia sexual.

— Eu estou perdendo a timidez... Não é legal?

A conversa continuava entre as duas até se esgotar ou o horário exigir o retorno para casa. O certo, porém, era que Lucélia começava a entrar na aura de sensualidade de Marcondes. Para isso concorriam, sem dúvida, as insinuações de Gaspar que, ao percebê-la invigilante, aproveitava-se para agir no sentido de jogá-la nos braços do analista.

Quando Jesus disse "Orai e vigiai para não cairdes em tentação", estava se referindo aos cuidados que devemos ter, a fim de não sermos pegos de surpresa por pensamentos baixos e sentimentos menos nobres. Os espíritos obsessores esperam pacientemente os momentos em que baixamos a guarda para sugerir-nos exatamente o que se constitui em nossas fraquezas. Enquanto permanecemos com pensamentos positivos e sentimentos dignos, ou seja, enquanto nos conservamos dentro da moralidade superior, impossibilitamos a aproximação de espíritos inferiores; porém, quando isso não acontece, escancaramos os portões para a entrada de todo tipo de obsessor. E o que estava acontecendo com Lucélia era exatamente o descuido e a invigilância morais. A sua família, constituída, além dela, por seus pais e dois irmãos mais velhos, já casados, tornara-se adepta de uma congregação da religião evangélica. Tratava-se de pessoas de moral ilibada e educação rígida. Frequentadores semanais de uma igreja próxima à sua residência, procuravam seguir à risca os ensinamentos registrados na Bíblia, tanto no Novo como no Velho Testamento. Desse modo, Lucélia recebeu durante toda a sua infância e juventude os ensinamentos propostos pelos pastores que faziam preleções fundamentadas na moral cristã. Nunca lhe havia passado pela cabeça transgredir o conteúdo sagrado dessas lições. Entretanto, agora, começava a passar-lhe pela mente que, talvez, o exagero dos pais no cumprimento da ética religiosa, tivesse contribuído para a sua timidez. E, mesmo sem maior exame, pensou em afrouxar um pouco as regras, a fim de que pudesse dar vazão a seus sentimentos, quase sempre represados sob o peso da moralidade excessiva. Foi por esse vão da porta que Gaspar percebeu que poderia entrar e mudar plenamente a situação. Agora, presença constante diante de Marcondes, o obsessor também se interessara pela jovem que, sem nenhuma vigilância, poderia ser instrumento auxiliar para a derrocada total do seu desafeto. "É isso aí, garota!", disse-lhe, enquanto dava piruetas de alegria por estar tudo correndo de acordo com os seus planos. "Seus pais estão atrapalhando a sua vida. É preciso soltar-se das correntes da religião e da carolice. Entenda que essa religiosidade descontrolada dos seus pais é que a levou a tolher-se a ponto de, com essa idade, não ter nem um namorado a tiracolo.

É preciso soltar as amarras. Caia na gandaia! Tudo é permitido, tudo é legítimo, tudo é verdadeiro, desde que você pense assim. Agora você entrou no caminho certo. Adeus timidez! Adeus acanhamento castrador! Adeus repressão! Viva a vida! Viva o amor!"

Lucélia olhou para cima, pensou um pouco, e disse para si mesma: "Não dá mais para viver assim! Na minha idade, ainda estou atada à barra da saia da minha mãe. Isso não é vida. Tenho de dar um basta a essa situação repressora que tolhe os meus sentimentos. Não sei como consegui viver assim até hoje. Mas já mudei, já deixei para trás a bobona que dizia 'sim' a tudo e a todos. Eu sou a nova Lucélia, aquela que decide sozinha sobre a sua vida. Chega de subserviência. Quero dar um colorido à minha vida. E assim farei, custe o que custar!".

Gaspar não se continha de tanta satisfação. Se deixara as coisas difíceis em relação a Ivete, com Lucélia tudo seria diferente. Agora seus planos se concretizariam do jeitinho que ele havia planejado. Finalmente, ele poderia vingar-se de Marcondes. Quanto à jovem, ele pouco estava ligando. Se ela era tão simplória, tão ingênua, tinha mesmo de sofrer.

∾

Lucélia pensou muito em sua decisão de liberar-se moralmente, afrouxando as regras que seguira até aquele momento. No entanto, não queria entrar em conflito direto com os pais. Se assim fizesse, poderia ser derrotada. Afinal, ela trabalhava para o próprio pai, de modo que, financeiramente, ainda dependia dele. Ela pensava em, um dia, herdar o escritório de contabilidade que ele fundara e que dirigia com muita competência. Assim, enfrentá-lo não seria a melhor opção. Decidiu, pois, que manteria as aparências em casa, no escritório e na igreja, mas que, fora desses ambientes, daria vazão aos sentimentos que sempre reprimira. E, para isso, o seu alvo preferido era Marcondes. "Ele já não é moço", pensou, "mas não estou querendo casar-me com ele. Aliás, isso é impossível, pois ele já é casado. Quero apenas namorá-lo até quando der. Depois, mais experiente, aí sim, procurarei alguém da minha idade para me casar. No entanto, tenho de ser rápida, afinal, não sou mais nenhuma jovenzinha. Se demorar muito, não encontrarei mais ninguém que se interesse por mim. Portanto, mãos à obra, Lucélia!".

A decisão intempestiva, fruto da obsessão que se instalava rapidamente em seu ser, apontava para caminhos sombrios, cujas consequências sinistras ela não podia prever. Todavia, a resolução já fora tomada e ela não estava disposta a mudar de ideia. Como diria Jean-Paul Sartre, o filósofo existencialista: *"Les jeux sont faits"* (Os dados estavam lançados).

10
Diálogos

Depois dos esclarecimentos finais e da sua recusa em participar de mais uma sessão, Ivete voltou, na sexta-feira seguinte, ao consultório de Marcondes. Como lhe prometera, ele passou os cinquenta minutos de atendimento agindo de acordo com a conduta exigida de um terapeuta que seguisse o enquadre analítico. Ao término, despediu-se polidamente e foi rever a ficha de anotações para verificar se nada faltara. No íntimo, não era isso que ele queria executar. Sentia-se frustrado e revoltado com a situação, mas nada havia a fazer por enquanto. Depois que o tempo passasse e ele houvesse readquirido maior intimidade com a paciente, com certeza voltaria à carga. "Por que não?", pensava com certa ironia, tentando rir das intenções sob as quais se ocultava o seu desejo de conquista. Quanto a Ivete, depois de ter sido recebida por Marcondes de modo estritamente profissional, como exigira, apesar de tudo, não se sentiu bem com o tratamento recebido. A sessão pareceu-lhe fria e o terapeuta muito distante. Está certo que ela determinara que as relações entre ambos não passasse das intervenções próprias da psicoterapia, no entanto, ele se mostrou muito afastado, frio, indiferente mesmo. Não era bem isso que ela estava querendo. No início da análise, nas primeiras sessões, ele se conduzia profissionalmente, todavia, ao mesmo tempo, mostrava-se simpático e atencioso. Agora, ele lhe estava parecendo seco, embora educado e respeitoso.

Para ter certeza do que estava acontecendo, esperou por mais uma sessão. Observaria todas as frases de Marcondes, as entonações e flexões de voz, enfim, as mensagens ocultas nas entrelinhas, se houvessem. Quando entrou no consultório do analista, cumprimentou-o, olhando em seus olhos, e dirigiu-se ao divã. Recebeu um cumprimento breve e depois se instalou um silêncio constrangedor para ela. De repente, esvaziou-se toda a sua mente. Não encontrava nada para dizer. Calou-se num mutismo que parecia não ter fim. Depois de mais de quinze minutos de sessão, não aguentou mais e disse algo sobre o próprio silêncio que se instalara. Marcondes aproveitou a deixa para instá-la a encontrar o significado daquele mutismo incomum. Embora não tivesse dito isso, o sentido do silêncio parecia significar para ela uma revolta contra a atitude severa, quase ríspida que ele tomara após o acontecido entre ambos. A sessão foi, no seu entender, um fracasso, ainda que essa não tenha sido a conclusão de Marcondes, que conseguiu ler no subtexto da paciente muito do que lhe ia na alma.

Já no seu apartamento, Ivete rememorou tudo o que ocorrera na sessão e ficou muito revoltada por ter tido aquele tipo de comportamento. "Sei que não quero nada com ele", disse para si mesma. "Está mais do que claro para mim que não desejo ter nenhum compromisso com homem nenhum, muito menos com homem casado.

Então, por que o mutismo de hoje durante a sessão? Por que esse comportamento infantilizado? Estou mesmo às voltas com a malfadada transferência? Estarei vendo em Marcondes o meu pai, da mesma forma como o percebia quando criança? Até aí, tudo bem. O pior é se estou vendo nele o homem que talvez inconscientemente eu esteja desejando para a minha vida." Esse pensamento soou-lhe não só inusitado como assustador. Não poderia deixar que tomasse corpo, se fosse mesmo real. Apavorada, ficou sem saber como agir. "Talvez o melhor fosse acabar com a terapia e procurar outro profissional. Seria essa a decisão correta? Ou ela estava apenas fugindo do problema?" Completamente indecisa, resolveu mais uma vez pedir o auxílio de madre Teresa, sua grande amiga.

Ivete não sabia quem fora em sua última encarnação e, como católica, nem sequer levava essa teoria em consideração. Também, pelo fato de ser católica, madre Teresa do Sagrado Coração nada cogitava a tal respeito.

A freira havia sido a superiora do convento Carmelita em que se refugiara Joana, no século XIX, para apagar a mancha que se instalara em sua alma pelo pecado da traição. Mais que prioresa, ela se tornara sua grande amiga, sendo sua amizade inestimável para a continuidade da vida de Joana.

Agora, noutra encarnação, a atração que havia entre ambas se fez presente unindo-as pelos laços de nova amizade. Nada mais natural, portanto, que ela fosse buscar no mosteiro do Carmo a orientação de que necessitava.

— Então, como tem passado, Ivete? Faz algum tempo que não a vejo. Sempre costumava encontrá-la nas missas de domingo.

— Eu continuo frequentando a igreja, madre, mas creio que nossos horários estão diferentes.

— Certamente.

— E um dos motivos de estar aqui é justamente poder vê-la e saber como está.

— Felizmente, estou muito bem. A perna esquerda não anda obedecendo muito, mas isso é coisa da idade. Não me preocupa.

— A senhora precisa consultar um médico.

— Temos um médico que vem nos ver de vez em quando. Ele está a par do que ocorre comigo. Mas... e o segundo motivo de você ter vindo?

— Tenho até vergonha de dizer, madre, entretanto, continuo sem saber o que fazer da minha terapia. Às vezes, penso que nem deveria ter começado.

— O que aconteceu, que a faz pensar assim?

— Bem, eu não aceitei o convite de Marcondes para jantar comigo. Mostrei-lhe que, sendo meu terapeuta e, além disso, casado, não ficava bem. Completei, afirmando que nosso relacionamento deveria ser apenas profissional e nada mais.

— E ele?

— Concordou. Agora procede de modo diferente. Tornou-se sisudo, embora respeitoso.

— E onde está o problema?

— O problema está aqui dentro, madre, dentro desta cabeça destrambelhada.

— Como assim?

— Agora sinto falta de um tratamento mais cordial, mais próximo, mais humano, talvez.

— O que você quer dizer com "mais próximo"?

— Abrindo o jogo, madre, eu acho que estou passando pelo que os psicanalistas chamam de *transferência*, aquele processo em que o paciente, inconscientemente, transpõe para o psicanalista seus sentimentos em relação a outros indivíduos, como o pai, por exemplo. A transferência, madre, é um conjunto de sentimentos positivos ou negativos que o paciente dirige ao analista, sentimentos que não são justificáveis em sua atitude profissional, mas que se fundamentam nas experiências que o paciente teve em sua infância com os pais.

— Você está vendo um pai em seu terapeuta e quer mais carinho, mais afeição?

— Pode ser, mas o pior é que também pode ser que eu esteja vendo nele o marido que não tenho.

Ivete, ocultou o rosto com as mãos e começou a chorar. Madre Teresa achegou-se mais, passou a mão sobre a cabeça da amiga, e falou com voz tranquila:

— Isso é perigoso, minha amiga, mas pode ser resolvido.

— Devo mudar de terapeuta?

— Se o problema for esse, com mais algum tempo, você também não passará pelo mesmo processo diante do novo analista?

— É verdade. Então, o que fazer?

— Dizer-lhe o que se passa em seu coração. Abrir-se.

— A senhora está dizendo que devo dar vazão a meus sentimentos?

— Não, Ivete, não foi isso que eu disse.

— Então...

— Como terapeuta experiente, ele deve estar acostumado com essa reação por parte das pacientes, não é mesmo? E sabe também como lidar com a situação. Pondo às claras o que lhe vai na alma, ele terá certamente uma resposta adequada, de modo que o problema seja solucionado e você possa dar sequência à psicoterapia. Afinal, o que você me disse é também um problema que deve ser solucionado. E assim que o for, mais um passo terá sido dado rumo a uma vida melhor.

— É verdade. Eu não havia pensado nisso. Obrigada, madre.

As considerações de madre Teresa foram acatadas por Ivete, que passou a pensar em como fazer a revelação ao analista. "Terei de ser muito discreta, ao me abrir para Marcondes", pensou. "Ele não pode pensar que estou arrependida por ter recusado o seu convite para jantar ou por ter rejeitado a sua amizade. Isso levaria tudo à estaca zero. É necessário que ele entenda apenas que estou passando por uma fase normal da terapia, que poderá, e deverá, ser ultrapassada por uma nova conduta de minha parte diante da análise e mesmo da vida. Afinal, estou fazendo terapia para superar problemas." Com essas considerações, Ivete decidiu dar continuidade à análise que já lhe fizera muito bem.

Na sessão seguinte, contou a Marcondes o que estava acontecendo. Não foi fácil, pois teve de abrir-se como nunca, dizendo até mesmo da necessidade de um companheiro em sua vida, o que nunca lhe passara pela cabeça. Ao ser indagada se estava interessada em alguém, respondeu com um "não" categórico.

— O meu celibato é fruto de reflexão, Marcondes. Já tive sim homens interessados em casar-se comigo, mas prefiro a vida celibatária. Penso que vivo melhor assim. Já tive muitos exemplos de pessoas que tinham um namoro e noivado invejáveis, mas que, ao se casarem, tiveram uma grande frustração.

— E nunca viu ninguém feliz no casamento?

— Também, mas penso que a maioria, se não é infeliz, feliz também não se atreveria a dizer que seja. De qualquer modo, não me vejo feliz num suposto casamento. Sou muito independente e solitária. Já pensei até em viver reclusa num convento.

— Você tem medo de sexo?

A pergunta soou como agressiva para Ivete, que respondeu sem titubear:

— Não tenho medo de sexo, apenas não tenho interesse em praticá-lo. Você conhece o meu histórico de vida...

— Estou mais interessado no que você sente, Ivete, e não na sua história, embora ela também seja importante.

— Pois o que sinto é um grande amor pela vida, mas não por algum homem em particular. Sinto-me bem, vivendo como vivo.

— Então, por que veio para a terapia?

— Não foi para arranjar marido — respondeu Ivete, agastada.

— Foi para...

— Para... para abrir mais o meu coração diante do mundo.

— Muito poético, mas pouco esclarecedor.

— Tudo bem. Sinto que sou um pouco seca em relação a sentimentos. Na empresa, consideram-me como "durona". Mas, lá no fundo, sou uma pessoa amável, apenas tenho dificuldade em externar a amabilidade. Isso não tem nada a ver com sexo ou com casamento. Meus pais eram muito amáveis. Além de expressarem amor um em relação ao outro, eram também muito afáveis no trato com as pessoas. Perdi essa afabilidade no meio do caminho. É por essa razão que estou aqui.

Uma voz dizia no ouvido de Marcondes: "Está perdendo a oportunidade novamente. Ela está fragilizada. É hora do ataque. Está esperando o quê?". Já, no ouvido de Ivete, a mesma voz soava diferente: "Cuidado com esse pilantra. Ele só está esperando uma oportunidade para voltar à carga com o seu desejo de conquista. Você mostrou-se frágil. Era o que ele estava esperando. Dê-lhe um *chega pra lá*. É o que ele merece".

Havia um conflito no interior de Marcondes. Ele sempre fora um terapeuta sério e respeitado. E era essa réstia de dignidade que ainda o impedia de fazer uma loucura, atirando-se nos braços da paciente. Mas a força que fazia era grande, o que o debilitava cada vez mais. Ao término da sessão, que fora muito produtiva, ele estava exausto e voltou para casa completamente extenuado. Gaspar, percebendo que ainda havia um resto de honestidade e sensatez na alma do psicólogo, resolveu mudar de tática, deixando-o mais solto no momento, para atacar com toda intensidade no futuro.

∾

Ivete também voltou para o seu apartamento completamente esgotada. A sessão fora bastante pesada, mas, em compensação, trouxera muitas expectativas positivas para a sua melhoria de vida. Uma coisa, entretanto, a intrigava: por que aquele pensamento constante de que Marcondes fosse um mau caráter, um desonesto e até um aproveitador barato? Ele se mostrara competente e digno durante toda a sessão. Então, qual o motivo daquela ideia que fervilhava em sua mente?

Madre Teresa a deixara à vontade para voltar ao convento, sempre que fosse necessário, portanto, ela achou melhor ter um novo diálogo, que talvez a esclarecesse e a tornasse mais tranquila. Assim, resolveu fazer-lhe nova visita.

— Fico muito contente em vê-la, Ivete. Você é muito bem-vinda em nosso mosteiro.

— Aqui me sinto como se entrasse no paraíso, madre. Tudo é tão tranquilo, tão sereno!

— Também temos os nossos problemas, entretanto, os julgamos pequeninos diante das ingentes contrariedades do mundo.

— Devo pedir-lhe desculpa por estar importunando-a novamente com os obstáculos da minha vida.

— Você é minha amiga, sem dúvida. Mas, antes de tudo, é uma filha de Deus que vem até aqui para a busca de iluminação da sua vida. Eu não poderia deixar de ajudá-la no que me fosse possível.

— Muito obrigada. Primeiramente, devo dizer-lhe que o seu conselho foi de grande utilidade para mim. Abri-me com o meu terapeuta e as coisas se esclareceram.

— Fico muito contente com isso.

— No entanto, algo me incomoda. Trata-se de um pensamento que me persegue todos os dias, quando me lembro de Marcondes, o meu analista. É a ideia constante de que ele seja um mau caráter, um desonesto, e até mesmo um aproveitador barato. Essas ideias não me dão sossego. Não sei por que as conservo na mente.

— O que exatamente o analista fez ou deixou de fazer que a intriga a ponto de tal pensamento se tornar fixo em sua mente?

— Não consigo saber, madre. Depois do convite que ele me fez para jantar e da minha pronta recusa, ele mudou muito. Hoje me trata com uma certa distância, sem deixar de ser atencioso e cordial.

— Então, parece não haver motivo, a menos que seja um pressentimento. Você sabe que certas pessoas parecem ler nas entrelinhas, identificando o que ainda não aconteceu. O pressentimento é uma intuição vaga de acontecimentos futuros. Algumas pessoas têm essa faculdade bastante desenvolvida. Pode ser o seu caso. Se assim for, é mesmo para estar preocupada. Mais que isso: é necessário tomar uma decisão rápida, a fim de que você não seja prejudicada futuramente.

— É verdade. Mas como vou saber se é mesmo pressentimento ou se não passa de preocupação excessiva da minha parte?

— A melhor resposta que encontro para tal situação é a prece.

— Tenho me esquecido de orar ultimamente.

— Orar é tão importante em nossa vida, que não podemos nos dar ao luxo de nos esquecer de fazer algumas preces, todos os dias, Ivete. A prece é o alimento da alma.

— Como a senhora acha que devo fazer neste caso particular?

— Ore para Santa Teresa de Ávila. Ela certamente vai ajudá-la a encontrar uma saída para a situação que você está vivendo. Mas é essencial também que você procure estar sempre com Deus em seu coração. Na verdade, ele sempre está em nosso interior, nós é que fechamos a porta e o aprisionamos, não lhe dando chance de se manifestar em nossa vida. A união com Deus é fundamental.

Fazendo uma pausa, madre Teresa foi até uma pequena estante, pegou um livro, escolheu uma passagem e leu para Ivete.

— Ouça o que nos diz Santa Teresa: "Não penseis que a união consista em conformar-me eu com a vontade de Deus a ponto de não sentir se morre meu pai ou meu irmão. Ou então, ao sobrevirem-me sofrimentos e enfermidades, sofrê-los com alegria. Tudo isso é bom.

Mas às vezes nasce da sensatez natural que, vendo não haver remédio, faz da necessidade virtude. Quantas coisas assim faziam os filósofos — ou outras semelhantes, que denotavam muita sabedoria! Quanto a nós, só estas duas pede o Senhor; amor de Deus e amor do próximo. Nisso devemos trabalhar. Guardando-as com perfeição, fazemos sua vontade. Assim, estaremos unidas a Ele. Mas quão longe ficamos, repito, de cumprir esses dois preceitos como devemos e como convém a tão grande Deus! Praza a Sua Majestade dar-nos graça para merecermos chegar a esse estado. Está em nossas mãos, se quisermos. O mais certo sinal, a meu ver, para verificar se guardamos esses dois pontos com perfeição é a observância generosa da caridade fraterna. Com efeito, não temos certeza do nosso amor a Deus, conquanto haja grandes indícios por onde se entende que o amamos. O amor ao próximo, por outro lado, logo se conhece. E convencei-vos: quanto mais adiantadas estiverdes no amor ao próximo, tanto mais o estareis no amor de Deus. Quereis saber a razão? É tão grande o amor de Deus para com os homens, que em paga do amor que tivermos a eles, Sua Majestade fará crescer por mil maneiras o amor que temos a ele. Não posso duvidar".

Madre Teresa fez uma pausa, olhou atentamente para Ivete e perguntou:

— Você está entendendo? Consegue transpor este conteúdo para a sua vida?

— Creio que sim. Em vez de alimentar desconfianças, embora possam ser reais, preciso fazer uso da caridade, perdoando de antemão àquele que pretende me prejudicar. Não devo, porém, ficar passiva, esperando pelo pior. Tenho de me preparar para evitar que me prejudique, mas não posso deixar de vê-lo como um filho de Deus a ocultar a luz divina que brilha em seu coração.

— Você entendeu melhor que eu. Suas palavras foram inspiradas, minha filha. Então, ouça mais um pouco a nossa madre

Teresa de Ávila: "Há certas pessoas que vejo muito curiosas por saber qual o grau de sua oração, tão exageradamente concentradas, ao rezar, que parecem que não usam mexer-se nem agir com o pensamento, pelo receio de perder um pouquinho do gosto e da devoção. Vejo que pouco entendem do caminho por onde se alcança a união. Pensam que o essencial está nas exterioridades. Não, irmãs, não é assim! O Senhor quer obras. Se vedes uma enferma a quem podeis dar algum alívio, não tenhais receio de perder a vossa devoção e compadecei-vos dela. E se lhe sobrevém alguma dor, doai-vos como se a sentísseis em vós".

Nova pausa e madre Teresa comentou:

— Santa Teresa está falando com as freiras do Carmelo, exortando-as à união com Deus. Depois de dizer para que supliquem que Deus lhes conceda com perfeição o amor ao próximo, ela conclui: "Ele vos dará mais do que sabereis desejar, contanto que vos esforceis e façais de vossa parte tudo o que puderdes para conseguir essa virtude. Contrariai vossa vontade, para que se faça em tudo a das irmãs, ainda com prejuízo de vossos direitos. Esquecei-vos de vossos próprios interesses, para atender ao bem delas, por mais que contradiga a vossa natureza. Procurai tirar o trabalho ao próximo e tomá-lo para vós, quando houver ocasião. Não penseis que não vos haja de custar algum esforço, nem espereis achar tudo feito".

Ivete interrompeu-a, dizendo aflita:

— Madre, isso é coisa para santo do porte de Teresa de Ávila. Estou longe de conseguir tudo isso.

— É verdade. Eu também, Ivete, mas temos de fazer de tudo que, na nossa pequenez, conseguirmos.

— Desculpe-me. Continue. Fui mal-educada.

— Não foi, não. Você foi honesta e, mais uma vez, concordo com você. Somos pequenas demais para realizar aquilo a que a santa nos exorta, mas não podemos deixar de nos esforçar para alcançar. Bem, chega de leitura por hoje.

O diálogo com madre Teresa continuou por mais algum tempo, até Ivete olhar para o relógio e dizer aflita:

— Madre, já se passaram quase duas horas que estou aqui tomando seu tempo.

— Sua presença é sempre benquista neste mosteiro, Ivete.

— Por mim, continuaria aqui por toda a vida.

Madre Teresa riu e respondeu alegremente:

— E por que não? Irmã Paulina chegou aqui com cinquenta e oito anos. Hoje está com oitenta.

— Acho que meu lugar é no mundo, madre. Jesus parece querer que eu vença minhas imperfeições no meio das agruras da vida. Mas não me recuso a pensar de outro modo.

A conversa com madre Teresa fez muito bem a Ivete. Quando ela se encontrava entre as quatro paredes do convento, parecia pisar sobre as nuvens. As aflições do mundo desapareciam e o silêncio dos corredores lhe davam a tranquilidade de que precisava. Quando voltava para o apartamento, ainda conseguia manter a paz no coração. Contudo, pouco a pouco, tristemente notava que saíra da Cidade de Deus e voltara para a Cidade dos Homens. No entanto, como dissera no mosteiro, era ali que ela deveria travar as suas batalhas. Lembrou-se de que conseguira uma arma sem igual e iria utilizá-la para sagrar-se vencedora: a prece. "É verdade que madre Teresa não me ajudou muito na solução do meu problema", pensou, pois ainda continuo com a dúvida a respeito de Marcondes e a meu próprio respeito. Mas ela forneceu-me a chave para a solução. Vou fazer uso da prece, sim. E vou começar hoje mesmo, agora que já estou prestes a dormir." E, cobrindo-se até o pescoço, sob os alvos lençóis, iniciou a oração: "Senhor Jesus Cristo, sei que sou muito pequena e imperfeita para pretender ser como as grandes santas do Carmelo. Isso me é impossível, mas peço-Vos que estendais Vossos braços até mim, de modo a trazer-me a paz de que tanto necessito nestes últimos tempos e a modificar a minha vida para melhor. A leitura que ouvi de Teresa de Ávila me deixou uma lição: que eu deixe de me prender a mim mesma e me abra para o exercício da caridade, expressa no amor ao próximo. Sei que não é fácil e ela mesma sabia disso, mas sei também que se não der o primeiro passo, tudo continuará do mesmo modo como se encontra hoje. Procurarei abrir o meu coração para os outros, tornando-me mais dócil e afável. Que com essa modificação também me abra para uma vida melhor do que esta que estou tendo hoje em dia. Senhor...". O sono foi mais forte que a sua intenção de continuar o solilóquio com Cristo, e ela adormeceu com o coração mais sereno, mais tranquilo... Sonhou que estava no convento conversando com a madre Teresa. Estranhou estar vestindo uma espécie de hábito, semelhante aos que as freiras usam. Quando acordou, lembrou-se de um diálogo em que a superiora do mosteiro lhe dizia:

— Ivete, você tem de cultivar o perdão e a compreensão. Não há necessidade de compactuar com os erros alheios. Mas também não é necessário usar de julgamento a respeito deles. Entre o julgamento e o perdão, fique com este último. Afaste-se, entretanto, de todo erro e ore por aqueles que o cometem.

A sua resposta foi breve:

— Sim, minha madre, eu o farei. Não tenho outra escolha.

Quando acordou, esse diálogo estava ainda muito vivo em sua mente, de modo que acendeu a luz, foi até o toucador, pegou caneta e papel, escrevendo-o tal qual se recordava. Mais tarde, já na empresa, digitou-o no computador e o releu várias vezes durante o dia. Duas coisas a intrigavam: em primeiro lugar, ser mais compreensiva e, em segundo, afastar-se de quem erra. "Devo perdoar a quem?", indagava-se. "E de quem devo afastar-me? Qual é a pessoa que está em erro e da qual devo manter distância?". Logo veio-lhe à mente a figura de Marcondes. Mas qual era exatamente o erro em que ele estava incorrendo? Era verdade que ela estava intrigada, não propriamente com a sua conduta, mas com o que poderia estar oculto por trás dela. No entanto, era apenas uma desconfiança, nada havendo de concreto que o incriminasse. Realmente, o sonho tirou-lhe a tranquilidade. Era preciso saber exatamente o que estava acontecendo. A sua vida estava se transformando em uma rede de suspeitas que não estava levando a nada. Era preciso conversar com alguém a respeito. Não poderia fazê-lo com o terapeuta, que era o centro do furacão. Também não queria incomodar madre Teresa. Resolveu abrir-se com Dolores, sua amiga de longa data. Marcaram um encontro num restaurante próximo ao apartamento da amiga. Lá, depois de algumas conversas, Dolores perguntou:

— E então? Você me disse que está intrigada com um sonho e queria conversar comigo. Confesso que não sou boa intérprete de sonhos, mas talvez possa ajudá-la de algum modo. Lembro-me de ter lido na faculdade *A linguagem esquecida*, de Erich Fromm, mas não me recordo muita coisa do seu conteúdo.

Ivete riu da afirmação de Dolores e explicou:

— Não, não vim pedir para você me ajudar a analisar um sonho.

— Ainda bem, pois seu analista deve ser muito melhor nisso.

— Ele é o problema, Dolores.

— Como assim?

— Como vou dizer? Bem, no sonho que tive, madre Teresa me orientava a perdoar o erro alheio, mas também a me afastar de quem erra.

— Nada mais justo.

— Concordo, mas a primeira pergunta que me veio à cabeça foi: "Quem está errando e eu devo perdoar?". A única pessoa de quem me lembrei foi Marcondes, meu terapeuta.

— Aquele que a convidou para um jantar à luz de velas?

— Também não exagere. Não foi bem assim.

— Brincadeira.

— O problema é que ele está agindo atualmente de modo estritamente profissional. Mudou completamente. Ele faz o que antes eu queria que ele fizesse. De início, estranhei. Achei-o frio e distante, mas logo tomei consciência de que talvez, inconscientemente, eu estivesse mesmo querendo que ele fosse mais amável, mais doce, mais...

— Entendi, entendi... — disse Dolores com um sorriso malicioso.

— Talvez não é bem o que você entendeu. É possível que eu estivesse vendo nele um pai que já não tenho e que me faz muita falta. Este, no entanto, não é o problema. Cheguei a tocar no assunto durante mais de uma sessão. Não é algo tão difícil de resolver.

— Então...

— Tenho um estranho pressentimento de que por trás dessa conduta, aparentemente correta, jaz uma segunda intenção, nem tão correta assim. Conhece o ditado "Depois da tempestade vem a bonança"? Estou vendo-o ao contrário: "Depois da bonança vem a tempestade".

— Que coisa confusa, Ivete. Como você relaciona isso com o sonho?

— Pressentimento é a previsão de um acontecimento, não é?

— É isso mesmo.

— Pois bem, fiz uma pesquisa a esse respeito. O pressentimento é a percepção de fatos futuros. Fala-se, às vezes, em premonição ou precognição, mais ou menos com o mesmo significado. Li casos em que a pessoa tem um pressentimento sobre uma situação, não faz nada e depois tudo acontece como ela havia previsto. Se houvesse dado mais atenção à previsão, teria evitado o acontecimento. Li também fatos de pessoas que levaram a sério o pressentimento que tiveram, agiram no sentido de evitar um acontecimento negativo e ele não ocorreu.

— Bem, no primeiro caso, dá para se ter certeza de que houve mesmo premonição, mas no segundo fica uma dúvida: e se a pessoa não tivesse feito nada para impedir o acontecimento? Como saber se ocorreria ou não?

— Quanto a isso, você tem razão, mas é melhor não arriscar, não é mesmo?

— No seu caso, Ivete, fica difícil dar uma resposta. O que exatamente faz com que você desconfie que seu terapeuta alimente segundas intenções no trato com você? Ele a tem tocado de forma inusitada? Tem dito palavras com duplo sentido? Enfim, por que você está desconfiada?

— É difícil responder, Dolores. Não há nada de concreto em que possa apoiar-me.

— Nesse caso, só você pode tomar uma decisão. Para mim também fica difícil dizer alguma coisa.

— Eu sei. Penso que vim aqui mais para desabafar do que para encontrar uma solução. Mas com a sua lógica nas indagações que fez, você conseguiu ajudar-me. Realmente, não há nada de infalível no que estou sentindo, nada de concreto. Apenas suposições. Vou deixar o barco avançar mais um pouco, depois, com algumas provas ou, pelo menos, indícios, poderei tomar a decisão correta.

Desse modo, Ivete concluiu pelo adiamento da decisão. Esperaria mais algum tempo para ver onde aquela correnteza ia desembocar...

11

O império contra-ataca

O IMPÉRIO DO MAL NÃO SOSSEGA TÃO FÁCIL. Quando uma ideia de vingança subsidia a mente de um obsessor, é difícil que, por si só, ele mude de opinião. Gaspar estava convicto de que deveria fazer seu antigo oponente sofrer até as últimas consequências. Queria vê-lo arrastar-se no chão, completamente ensandecido. Bezerra de Menezes, ainda quando encarnado, escreveu um livro, *A loucura sob novo prisma*, em que discorre de modo competente sobre as relações entre a obsessão e a loucura. Segundo ele, há dois tipos de *loucura* (denominação abandonada hoje pela psicopatologia): a *loucura moral* ou mais propriamente, *loucura psicológica*, em que não há comprometimento do cérebro, mas perturbação da faculdade anímica; e a *loucura orgânica*, ocasionada por uma afecção do cérebro. Neste segundo caso, a terapêutica deve ser de ordem psiquiátrica, e, no primeiro, de ordem espiritual, devendo-se buscar a desobsessão, pois se trata de um caso obsessivo. E diz também que a própria obsessão pode levar à loucura, danificando as funções cerebrais. Neste caso, o cérebro é perturbado em suas funções, acabando por sofrer em sua organização e chegando mesmo à lesão cerebral provocada pelos fluidos maléficos do obsessor.

Gaspar sabia que, sendo persistente, poderia conseguir essa desorganização mental em sua vítima. Por esse motivo, insistia cotidianamente na ideia destemperada de lançar Marcondes sobre Ivete, ao mesmo tempo em que tinha certeza absoluta de que esta se negaria a qualquer intercâmbio amoroso com o terapeuta. O que ele queria, na verdade, era que a ação imoderada de Marcondes acarretasse graves consequências para ele e sua família. Nada havia de específico contra a família do analista, mas tudo o que pudesse ferir o seu desafeto era válido. Quanto a Ivete, era difícil acercar-se dela pela proteção quase constante de sua espiritualidade superior. No entanto, quando ela baixava a guarda, Gaspar se infiltrava em seus pensamentos, fazendo prevalecer a ideia de que algo estava sendo tramado na surdina contra ela por seu próprio terapeuta. Essa desconfiança fora plantada como uma semente lançada em terra fértil, pois Ivete já suspeitava de algo que, embora nebuloso, fazia-a prever maus momentos em futuro próximo. Foi assim que a executiva teve outro sonho, um pesadelo mesmo, que a apavorou. Era uma sexta-feira. Depois da sessão de psicoterapia ela foi jantar sozinha em uma cantina italiana. Alimentou-se bem e bebeu três taças de *chianti*, vinho tinto italiano produzido na região de Toscana. Quando chegou ao seu apartamento, estava levemente tonta. Tomou um banho demorado e foi para a cama. Não demorou a adormecer, mas, antes, pensou algum tempo na conduta de Marcondes, que ainda lhe parecia suspeita. Mais alguns minutos e caiu num sono pesado. Sonhou que um homem, que não lhe era estranho, conversava com ela. A conversa conduziu-se mais ou menos assim:

— Ivete, Ivete, cuidado com seu terapeuta.

— Parece-me que o conheço, mas não me lembro bem. O senhor pode apresentar-se?

— Sou seu amigo.

— Só isso?

— E ser amigo é pouco?

— Não foi o que quis dizer. O que pretendi falar-lhe foi que não sei o seu nome nem de onde o senhor é.

— Sou da Terra do Além e a conheci muito de perto noutros tempos.

— Terra do Além? Você está morto?

— De certo modo, sim, mas, de outro, não. Caso contrário, não estaríamos conversando, não é verdade?

— Que conversa mais estranha. Afinal, o que o senhor deseja?

— Venho alertá-la a respeito do seu terapeuta. É preciso ter cuidado com ele.

— Cuidado contra quê?

— Ele é um lobo em pele de ovelha.

— Explique-se melhor.

— Ele é um espinho sob a rosa.

— Ainda não entendi.

— Ele é... Ele é...

— Sim...

— Cuidado, Ivete! Cuidado! Olhe o precipício. Olhe o precipício logo ali.

Um solavanco em seu corpo a fez acordar assustada. Suava de tal modo que o travesseiro ficou molhado. Pôs as mãos nas têmporas e notou que estava com forte dor de cabeça. Lembrou-se do sonho e pensou: "Que pesadelo horrível! Que homem era aquele? Coisa esquisita. A sua fala era fúnebre e o seu olhar inspirava temor. Ah! Já sei.

Foi o *fettuccine* que comi. E mais ainda: bebi vinho demais. Exagerei na dose. Só isso poderia me levar a um pesadelo sem pé nem cabeça". Levantou-se e foi tomar um remédio na cozinha. Quando voltava para o quarto, uma ideia assaltou-lhe a mente: "Espere um pouco! O sonho não foi sem pé nem cabeça. Faz sentido o que aquele homem estranho me disse. Eu ando desconfiada do comportamento de Marcondes e o que o desconhecido me disse foi exatamente para tomar cuidado. Pena que acordei no momento principal. Ele ia dizer-me qual o perigo representado por Marcondes. Que raiva! Por que fui acordar bem naquela hora?".

Sentou-se na cama e continuou suas reflexões: "Na verdade, aquele homem não me pareceu estranho. Não consigo agora me recordar, mas durante o sono percebi que a sua fisionomia me era familiar. Quem será ele? Por que estava interessado em me ajudar? Não parecia nenhum anjo da guarda. Isso realmente ele não era. Sua voz soava soturna, assustadora. Seu aspecto era de uma pessoa descuidada, desasseada. Afinal, quem era esse homem e por que insistia em dizer para eu tomar cuidado?".

O sonho pareceu-lhe uma charada, um enigma difícil de ser interpretado e resolvido. "Não posso levar este sonho para a análise", pensou, "pois estaria pondo às claras a desconfiança que paira a respeito dele. Mas tenho de ficar de olho aberto." Ainda naquele momento, ela sentia uma sensação estranha e extremamente desagradável. Estava arrepiada e um calafrio tomou conta do seu corpo.

Ivete não sabia que era médium sensitiva. Segundo Kardec, pessoas com essa capacidade são capazes de sentir a presença dos espíritos por meio de uma vaga impressão, uma espécie de leve atrito e discreto arrepio sobre todos os seus membros. Assim se achava a executiva naquele momento, conseguindo igualmente reconhecer pela sensação recebida a má natureza do espírito que se aproximara dela. O médium sensitivo percebe o bom espírito, que sempre produz uma impressão suave e agradável, ao passo que o espírito mau produz uma impressão penosa, angustiante e desagradável.

De fato, quem estava muito próximo de Ivete era Gaspar, seu marido na última encarnação. Suas intenções eram malévolas, não propriamente em relação à ex-esposa que o traíra, mas no tocante ao amigo traidor, que ele queria destruir com requintes de crueldade. Em relação a Ivete, ele guardava um sentimento de ciúme e posse. Não queria o mal em sua vida, mas também não desejava que fosse feliz na companhia de outro homem. "Você me traiu", dizia retorcendo-se grotescamente. "Mas não consigo fazer justiça contra você, como gostaria, pois sofreria os mesmos padecimentos. No entanto, não permitirei que seja feliz com qualquer homem que, porventura, possa atraí-la. Tirarei de sua proximidade todos os pretendentes. Se eu não pude usufruir da felicidade ao seu lado, ninguém conseguirá. Na verdade, Ivete, ainda sou apaixonado por você. Tolo que sou, pois você já nem pensa mais em mim. Mas o que fazer se não consigo seguir em frente, deixando tudo para trás? De certo modo, vou protegê-la contra aquele traidor imundo que deseja conquistá-la de novo. De outro, estarei insuflando na mente daquele miserável a volúpia e a paixão, a fim de que, diante da sua recusa, ele mergulhe num mar de sofrimento atroz e insanidade irreparável. Destruirei o traidor desprezível e destroçarei toda a sua família, não deixando pedra sobre pedra. Quanto a você, Ivete, verei depois o que fazer". Assim, retirou-se com ódio no coração em busca de seu desafeto.

Ivete, aos poucos, começou a sentir-se melhor. Passaram o calafrio e os arrepios que estava sentindo. Entretanto, as palavras que o "estranho" incutira em sua mente continuavam a ressoar. Na verdade, no desdobramento, Gaspar lhe soprou aquelas palavras, que deveriam deixá-la ainda mais preocupada em relação a Marcondes. A dúvida persistia.

O terapeuta levantou-se naquela manhã com forte dor de cabeça e assim passou todo o dia. Quando foi ao consultório, após uma discussão, agora rotineira, com a esposa, esperou pelo primeiro paciente do dia. Tratava-se de Inácio, corretor de imóveis de trinta e oito anos que, insatisfeito com sua vida afetiva, procurava compensar a contrariedade com aventuras extraconjugais. Neste aspecto, era preciso e minucioso, contando detalhadamente todas as suas conquistas e acrescentando minúcias que, de fato, não tinham acontecido, para colorir e realçar as suas peripécias. Inicialmente, Marcondes buscava separar a realidade da fantasia, mas, depois da aproximação do obsessor, deleitava-se com os casos narrados por Inácio, acreditando piamente na sua veracidade e sentindo uma ponta de inveja por não conseguir fazer o mesmo.

Nessa tarde, o paciente caprichou nas tintas, tingindo de extremamente prazerosa a última conquista que empreendera:

— Pois é, dr. Marcondes, desta vez consegui superar-me. Apareceu na última sexta-feira uma moça de cerca de trinta anos, procurando um apartamento para alugar. Solteira, descompromissada e de uma beleza fora de qualquer parâmetro. Dizia que precisava com urgência de um apartamento na região do Butantã, pois é mestranda em Física, na USP. Consegui encontrar em minha relação exatamente o que ela desejava. Levei-a até o prédio e não deu outra: ela fechou negócio ali mesmo. É claro que não fiquei nisso. Com meu charme e minha competência, convidei-a para tomar um chopinho ali perto mesmo. Claro que ela aceitou imediatamente. Dali em diante, foi só jogar um pouco de conversa e a presa estava totalmente abatida...

Marcondes ouvia atentamente, sem nada dizer. Mas, em vez de analisar as bravatas do paciente, comparava-se a ele, colocando-se em nítida desvantagem. Gaspar, a seu lado, ria despropositadamente, mas depois, fazendo-se de sério, soprou no ouvido do terapeuta: "Viu como você está com cara de trouxa? Inácio é que sabe conquistar uma mulher. Você não passa de um paspalhão. De que modo uma pessoa desajeitada como você, poderá ter êxito nos empreendimentos amorosos? Marcondes, acorde! Chegou a hora de agir da maneira certa. Ouça bem o que diz o seu paciente e faça o mesmo. Se Ivete está difícil, comece com Lucélia. Essa garota está pendendo para o seu lado, de modo que vai ser muito fácil dar o bote e alcançar a vitória. Lembre-se de uma coisa: Lucélia será apenas a entrada. O prato principal virá depois. Afinal, Ivete não é tão resistente como parece. Marcondes, é agora ou nunca!".

O analista deixou de sentir o sabor da inveja e começou a conjeturar, instigado pelo obsessor: "Analisando melhor a situação, creio que também posso atingir o que pretendo. Por que julgar que Inácio é melhor do que eu? Se ele alcança as suas prendas, eu também consigo os meus brindes. Pensando bem, Lucélia poderá ser a ponte que vai me levar a Ivete. Essa garota é ingênua o suficiente para cair na armadilha que vou lhe preparar. Poderei cometer até pequenos deslizes, que serão corrigidos na grande conquista. Como se costuma dizer: 'Errando também se aprende', não é mesmo?". E, achando que a ideia era sua, concluiu: "Lucélia será a entrada, Ivete, o prato principal!".

∽

Na terça-feira seguinte, dia da sessão marcada para Lucélia, Marcondes já havia traçado o seu plano de conquista. Emprestaria um livro para ela e a convenceria a discuti-lo após o período da sessão habitual. Daí para um jantar seria um passo. E o restante seria mera consequência. Ele já estava em plena fase de fascinação por parte de seu obsessor, de modo que não tomava conhecimento do passo em falso que estava dando. Pelo contrário, encontrava justificativa, que julgava plenamente racional: já não estava mais sentindo atração por sua esposa, pelo menos não como antes. E, no seu entender, ela era a responsável por tal desinteresse. Afinal, parecia mais mãe do que esposa, não caprichava na aparência e descuidava da dimensão intelectual, sem falar na falta de apetite sexual. "Portanto", argumentava, "nada poderia ser feito a não ser buscar fora o que não conseguia em seu próprio lar".

Gaspar dominava-o com muito empenho e firmeza, sem que ele conseguisse perceber o embuste que estava por trás das suas reflexões. As falácias da sua argumentação eram-lhe totalmente desconhecidas, pois seguia *pari passu* as assertivas expostas pelo obsessor. Por outro lado, para garantir a derrocada do obsidiado, Gaspar procurou incentivar Lucélia que, invigilante, deu guarida às insinuações que lhe foram atiradas com muita astúcia e sagacidade. O próprio motivo de sua procura pela psicoterapia foi usado como armadilha. Se ela estava precisando abrir-se mais para os outros, se ela estava necessitando de mais contatos, nada melhor do que fazê-lo com o terapeuta que, naquela altura, já a estava atraindo para além do processo de análise psicoterápica.

∽

A sessão transcorreu normalmente, porém, assim que Lucélia levantou-se do divã, Marcondes deu início à concretização do plano inspirado por Gaspar:

— Lucélia, falamos bastante sobre relações interpessoais hoje, não é verdade?

— É mesmo, foi o que mais fizemos.

— Pois eu tenho um livro que trata desse tema. Gostaria que você lesse os dois primeiros capítulos e para discutirmos na próxima semana. O que você acha? O prazo é suficiente?

— Não é de leitura difícil?

— Pelo contrário, uma das qualidades do autor é a simplicidade e a clareza das ideias.

— Nesse caso, uma semana é o bastante.

— Ótimo! Mas, para não prejudicar a sessão, gostaria que ficasse mais alguns minutos, a fim de aproveitarmos bem o tempo de discussão sobre o conteúdo da leitura. Pode ser?

— Claro! Ficarei um bom tempo, a fim de que possa aproveitar bastante a oportunidade.

Tudo acertado, Marcondes ficou ruminando os pensamentos para que nada viesse a estragar o seu plano. "O primeiro passo foi dado", pensou. "Agora é trabalhar bem para que não ocorra o que aconteceu com Ivete. Tenho de pensar nos mínimos detalhes e, para isso, ainda me resta uma semana. Tenho certeza de que o resultado será melhor do que eu possa agora imaginar".

No tocante a Lucélia, saiu da sessão entusiasmada. Gaspar, que a seguia, procurava instigar-lhe pensamentos e sentimentos românticos em relação à reunião que teria com Marcondes, após a sessão da próxima semana. "Gostei da ideia. Não estou precisando mesmo de maior contato com as pessoas? E que contato melhor do que esse com Marcondes? Não é sempre que uma mulher tem o privilégio de estar a sós com um homem como ele. Uma das coisas que me atrai na sua pessoa é a segurança. Ele fala com convicção, não titubeia. Expõe o pensamento, seguro de si. Ah! Tem outra coisa: a sua experiência! Um dos motivos pelos quais estou sem namorado é, sem dúvida, a repulsa que tenho por rapazes sem vivência, sem experiência de vida. E isso ele tem se sobra. É, parece que desta vez a sorte está ao meu lado."

∾

Gaspar sentia-se satisfeito. Seu projeto estava quase concretizado, exatamente como ele previra. Agora, conseguiria dar início à destruição da existência malfadada de seu rival. Destarte, ficou "fazendo a ponte" entre Marcondes e Lucélia, empurrando um em direção ao outro. Mas a verdade é que alguma coisa travou a paciente durante a sessão seguinte, de modo que, em vez de insinuar-se para o terapeuta, como planejara, ela se fechou num mutismo exasperador e, ao sair da sessão, mal disse "até logo", desaparecendo rapidamente da visão dele. "Será que não fui claro?", perguntou-se o analista, enquanto relembrava os momentos da sessão. "Creio que fui. Mas, nesse caso, por que ela ficou tão refratária às minhas investidas? Ou ela é burra e não percebeu nada?" A situação era extremamente incômoda, pois era a segunda vez que ele tentava alguma coisa e tudo saía às avessas. Da primeira vez, fora com Ivete e agora, com Lucélia. "Eu é que sou um incompetente amoroso ou as minhas escolhidas não merecem os meus galanteios? A situação está ficando insustentável. Quando era jovem, conseguia com grande facilidade o que articulava em minha mente. Por que, hoje, não consigo mais? Ainda tenho o meu charme. Falando o português claro: *Não sou de se jogar fora.* Tenho mais de cinquenta anos, mas conservo ainda um certo frescor da mocidade, um fascínio por sob os cabelos grisalhos. Mas, então, por que não estou conseguindo nada do que desejo?"

Marcondes já atendera o último paciente, quando se deitou no divã e prostrou-se em pensamentos desanimadores. Gaspar, que assistia a tudo, achou o momento propício para mais uma sessão obsessiva. "Marcondes, Marcondes, por que tanto desânimo? As coisas não acontecem da noite para o dia. Tudo tem as suas etapas de realização. E você sabe muito bem que a Lucélia é inibida, travada, emperrada mesmo. Se não fosse assim, não estaria fazendo terapia. Ou estou mentindo? Prometo-lhe, no entanto, uma coisa: após a próxima sessão, você conseguirá o que está querendo tanto. Passarei a semana entre ela e você, fazendo de tudo para jogá-la em seus braços. Você terá Lucélia! E eu terei o início da minha desforra, o começo da minha vingança descomunal!"

∾

Lucélia saiu arrasada da sessão. Fantasiara tanto a aproximação entre ela e o analista e qual fora o resultado? "Decepção!", disse para si mesma. "Decepção tremenda. O que aconteceu comigo? Fiquei muda quase todo o tempo. Falei um pouco sobre meu pai, minha mãe e, de repente, veio-me o mutismo. Não consegui nem mesmo responder claramente às perguntas que ele me fez. Tremi nas bases, verguei sob o peso da minha maldita timidez. Durante a sessão, ele foi competente, como sempre. Na saída, estava me convidando para discutir sobre os capítulos que li e eu fui inventar que tinha um compromisso inadiável? Que compromisso? Bati em retirada do modo mais tacanho possível. O que aconteceu comigo? Ele deve me achar um *bicho do mato*, uma anta perdida nas ruas da cidade."

Gaspar ria muito, enquanto observava Lucélia metida sob um cobertor muito grosso para a temperatura ambiente. "É a vergonha", pensou. "Ela está tão constrangida, que deseja sumir embaixo dessa coberta. Preciso entrar em ação, ou as coisas não acontecerão segundo meus planos". Acercou-se de Lucélia e começou a falar melifluamente: "Lucélia, o que aconteceu era de se esperar. Você quis dar um salto muito grande. Estava na cara que a timidez iria bater exatamente quando você precisasse de desenvoltura. Não fique chateada. Uma situação dessas acontece uma única vez. Na próxima semana, eu garanto que as coisas serão bem diferentes. Você é muito bonita, atraente, fascinante. O que falta é pôr tudo isso para fora. Ao primeiro sorriso maravilhoso que você ostentar, ele cairá por terra. Não há homem que resista aos seus encantos. Ou não notou ainda que ele está *caidinho* por você? Não percebe como ele a olha? Não reparou como escolhe as palavras para dirigir-se a você?"

Gaspar fazia de tudo para que ela se arremetesse nos braços de Marcondes, ao mesmo tempo em que o instigava a aproximar-se da jovem. Assim como aconteceu com o analista, a paciente também aceitou suas sugestões. "Não sei por que me veio este pensamento agora, mas tenho notado um olhar diferente de Marcondes, quando me encara *tête-à-tête*, tanto na chegada ao consultório como na saída. Na semana passada, quando me retirei apressada, os seus olhos pareciam sair das órbitas, vindo roçar o meu corpo. Acho que, sem perceber, eu o estou conquistando. Justamente eu, que sempre me achei sem graça. Como é bom saber que um homem tão especial como ele está interessado em mim. Interessado, não, apaixonado. Isso mesmo: apaixonado." E riu, enquanto fazia uma pose exagerada. Quem mais ria, entretanto, era o obsessor vingativo, que via chegar o momento da derrocada de Marcondes. "O seu dia está chegando, desgraçado. Demorou muito, mas está próximo. E eu ainda vou rir muito ao vê-lo estendido no chão, proferindo palavras desconexas e babando como um cachorro louco. Você vai pagar ceitil por ceitil, infame, desprezível!"

Para completar o quadro tétrico montado por Gaspar, faltava ainda uma peça: Dora. Era preciso que ela começasse a desconfiar do marido de tal modo que passasse a segui-lo às ocultas até pegá-lo em flagrante delito moral. Para tanto, iniciou um assédio constante em sua residência, buscando envolvê-la em seu projeto sinistro. Aproveitou-se de uma folha de sulfite sobre a escrivaninha de Marcondes, em seu apartamento. No cabeçalho da folha estava escrito o nome de Lucélia. Ao encontrá-la, Dora dobrou-a e a deixou onde estava. Gaspar, entretanto, soprou em seu ouvido: "O nome escrito naquela folha era o início de um bilhete. Seu marido ia enviá-lo, mas escreveu de modo desalinhado demais e resolveu escrever todo o bilhete noutra folha, que chegou à destinatária. Você não percebeu ainda? Marcondes tem uma amante! Bem, uma coisa você já sabe: o nome dela. Marque bem: Lucélia!".

Dora colocou a folha de sulfite debaixo de um livro e foi até a sala, mas alguma coisa dizia que aquilo não era simplesmente uma folha de papel. Não seria o início de um bilhete amoroso? Voltou ao pequeno escritório e procurou o suposto bilhete. Levantou o livro e abriu a folha. O nome Lucélia, isolado na brancura do papel, pareceu emitir um grande brilho. Quando alguém escreve um bilhete, inicia com o nome do destinatário. Isso é verdade. Então, poderia mesmo ser um bilhete. Mas também o nome de alguma paciente. Talvez ele fosse iniciar alguma relação de nomes ou precisasse dizer algo importante àquela paciente em particular. O melhor mesmo seria perguntar-lhe quando voltasse do consultório.

Marcondes demorou para chegar. Eram onze e quinze da noite quando a porta da sala de visitas se abriu.

— Demorou, hein? — disse-lhe Dora, com certo ar de incômodo.

— Fiquei revendo algumas fichas de pacientes e o tempo voou sem que eu percebesse. Mas você nunca reclamou, por que isso agora?

— Eu não estou reclamando. Apenas fiz uma observação.

— Tudo bem, já expliquei.

— Encontrei esta folha no chão do quarto — mentiu. — Não sei se é algum lembrete a respeito de uma paciente...

— É isso mesmo — respondeu rapidamente Marcondes. — Tenho de dar-lhe algumas orientações na próxima sessão. Pode jogar fora, já anotei na agenda.

A resposta foi tão convincente que Dora sentiu-se mal por ter desconfiado do marido. Este, por seu lado, pensou com ar de preocupação: "Não posso estar cometendo erro tão primário. Escrevi

"Lucélia", quando estava pensando numa boa estratégia para abordá-la. Mas isso não se faz. Tenho de tomar mais cuidado. Agora esse nome já está na memória de Dora". Para tornar a explicação mais plausível, concluiu:

— Era para ter escrito também o nome de dona Estela. Acabei me esquecendo de anotar na agenda.

— Você trata as suas pacientes por "dona"?

— Só quem está na terceira idade. Dona Estela tem setenta anos.

— Falei brincando. É bom mesmo respeitar os mais velhos.

Dora jogou o papel na lixeira e resolveu esquecer o incidente. Gaspar fora derrotado nessa batalha, mas uma guerra se faz com várias delas. Ele não iria perder oportunidade de insuflar desconfiança no coração de Dora.

∞

A semana foi intensa para todos. Marcondes exercitava-se para a sua conquista amorosa, Lucélia prometia a si mesma que não voltaria a ter um "comportamento infantil", como aquele que expressara na última sessão, e Dora resolvera deixar de importunar Marcondes com "desconfianças infundadas". Quanto ao obsessor, usou todo o tempo de que dispôs para preparar o terreno, a fim de lançar Lucélia nos braços de Marcondes. Mas não foi só, sempre que pôde, procurou manter em Ivete a dúvida sobre a conduta de Marcondes em relação a ela, mas, sem a interrupção da análise. Ele queria conservar desaquecida aquela situação para movimentá-la posteriormente. No tocante a Dora, Gaspar tinha um novo plano...

12

Um incidente lamentável

LUCÉLIA PROCUROU ESQUECER SUA "FUGA" do consultório psicológico e buscou preparar-se para ser mais atirada. "Não me jogarei sobre Marcondes", pensou, "mas também não fugirei se ele jogar o seu charme sobre mim. Aceitarei os elogios e farei os meus, também. Preciso deixar para trás essa maldita inibição que me perseguiu durante toda a vida. Já perdi várias oportunidades de conseguir namorado porque me fechei, tornei-me tão hesitante que cada pretendente saiu em busca de garotas sem problemas. Agora chega! Ou eu saio desta situação ou naufrago para sempre". Ela parecia não perceber que estava buscando sair de um problema para entrar noutro pior. Seu bom-senso foi obscurecido pelas insinuações obsessoras de Gaspar. Ela não conseguia enxergar o precipício que se formava sob os seus pés. Tudo o que desejava era vencer a inibição, sem se importar com os recursos que usaria. Considerava que os meios estariam justificados pela magnitude do fim a que se propunha.

Marcondes, por sua vez, repensou durante toda a semana o seu plano para desarmar Lucélia e torná-la sua presa. "É preciso avançar de mansinho, sem que ela perceba o que estou pretendendo. E, pensando bem, estou desejando algo muito bom para ela. Vou dar um grande passo no processo de abertura a que ela se propôs. Foi ela mesma quem disse: 'Pareço um bicho do mato. Não consigo aproximar-me de ninguém e quando alguém se aproxima de mim, bato em retirada'. Ora, isso é vida? Farei com que ela perca o medo que tem das pessoas, particularmente dos homens. Depois de minha conquista, ela vai conseguir todos os homens desejados que estiverem ao seu alcance. Não arredarei pé. A minha ação será vitoriosa. E não posso me esquecer de que o meu verdadeiro alvo é Ivete. Lucélia é o início, Ivete é o fim!"

O obsessor se apossara tanto de Marcondes, que ele não conseguia enxergar o ridículo da situação a que iria se expor: estava fascinado. Kardec assegura que as consequências da fascinação são muito graves. Graças à ilusão que dela resulta, o espírito dirige a pessoa que conseguiu dominar, como agiria com um cego, conseguindo levá-la a aceitar as doutrinas mais estranhas, as teorias mais falsas, como se fossem a única expressão da verdade. E mais ainda: pode arrastá-la a situações ridículas, comprometedoras e até perigosas. Era o que estava prestes a acontecer. Chegado o dia da próxima sessão, Marcondes recebeu Lucélia com um largo sorriso e, depois dos cumprimentos, deu início ao esquema que montara:

— Que belo vestido! Você nunca veio à terapia com ele.

— É verdade. Comprei-o neste fim de semana.

— E que bom gosto, hein? Cabe certinho em seu corpo.

Lucélia ficou vermelha, pensou em correr para o divã ou para a porta, mas uma lembrança surgiu em sua mente: "É assim que você pretende perder a inibição? Faça também um elogio a Marcondes. Quando é que você vai aprender a se relacionar bem com os outros?". Com certo esforço, ela sorriu e, olhando para a gravata do analista, disse faceira:

— Você também tem bom gosto. Essa gravata é simplesmente linda. Combina bem com seu terno grafite.

Tudo começara bem para o terapeuta, entretanto, ela estava ali para a terapia, de modo que ele teve de interromper a abordagem inicial para principiar a sessão, que transcorreu normalmente. Contudo, passados cinquenta minutos, quando Lucélia deixou o divã, Marcondes pediu que esperasse e foi buscar o livro que deixara estrategicamente sobre a escrivaninha para emprestar-lhe.

— Lucélia, falamos muito hoje sobre inibição. Gostaria de discutir sobre os dois primeiros capítulos do livro que lhe emprestei.

— Ótimo! Tudo que me ajude a tirar esta inibição terrível é bem-vindo. Podemos conversar sobre os capítulos que li.

A análise do livro durou cerca de trinta minutos.

Ao término, ela fez menção de sair, mas Marcondes pediu que ficasse mais um pouco para poder falar mais alguma coisa sobre o livro.

— Você está com pressa? Na semana passada você saiu muito rapidamente.

— Desculpe. Foi por causa de um compromisso — mentiu.

— Então, sente-se mais um pouco. Não estragarei o prazer da leitura que você está fazendo. Apenas quero dirigi-la um pouco mais.

O terapeuta ficou cerca de dez minutos discorrendo sobre o livro e depois, sem tempo para que Lucélia pudesse pensar em sair, perguntou-lhe:

— Você costuma ir com amigos tomar uma cerveja, um chopinho?

— Com a minha timidez, não dá certo. Às vezes, saio com uma amiga até uma choperia não muito longe da faculdade.

— Já é um bom começo. E como você é jovem, bonita e muito simpática, não vai demorar para ter dois ou três rapazes doidinhos por você.

— É milagre, Marcondes?

— Você não precisa de milagre. Basta sorrir como sorriu agora e qualquer rapaz cairá de joelhos.

— Não fale assim — disse Lucélia, sorrindo mais uma vez.

— Eu não disse? Se você rir novamente, eu é que vou cair de joelhos.

Lucélia estava feliz. Nunca alguém lhe falara como Marcondes. Não lhe passava pela cabeça que ela estava sendo apenas um tubo de ensaio para a experiência dele. Durante toda a sua juventude, ela quisera que alguém tivesse exatamente uma conversa como aquela com ela. Isso fez com que se abrisse mais e se tornasse perigosamente espontânea diante das reais intenções do seu interlocutor.

Depois de alguns minutos de conversa, Marcondes, fingindo naturalidade, perguntou-lhe:

— Já que estivemos falando até agora de bate-papos agradáveis, por que não vamos até uma cervejaria aqui perto e continuamos a nossa boa conversa por lá?

Lucélia já estava envolvida demais naquele diálogo bem preparado por Marcondes, de modo que, sem pensar, respondeu alegremente:

— E por que não? Eu já sabia que você é um excelente analista, mas não tinha conhecimento de que é também bom de prosa.

Na cervejaria, aos poucos, Marcondes foi levando a conversa para o terreno do amor, e Lucélia, gostando do tema, ofereceu terreno para o seu ingresso.

Dora mudara um pouco a sua maneira de falar com Marcondes. Depois da desconfiança que surgira diante do papel encontrado na escrivaninha do marido, e ao verificar que tudo não passara de equívoco, sentira certo sentimento de culpa. Nesse dia, ela foi mais amável e prestativa do que estava sendo ultimamente, após o esfriamento das relações conjugais entre ambos. Já pensava em recebê-lo melhor à noite, quando notou sobre a escrivaninha um boleto bancário. Pegou-o e viu que era para o pagamento da prestação do carro, que vencia naquele dia. Para não pagar multa, resolveu ir até o consultório de Marcondes, onde o informaria sobre o ocorrido e, dali, eles poderiam ir fazer o pagamento. Trocou-se e foi à procura do marido. Chegando ao prédio onde funcionavam consultórios médicos e psicológicos, o porteiro informou-a de que Marcondes havia saído com uma jovem.

— Você sabe quem é ela?

— Deve ser uma das pacientes do dr. Marcondes, pois ela sempre vem aqui.

— Eu estou precisando falar urgentemente com ele. Você não sabe para onde ele foi?

— Ele não disse. Apenas me orientou, dizendo que, se chegasse alguém procurando-o, era para ligar em seu celular.

Fingindo tranquilidade, Dora agradeceu e saiu. "Onde pode ter-se metido o Marcondes com uma paciente? Terapia não é feita entre as quatro paredes de um consultório? Então, por que saiu com a paciente? Será que... Será que a jovem é aquela tal de Lucélia, cujo nome estava na folha de papel? Ah! Meu Deus. Só me faltava esta. Marcondes pode estar me traindo com essa rapariga. Não. Não pode ser. Por que ele faria isso? Espere um pouco. Por que ele se tornou tão frio comigo? Por que quase não conversa? Até com relação à Bia, ele não tem mais demonstrado o afeto que antes lhe dedicava. Sem falar que sexo é produto raro lá em casa, nos últimos tempos.

Não quero acreditar, mas posso mesmo estar sendo traída. Tenho de esclarecer isso. Assim que ele chegar, vou lhe fazer a pergunta fatídica: 'Marcondes, você está me traindo?'. Não, não pode ser assim. É claro que ele vai dizer que não. Tenho de ser mais racional. Preciso preparar um plano para ele cair como patinho." Assim pensando, Dora teve uma ideia inesperada: iria telefonar-lhe, como se não soubesse que ele estava fora do consultório.

Em meio à conversa, que esquentava a cada minuto, o celular dele tocou. Marcondes, verificando que era a esposa, quis ignorar, mas, pensando que poderia ser algo grave, resolveu atender:

— Oi, tudo bem?

Dora, fingindo muita tranquilidade, respondeu:

— Tudo bem, Marcondes. Estou ligando porque você deixou em casa o boleto para pagamento da prestação do carro.

— Que cabeça! Como fui me esquecer?

— Não faz mal. Estou chegando no prédio do seu consultório. Poderemos ir pagar a prestação e depois voltamos para casa.

Marcondes gelou. O que fazer? Buscando rapidamente alguma ideia, respondeu:

— Não saia daí. Estou na farmácia e já volto.

— Farmácia? Ou você está com a moça do bilhete?

— Vou lhe explicar tudo daqui a pouco.

Assim falando, desligou o celular e olhou preocupado para Lucélia que, sem entender nada, perguntou:

— O que está acontecendo?

— É minha filha que não está passando bem. Tenho de ir à farmácia comprar algum bom analgésico. Desculpe, Lucélia. Eu não contava com este transtorno. Prometo-lhe que, na próxima semana, viremos tranquilamente até aqui. Ou mesmo antes. Eu ligo para você, está bem?

— Claro, claro. Vá cuidar da sua filha. Eu entendo.

Marcondes leu nas entrelinhas uma queixa de Lucélia, que ficara em segundo plano, mas, naquele momento, não poderia fazer nada. A situação era muito difícil. Pediu mais uma vez desculpas e prometeu ligar no dia seguinte para marcar novo encontro.

Durante o trajeto até o prédio do consultório, ele foi pensando no que diria à esposa. Tão preocupado estava que se esqueceu de passar na farmácia para comprar analgésico, pois decidira dizer que ele estava com enxaqueca. Ao ver a esposa, disse:

— Desculpe por fazê-la esperar. Fui até a farmácia porque estou com uma enxaqueca insuportável.

— Enxaqueca? Você nunca teve isso.

— Eu sei. Também estou preocupado, mas agora a única coisa que posso fazer é cuidar desse problema.

— O que você comprou na farmácia?

— Farmácia? Pois é, não comprei nada.

— Não estou entendendo.

— Eles só tinham analgésicos comuns, mas a minha dor é tão forte, que preciso de algo especial.

— Em que farmácia você foi?

— A duas quadras daqui.

— Então, vamos lá para ver o que você pode tomar.

— Não, não. Ali não há nada. Precisamos procurar outra drogaria.

— Marcondes, você está lívido. Afinal, o que está acontecendo?

— Já lhe disse, Dora. É enxaqueca. E das bravas.

— Só isso?

— E você acha pouco?

— Não foi o que quis dizer. O porteiro do prédio me falou que você saiu com uma moça.

— É verdade.

— A enxaqueca é por causa dela?

— O que é isso, Dora? É uma paciente. Terminada a sessão, ela saiu comigo e, em seguida, foi para a sua casa e eu à farmácia.

— É a tal de Lucélia, não é?

— Lucélia?

— Sim, a garota do bilhete.

— Que bilhete, Dora? Eu já lhe disse que anotei aquele nome porque precisava dar-lhe uma orientação.

— E também para dona Estela, de setenta anos?

— Você tem boa memória.

— Deixe de palhaçada, Marcondes. Aonde você foi com a sirigaita?

— Dora, a minha dor de cabeça está terrível e você acha de ter crise de ciúme justamente agora? Vamos deixar para conversar depois? As pessoas já estão olhando esquisito para nós. Você quer arruinar a minha profissão?

— Está bem. Discutiremos em casa, mas antes vamos à mesma drogaria em que você esteve, porque quem está com enxaqueca agora sou eu.

Marcondes quis convencer Dora a procurarem outra drogaria, mas não conseguiu: ela queria que ele voltasse àquela em que não encontrara o medicamento que estava procurando. Na verdade, ela queria checar se, de fato, ele estivera naquele local. Completamente aturdido, ele a acompanhou. Lá chegando, ela perguntou:

— Quem foi que o atendeu?

Responder o quê, se ele não havia estado lá? Bem, ele deu uma rápida olhada nos atendentes e retrucou:

— Quem me atendeu foi um rapaz...

— Sim, mas qual?

— Aquele. Não, acho que foi aquele outro. Dora, não me lembro. A enxaqueca não deixou que eu me fixasse na fisionomia do atendente.

— Bem, eu estou vendo três rapazes: um é moreno claro, outro é baixo e loiro e o terceiro, moreno escuro. Acho que dá para você identificar, não?

— Já lhe disse: não gravei a fisionomia do atendente.

— Tudo bem. O moreno está livre no balcão. Vamos falar com ele.

Dora, externamente, aparentava calma, entretanto, a sua voz, expressa por entre os dentes, denotava a raiva e a impaciência que a corroíam por dentro. Dirigindo-se ao balcão, e quase puxando Marcondes pelo braço, perguntou ao rapaz:

— Foi você que atendeu o meu marido há poucos minutos?

— Não, senhora. Deve ter sido algum dos meus colegas. Quer que eu verifique?

— Não. Não é necessário. Ele está com uma enxaqueca terrível e veio buscar um analgésico. Mas não quer dos comuns. É necessário um muito forte, pois a dor de cabeça não está cedendo de modo algum. A pessoa que o atendeu disse que vocês não têm nada em estoque.

— Temos, sim. Às pessoas que têm vindo aqui na mesma situação do seu marido, eu tenho aconselhado este aqui. — E pegou uma caixinha na prateleira.

— Você só tem este?

— Tenho mais quatro, de outros laboratórios, mas este tem dado excelentes resultados. Assim dizem aqueles que o experimentam.

Virando-se para o marido, Dora perguntou com ar de sarcasmo:

— O que você acha, Marcondes?

— Bem... Eu fico com ele.

O atendente ainda o aconselhou dizendo:

— É melhor o senhor procurar um médico. Nunca se sabe qual é a causa da enxaqueca, não é mesmo? E, sem receita, não poderei vender-lhe outra caixa.

A volta para casa foi feita sob um silêncio tão grande, que denotava a tempestade que viria em seguida. Dora parecia uma panela de pressão prestes a explodir, ao passo que Marcondes, acuado, pensava o que poderia lhe dizer para convencê-la de que fora mesmo à drogaria em busca de analgésico. Tudo conspirava contra ele. Em sua vida, nunca acontecera algo semelhante. Ele não imaginava que Dora fosse capaz de agir da maneira como se comportara naquela tarde. E agora? Fazer o quê?

∽

Lucélia voltou para casa, completamente aborrecida. Jamais iria imaginar que aquele encontro terminasse de modo tão decepcionante! No caminho, a sua fantasia fora posta em ação. Ela se via nos braços de Marcondes, aos beijos com que tanto vinha sonhando. O clima parecia perfeito. O momento finalmente chegara. E, de repente, tudo foi por água abaixo. "O que pode fazer um celular!" pensou desanimada. Com esse pensamento, ela se lembrou de que ouvira alguma coisa, pois o som do celular estava um pouco alto. Parecia-lhe que alguém havia lhe perguntado se ele estava com a moça do bilhete.

Marcondes disfarçara, mas ficou claro para ela de que não se tratava de problema com a filha e sim com alguma outra jovem. Afinal, quem seria "a moça do bilhete"? Isso a deixou ainda mais frustrada. "Quer dizer que ele não tem nenhum interesse particular por mim. A qualquer paciente que lhe chame a atenção, ele deve emprestar um livro, para depois levar a uma choperia e, em seguida, para algum motel. Ele queria apenas conquistar-me para, posteriormente, partir na direção de outra garota qualquer. Que baixeza! Que falta de respeito! Como me deixei enganar assim? Além de tudo, ele se aproveitou do meu problema para me persuadir a sair com ele.

Eu posso ser tímida, mas não sou boba. Ele vai ouvir umas boas na próxima sessão, antes de eu dizer que a terapia está encerrada."

∿

Em casa, mal fechou a porta, Dora quis saber o que, de fato, ocorrera:

— E então? Você vai me dizer onde estava, depois que saiu do consultório com a "moça do bilhete"?

— Dora, eu juro que não existe nenhuma "moça do bilhete". Eu saí, como acontece quando deixo o consultório após o atendimento. É comum o elevador demorar e acabarmos por nos encontrar. Na rua, cada qual seguiu seu rumo. Qual é o problema?

— Tudo bem, digamos que seja verdade. Mas para onde você seguiu depois de ter-se despedido da paciente?

— Fui à farmácia.

— Com Papai Noel e carregando um Coelho da Páscoa no colo?

— Está bem, Dora, eu me rendo. Não fui à farmácia.

— E para onde foi?

Marcondes tentou arquitetar alguma história e, depois de algum silêncio, falou:

— Eu estava mesmo com enxaqueca, mas, em vez de ir à farmácia, resolvi tomar uma cerveja e esfriar a cabeça.

— Desde quando cerveja cura enxaqueca?

— Dora, acredite, eu estou um tanto deprimido, daí a enxaqueca e eu ter procurado me distrair um pouco. Foi por essa razão que acabei me esquecendo de levar o boleto. Aliás, nós voltamos para casa e acabamos não fazendo o pagamento.

— Mais importante que isso é a nossa situação. O boleto eu pago amanhã. Quero apenas saber com quem você estava na cervejaria.

— Com ninguém. Mesmo que eu quisesse, não teria condições de ficar papeando com alguém. A dor de cabeça estava muito forte.

— Eu ouvi uma voz feminina, logo que você atendeu o celular.

— Ouviu mesmo. Havia dois rapazes com duas moças logo atrás de mim, na outra mesa.

— Mas se tudo isso é verdade, por que não me contou logo?

— Fiquei com vergonha.

— Vergonha?

— Eu não sabia o que você poderia pensar; afinal, sou um terapeuta.

— Um terapeuta que precisa de álcool para se tranquilizar? Você recomenda a mesma coisa a seus pacientes?

— Está vendo? Era isso que eu temia.

— Está bem. Desculpe. Mas ainda quero saber por que você está deprimido.

— Talvez seja a crise da meia-idade. Entretanto, venho trabalhando isso por meio da autoanálise. Logo estarei bem novamente. É só uma questão de tempo.

— Marcondes, só para encerrar a conversa: você costuma ir beber na cervejaria sempre que tem problemas?

— Não, Dora. Aliás, não é sempre que tenho problemas. No entanto, para me distrair, algumas vezes vou, sim. Da última vez, bati um bom papo com Nélio, ex-colega de faculdade. Eu já lhe disse...

— É verdade.

Mais calma e tendo *engolido* a explicação de Marcondes, Dora mudou o tom de voz e disse, encerrando aquela conversa constrangedora:

— Está bem, Marcondes. Mas, por favor, diga-me sempre a verdade. Tudo isso não teria acontecido se você não tivesse mentido. Embora seja um profissional respeitado, agiu como uma criança acuada, que procura uma desculpa qualquer para um erro.

— Nisso você tem toda a razão. Peço-lhe desculpa. Por outro, lado, confie mais em mim. A desconfiança dilacera os relacionamentos.

— Farei isso. Peço-lhe, entretanto, que não faça da bebida uma tábua de salvação. O alcoolismo pode começar aí.

— Eu vou me lembrar dessas palavras.

O diálogo encerrou-se e Marcondes conseguiu safar-se das consequências desastrosas de sua conduta represensível. Faltava, porém, o encontro com Lucélia.

Gaspar, por um lado, estava insatisfeito. Em seu plano, ele queria que Dora tivesse visto Marcondes abraçado com Lucélia. Isso não acontecera. Por outro, passaria a semana a instigar ideias malévolas na mente da moça, a fim de que algum prejuízo sério sobrasse para o analista.

∽

A semana foi desagradável para Lucélia. O incidente na cervejaria não lhe saía da mente. Entretanto, ela começou a cair em si. Como poderia ter pensado numa aventura com Marcondes? Um homem casado e com uma filha? É grave falta moral interferir na vida conjugal de outras pessoas. Caso tivesse acontecido algo, ela estaria agora com a consciência pesada, com sentimento de culpa. Felizmente, nada acontecera. Diante desse ponto de vista, ela poderia considerar-se salva pelo celular. "Talvez fosse melhor", pensou, "encerrar a análise". Procuraria outro terapeuta. Haveria, com certeza, muitos analistas sérios e competentes. Marcondes, com o seu desequilíbrio, era exceção, não a regra. E como faria para dar fim à terapia? Não, não faria nenhum escândalo, mesmo porque nada de mais acontecera entre ambos. Pensando bem, o fato de ele tê-la convidado para o encontro na cervejaria já se constituía num deslize ético. Mas, como no tempo curto em que estiveram juntos nada aconteceu que caracterizasse falta ética, seria melhor mesmo apenas anunciar a sua decisão, sem mais esclarecimentos. Assim conjeturando, deu o caso por encerrado. Quanto a Marcondes, ele também pensou muito sobre o desastrado acontecimento. "Será que ela desconfiou de alguma coisa? Não, a moça é muito ingênua para desconfiar de algo. Basta que eu ligue para ela e tudo voltará ao ponto de partida. O restante depende apenas do meu poder de fogo. Vou ligar tranquilamente e marcar novo encontro. Vai ser fácil! Ela já está caidinha por mim...". Dois dias depois, ele fez a ligação.

— Alô! É Lucélia?

— Sim.

— Aqui é o Marcondes, o seu terapeuta.

— Ah...

— Em primeiro lugar, quero pedir-lhe encarecidamente desculpas pelo ocorrido anteontem. Fiquei muito aborrecido com o incidente, mas precisava ir ter com a minha filha. Ela estava com febre alta, enxaqueca; enfim, o caso poderia ter sido mais grave, não fosse o pronto atendimento que lhe providenciei.

— Entendo.

— O meu grande interesse naquele encontro era mais do que uma simples cerveja ou uma conversa agradável. Eu queria, na prática, ajudá-la a libertar-se do problema que você me apresentou na psicoterapia. Deve ser muito triste alguém ficar engessado numa timidez que não lhe permite estabelecer contato com outras pessoas. E você tem tudo para sair dessa situação: é inteligente, simpática, tem uma conversa agradável; enfim, pode muito bem se tornar uma pessoa comunicativa como qualquer outra. Como eu sou do tipo extrovertido, sempre que vejo alguém com dificuldade para se expressar, procuro ajudar. Imagine se eu não faria isso por você, que é minha paciente.

Enquanto Marcondes falava, buscando colocar emotividade em suas palavras, Lucélia ia reconsiderando tudo o que decidira anteriormente. Afinal, parecia-lhe que ele realmente estava interessado apenas na solução do seu problema. O encontro soava-lhe como inocente e puro, não mais como lascivo e imoral. Afinal, ela não desejava mais nada com ele, a não ser ajuda profissional. Portanto, talvez devesse dar-lhe ainda um crédito, prosseguindo a análise. Quando ele lhe perguntou se não ficara aborrecida com a interrupção da conversa na cervejaria, ela respondeu:

— Não, Marcondes. Para dizer a verdade, penso que foi até bom que isso tenha ocorrido.

— Como assim?

— Não acho que seja ético da sua parte encontrar-se com uma paciente num bar. Sei que você fez isso com boas intenções, como acabou de me dizer, mas penso que o lugar apropriado para ajudar o paciente é mesmo o consultório.

A resposta de Lucélia foi um jato de água fria em Marcondes. Quer dizer que ela não estava mais interessada em sair com ele? O que dera naquela garota tímida que se mostrava agora tão assertiva?

— Não entendi bem. Você acha antiética uma boa prosa num bar? Ali, Lucélia, eu não a vejo como paciente, mas apenas como uma boa amiga, alguém a quem eu posso ajudar de maneira prática, mostrando-lhe como agir em sociedade.

— Peço-lhe desculpa, Marcondes, mas creio ser muito difícil amizade entre um homem casado e uma mulher solteira. O que pode pensar a sua esposa se vier a vê-lo tomando uma cerveja comigo num bar? E o que poderá pensar de mim?

— Não sei, Lucélia. Acho apenas que não devemos nos preocupar tanto com o que pensam os outros a nosso respeito.

— Concordo, mas esta é uma situação peculiar. Se você me apresentasse a sua esposa, sua filha e nos sentássemos os quatro para uma conversa, creio que se tornaria uma situação insuspeita, inclusive eu poderia levar alguma amiga, o que seria ainda melhor para o meu treino de sociabilidade, não acha?

Marcondes não encontrava resposta, pois agora ela estragara de vez com as suas reais intenções. Contrariado, achou melhor encerrar o diálogo, que já se tornava um debate e ele não sabia aonde poderia chegar.

— Lucélia, eu só liguei para me desculpar. Quanto à minha conduta antiética, creio que não existiu, dado que estávamos no bar apenas como conhecidos, pois, segundo você, não podemos ser amigos. E a minha intenção era apenas ajudá-la numa espécie de sessão extraconsultório. Mas respeito suas considerações. Façamos o seguinte: você leva tudo isso para a próxima sessão para analisarmos. O que acha?

Vencida pelas supostas boas intenções de Marcondes, Lucélia concordou, desistindo de pôr fim à terapia. O incidente desagradável da última terça-feira iria render outras apreciações. No fim, Gaspar ainda estava com possibilidade de vitória nessa guerra ininterrupta contra Marcondes. A obsessão poderia lhe render frutos apodrecidos que seu desafeto deveria colher.

13
Crise existencial

O TEMPO SEGUIA SEM NOVIDADES PARA Ivete. No trabalho, continuava a mesma executiva competente e comprometida, que alcançava com a sua equipe e por meio dela as metas estabelecidas, superando-as com certa frequência. No tocante à vida pessoal, prosseguia com o mesmo viver celibatário, convicta de que não desejava partilhar sua existência com nenhuma outra pessoa. Já se habituara a uma vida quase monástica e se sentia bem, pois não gostava de ostentar luxo nem de se escravizar às últimas tendências da moda. Também não acompanhava o consumismo desenfreado em que mulheres e homens costumam naufragar. Tinha uma boa poupança no banco e já fizera há um bom tempo um seguro de complementação da aposentadoria, de modo que se sentia tranquila financeiramente. Quanto à saúde, permanecia estável. Enfim, aparentemente, não tinha do que se queixar. Entretanto, se buscara a psicoterapia era porque se achava um tanto fria e procurava extravasar mais emoções e sentimentos autênticos, pois se via exageradamente racional, "cerebral", como ela dizia. Contudo, ultimamente algo mais a perturbava, além da desconfiança em relação ao caráter de seu analista. Vinha sentindo um vazio na alma, que nunca notara antes. Não sabia bem o que era, mas a afligia e a levava a um estado de tristeza, que toldava seus dias. O cotidiano parecia-lhe mecânico, insípido, sem nenhum colorido. E a vida afigurava-se-lhe sem sentido, sem significado. Aquilo estava pesando em seu íntimo. Ainda nada dissera ao terapeuta, pois queria antes ter certeza a respeito desse sentimento que nunca experimentara. Para tanto, pensou em buscar auxílio em algum livro que talvez pudesse esclarecê-la. Numa tarde, após o trabalho, foi até uma livraria e começou a folhear diversos livros. Repassou toda a parte de Filosofia e de Psicologia, mas não encontrou nada que a satisfizesse. Todavia, ao abrir casualmente uma das obras em inglês, deparou com um livro: *Man's search for himself* (O homem à procura de si mesmo). Abrindo-o, leu um pequeno texto que se encaixava exatamente no âmago do seu problema. Afirmava textualmente:

"Pode surpreender que eu diga, baseado em minha prática profissional, assim como na de meus colegas psicólogos e psiquiatras, que o problema fundamental do homem, em meados do século XX, é o *vazio*".

A palavra "vazio" chocou-a. "Então, quer dizer que, em pleno século XX, o ser humano já sentia a dor do vazio interior, assim como eu? Se isso não me consola, pelo menos me instiga a procurar uma saída." Considerava ainda o autor que, com tal assertiva, não apenas queria dizer que muita gente ignora o que quer, como também frequentemente não tem ideia clara do que sente. "Parece que ele está falando a meu respeito", pensou. Resolveu comprar o livro. O autor era um dos grandes representantes da Psicologia Humanista:

Rollo May. Voltando para casa, deu início à leitura naquela mesma noite. Um dos pontos que logo a fez refletir foi o que dizia:

"A sensação de vazio provém, em geral, da ideia de incapacidade para fazer algo de eficaz a respeito da própria vida e do mundo em que vivemos".

Fazendo um retrospecto do seu passado recente, Ivete notava que aquela afirmação se encaixava plenamente em sua vida: era verdade que ela se tornara uma profissional competente, mas o que fazia na empresa não a satisfazia. Ela não sentia o colorido das emoções em seu coração. O que desejava, na realidade, era fazer algo que transcendesse as atividades rotineiras da empresa. Queria realizar algo de que realmente se orgulhasse, que estivesse em harmonia com o sentido da sua vida, mas ignorava o que era isso. Parecia-lhe que estava num beco sem saída. Mais à frente, dizia o texto:

"A apatia e a falta de emoções são defesas contra a ansiedade. Quando alguém continuamente se defronta com um perigo que é incapaz de vencer, sua linha final de defesa é evitar a sensação de perigo".

Então, a falta de emoções, motivo pelo qual procurara a terapia, era consequência da ansiedade? Realmente, ela se julgava muito ansiosa. Isso fora colocado e discutido na análise. Ela sentia-se angustiada em relação ao passado e ansiosa em relação ao futuro. Como resultado, não conseguia viver o presente em sua plenitude. Outros temas eram abordados no livro, como a autoconsciência, a experiência do próprio corpo e sentimentos, e a coragem para ser autêntico. As reflexões foram tão importantes que, em menos de dez dias ela havia terminado a leitura do livro. Nesse momento, levou para as sessões os resultados de tudo o que assimilara e as conclusões a que chegara. Isso a ajudou muito, de modo que buscou outras obras que lhe permitissem uma reflexão mais precisa sobre a sua existência. Marcondes chegou a sugerir-lhe o empréstimo de um livro, mas ela recusou, dizendo que preferia partir sozinha em busca de leituras que a auxiliassem a resolver as suas próprias questões existenciais. Nesse momento, tão interessada estava no âmago da sua própria vida que nem se deu conta das segundas intenções que jaziam por trás da suposta inocência da oferta de um livro por parte do terapeuta.

Na sua pesquisa, acabou encontrando um livro que achou muito interessante: *Eu e tu*, de Martin Buber, considerado um filósofo existencialista por alguns pesquisadores e um pensador religioso, por outros. Ao folheá-lo, Ivete notou que a leitura não era fácil, alguns trechos pareciam obscuros, mas, sobretudo, chamou-lhe a atenção um pensamento inserido na terceira parte da obra:

"Na medida em que tu sondas a vida das coisas e a natureza da relatividade, chegas até o insolúvel; se negas a vida das coisas e da relatividade, deparas com o nada; se santificas a vida, encontras o Deus vivo".

Não era fácil saber o que Buber pretendia revelar com esse pensamento, mas algo a chocou nesse pequeno trecho do livro:

"Se santificas a vida, encontras o Deus vivo".

"Penso que aqui está a resposta para a angústia, a ansiedade e o vazio que venho sentindo diante da minha existência. Apesar de frequentar regularmente a igreja, assistindo às missas, confessando-me e comungando, parece que o faço de modo um tanto frio e automático. Caí numa espécie de formalismo religioso, distanciando-me, com isso, de Deus. Na verdade, assim me conduzindo, não estou santificando a vida. Como consequência, não estou encontrando o Deus vivo. Disso tudo só pode resultar o vazio que sinto em meu interior. Agora já conheço o porquê da ansiedade e da angústia que me sufocam. Resta elaborar um plano para sair dessa situação".

Ivete resolveu criar um plano de modificação existencial, que, seguido à risca, iria fazê-la encontrar o "Deus Vivo", de que falava o pensador judeu Martin Buber. "Já começo a colocar emoções e sentimentos nobres em minha vida, após um bom tempo de terapia", pensou. "Isso me possibilita o encontro entre o eu e o tu, de que fala Buber. O que me falta agora é o encontro com Deus, o 'tu eterno', que me preenche a vida e lhe dá o verdadeiro significado." No entanto, como ela poderia agir para concretizar as conclusões a que chegara? Que plano poderia ser elaborado a fim de modificar toda a sua vida? Isso não lhe estava ainda claro; no entanto, uma ideia e um desejo começaram a brotar no seu íntimo, pequeninos de início, mas que foram tomando forma à medida que os dias foram passando. Inicialmente, pareceu-lhe absurda aquela ideia e inexequível aquele desejo. Mas nada deixou transparecer na terapia. O que ela fora fazer lá, já estava dando frutos, o que ela pretendia, ultrapassava o alcance da análise. A primeira decisão foi encerrar a terapia e a segunda ir até o mosteiro conversar com madre Teresa e abrir-lhe o coração, dizendo-lhe do desejo sincero que ardia em seu peito. Quis, porém, esperar pelo menos um mês, a fim de saber com certeza se aquilo que lhe passava pela mente era fruto de uma fantasia imatura e irrealista ou se, pelo contrário, era o resultado de uma convicção madura e irresistível. Nesse meio-tempo, conversou com Marcondes sobre a sua decisão de encerrar o processo terapêutico.

— Você não acha que está fugindo de algum problema crucial que está vindo à tona?

— Não, Marcondes — respondeu com segurança a paciente. — Eu tenho certeza de que já auferi todos os benefícios que a terapia poderia me oferecer. Agora, cabe a mim, amparada e fortalecida, retomar o fluxo da existência, construindo o meu próprio caminho, como você costuma dizer.

Marcondes levou um choque. Gaspar, que a tudo assistia, aproveitou para soprar-lhe ideias desbaratadas: "E aí, companheiro? Vai deixar tudo acabar assim? E o seu plano de conquista? Vai por água abaixo? A sua amada vai embora e você fica de braços cruzados? Chegou o momento! Ponha o seu coração para fora! Abra-se, Marcondes. Diga-lhe que a ama e adora, que não pode viver sem ela. Olhe-a nos olhos e diga-lhe que a sua vida não tem sentido sem a sua presença mágica. Vamos! Não espere mais. É agora ou nunca!".

Se a decisão de Ivete o pegou de surpresa, as palavras diretas de Gaspar o deixaram confuso. Quanto ao fim da terapia, não era algo impensável. A paciente já conquistara, de fato, um nível de maturidade, que bem poderia continuar a sua vida, resolvendo por si mesma os problemas que lhe adviessem. Mas o atrativo sexual que a sua pessoa significava para ele, não poderia ter um fim tão melancólico. Era preciso pôr mãos à obra. Não se tratava mais de uma simples conquista, à feição juvenil, mas de uma paixão que brotara um dia e que agora explodia com todas as consequências nefastas que a acompanhavam. Achando imprudente atirar-se nos braços da paciente, resolveu segurar-se e pensar melhor, a fim de arquitetar um plano que lhe desse a satisfação de perpetrar a sua conquista amorosa.

— Ivete, não acho descabida a sua decisão. Apenas a julgo precipitada. Quero fazer-lhe uma proposta.

— Pois não.

— Espere até o fim do mês. São apenas três semanas. Se você estiver usando mecanismo de fuga, ficaremos sabendo e trabalharemos o que há por trás. Caso seja, realmente, uma decisão madura, você terá alta e os meus desejos sinceros de uma vida feliz.

Ivete achou racional a proposição do analista e aceitou-a, estando convicta de que, realmente, ela usufruíra ao máximo o que a terapia poderia oferecer-lhe. Só não lhe ocorreu, naquele momento, que havia, sob a aparência de racionalidade, a tentativa de dar mais tempo a Marcondes para empreender uma última arrancada rumo à conquista final.

∾

Madre Teresa fazia suas orações na capela do convento, quando lhe foi anunciada a visita de Ivete. Deveria ser algo grave, pois habitualmente ela combinava antes o melhor dia e o horário mais adequado para ir ter com a superiora das Carmelitas. Encerrou as preces e foi até a sala de recepção de visitas.

— Boa tarde, Ivete. A que devo a honra de sua visita inesperada?

— Desculpe, madre Teresa. Sei que deveria ter ligado antes. Confesso, porém, que estou ansiosa em relação à decisão que tomei e que precisa da sua aprovação.

— Estou sempre atenta ao que lhe vai na alma. Pode dizer, minha filha.

— Não sei muito bem como expressar-me, mas tentarei pôr em ordem os meus pensamentos. Ultimamente, madre, tenho vivido o que se chama hoje de crise existencial. Aliás, foi por esse motivo que iniciei minha terapia. No início, o que me preocupava era o fato de eu ser muito racional, chegando a tornar-me fria, mesmo, quase calculista. Notei que havia necessidade de dar colorido à minha vida por meio da expressão adequada das emoções e dos sentimentos. A duras penas consegui mudar. Hoje, na empresa, sou muito diferente do que era há dois anos. Tornei-me aberta às ideias diferentes das minhas, sou sorridente, presto mais atenção às dificuldades dos outros, sem perder a razão e a lógica na tomada de decisões. Já me falaram mais de uma vez da transformação que ocorreu comigo. Fiquei até chocada com a imagem que tinham a meu respeito. Mas, felizmente, agora a imagem é de uma executiva competente, comprometida e, ao mesmo tempo, afável cordial e interessada em ajudar na resolução dos problemas alheios. Creio que nem preciso mais continuar fazendo análise. Já disse isso ao meu analista e combinamos de esperar um pouco mais, quando, então, terei alta.

— Fico feliz em ouvir tudo isso, Ivete. Sei que você passou por momentos difíceis, mas noto agora que conseguiu superar os problemas que a afligiam.

— É verdade, entretanto, de uns tempos para cá, passei a sentir um vazio muito grande em meu coração. A vida parecia não fazer muito sentido e até o trabalho perdeu muito do seu significado. Desconfiada que estava das atitudes do meu analista, não levei essa queixa para a terapia. Busquei resolver por mim mesma o problema que me afligia; contudo, estava muito difícil achar uma saída, encontrar uma solução. Foi quando resolvi buscar auxílio em um livro. Rollo May, um psicólogo humanista, conseguiu dar-me a ajuda inicial. Percebi, com a leitura do livro, que esse vazio é comum a muitas pessoas. Mas entendi também que não devemos cruzar os braços porque outros estão sofrendo como nós. O autor conclui que a liberdade, a responsabilidade, a coragem, o amor e a integridade interior são as qualidades ideais de todo ser humano. É verdade que nunca conseguimos realizá-las plenamente, mas constituem as metas psicológicas que dão significado ao movimento para a integração de cada um de nós. Ao ler isso, verifiquei que eu estava de acordo com a minha própria existência e tinha a ver, inclusive, com o motivo de estar fazendo análise. Essa leitura foi muito boa, mas eu precisava ainda de algo que transcendesse a dimensão terrena da minha existência. E fui encontrá-lo num pensador judeu chamado Martin Buber. Ele mostrou-me a necessidade de estabelecer o encontro autêntico com os meus semelhantes. Creio que essa foi a minha busca inicial na psicoterapia. E agora já começava a consegui-la, embora com dificuldade. Mas o que me chocou realmente foi outra proposição desse filósofo.

Ivete olhava madre Teresa nos olhos, enquanto discorria sobre as suas descobertas. Agora, quando estava prestes a dizer, pela primeira vez a outra pessoa a respeito da sua decisão, lágrimas começaram a escorrer de sua face. A superiora do convento a observava atenta e compassiva.

— A frase que me tocou a mente e o coração foi esta: "Se santificas a vida, encontras o Deus vivo".

— Esta é uma verdade que não podemos esquecer, Ivete. Se a seguirmos, de fato, poderemos viver na plenitude existencial. — Depois de algum tempo de mútua reflexão, madre Teresa perguntou, interessada: — E como você pretende santificar sua vida?

Ivete pareceu recolher-se internamente, silenciou por alguns segundos e, depois, fixando-se nos olhos da superiora, disse convicta:

— Eu quero ingressar na vida religiosa.

Madre Teresa não perdeu a serenidade. Tomou as mãos de Ivete entre as suas e disse sinceramente:

— Essa é uma decisão que me enche de alegria, Ivete. Mas é uma resolução para toda a vida. Não pode ser tomada em meio a crise existencial e ser modificada nas amenidades do amanhã.

— Eu sei, madre. E é por essa razão que venho pedir sua orientação.

Refletindo por alguns segundos, como a pedir ajuda ao plano espiritual, madre Teresa, continuou:

— E você fez muito bem, Ivete. Tenho, em meus muitos anos de vida dedicada a Deus, orientado muitas jovens e pessoas de mais idade. Nesse meio tempo, algumas delas entraram para o convento, outras, a maior parte, continuaram os afazeres do cotidiano, amando a Deus e servindo aos homens em seus próprios lares. A vida religiosa não é fácil. Exige muitos e ingentes sacrifícios. O convento é um pequeno mundo por onde transitam os mesmos problemas que existem lá fora. Não se trata de uma campânula ou de um refúgio contra os perigos da "Cidade dos Homens", como falava o grande Santo Agostinho. Daí a necessidade de se cultivar o amor a Deus, sem o esquecimento dos homens, por quem sempre rogamos. Daí também a necessidade imperiosa de se cultivar um conjunto de virtudes, a começar pela humildade, obediência, paciência e tolerância.

— Sei, madre, que não deve ser fácil. Tive o privilégio, nestes últimos anos, de estar diante da senhora ouvindo muitas lições, que sempre me foram de importância fundamental para o contato com Deus e com o mundo. No entanto, sinto bem dentro da minha alma o desejo puro de consagrar-me a Deus, de tal modo que o mundo nada mais signifique para mim a não ser como objeto de minhas preces.

— Noto a sua sinceridade e gostaria muito que você pudesse fazer parte da nossa santa Ordem. Entretanto, devemos, como se diz, dar tempo ao tempo, a fim de podermos ter certeza de que você tem realmente vocação para a vida religiosa.

— Quanto tempo devo esperar, madre?

— Ligarei para você daqui a dois meses. Conversaremos novamente e eu lhe direi o que fazer.

— E quais são as suas recomendações durante esse período?

— Ore muito. Peça a Deus que lhe dê uma resposta sobre a sua vocação. E não deixe de cumprir suas obrigações cotidianas. Continue fazendo seu trabalho da melhor maneira possível. Lembre-se do que nos disse Santa Teresa de Ávila: "Se realizarmos o que está a nosso alcance, o que depende de nós, Deus fará com que o continuemos realizando cada dia mais e melhor".

Ivete ficou um tanto decepcionada, pois esperava que a prioresa a acolhesse de braços abertos e a introduzisse alegremente no mosteiro. Mas, refletindo melhor em seu apartamento, chegou à conclusão de que ela agira da maneira mais madura possível. Talvez se tratasse apenas de uma crise passageira que, resolvida, poria fim ao desejo de tornar-se freira. Ou, quiçá, fosse apenas um sonho romântico, sem ligação concreta com a realidade. Enfim, madre Teresa fora precavida e usara de modo exemplar o bom-senso que lhe era característico. Desse modo, resolveu seguir os seus conselhos e aguardar os dois meses que lhe foram impostos. Mais rapidamente do que ela poderia supor, viria a resposta definitiva para a sua dúvida.

14
Ladeira abaixo

MARCONDES TINHA POUCO TEMPO PARA ARquitetar um novo plano de conquista. A ideia fixa tomara conta da sua mente. Já estava enterrado na fascinação, em que existe um mecanismo de profunda ilusão estabelecida na mente enferma do obsidiado. A força da ilusão é tão grande que afeta as faculdades intelectuais, desvirtuando o raciocínio, a capacidade de julgamento e a razão. O espírito obsessor ilude o obsidiado, explorando suas fraquezas morais. Por outro lado, a pessoa não tem essa consciência. Marcondes estava assediado pelas intenções maléficas de Gaspar, e como ainda trazia na alma as deficiências de sua última encarnação — a sexualidade exacerbada —, era nesse ponto que insistia o obsessor, a fim de vingar-se de todo sofrimento por que passara na encarnação anterior e agora, em que perambulava pelos baixos níveis do plano astral.

O terapeuta, descontrolado em sua vivência interior, mal conseguia compartilhar com a esposa e a filha o cotidiano familiar, descolorido e acinzentado. A energia reinante na casa já não era a mesma. A vibração caíra para níveis inferiores e isso era, de algum modo, notado tanto por Dora quanto por Beatriz. A filha chegou a conversar com ele, buscando entender o que estava acontecendo:

— Pai, o que está havendo com você?

— Como assim?

— Tenho observado que já não é alegre como antes. Parece que a cada dia que passa, torna-se mais taciturno e calado. Antes eu sempre o via bem-humorado e falante. Lembra-se de que você era um excelente contador de casos?

— Sim, minha filha.

— Então, por que esse mutismo? Por que esse olhar perdido no espaço?

— Você está exagerando, Bia.

— Não é verdade. Você é que não deseja abrir-se comigo.

— Você já ouviu falar na crise da meia-idade? Talvez seja apenas isso. Logo estarei alegre e falante novamente. Não se preocupe comigo nem cobre de mim o que não lhe posso dar hoje.

— Você notou o modo estranho com que disse essas palavras? E que crise da meia-idade é essa? A professora de Psicologia falou, na faculdade, que ela é também chamada "crise dos quarenta", mas você já passou dos cinquenta.

— Obrigado por lembrar a minha idade, mas fique sabendo que a chamada crise da meia-idade ocorre mais ou menos entre os quarenta e os cinquenta anos. Portanto, não estou livre dela.

— Está bem, mas eu sei também que homens que passam por ela, se não tiverem uma boa estrutura moral e emocional, acabam levando tudo para o campo da sexualidade e procuram aproveitar ao máximo tudo o que se refere a sexo e prazer, procurando aventuras extraconjugais.

— Bia, você não acha que está faltando ao respeito comigo?

— *Não fuja da raia*, pai. Não quero vê-lo fazendo papel de bobo, atrás de alguma mocinha que mais pareça sua filha.

Marcondes sentiu um frio a percorrer-lhe a espinha. Será que Beatriz notara alguma coisa? Tratava-se apenas de um conselho ou de uma advertência? E, para complicar, ela arrematou dizendo num tom que não dava para saber se era de brincadeira ou de desconfiança.

— Tenho reparado que você melhorou o visual e está usando um perfume de *grife*. Olha lá, *coroa*.

A vontade de Marcondes foi fazer uma cara de ofendido e tentar conquistar a confiança da filha, mas o toque do celular de Beatriz pôs fim ao breve diálogo.

— Voltarei à carga, pai. Você não vai fugir, não.

∾

Depois da conversa inesperada com a filha, ele ainda teve um diálogo desagradável com a esposa:

— E a enxaqueca, Marcondes? Passou?

— Ainda volta de vez em quando, mas, como já lhe disse, isso passa.

— Você não está fazendo da cerveja um remédio, não é mesmo?

— Claro que não. Também já conversamos a respeito. Acredite em mim, se não tenho tomado remédio, também não tenho buscado iludir-me com a bebida. Sou psicólogo, Dora, sei bem o que acontece comigo.

— E o que acontece, Marcondes? Você tem estado tão diferente, tão taciturno! Cadê o Marcondes de outrora, tão alegre e brincalhão?

— Estou apenas passando por um período de crise. Muitos homens passam. Mas não há mal que dure para sempre. Logo estarei bem novamente.

— É a crise da meia-idade?

— Deve ser. Aliás, Bia falou com você a respeito?

— Falou, sim. Ela também está preocupada. E disse para eu cuidar bem de você. Essa tal de crise da meia-idade pode ter repercussões muito desagradáveis, segundo eu soube.

— Bia deve ter enchido a sua cabeça com ideias tiradas de algum almanaque. Não dê importância ao que ela lhe possa ter dito.

— Não foram retiradas de nenhum almanaque as ideias que ela me passou, mas de sua professora de Psicologia. Portanto, devo, no mínimo, estar atenta ao que lhe está acontecendo. Segundo a professora, em meio a essa crise, alguns homens procuram provar a si mesmos a sua virilidade, saindo em busca de mulheres bem mais jovens.

— Sim, Dora, mas...

— Então, tome cuidado. Que a tal de Lucélia não seja uma tentação para você, que já está na faixa dos cinquenta.

— É claro que nada disso está acontecendo comigo, Dora. E não sei por que todo mundo resolveu lembrar a minha idade. Não tenho nada a ver com Lucélia a não ser em relação à terapia. Enfim, não se preocupe. Logo estarei bonzinho novamente, certo?

Essa conversa com a esposa, que se prolongou por mais algum tempo, desagradou-o profundamente. Pareceu-lhe que estavam, a esposa e a filha, promovendo um cerco, uma espécie de rastreamento da sua conduta. Isso, se não significava o impedimento do seu plano, era, no entanto, um empecilho considerável. Havia necessidade de tomar toda a precaução, a fim de que não ocorresse nenhum transtorno em sua vida.

Com tal pensamento, Marcondes esperou o dia da próxima sessão de Lucélia, visando dar início ao primeiro passo do projeto que gravara na mente. Logo que ela chegou ao consultório, o analista recebeu-a com toda a delicadeza e atenção, pedindo-lhe que se deitasse no divã. Para sua surpresa, Lucélia disse que ficaria mesmo de pé, pois estava ali apenas para fazer o pagamento de sessões anteriores que ficara devendo.

— Não entendi. Você...

— Eu não vou mais fazer análise, Marcondes.

— Mas...

— Devo dizer-lhe que agradeço tudo o que você fez por mim. Sinto já alguma melhora. Na verdade, alcancei em pouco tempo o que não esperava: fui pedida em namoro por um colega de faculdade. E devo dizer-lhe que me senti muito à vontade em nosso primeiro diálogo. Isso, sem dúvida, é fruto da terapia. Se não fosse a sua intervenção profissional, talvez esse encontro não tivesse acontecido. Creio que, daqui para a frente, eu já tenha o entendimento e a força necessária para melhorar o meu relacionamento com outras pessoas, sem ajuda terapêutica. Muito obrigado, Marcondes. Agora tenho de ir. Meu namorado está me esperando. Até logo.

Marcondes ficou completamente paralisado. Não esperava por esse desfecho tão rápido, inusitado e desconcertante. Sem mais ter o que dizer, agradeceu a ela, desejando-lhe êxito na vida e felicidade em seu namoro. Mas, quando fechou a porta, desabou sobre a cadeira diante da escrivaninha. Mais uma vez a sua "presa" escapava e, desta vez, para sempre. "Será que vai ser sempre assim? Por que não sou feliz no meu casamento nem consigo fora aquilo que não tenho em meu lar? Isso não pode prosseguir. Tenho de resolver essa situação, não importa o preço a pagar. Não me interessa o sacrifício que eu tenha de fazer."

Gaspar, que a tudo assistia, por um lado, também não gostou do que estava acontecendo. No entanto, notara um espírito que emanava uma luz tênue azulada e que se postara o tempo todo ao lado da jovem. Ele nada poderia fazer contra aquele ser de luz. Assim, ficou postado no canto da sala, apenas observando o que acontecia ali. Mas, por outro lado, depois que Lucélia deixou o consultório, ele começou a rir da atitude abestalhada de Marcondes. Quando uma lágrima escorreu na face do seu desafeiçoado, ele começou a dar gargalhadas enlouquecidas pelo prazer de ver o seu inimigo provar do próprio veneno. E, naquele mesmo momento, começou a insuflar-lhe ideias insanas.

Nessa noite, Marcondes foi para casa abatido. Ao entrar, Beatriz reparou na postura encurvada do pai e em seu semblante entristecido.

— Que aconteceu, pai? Foi assaltado?

— Não, não, filha. Só estou cansado. Hoje foi um dia difícil.

— Difícil por que, Marcondes? — perguntou Dora, prestando atenção na fisionomia do marido.

— Os temas tratados em terapia foram muito tensos. E até perdi uma paciente.

Depois de ter feito irrefletidamente essa declaração, Marcondes percebeu o *fora* que acabara de dar. Dora não perdeu a oportunidade para dizer:

— E por que ela se foi? Algum problema com você?

— É claro que não, Dora. Ela simplesmente falou que já podia administrar a sua vida sem a terapia. Agradeceu a ajuda que lhe prestei e foi embora, após pagar o que devia.

— Dos males o menor, não é verdade?

Marcondes olhou para o semblante da esposa e notou um meio sorriso, que não soube identificar. Estaria ela dizendo que, pelo menos, a paciente pagara as sessões ou, pior, que, desse modo, acabaria o seu interesse pela jovem e a possibilidade de qualquer romance? Indeciso, trocou mais algumas rápidas palavras com a esposa e esgueirou-se para o escritório.

Com a alta forçada de Lucélia, Marcondes passou alguns dias fechado num mutismo calculado, pois queria evitar a todo custo diálogos comprometedores, fosse com Dora ou com Beatriz. Ao mesmo tempo, recrudesceu a paixão por Ivete, cujas sessões tinham transcorrido normalmente até aquele ponto. O que poderia ele fazer para conquistar-lhe pelo menos a atenção? Se Lucélia, que se mostrava mais ingênua, chegara a ponto de desconfiar de sua amizade, que dizer da executiva, que era uma mulher experiente e altamente intelectualizada? Gaspar, incansável, alimentava pacientemente o fogo pelo amor proibido que recomeçava a crepitar no coração de Marcondes. Ele o fazia com tranquilidade, pois sabia que jamais o analista iria conseguir qualquer retribuição por parte de Ivete. E mais que isso: se Marcondes extrapolasse a conduta moral, seria rechaçado, desta vez com consequências muito mais graves para o obsidiado. O seu plano era expor Marcondes ao ridículo, como pessoa, e ao declínio profissional, como psicólogo. Fascinado, o terapeuta entrava cada vez mais na armadilha preparada pelo obsessor, achando que estava agindo de maneira correta ao transpor para outra pessoa a necessidade incontida de sexo, cujo prazer não sentia com a esposa na intensidade que desejava. Gaspar sabia muito bem quem fora Marcondes em sua penúltima encarnação. As lembranças ainda lhe corroíam o coração, pois ele vivera com seu atual desafeto uma situação de ignomínia e dor implacável. Marcondes fora, por volta do século XVI, um bispo, que recebera o hábito sem a devida vocação para o sacerdócio. Obcecado pelos prazeres da carne, aproveitara-se do *status* de que gozava para iludir jovens e até mesmo ameaçar-lhes a honradez, caso se recusassem a ceder a seus caprichos luxuriosos. Tivera casos também com mulheres casadas, valendo-se da sua beleza masculina, da sua eloquência verbal e do posto eclesiástico que ocupava. E foi justamente por causa de um romance escandaloso que ele acabou desencarnando em situação desonrosa e comprometedora. Ciente do que estava havendo entre a mulher e o bispo, o marido traído esperou até um dia em que a esposa fora à igreja e seguiu-a. A casa episcopal ficava ao lado do templo. Oculto por entre os arbustos, observou que a esposa não se dirigira à igreja, mas à residência do prelado. Esperou por uns momentos e, vagarosamente, dirigiu-se à casa, entrando por uma porta apenas encostada, nos fundos da residência. Passados alguns minutos, sem oportunidade de simular qualquer tipo decente de confabulação, o par pecaminoso foi vergonhosamente flagrado no leito. A mulher, ao ver o brilho da espada dirigida contra ambos, pediu em prantos por compaixão. O bispo, lívido e apavorado, lançou-se aos pés do marido traído, suplicando-lhe o perdão, em nome de Deus. Nem perdão, nem compaixão. O bispo foi assassinado em primeiro lugar, sendo em seguida a vez da esposa. Os corpos foram deixados nus sobre a cama, como um símbolo da desonra e da vingança inexorável contra aqueles que cometem o desatino de ferir um coração amargurado pela infâmia da traição.

O marido atraiçoado era o próprio Gaspar e a amante do bispo ninguém mais que Ivete. O triângulo fatal voltara a ocorrer no século XIX. Agora, Gaspar sabia que Ivete, regenerada, jamais aceitaria um caso amoroso com um homem casado. Daí alimentar o interesse de Marcondes por ela, pois tinha certeza de que este seria repelido, rechaçado e humilhado. Se o seu ponto fraco era o sexo, nada melhor do que lançá-lo diante daquela mulher que tomava conta de seus pensamentos e da sua imaginação. O repúdio a seu assédio deveria ser exemplar, de modo que ele, rejeitado, aviltado, não respondesse mais por seus atos. O plano era que Marcondes, ensandecido, chegasse ao suicídio, tornando-se, então, vítima inescapável da fúria desmedida de Gaspar. Lúgubre futuro poderia estar se delineando.

∾

Os pensamentos de Marcondes, fixados na ideia de conquistar Ivete, haviam se tornado obsessivos. Onde quer que estivesse, e a qualquer hora, sua imaginação levava-o a visualizar a imagem da mulher que o obcecara, fantasiando cenas sensuais e eróticas, que pretendia tornar realidade. À noite, chegava a ter sonhos com o mesmo conteúdo. Ao acordar, a imagem insinuante de Ivete era a primeira a povoar a sua mente. Nada mais podia fazer a não ser arquitetar um "plano infalível" que o levasse à realização do seu desejo. Chegou mesmo a pensar em magia — branca ou negra, não importava — que levasse para os seus braços a mulher que o enfeitiçara sem saber. Pensou em realizar um "trabalho" que "amarrasse" Ivete aos seus caprichos e desejos libidinosos. No entanto, não teve coragem de se expor, temendo que, em visita a algum terreiro de magia, pudesse ser identificado, pondo a perder a sua carreira profissional. Interessante que ele não pensou na família, apenas na sua reputação. Já se fechara numa cápsula isolante, que não deixava margem a qualquer pensamento em relação ao exterior, a menos que essa ideia se referisse a Ivete.

Restavam apenas três sessões para que Marcondes pudesse alcançar o que lhe corroía o coração. Incitado por Gaspar, achou melhor fazer tudo de uma só vez. Se agisse de acordo com o método cartesiano — do mais simples ao mais complexo —, certamente Ivete desconfiaria e fugiria como uma corça perseguida. O seu assédio deveria ser único, firme e de inigualável teor de sedução. Destarte, as duas sessões anteriores transcorreram normalmente, procurando o psicólogo agir de maneira estritamente profissional. Nesse aspecto, Ivete achou que o seu pressentimento fora falso. Por um momento, pensou que tinha feito mal em optar pela conclusão da análise. Depois, refletindo melhor, mesmo que Marcondes estivesse agindo corretamente, era o momento de ela libertar-se da dependência de outrem, buscando voar com as próprias asas. Na verdade, a psicoterapia não torna o analisado dependente do terapeuta. Pelo contrário, busca ajudá-lo a caminhar com as próprias pernas. Entretanto, Ivete já começava a se sentir tolhida, pois atingira o ponto em que a alta do processo terapêutico é a melhor solução para um encaminhamento saudável pela vida.

Chegado o dia da última sessão, Marcondes achava-se tenso, ansioso. Não podia perder, sob nenhuma hipótese, a mulher que o encantara e seduzira. Não que ele a amasse verdadeiramente. Tudo não passava de uma paixão momentânea, mas com um fulgor tão veemente que lhe cegava o raciocínio e lhe obscurecia a sensatez. Na realidade, ele queria mostrar para si mesmo que não envelhecera nos seus cinquenta e dois anos. Queria provar que o seu fascínio, a sua virilidade e o seu poder de sedução continuavam tão vigorosos como nos velhos tempos de juventude: um mecanismo de defesa que deixava às claras uma baixa autoestima e uma autoimagem estilhaçada, que ele próprio não enxergava.

Quando Ivete chegou ao consultório, foi recebida pelo terapeuta com um largo sorriso e um forte aperto de mão. Durante a sessão, ele esforçou-se tanto quanto pôde para manter-se calmo e equilibrado. Mas quando, passados os cinquenta minutos da derradeira análise, Ivete levantou-se e quis se despedir, uma cena inusitada teve início. Marcondes foi buscar um grande buquê de rosas vermelhas que, desajeitadamente, colocou em suas mãos, dizendo de modo ridículo e afetado:

— Este buquê, Ivete, simboliza todo o carinho que sinto por você. Devo confessar que este momento é deveras triste para mim, pois estou prestes a perder para sempre a mulher que mais dulcificou este consultório, palco de dor e sofrimento de pessoas que lutam para encontrar equilíbrio e harmonia na vida. Não permita que...

Ivete rapidamente depositou as flores sobre a escrivaninha e disse com segurança:

— Eu sempre fui uma paciente como qualquer outra pessoa que aqui vem buscar alguma melhora na vida. Não acho justo receber este buquê, não sendo costume comum a todo encerramento de terapia. Não sou nada especial nem desejo ser. Deixemos que este momento marque o início de uma nova vida para mim e o agradecimento que lhe devo por tudo o que você fez em meu favor, desde o primeiro dia em que aqui estive. Muito obrigada pela sua ajuda inestimável. Seja feliz e continue o seu nobre trabalho de auxílio aos semelhantes. Até logo.

Marcondes ficou perplexo. Vendo que as rosas ficaram sobre a mesa e que Ivete abria a porta para sair, tomou o buquê, adiantou-se até a ex-paciente e disse, com tremor na voz:

— Aceite as flores. Não me faça passar pelo ridículo de ser rejeitado por quem mais amo na face da Terra. Este consultório já não será o mesmo sem você. Não terá luz, não terá brilho, não terá vida. Aceite estas flores como símbolo perpétuo da minha paixão por você. Eu a amo, Ivete. Não posso mais viver sem você. Não me abandone! Não me abandone!

Ivete olhou-o fixamente e respondeu com assertividade:

— Foi você quem escolheu passar pela situação ridícula que está vivendo agora. Sempre o vi como um analista competente e nunca como um homem que pudesse interessar-me. Seja digno, Marcondes. Você é casado e tem uma filha que se sentiria envergonhada se soubesse o que está ocorrendo neste momento. Você está jogando fora a sua própria profissão, ao misturar o trabalho com deficiências de personalidade. Coloque-se no seu devido lugar. Continue sendo o terapeuta respeitado que sempre foi e procure um analista. Você está precisando. Volto a dizer: seja feliz e continue o seu nobre trabalho de auxílio aos semelhantes. Agora, por favor, deixe-me sair.

A firmeza e a segurança com que Ivete encarou Marcondes, fez com que ele tirasse o braço de sua frente e a deixasse passar. A porta ficou semiaberta e ele desmontou sobre a poltrona a seu lado.

Como não havia mais nenhum paciente a ser atendido naquele dia, ele ali permaneceu com olhos vidrados por muito tempo. Gaspar ria prazerosamente. Marcondes ouvira tudo que lhe fora inculcado e obedecera em todos os seus detalhes. Agora começaria outra parte infeliz do plano que fora arquitetado minuciosamente pelo obsessor. Foi assim que, depois de muito tempo, Marcondes sentiu desejo de ir acalmar-se na cervejaria, onde já estivera com Lucélia. Desalentado, apagou as luzes e saiu cabisbaixo. Na portaria, nem ouviu o cumprimento do funcionário sorridente. Com olhos vazios, seguiu automaticamente pelas ruas. Quando chegou à cervejaria, sentou-se num canto e pediu um uísque e uma cerveja importada. Seu corpo mantinha-se inativo e sua mente, tumultuada. Fora rejeitado mais uma vez. Sentia-se frustrado, humilhado. Aquilo que começara apenas como a tentativa de uma conquista banal, terminara com o fulgor de uma paixão incontida e avassaladora. "Eu largaria tudo por ela", pensou, enquanto pedia mais uma garrafa de cerveja, "deixaria todos para ficar eternamente em seus braços. Ela iluminava-me a vida. Era o sentido que encontrara para a minha triste existência. Não sei mais o que dizer: ela era simplesmente tudo para mim". O choro brotou irrefreadamente. Sozinho, oculto por uma coluna e os ramos de uma planta ornamental, ele chorou convulsivamente. Depois, olhos embaciados, pediu mais um uísque.

— E mais uma cerveja também. Esta já está quente.

Depois de quatro garrafas de cerveja e duas doses de uísque, desacostumado a tanta bebida alcoólica, Marcondes começou a sentir-se tonto. Achou que era melhor voltar para casa. Pagou a conta e saiu cambaleante pela calçada. Sem condições para dirigir, deixou o carro na garagem do prédio onde trabalhava e voltou de táxi.

— Marcondes, que cara é essa? — perguntou Dora, assim que ele entrou.

— É a cara de sempre, por quê?

Achegando-se mais, a esposa sentiu o cheiro da bebida.

— Você andou bebendo? Só me faltava essa!

— Uma cervejinha só. Estava com um amigo, o Nélio, lembra-se dele?

— Ele é amigo ou inimigo? Veja o estado em que você está.

— Eu estou no estado de São Paulo e você?

Marcondes já não dominava os pensamentos. Começava a dizer tolices. Dora, completamente contrariada, obrigou-o a tomar um banho, deu-lhe um chá bem quente e o fez dormir. Rindo sem motivo e de modo exagerado, ele disse à esposa antes de adormecer:

— Você é minha mãe. Parece minha mãe. Mas minha mãe já morreu...

Dora balançou a cabeça negativamente e, olhando para o marido, que começava a ressonar, disse baixinho:

— Amanhã teremos uma conversa séria. Você não perde por esperar.

O sábado amanheceu nublado, com uma chuva fina que ia e voltava, deixando o asfalto da rua permanentemente molhado. Marcondes acordou às nove horas, sentindo uma dor latejante nas têmporas. Foi para o banho e só chegou na sala meia hora depois. Dora o aguardava lendo uma revista. Sabendo que dera vexame na noite anterior, cumprimentou-a, beijando-a no rosto e procurando entabular uma conversa que nada lembrasse a bebedeira.

— Vou aproveitar a manhã para pôr alguns papéis em ordem no consultório. Depois, poderíamos almoçar fora. O que você acha?

— Marcondes — disse Dora, demonstrando impaciência —, você não acha que me deve explicações?

Vendo que não poderia escapar a uma sabatinada da esposa, procurou ser amável na maneira de falar:

— Desculpe, Dora, exagerei na bebida ontem, mas não foi proposital. Estou desacostumado e não percebi que ingerira mais cerveja do que deveria.

— Só cerveja?

— Uma dose de uísque também, que Nélio pediu ao garçom sem eu ter dito nada.

— Nesse caso, você deveria ter recusado, não é mesmo?

— Você tem razão. Perdi outra paciente.

— E tudo isso só por esse motivo?

— Mais uma paciente, não é, Dora?

— Tudo bem, mais uma paciente. Mas isso não é motivo para *encher a cara.*

— Você está falando como se eu fosse um bêbado contumaz.

— E se não tomar cuidado, vai ser mesmo.

— Não exagere, meu amor. Isso não vai acontecer mais.

— Não mesmo, porque se acontecer outras vezes, eu não vou aguentar. Não convivo com gente bêbada, descontrolada, animalizada. Que me desculpem os animais. Afinal, eles não bebem...

— Olha o exagero, princesa.

— E não me chame de *princesa*. Você nunca foi de falar assim. O que deu na sua cabeça? Está querendo me *enrolar?*

— Só se for para enrolá-la em meus braços. Mas... falando sério mesmo: isso não vai acontecer mais. Perdoe-me. Já lhe disse que não foi proposital. Passei da conta sem perceber.

— Marcondes, você está me escondendo alguma coisa. Se não quer falar, tudo bem, mas vou lhe dizer pela última vez: eu não convivo com homem bêbado. Deu para entender?

Marcondes teve de se desculpar outra vez e prometer que não voltaria mais bêbado para casa. Quanto ao motivo da bebedeira, desconversou. Mentiu sobre Nélio, afirmando que saíra com ele e que não aguentara acompanhá-lo nas doses de álcool. Depois de muita conversa, Dora acabou por aceitar as desculpas do marido e acreditar que fora realmente um incidente desagradável, mas involuntário. Marcondes saiu o mais rápido possível de casa, indo ao consultório, onde Dora passaria mais tarde para irem almoçar num pequeno restaurante que servia uma excelente feijoada.

Logo que chegou ao consultório, Marcondes foi surpreendido por um telefonema, que lhe fez voltar o bom humor. Uma jovem senhora, de nome Acácia, ligou para marcar uma entrevista. Queria fazer terapia com ele. Fora indicada por uma amiga. Muito interessado, o analista marcou para a sexta-feira seguinte, na vaga deixada por Ivete.

Durante a semana, ficou imaginando quem seria aquela mulher de voz aveludada, que instigara a sua imaginação. Quem sabe, ela poderia tomar o lugar de Ivete? Afinal, ele não poderia ser rejeitado mais uma vez. Acreditava que ainda guardava o charme da juventude ou, pelo menos, uma boa parte dele. A obsessão começava a tomar conta do seu ser, de modo inusitado. Às vezes, ele queria prestar atenção aos resumos de sessão analítica, antes de receber um paciente, mas era levado a vagar em pensamentos libidinosos com a nova paciente, que nem vira ainda. Se antes achava que estava certo tudo o que vinha tentando fazer, agora já começava a perceber que estava errado, mas uma força irresistível o levava a cenas mentais de que se envergonhava depois. Quanto a Ivete, saiu de sua mente assim como chegou: de modo abrupto. Gaspar foi rápido em sugerir-lhe novas elucubrações, agora com a paciente que chegaria no fim da semana, buscando retirar a imagem de Ivete, de quem já se servira bastante.

Externamente, a semana foi mais calma que a anterior, embora internamente Marcondes estivesse sendo consumido pelo perigoso fogo da paixão descontrolada. Ele não conseguia dominar os pensamentos, que iam e voltavam, cada vez mais carregados de sensualidade. Se antes costumava ler obras de Psicologia e Psicanálise, agora já não conseguia concentrar-se nos textos, pois a imaginação logo começava a crepitar em sua mente, a incendiar-lhe desejos menos nobres.

Assim transcorreu a semana até chegar a esperada sexta-feira, quando receberia pela primeira vez a nova paciente. Na hora aprazada, entrou no consultório uma mulher de seus trinta e cinco anos, que o cumprimentou com um sorriso cordial.

— Boa tarde. Doutor Marcondes?

Ao olhar para a silhueta de Acácia e seu porte elegante, Marcondes não teve dúvida: ela seria sua nova "presa". Durante os cinquenta minutos em que esteve deitada no divã, Marcondes não deixou de observá-la com avidez. "É amor à primeira vista", pensou. "Não posso perdê-la. O caminho não tem mais volta." Quando Acácia deixou o consultório com o mesmo sorriso enigmático com que chegara, Marcondes sentou-se diante da escrivaninha, mas não conseguiu pôr em ordem os pensamentos. Seu desejo era reler as anotações que fizera a duras penas durante a sessão, mas a imaginação foi mais forte. Mesmo querendo levar a sério a relação terapêutica com a paciente, a força da enxurrada mental que começava a tomar conta dele era avassaladora, dominando-o por completo. Subjugado pela fantasia que lhe era imposta pelo obsessor, ficou ali, semiconsciente, dando vazão a pensamentos sobre os quais já não tinha mais nenhum controle. Marcondes descia ladeira abaixo...

15

A resposta

Ao deixar o consultório, Ivete sentiu pena de Marcondes. Mas não só dele: de todos os seus pacientes. O terapeuta pareceu-lhe totalmente descontrolado. "Como pode continuar a ajudar pessoas, se ele mesmo precisa de auxílio?", pensou, buscando seguir adiante e começar vida nova. Se fosse antes, correria para conversar com sua amiga Dolores, a fim de contar sobre o lamentável ocorrido. No entanto, agora mais amadurecida, deixou de pensar no assunto e foi serenamente para o seu apartamento. Ela sabia que mudara bastante, desde que iniciara a terapia. Os acontecimentos no trabalho mostravam muito bem isso. Ela era acolhida de outra forma. Antes, era elogiada pelos resultados que conseguia para a empresa, agora, além disso, era recebida com abraços, beijinhos na face e frases carinhosas. Ela não era apenas razão, afloravam sentimentos novos que atraíam as outras pessoas. Por tudo isso, considerava a sua análise concluída com sucesso, apesar... do analista.

As semanas seguintes foram repletas de reuniões de trabalho, que lhe deram a agradável surpresa de que a sua equipe superara em 25% as metas estabelecidas. Desse modo, numa sexta-feira, foi alegre para seu apartamento, a fim de descansar com a consciência tranquila pelos excelentes resultados obtidos, fossem na dimensão técnica, fossem na dimensão afetiva. Tomou um banho refrescante e resolveu encomendar uma *pizza*, quando o telefone tocou. Uma voz muito conhecida se fez ouvir. Um frio percorreu-lhe a espinha.

— Boa noite, Ivete. Como você está?

— Madre, que surpresa!

— Eu lhe disse que ligaria dentro de dois meses, não foi?

— Sim. Mas eu tenho estado tão atarefada, que não percebi o correr do tempo. Fico feliz pela sua ligação.

— Eu também, por ouvir a sua voz tão firme e segura.

— Obrigada. É que me aconteceram coisas muito boas. A melhor delas é que já deixei a psicoterapia. Algumas coisas desagradáveis aconteceram, mas o meu amadurecimento suplantou tudo.

— Alegro-me por saber que você mudou para melhor. O motivo de eu ter ligado, Ivete, é que gostaria de conversar pessoalmente com você a respeito do seu desejo de ingressar na Ordem do Carmo.

— Claro, madre Teresa. Quando a senhora quer que eu vá até aí?

— Poderia ser amanhã, às duas da tarde?

Ivete concordou prontamente. Nada lhe foi adiantado, de modo que uma ansiedade inquietante tomou conta dela. Ela mantinha o grande desejo de entrar para a Ordem do Carmo, mas a decisão cabia à superiora do convento. Agora, só lhe restava esperar até o dia seguinte para obter a resposta. Foi difícil conciliar o sono. Já passava de uma da madrugada quando ela pegou o Novo Testamento e o abriu aleatoriamente. Quando pôs os olhos no texto, notou que leria Mateus, capítulo 22, versículo 14. Saltou a seus olhos o excerto: "Com efeito, muitos são chamados, mas poucos escolhidos". Independente do contexto, a citação evangélica pareceu-lhe dizer algo muito profundo. Era a resposta antecipada que madre Teresa lhe daria algumas horas depois. Mas o que realmente significava? Estaria ela entre os "poucos" ou entre os "muitos"? Se estivesse entre os "muitos", teria de permanecer no mundo, buscando o seu aperfeiçoamento ao lado dos habitantes da "Cidade dos Homens". Contudo, se estivesse entre os "poucos", estaria sendo convocada para a "Cidade de Deus". Pensou muito, mas não conseguiu uma interpretação definitiva. Ficava sempre a dúvida: para onde estaria sendo convocada? Para estar entre os muros do convento ou fora deles? Talvez não fosse uma resposta, mas um apelo à meditação. Porventura, não seria um chamamento à reflexão, como a lhe dizer que onde quer que viesse a estar, deveria dar o melhor de si e buscar ali mesmo o seu autoaperfeiçoamento? Preferiu essa interpretação. E orou muito para que permanecesse tranquila e feliz, fosse qual fosse a resposta que madre Teresa lhe desse.

A tarde estava quente quando Ivete chegou ao mosteiro. Ao passar pelo jardim muito bem cuidado, sentiu o perfume inebriante dos lírios que se achavam sob a luz do sol. Logo estava na sala de visitas, aguardando madre Teresa, que chegou em seguida.

— Boa tarde, Ivete. Você é muito pontual.

— A minha ansiedade, madre, não permitiria que eu chegasse atrasada.

Madre Teresa sentou-se na poltrona diante de Ivete e olhou-a bem nos olhos. As mãos afiladas da executiva tremiam imperceptivelmente. O silêncio era total. Depois de alguns segundos, em que ambas permaneceram estáticas, madre Teresa deu início ao diálogo:

— Solicitei a sua presença hoje, Ivete, pois nossa conversa é muito importante para mim e essencial para você. Dos resultados sobre o que conversarmos, dependem os rumos que tomarão a sua vida. Meditei bastante, orei muito nestes dois últimos meses, pedi orientação a Deus por intermédio de nosso Mestre Jesus Cristo, de sua mãe Maria Santíssima e de nossa superiora nos Céus, Santa Teresa de Ávila. Portanto, esteja certa, a decisão a ser tomada é plenamente inspirada pelo Alto e deve ser acatada com humildade e resignação. Você me entende?

— Entendo, madre. É verdade que se eu receber uma negativa, não sairei daqui alegre, no entanto, permanecerei convicta de que foi a melhor solução para mim.

— Façamos, então, uma prece, antes de continuarmos.

Ambas concentraram-se e madre Teresa, de olhos fechados, orou:

Meu Pai, inspirai-me por meio de Vossa mãe santíssima, Nossa Senhora do Monte Carmelo e por intercessão da nossa superiora celestial, Santa Teresa de Ávila, a tomar uma decisão que represente a vossa vontade e a vossa determinação. Que nada possa interferir em desfavor da verdade, da justiça e do amor. Que a minha resolução seja acatada pela vossa serva, Ivete Souza e Silva, com o bom-senso e a certeza indubitável de que aqui se cumpriu a vossa sentença irrevogável. Assim seja.

As mãos de Ivete tornaram-se mais gélidas do que já estavam, e um suor frio começou a escorrer-lhe das têmporas. Madre Teresa abriu lentamente os olhos, respirou fundo e disse com seriedade:

— Analisei a sua vida a partir do que você me tem relatado nos anos em que nos conhecemos, busquei perscrutar o seu íntimo e entrar em seu coração e em sua mente. Você sabe quais são as virtudes primeiras de uma serva Carmelita?

Ivete pensou um pouco e respondeu vagarosamente:

— Creio que sejam a humildade, a obediência, a resignação, a fé e... e a caridade.

— Também a pobreza e a mansidão. Lembre-se do que disse o Divino Mestre: *"Bem-aventurados os pobres em espírito, porque deles é o reino dos céus"* e *"Bem-aventurados aqueles que são brandos e pacíficos, porque herdarão a Terra".*

— É verdade.

— Você não acha que é muito altiva, refinada, aristocrática, para tornar-se uma simples e humilde monja sepultada num convento desconhecido?

A pergunta pegou Ivete de surpresa. Então era isso que madre Teresa pensava dela? Nesse momento, o sangue esquentou suas veias. A superiora parecia ter sido sua grande amiga nos últimos anos e agora dizia-lhe à queima-roupa o que pensava a seu respeito, num tom tão desairoso? Quando ia falar da sua surpresa diante de tal pergunta, uma voz interna soprou-lhe: "Ela está certa, Ivete. Pense bem. Você é uma executiva que tem sob as suas ordens tantas pessoas a cumprir qualquer uma das suas determinações. Mas aqui, terá de deixar as ordens para assumir a obediência. Pense bem, antes de responder".

Ivete fez uma pequena reflexão e respondeu, mais tranquila:

— A senhora tem razão, madre. Como executiva, eu sou realmente altiva. Não no sentido de arrogância e soberba, mas na acepção de me colocar hierarquicamente acima da minha equipe, a fim de poder dirigi-la. Entretanto, estou também sempre ao lado dela, incentivando-a a cumprir e até ultrapassar as metas. Lá, eu cumpro o meu papel de dirigente, aqui cumprirei o de seguidora. Mas, mesmo lá, também obedeço às ordens de um diretor, como a minha equipe obedece às minhas. Portanto, respondendo à sua pergunta, penso que poderei estar oculta neste convento, seguindo as mesmas regras que as demais freiras seguem.

— Acredito na sua sinceridade, Ivete. Parece-me, porém, que uma mulher como você, que ocupa um alto posto numa grande empresa, sofrerá demais com a mudança e poderá logo desistir. E, se isso acontecer, você já não será freira nem executiva. Terá de começar tudo de novo no mundo de onde terá saído. Por conseguinte, o sofrimento será duplo.

— A senhora é muito judiciosa, madre. Fico feliz por ver o cuidado e o carinho com que procura proteger-me. Esteja, porém, certa de que não estou sendo precipitada ao fazer-lhe o pedido de ingresso na sagrada Ordem do Carmo. Venho refletindo a respeito há um bom tempo. Procurei comparar a vida que poderei ter, estando no mundo, com a que terei, permanecendo sob o manto da Senhora do Monte Carmelo. Onde estou hoje, certamente vou me tornar diretora da organização empresarial e me aposentarei nesse posto, sendo ao mesmo tempo uma das maiores investidoras dessa empresa. Financeiramente, estarei tranquila. Aqui, nada disso acontecerá. Não haverá ninguém para dar-me um tapinha nas costas, porque levei a minha equipe a ultrapassar a meta do mês. Serei, bem sei, uma humilde serva de Deus. Mas, minha madre, é preferível ser a última serva do Senhor do que a primeira das executivas no mundo.

Madre Teresa nada disse. Caiu num silêncio meditativo por algum tempo. Ivete, por sua vez, ficou atônita com a resposta que conseguira dar. Tinha certeza de que estava recebendo inspiração do Alto, pois o que dizia não fora premeditado e era muito mais convincente do que qualquer argumento que ela pudesse utilizar para receber a resposta positiva de madre Teresa. Entrar para o convento era o que mais queria. Chegava a arrepender-se por não ter pensado nisso antes. Ali era o seu lugar, ali estava o seu ninho, ave dispersa que procurava regressar ao lar.

Temos de fazer um parêntese para explicar o que estava acontecendo em relação a Ivete. Em primeiro lugar, Ivete era reencarnação de Joana, que se tornara, na última encarnação, sóror Mônica da Ressurreição. Madre Teresa era reencarnação da madre superiora que recebera Joana na Ordem Carmelita. Agora acontecia algo semelhante ao que ocorrera no século XIX, quando Joana procurou o convento para ali viver seus últimos anos de existência. Além disso, Ivete estava sendo inspirada pelo espírito que fora a sua melhor amiga no convento do Carmo, naquela época. Tratava-se de sóror Augusta do Sagrado Coração de Jesus, que viveu condignamente sob o manto Carmelita e agora, na erraticidade, desfrutava de elevada posição na hierarquia dos espíritos.

— Ivete — disse madre Teresa, cortando aqueles momentos de meditação —, você sabe, de fato, o que significa abandonar o mundo luminoso do sucesso para ingressar numa escura gruta de silêncio e esquecimento? Você não está fantasiando, romanceando a vida reclusa no mosteiro? É verdade que não somos reclusas, nossas freiras podem ultrapassar as portas do convento, mas isso é feito apenas para cumprir algum tipo de trabalho. Afinal, nós não somos do mundo, vivemos no mundo para socorrê-lo, mesmo dele nos distanciando as mais das vezes. Você entende, Ivete, o que significa "abandonar o mundo"?

Ivete mexeu-se na cadeira, colocou a mão sob o queixo e respondeu:

— "Abandonar o mundo", madre, é priorizar a vida espiritual, fazendo uso apenas das coisas mundanas imprescindíveis. Mas "abandonar o mundo" não significa separar-se dele como se ele não existisse ou como se não dissesse respeito a nós, que nele nascemos. A senhora bem disse: "vivemos no mundo para socorrê-lo".

Eu diria que se trata de um paradoxo espiritual, pois nascemos no mundo e não somos do mundo; separamo-nos dele e nos aproximamos mais dele do que se nele estivéssemos.

— Intelectualmente, você entendeu muito bem, mas o que diz a respeito o seu coração?

— Tenho pensado muito na minha nova existência. E cada vez que penso, mais me convenço de que tenho muito mais a ganhar do que a perder entrando para a vida monástica. Sendo assim, meu coração recebe com doce tranquilidade a decisão da minha mente. Mais que isso: a decisão é conjunta, partindo ao mesmo tempo da mente e do coração.

— Você sabe quais os votos que deverá fazer ao ser aceita para o Carmelo?

— Em nossas conversas, a senhora já me disse. Na Ordem das Carmelitas, serei inicialmente postulante. Depois, passarei pelo noviciado. Farei, então, votos temporários de pobreza, castidade, e obediência. Confirmada a vocação, farei os votos perpétuos e estarei vinculada definitivamente à Ordem. Nesse caso, não poderei mais abandoná-la, a não ser que obtenha autorização do Papa.

— Então, vejamos. O que significa o voto de pobreza?

— Não poderei dispor do meu próprio dinheiro. Tudo o que existe no mosteiro é de propriedade da Ordem. Se precisar de algo, pedirei à minha superiora.

— Hoje você tem um excelente salário, não é mesmo?

— Eu diria que sim.

— E conseguirá com facilidade desfazer-se dele? Vejo que se veste com elegância, mas aqui estará sempre usando o mesmo hábito, e se vier a precisar de outro, poderão dar-lhe até mesmo um usado. Atualmente, você é dona da sua própria vida, aqui receberá ordens que determinarão a sua existência. Será que você conseguirá passar por essa enorme mudança em sua vida?

Ivete estava surpresa com a maneira direta com que madre Teresa falava com ela. Antes, sempre amável e solícita, agora parecia-lhe dura, seca, mesmo ao pôr em dúvida a sua vocação. Procurou dar continuidade ao inquérito que se estabelecia, respondendo com toda a sinceridade:

— Sei que há uma distância muito grande entre a minha atual vida de executiva e a futura vida de freira Carmelita. Mas há muito tempo estou ciente de que, para ingressar no Carmelo, terei de dispor dos bens de que usufruo hoje. Lembro-me da passagem evangélica, em que um jovem, pretendendo seguir Jesus, perguntou-lhe o que deveria fazer. E o Mestre respondeu que deveria doar tudo o que possuía e partir em seu encalço. Não pretendo fazer como o jovem que, entristecido com a resposta, partiu sem mais nada dizer. Desfazer-me-ei, madre, de todos os benefícios materiais de que disponho hoje. Isto não é novidade para mim. E tenho plena convicção de que não me farão falta. O que aqui ganharei suplanta qualquer tesouro do mundo.

— Você não está sendo muito romântica?

— Apenas estou respondendo com os sentimentos que a minha alma experimenta.

— E quanto ao voto de obediência? Não será extremamente difícil para você, habituada a mandar, ter de obedecer em silêncio? Sem contestação? Quem muito manda, pouca habilidade tem para obedecer, não é mesmo? Ivete, obedecer é, muitas vezes, receber uma ordem que não se quer cumprir e ter de abaixar humildemente a cabeça, dizendo com amargor um "sim" que jamais gostaria de proferir. Com sua postura executiva, você será capaz disso?

Agora madre Teresa mostrava-se bastante severa, ao referir-se a Ivete. No entanto, dando demonstração de humildade, a executiva, mantendo o mesmo tom cordial, respondeu:

— A sua preocupação é justa, madre. Já respondi a essa pergunta, mas gostaria de frisar que, mesmo tendo muitos subordinados, também tenho de responder ao diretor da minha área. Na empresa, tenho igualmente de submeter-me a ordens que jamais gostaria de cumprir. E até hoje me saí muito bem. Não creio que no convento venha a ser diferente, embora aqui a obediência seja tanto mais grave que se converteu em um voto a ser professado.

— Tudo bem. E o voto de castidade?

— Renunciarei a qualquer tipo de prazer sexual, devendo permanecer pura por toda a minha existência.

— Você acha isso fácil?

— Madre, na minha vida entre os homens, já tomei a decisão de não me casar com nenhum deles, embora já tenha recebido propostas. Não tenho também qualquer tipo de prazer sexual, de modo que, dos três votos, talvez este seja o mais fácil de ser cumprido.

— E como você compensa a falta de sexo? Afinal, o sexo é parte instintiva da humanidade, não é mesmo?

— Creio que seja por meio do trabalho, das leituras, que me fascinam, e das amizades sinceras.

— E no convento, como você agirá a esse respeito?

— Terei a oração, o trabalho e, certamente, o estudo.

— Caso você viesse a ser aceita pela nossa Ordem, já pensou em qual tipo de trabalho se daria melhor?

— A senhora sempre me falou dos cursos de administração, psicologia e psicopedagogia que são ministrados pela faculdade que tem convênio com a Ordem. Eu gostaria muito de poder cursar o mestrado e um dia lecionar nessa faculdade. Mas devo dizer-lhe que gosto muito também de jardinagem. Portanto, me sentiria feliz de poder trabalhar nos jardins do convento. Meu pai costumava dizer-me que tenho dedos verdes, pois quase tudo o que planto, frutifica.

— Quanto ao mestrado, creio que conseguiríamos com a Ordem e referente ao trabalho nos jardins, seus préstimos seriam muito bem aceitos. No entanto, Ivete, ainda não estou convencida a respeito da sua vocação. Em meus anos de superiora neste mosteiro, já recebi três jovens de situação financeira e social semelhante à sua, e com um futuro profissional muito bem delineado no mundo. Não passaram pelas provas do noviciado. Com você pode acontecer o mesmo.

— Permita-me, madre, tecer algumas considerações a esse respeito.

— Esteja à vontade.

— Em primeiro lugar, como a senhora bem disse, tratava-se de jovens. Às jovens apresentam-se várias opções de vida, particularmente para as que têm um bom respaldo financeiro. Talvez tenham chegado aqui equivocadas. Mas também podem ter vindo a este convento, crentes de que tinham vocação, e só chegaram à conclusão de que este não era o lugar delas, depois de terem vivenciado as provas que o noviciado suscita. Quanto a mim, já não sou mais jovem e não tenho um leque de opções pela frente. A minha situação profissional já está definida. Mais alguns anos e estarei me aposentando. Assim, se tenho em vista ingressar na Ordem Carmelitana é porque se trata do fruto de muita reflexão, de muita ponderação, antes de expressar-lhe tal desejo. Em segundo lugar, aquelas moças, pela própria situação financeira, creio que estivessem bem situadas dentro da sociedade, sendo o ingresso na Ordem uma desvinculação abrupta desse vínculo social, importante para elas. No tocante à minha pessoa, embora esteja bem financeiramente, não tenho nenhum vínculo com a sociedade. Vivo reclusa na empresa e em meu próprio apartamento. Poucas são as companhias para um almoço, um cinema ou teatro, que não acontecem com muita frequência. Portanto, penso que não se assemelham muito os dois casos: o das jovens e o meu.

— Muito bem, já falamos sobre os votos que você terá de professar, se um dia ingressar no Carmelo. As suas respostas me pareceram maduras. Mas resta, ainda, uma pergunta fundamental que, em certo sentido, já foi feita, mas que gostaria de ouvir a sua confirmação.

O que você pretende encontrar na vida religiosa? Em outras palavras, você está vivendo muito bem lá fora, melhor que a grande maioria da população, então, por que pretende ingressar em nossa Ordem?

A pergunta soou para Ivete como uma provocação ou quase uma ofensa. Ela percebeu que da resposta que desse, certamente dependeria a decisão de madre Teresa. O espírito de sóror Augusta, que continuava a inspirar as respostas de Ivete, sorriu, pois previa a resposta que seria dada em seguida.

— Eu venho buscar, madre, o meu aperfeiçoamento espiritual. A palavra "Carmelo" não significa "jardim"? Pois eu venho depositar a semente da minha alma neste formoso jardim, para que permaneça viva, cresça, floresça e frutifique, a fim de que um dia possa ofertar a Deus os frutos que tiver acrisolado nos anos de trabalho e oração aqui vividos. Não tenho mais nenhuma resposta para essa pergunta.

Um longo silêncio se fez na sala de visitas, cujas paredes tinham presenciado o abrir-se de um coração voltado para as coisas de Deus. Madre Teresa, pensativa, olhou bem nos olhos de Ivete e ponderou:

— Minha filha, eu tenho sobre os ombros a responsabilidade de receber almas para o ingresso no jardim que você mencionou. Mas tenho também a incumbência de desfazer equívocos de almas que, iludidas, vêm bater a esta porta, pensando encontrar o paraíso, onde só achariam os sofrimentos infernais. Pois bem, procurei pesar da maneira mais sensata e justa os prós e os contras a respeito de seu ingresso na Ordem dos Irmãos da Bem-Aventurada Virgem Maria do Monte Carmelo. Após este breve diálogo, entretanto, pude corroborar aquilo que já me passava pela mente e chegar a uma decisão irrevogável e definitiva, sustentada por tudo o que ouvi e analisei.

Chegara o momento definitivo na presente existência de Ivete. Da resposta de madre Teresa dependia agora o seu futuro...

16
Tempos difíceis

Depois que começou a atender Acácia, sua nova paciente, Marcondes também iniciou um período complicado em sua vida; mais difícil que os dias que ele acabara de viver. Um estranho impulso o levava a pensar constantemente na jovem senhora por quem, na verdade, não sentia paixão alguma, como acontecera com Ivete. De início, tivera grande curiosidade, querendo saber quem ela era. Começara a arquitetar planos de conquista mirabolantes, dando vazão à sua fértil imaginação. Contudo, depois de três sessões, notou que ela não era o tipo de mulher que pudesse fazê-lo perder a cabeça. Achava-a sem graça, "sem sal nem açúcar", como costumava dizer. Chegou a compará-la com Dora, concluindo que eram muito semelhantes, embora a sua esposa fosse um pouco mais velha.

Acácia era casada e não tinha filhos. O marido, gerente comercial em uma grande empresa, viajava muito, de modo que a esposa cobria o vazio de sua ausência dedicando-se de corpo e alma à profissão. Ela era fonoaudióloga, com especialização em saúde vocal e audiologia. Costumava ir ao consultório de Marcondes, usando calça comprida, sapatos e um jaleco brancos. "Ela acaba por anular-se nessa profusão de branco", pensava Marcondes, "isso a torna ainda mais clara do que já é". Realmente, Acácia não conseguia despertar-lhe nenhum interesse. Até o modo cadenciado de falar o incomodava. No entanto, e aí é que estava o problema, a sua imagem não saía da mente dele. Já na quinta sessão em que ela compareceu, aconteceu algo inusitado que deixou Marcondes muito preocupado. Antes de ela chegar, ele ficou contando os minutos, ansioso para que a visse logo diante de si, deitada sobre o divã. Ao assomar à porta, o analista quase correu para cumprimentá-la com um sorriso exagerado. E não ficou por aí. Quando a sessão chegou ao fim, sem que tivesse premeditado, Marcondes pediu-lhe uma foto três por quatro.

— Esqueci-me de dizer-lhe, Acácia, eu preciso de uma foto sua para colocar na ficha.

— É verdade, você não me disse nada a respeito. Mas na próxima semana eu lhe trago. Estou mesmo precisando tirar foto para um documento.

— Recente é melhor ainda. Assim eu fico com a sua imagem atual.

Acácia sorriu, despediu-se e deixou o consultório. Quanto a Marcondes, colocou as mãos no rosto e pensou: "O que está acontecendo? Por que lhe pedi uma foto? Essa não era a minha intenção. Fui induzido a fazer isso. Essa conduta não é normal".

Foi ainda com ar de preocupação que ele voltou para casa, onde teria mais uma discussão com a esposa, sem motivo aparente.

Beatriz escolhera cursar Direito. O seu sonho era se tornar juíza do trabalho. Embora ainda não estivesse tendo aulas de Direito Trabalhista, o pai de uma de suas amigas era um juiz do trabalho e, com sua oratória inspirada, retórica e persuasiva conseguira colocar na cabeça de Beatriz que esse era o ramo da ciência jurídica mais desafiante e promissor. Assim, ela começou, por conta própria, a estudar livros de Direito do Trabalho e sentia-se gratificada por aprender a cada dia mais.

Certo dia, ela chegou feliz a casa. Colocou os livros e os cadernos sobre a cama e foi correndo em busca de Dora.

— Mãe! Mãe!

— O que aconteceu, Bia?

— Hoje é um dia feliz na minha vida. O pai de Ana ofereceu-me o estágio que eu estava tanto esperando.

— Doutor Nestor?

— Ele mesmo.

— E onde você vai estagiar?

— Serei a estagiária dele mesmo, no Tribunal Regional do Trabalho.

— Bia, estou feliz também. Que bom! Eu não lhe disse que o seu dia ainda iria chegar?

— E tem mais: ele e dona Albertina virão fazer-nos uma visita para explicar a você e ao papai tudo sobre o estágio.

— Eles virão aqui?

— Eu lhes disse que poderão vir no sábado à noite. O que você acha?

— Mas hoje já é quinta-feira!

— Amanhã nós combinamos o que comprar. Talvez uns salgadinhos. Ou pizza.

— Ligue para o seu pai. Conte-lhe a novidade e passe-me o telefone para eu combinar com ele o que fazer.

— Está bem.

Apesar da crise pela qual vinha passando, Marcondes alegrou-se com a notícia, pois tudo de bom que se referia à filha, levantava-lhe o moral. Ficou combinado com Dora que ela faria uma salada completa com molho de iogurte e Marcondes, para relembrar os velhos tempos, prepararia dois tipos de bacalhau: à Gomes de Sá e à moda do Porto. Quando chegou o sábado, o apartamento estava em polvorosa. Marcondes saiu para comprar bolinhos de bacalhau, que seriam servidos na entrada, enquanto Dora ficou fazendo os últimos preparativos.

— Doutor Nestor é cheio de cerimônias, Bia?

— De jeito nenhum. É um amor de pessoa. Tão simples que nem parece juiz.

— E dona Albertina?

— Gosta de um dedinho de prosa. Você vai gostar dela. Não se preocupe.

— Será que seu pai vai se dar bem com o dr. Nestor?

— É claro, mãe. Ele está meio taciturno, mas assim que os pais de Ana chegarem, vai mudar. Para melhor, é claro.

A visita estava marcada para as oito da noite. Quando faltavam cinco minutos, o interfone soou, anunciando os visitantes. Dentro do apartamento, tudo já estava preparado para receber o casal. Beatriz abriu a porta e, com grande alegria, abraçou Albertina, Nestor e Ana, que entraram sorridentes na sala de estar. As apresentações foram feitas e todos se sentaram para se conhecer melhor. Após quase uma hora de conversa amena, em que foram servidos bolinhos de bacalhau e suco natural, pois o casal não era afeito ao álcool, Dora convidou-os a sentarem-se à mesa. Depois de provar o bacalhau à Gomes de Sá, Nestor comentou, com um sorriso nos lábios:

— Dona Dora, Marcondes, posso dizer solenemente que isto sim é bacalhau! Havia muito tempo não provava um prato tão saboroso!

— E a salada não fica atrás. Adoro salada, e esta é de dar água na boca. Quanto ao bacalhau, acho que devo aprender com vocês, pois já vi que o Nestor vai me cobrar — disse Albertina, em tom de brincadeira.

— As honras do bacalhau são todas do Marcondes, que é um excelente cozinheiro — disse Dora, apontando para o marido.

— Quer dizer, então, que a salada é sua obra de arte? — perguntou Nestor.

— Esta receita me foi ensinada por minha mãe.

— Já vi que é coisa de família — concluiu Nestor, que já se sentia muito à vontade no apartamento de Dora e Marcondes.

A conversa prosseguiu muito tranquila. Nestor chegou a pedir autorização a Marcondes para que Beatriz pudesse estagiar com ele no Tribunal Regional do Trabalho. Não só houve o consentimento, como, tanto Marcondes quanto Dora, agradeceram a oportunidade que estava sendo oferecida à filha. Aproveitando a ocasião, o juiz explicou detalhadamente as futuras atividades de Beatriz como sua estagiária. Terminado o jantar, foi servido um café e, em seguida, Nestor quis conhecer a biblioteca de Marcondes. Albertina fez menção de ajudar a lavar os utensílios, mas Dora aceitou apenas que auxiliasse a arrumar a mesa, dizendo que uma diarista estaria no domingo, pela manhã, para uma limpeza geral na casa, inclusive a lavagem dos pratos e talheres. Assim, logo se sentaram na poltrona e acabaram entrando em mais uma saudável conversa. Dora estava feliz por poder conhecer aquela senhora que levara para a sua família uma energia de paz e alegria, que havia muito ela não experimentava.

Como Beatriz e Ana faziam o mesmo curso, ficaram num canto do *living* conversando sobre assuntos da faculdade.

No escritório de Marcondes, Nestor vasculhou as estantes, olhando atentamente vários livros. Com uma obra nas mãos, comentou:

— Gosto de livros sobre a finalidade da vida. Ajudam-nos a encontrar um sentido para a nossa existência.

— É verdade.

— Marcondes, inspirado em Sócrates, eu costumo dizer: "Uma vida sem sentido é uma vida não vivida".

— O senhor é filósofo também? Que maravilha!

— Já lhe disse: não me chame de senhor ou doutor. Acredito que estejamos sendo amigos, não é mesmo? Então, nada de formalidades ou terei também de chamar-lhe de doutor Marcondes.

— Está bem. É melhor a intimidade. Mas, voltando ao que eu dizia, você também é um filósofo?

— Apenas gosto de Filosofia. Tenho alguns livros de Filosofia em casa e sempre estou relendo-os. Na minha profissão, costumamos dizer que a Filosofia é o fundamento último do Direito. É verdade que o conceito de Justiça é a base e o fim do Direito, mas é também verdadeiro que o alicerce último sobre o qual se assenta o conceito de Justiça é a Filosofia.

O diálogo prosseguiu centrado na cultura jurídica, psicológica e filosófica. Já, na sala, o tema era outro. Dora, encontrando em Albertina uma alma aberta e acessível, acabou por falar sobre a melancolia que parecia tomar conta de Marcondes a cada dia. Nada disse, porém, a respeito da bebedeira dele. Mas nem precisava, Albertina parecia ler na mente de Dora o que lhe ia no íntimo. Beatriz, escutando a conversa, estava muito contente com o rumo que o diálogo estava tomando.

— Dora, vocês costumam orar?

A pergunta não era esperada. Dora, embora se dissesse católica, não era praticante e, como tal, esquecera-se havia tempos de proferir qualquer tipo de prece. Ficou um tanto constrangida, até responder com sinceridade:

— Não, Albertina. Sou católica e deveria fazer as minhas preces diárias, mas a verdade é que não costumo orar, assim como não frequento nenhuma igreja.

— Talvez seja isso, Dora. A ausência da prece é uma porta aberta para a entrada de espíritos ignorantes, malévolos e obsessivos.

— Não estou entendendo.

— Nós estamos sempre em sintonia com alguém. Com quem você gosta de estar? Não é com pessoas que pensam e sentem à semelhança dos seus pensamentos e sentimentos?

— É verdade.

— Pois no tocante à dimensão espiritual acontece o mesmo.

— Não entendi bem.

— O ser humano tem um componente energético próprio de seus pensamentos e emoções. Ou seja, por meio dos nossos pensamentos irradiamos ondas mentais que se propagam e são atraídas por pessoas que estejam irradiando ondas mentais semelhantes. Assim, atraímos ondas mentais semelhantes às nossas. Absorvemos energia a todo momento, assim como a irradiamos.

— Já ouvi falar nisso.

— E é verdade. Influenciamos e somos influenciados por aqueles com quem convivemos, por amigos, colegas de trabalho. E também sofremos a influência dos seres do plano espiritual, isto é, os espíritos desencarnados.

— É interessante.

— Como eu lhe disse, os pensamentos e sentimentos são expressos por vibrações que se propagam pelo espaço. Pois bem, elas acabam atingindo outras mentes, de encarnados e desencarnados, que estão em sintonia conosco. Diz a lei da atração que os semelhantes se atraem, portanto, quem estiver sintonizado conosco será por nós atraído.

— Você quer dizer que aquelas pessoas que, como se afirma, têm "encosto", são responsáveis pelo que lhes está ocorrendo?

— Exatamente. Na verdade, Dora, o termo "encosto" faz parte da cultura popular e refere-se a um espírito obsessor que está perturbando alguém de modo ostensivo e contínuo. Dentro da doutrina espírita, fala-se em "obsessor" apenas. Mas o que você disse corresponde à verdade. Somos energia, captamos e irradiamos energia o tempo todo e, como tal, podemos estar em sintonia com um encarnado ou desencarnado. Sintonia é harmonia vibratória. Reflete o grau de semelhança das emissões ou radiações mentais de dois ou mais espíritos, sejam deste mundo ou do mundo espiritual. Portanto, estar em sintonia com alguém é ter pensamentos, emoções, sentimentos e intenções semelhantes. Sintonia é a expressão física de uma realidade mais profunda: a afinidade moral.

— Entendo.

— Quando entramos em sintonia com uma determinada situação, causada pelas nossas imperfeições, atraímos espíritos que se aproveitam dessas imperfeições para nos causarem danos.

— Se entendi bem, as desavenças que começaram a existir entre Marcondes e mim são um exemplo de sintonia mental?

— Isso mesmo.

— Quer dizer que o meu mau humor, por exemplo, pode atrair o meu marido se ele estiver sintonizado com esse tipo de emoção. Nesse caso, está armada a situação de contenda dentro do lar.

— E mais: vocês acabam atraindo espíritos sintonizados com o mal, o que pode levar a consequências ainda mais desastrosas.

— Você quer dizer que pode haver algum Espírito nos influenciando?

— Se vocês não procurarem reconciliar-se, eliminando dissensões, isso é possível. De acordo com a sensibilidade, afinidade e sintonia que haja entre vocês e um espírito menos evoluído, vocês absorverão as emanações energéticas, ou seja, os pensamentos, emoções, enfim, vibrações desse espírito com quem foi estabelecido o contato.

— Você é espírita, Albertina?

— Sim. Eu e o Nestor. Eu trabalho na área da educação e ele na desobsessão.

— Sinceramente, nunca pensei nos termos em que você está se expressando comigo. Mas parece haver uma lógica em tudo o que disse. Agora, uma pergunta: o que devemos fazer para que uma influência tão negativa não se faça presente entre nós?

— É necessário que modifiquem os pensamentos e sentimentos. É preciso que mudem a conduta, isto é, deixem de lado as desavenças, as discórdias. E também que retomem o hábito de orar.

— Tentarei fazer isso. Quanto a Marcondes, já é mais difícil, pois ele se diz materialista.

— Não faça disso outra contenda. Se ele achar que é tudo bobagem, silencie e transforme-se. A sua mudança vai levá-lo a se modificar.

No escritório de Marcondes, a conversa girava em torno da Psicologia.

— Quer dizer que você, assim como Freud, diz haver consciente, pré-consciente e inconsciente?

— Exato, Nestor. E nossos atos são mais motivados pelo inconsciente do que podemos imaginar. A parte da personalidade que o velho Freud chamou de "consciente", inclui tudo do que estamos cientes num dado momento. A minha fala, agora, está sendo consciente, pois tenho conhecimento do que estou dizendo. Já o "inconsciente" refere-se aos elementos instintivos não acessíveis à consciência. Também há no inconsciente material que foi excluído da consciência, censurado e reprimido. Este material não é esquecido nem perdido, porém, não é permitido ser lembrado. Posso, por exemplo, detestar pessoas de barba longa. O motivo de tal reação me escapa. Está retido no inconsciente. Talvez, na infância, eu tenha sido molestado sexualmente por alguém com essa característica e a repulsa ficou, mas a lembrança do fato desapareceu para proteger a minha integridade. O pré-consciente é um terreno intermediário entre o consciente e o inconsciente. Trata-se da parte da psique, anterior ao consciente, em que estão as ideias ou sentimentos que não chegaram à consciência, mas podem ser evocados sem grande resistência, isto é, podem tornar-se conscientes com facilidade. É o caso do orador que vai citar, numa palestra, o nome de um grande magistrado e não consegue lembrar-se, por mais que se esforce. Minutos depois, quando não pensa mais no assunto, surge claramente o nome na memória.

— Gostei de ouvir. E quanto ao superconsciente?

— Freud não fala em superconsciente.

— Mas há quem o faça, não é mesmo?

— Sim. Um psicólogo italiano chamado Roberto Assagioli diz haver na psique humana o inconsciente inferior, o inconsciente médio e o inconsciente superior ou superconsciente, além de outras instâncias. Do nosso superconsciente viriam as intuições e inspirações superiores, como as artísticas, filosóficas ou científicas. Viriam também os imperativos éticos e impulsos para a ação humanitária e até heroica. O superconsciente, para ele, é a fonte dos sentimentos superiores.

— Ele é psicanalista?

— Quando vivo, criou uma nova abordagem psicológica, que denominou "psicossíntese".

— Achei muito interessante. No Espiritismo, dizemos algo muito semelhante.

Marcondes franziu a testa, como se não houvesse entendido bem e perguntou:

— Espiritismo?

— Sim.

— O senhor, digo, você é espírita?

— Eu e minha esposa. Vimos estudando ao longo dos anos a doutrina espírita, que nos parece mais conforme às realidades terrena e espiritual.

— Desculpe, mas jamais pensei haver um juiz de Direito espírita.

Nestor sorriu despreocupado, tocou o braço de Marcondes e disse em tom amigável:

— Pois aqui está um. E pode acreditar que há outros também.

Marcondes ficou um tanto sem jeito pelo que dissera e procurou desculpar-se:

— Fui um tanto indelicado. Desculpe.

— Não há do que se desculpar. Afinal, pelo seu espanto, dá para entender que você desconhece a doutrina espírita. Nessa mesma circunstância, eu também agiria assim.

Não houve tempo para a continuação do diálogo. Albertina já assomava à porta do escritório com Dora e as garotas.

— Nestor, está na hora de sairmos. Já é tarde.

Olhando para Nestor, Dora discordou das palavras de Albertina:

— Eu disse a ela que ainda é cedo, mas não consegui convencê-la.

— Ela tem razão. Como a conversa estava boa, acabei esquecendo-me da hora.

Num clima muito amigável, o casal deixou o apartamento de Marcondes e Dora, convidando-os para catorze dias depois irem visitá-los. Acertada a visita, Nestor concluiu a conversa com Marcondes, dizendo:

— Em casa, continuaremos o nosso bom papo.

A sós com Marcondes, Dora perguntou:

— O que você achou do dr. Nestor?

— Gostei muito dele. É um homem culto e, mesmo sendo um juiz, não é arrogante como outros que há por aí. Só fiquei desconcertado com uma coisa.

— Com o quê?

— Apesar de todo o seu conhecimento, ele é espírita.

— Dona Albertina disse-me a mesma coisa. Confesso que também fiquei surpresa.

— E pelo tom de suas últimas palavras, Nestor vai querer continuar com esse papo de Espiritismo em sua casa.

— Seja cortês e escute tudo o que ele disser.

— Claro! Acho essa coisa de Espiritismo *carolice* e *baboseira*, mas tentarei mostrar interesse pelo assunto.

— Concordo em parte com você, mas dona Albertina disse algumas coisas que estou começando a levar em consideração.

— Tudo bem, mas não queira conversar comigo a respeito. Gastei toda minha paciência ouvindo Nestor.

— Está certo. Apenas uma coisa: você agradeceu-lhe por ajudar a Bia, oferecendo-lhe estágio?

— Sim. E mais de uma vez. Ela também foi até o escritório para expressar a sua gratidão. Ficou acertado que ela começa na próxima terça-feira.

— Fico feliz. Ela está tão contente!

A conversa, nessa noite, foi tranquila. Nestor e Albertina tinham levado a sua cota de paz ao casal. Entretanto, no domingo, o clima começou a decair, voltando os desentendimentos contínuos.

∾

O espírito Gaspar não dava trégua. Queria submeter totalmente o seu antigo rival até destruí-lo por completo. Marcondes, com o baixo teor de suas vibrações, permitia a ação nefasta do inimigo, colocando-se abertamente em suas mãos. É importante notar que o espírito obsessor apega-se ao ponto fraco do obsidiado. O obsessor atenta para as fraquezas morais do obsidiado, para o seu ponto de menor resistência e para aí dirige os ataques. Marcondes, em sua última encarnação, tinha nos prazeres do sexo o seu ponto fraco. Na presente encarnação, ainda não conseguira desvencilhar-se desse mal. Embora, apesar das suas falhas, fosse habitualmente uma boa pessoa, no tocante ao sexo, guardava a força avassaladora da luxúria em sua alma. Portanto, era justamente aí que a ação obsessiva de Gaspar se fazia sentir. Dominando quase por completo Marcondes, começou a induzi-lo para que se jogasse nos braços de Acácia, sua nova paciente.

O domingo, após a visita do casal, transcorreu sob nuvens cinzentas, pois, por motivo fútil, Marcondes e Dora, logo pela manhã, tiveram uma demorada discussão. Pouco antes do almoço, ela foi à casa dos pais, como combinado. Beatriz saiu com colegas de faculdade e Marcondes ficou sozinho no apartamento, pois alegara a necessidade de refazer fichas de pacientes. Após o breve trabalho, sem ter muito que fazer, logo pensamentos descabidos começaram a tomar corpo em sua mente. A figura de Acácia foi desabrochando em sua imaginação e ele foi até a gaveta da escrivaninha, pegou um caderno e a ficha da paciente. Fixada por um clip, lá estava a sua foto, onde ela estampava um leve sorriso e, abaixo, os seus dados pessoais, inclusive endereço e telefone.

Acácia vivia muito tempo sozinha, o que aguçou ainda mais a imaginação de Marcondes. Nessa altura, ele já não pensava como antes, quando estava sob a fascinação, ou seja, tinha certeza de que estava fazendo algo incorreto. Ele sabia muito bem que, para melhorar sua vida amorosa com a esposa, era necessário um diálogo aberto, franco e respeitoso. Procurar satisfações sexuais fora do casamento soava-lhe agora como uma conduta imoral. No entanto, e aí estava o cerne do novo grau de sua obsessão, uma força irresistível o atraía para pensamentos e atos que ele não queria praticar. No sábado à noite, quando da visita de Nestor e Albertina, ele notara a melhoria das relações interpessoais com a esposa. Após se deitar, pensou seriamente em acabar com a procura desenfreada por outra mulher, com finalidades exclusivamente libidinais. Chegou a elaborar um plano mental de melhoria contínua na convivência conjugal até voltar ao que era antigamente, e, quem sabe, até mesmo mais satisfatório. No entanto, logo após o café, tudo voltou ao que já estava se tornando habitual: as desavenças. Agora, sem que ele o tivesse premeditado, o desejo incontido pela nova cliente se manifestara de modo avassalador. A sua resistência era pequena demais diante da imensa força dos desejos lúbricos.

Atormentado pelo que os místicos chamariam de transtornos da carne, ele com a ficha em suas mãos, olhou para o número do telefone ali anotado e, mecanicamente, ligou para a paciente. Uma voz feminina atendeu. Nesse momento, percebendo o que estava ocorrendo, como que acordando de um sonho, Marcondes perguntou por uma pessoa qualquer e, após ouvir que não havia ninguém com aquele nome, desculpou-se, dizendo que fora engano e desligou. Olhando de modo incomum para a parede, mal tendo se refeito do que ocorrera, uma nova ideia surgiu em sua mente. "Aqui está o endereço de Acácia. Não fica longe do consultório. Irei até as imediações, pararei o carro e ficarei esperando. Pode ser que ela surja na porta da casa. Fingirei um encontro casual e, após algumas boas palavras, convido-a para um chopinho. Será o começo da conquista!" Após pensar assim, ele passou a mão pela testa e deixou escapar estas palavras: "Meu Deus, o que está ocorrendo em minha vida?". Ele sabia que estava começando a praticar um erro de que poderia arrepender-se muito mais tarde, mas a força que o impelia para a conduta desastrosa tornara-se irreprimível para a sua vontade fragilizada pela abertura que dera ao obsessor por meio de sua fraqueza moral. Destarte, pegou as chaves do automóvel e partiu para uma aventura quixotesca.

Chegando a cerca de trinta metros da casa de Acácia, Marcondes estacionou o carro, deixando os vidros fechados, e ficou à espera de sua presença. Observou a garagem e notou que havia ali um carro estacionado. Concluiu que ela devia estar no interior da residência. Caso saísse em direção ao automóvel, ele iria rapidamente ao seu encontro, agindo como arquitetara em sua mente. No entanto, o tempo foi passando e o desânimo foi tomando conta dele. Após uma hora e meia de espera, o celular tocou. Era Dora, que chegara ao apartamento e estranhara sua ausência.

— Estou saindo do consultório. Vim trazer as fichas que acabei de refazer. Logo estarei aí.

Estava encerrada a sua triste aventura. Marcondes voltou para o apartamento e passou em silêncio quase o resto do dia.

ॐ

Nestor e Albertina conversaram muito sobre Marcondes e Dora, após a visita do sábado.

— O que você achou deles, Nestor?

— Gostei, mas há algo de sinistro naquela família. Fiquei com muita vontade de ajudá-los.

— Percebi a mesma coisa. Dora é uma boa pessoa, mas parece estar travada pelo envolvimento espiritual de Marcondes. A energia dele não está boa.

— Dora disse alguma coisa a esse respeito?

— Sim. Ela me afirmou que o relacionamento deles vai muito mal. Estão brigando à toa, e quase todos os dias.

— Ela chegou a dizer o que está ocasionando isso?

— Não. Não entrou em detalhes. Mas, seja qual for o motivo, eles abriram as portas para o processo obsessivo. A única que se salva, ao menos por enquanto, é Beatriz. A sua vibração é muito boa.

— Beatriz é um espírito em estágio evolutivo superior ao do casal.

— Você disse algo muito certo.

— Vamos, então, achar um meio de ajudá-los a desvencilhar-se da obsessão, antes que tudo fique pior do que já está.

— Comecemos, Nestor, pela prece e pelas vibrações. Quando eles nos vierem visitar, conversarei à parte com Dora e, depois, chamaremos Marcondes. Após uma boa explicação sobre os meandros da obsessão, pediremos que nos autorizem a realizar um trabalho de desobsessão no Centro Espírita.

— Concordo, mas é preciso que nós os orientemos muito bem a esse respeito, pois a desobsessão isolada, como você bem sabe, sem a mudança de conduta moral por parte deles, pouco efeito terá.

— Daí a necessidade de estudarmos muito bem como conversaremos com eles.

— Albertina, há um entrave muito grande aí, que precisamos trabalhar adequadamente. Marcondes é materialista.

— Agora me lembro. Dora falou algo sobre isso.

— Mas é uma boa pessoa. Apenas ainda não conseguiu encontrar o verdadeiro caminho para a sua autorrealização.

— Talvez, inicialmente, devêssemos trabalhar de modo indireto, por meio da sua esposa. Como ela se mostra mais aberta aos ensinamentos da doutrina espírita, embora seja católica, creio que poderei conversar mais livremente com ela. Quanto a você, dialogará com Marcondes, tomando o cuidado para não entrar em assuntos polêmicos.

— Penso que esse é o caminho. Colocaremos também os nomes do casal e de Beatriz na Caixa de Vibrações do Centro Espírita.

— Concordo. Vamos ajudá-los a superar os problemas.

Durante a semana, com a proximidade de Beatriz na Justiça do Trabalho, Nestor começou a conversar com ela, de modo bem introdutório, sobre temas espíritas. Notando haver abertura e até mesmo aceitação, deu-lhe de presente um exemplar de *O Evangelho Segundo o Espiritismo*, de Allan Kardec. Beatriz agradeceu e levou o livro para casa, leu algumas páginas à noite e deixou-o sobre o criado-mudo. Na manhã seguinte, Dora, ao ajeitar as coisas no quarto de Beatriz, derrubou o exemplar e, ao recolhê-lo do chão, leu o título e resolveu abri-lo. Ainda de pé, leu pausadamente:

"O amor é de essência divina. E todos vós, do primeiro ao último, possuís no fundo do coração a centelha desse fogo sagrado. É um fato que já pudestes constatar muitas vezes: o homem mais abjeto, mais vil e mais criminoso tem por um ser ou por um objeto qualquer uma afeição viva e ardente, à prova de tudo que tendesse a diminuí-la, atingindo muitas vezes proporções sublimes. Eu disse por um ser ou por um objeto qualquer, pois existem em vosso meio indivíduos que dispensam tesouros de amor, de que seu coração transborda, aos animais, às plantas e até a objetos materiais. Trata-se dos solitários, daqueles que evitam viver em sociedade e se queixam da humanidade em geral, resistindo à inclinação natural de sua alma, que busca em torno de si afeição e simpatia. Assim agindo, rebaixam a Lei do Amor à condição de instinto. Entretanto, por mais que façam, não conseguem sufocar o amor vivo que Deus depositou em seus corações, quando de sua criação. Esse germe desenvolve-se e cresce com a moralidade e a inteligência. Embora frequentemente oprimido pelo egoísmo, ele torna-se a fonte de santas e doces virtudes que constituem as afeições sinceras e duradouras, que ajudam os homens a percorrer o caminho escarpado e árido da existência humana".

Dora sentou-se na beirada da cama e começou a refletir: "Este pequeno trecho não diz para desprezarmos os animais e as plantas. Se o dissesse, não serviria para mim e também para mais ninguém. Ele fala de indivíduos que se fecham dentro de si mesmos e não conseguem estabelecer pontes de amor com seus semelhantes. É importante que amemos os animais e a natureza, mas esse amor não pode excluir o amor ao próximo. Espere um pouco, o que este livro diz é também o que eu ouvia dos padres e das freiras, quando criança. E ele diz uma grande verdade, que estava nebulosa para mim até agora: por pior que seja uma pessoa, o amor ainda vive dentro do seu coração. Mesmo estando obscurecido pelo egoísmo, um dia consegue impor-se e manifestar o seu brilho e toda a sua pujança. Todos nós precisamos amar, precisamos do amor divino, que se oculta sob o egocentrismo que hoje pode nos dominar. Mas, por meio do desenvolvimento da moralidade e da inteligência, como diz o texto, nós chegamos lá e conseguimos abrir o nosso coração para o mundo". Dora ficou abismada por ter desenvolvido tal pensamento, visto que não era costume fazer reflexões de teor profundo, como acabara de fazer. No entanto, era um livro espírita. Estava escrito de modo bem visível no topo da capa: "Allan Kardec". Era preciso tomar cuidado. Afinal, ela sempre ouvira nas igrejas católicas e até certa vez, quando fora com uma amiga a um templo evangélico: "Acautelai-vos dos falsos profetas, que se vos apresentam disfarçados de ovelhas, mas por dentro são lobos vorazes". Não seria este o caso? Kardec não seria um lobo disfarçado, aguardando os incautos para, depois, introduzir em sua mente o veneno letal de uma doutrina excomungada? Sobre Kardec ela nada saberia dizer, mas Albertina e Nestor, que eram espíritas, não lhe pareceram, em momento algum, que fossem tais lobos. É verdade que, justamente por se ocultarem sob a aparência de bondade, os falsos cristãos passam despercebidos. Entretanto, lembrava-se Dora de que aquela citação sobre os falsos cordeiros terminava mais ou menos assim: "Pelos seus frutos os conhecereis". Lembrou-se do Novo Testamento, que mantinha guardado na estante de Marcondes e que ali permanecera fechado por muitos anos. Foi até o escritório, procurou o livro, pegou-o e, esquadrinhando o Evangelho de Mateus, encontrou o texto que procurava. Leu-o com muita atenção e vagar:

"Entrai pela porta estreita, porque largo e espaçoso é o caminho que conduz à perdição. E muitos são os que entram por ele.
Estreita, porém, é a porta e apertado o caminho que conduz à Vida. E poucos são os que o encontram.
Guardai-vos dos falsos profetas, que vêm a vós disfarçados de ovelhas, mas por dentro são lobos ferozes.
Pelos seus frutos os conhecereis. Por acaso colhem-se uvas dos espinheiros ou figos dos cardos?
Do mesmo modo, toda árvore boa dá bons frutos; mas a árvore má dá frutos ruins.
Uma árvore boa não pode dar frutos ruins; nem uma árvore má dar bons frutos.
Toda árvore que não produz bom fruto é cortada e lançada no fogo.
É pelos seus frutos, portanto, que os reconhecereis.
Nem todo o que me diz: 'Senhor, Senhor' entrará no Reino dos Céus, mas sim aquele que pratica a vontade de meu Pai que está nos Céus".

Dora fechou o livro e meditou sobre aquelas palavras. Se quisesse saber se Albertina e Nestor eram ou não "lobos em pele de ovelha", teria de esperar. Pelos seus frutos, ou seja, pela conduta deles, iriam denunciar seu real objetivo em relação a Beatriz e ao casal. E, indiretamente, poderia fazer um julgamento mais justo da doutrina espírita. Guardou o Novo Testamento na estante, colocou o livro *O Evangelho Segundo o Espiritismo* sobre o criado-mudo de Beatriz e resolveu aguardar pelo tempo. Antes que continuasse com os afazeres da casa, ainda teve um último pensamento a este respeito, quando se lembrou de que Nestor era um juiz do trabalho: "A justiça tarda, mas não falha".

∾

A espera pela sexta-feira foi muito ansiosa para Marcondes, por dois motivos: primeiro, pela expectativa em relação ao comportamento de Acácia. Ela cederia ou não às suas investidas? Segundo, ele, na verdade, não estava querendo mais continuar com aquilo que, num momento de desespero, chegou a chamar de "palhaçada". "Onde já se viu", pensou, "uma pessoa, na minha idade, estar atrás de mulher como se fosse um adolescente que busca seu primeiro amor ou sua primeira aventura? Eu achava que já havia superado esse desejo. Afinal, sou um analista, uma pessoa que, para ajudar os pacientes, tem de estar equilibrada e isenta dos problemas que eles próprios apresentam em terapia. No entanto, aqui estou às voltas com uma aventura que, agora, só existe na minha mente, mas que, pelas circunstâncias futuras, poderá tornar-se realidade. Se assim acontecer, terei criado um inferno em minha vida. Preciso pôr um fim nesta comédia sem graça e voltar a ser a pessoa equilibrada que fui no passado. Custe o que custar, tenho de pôr um fim nisso".

Tais reflexões foram feitas num momento em que o assédio de Gaspar não se fazia presente. As intenções eram boas, mas a vontade do terapeuta já estava submetida aos caprichos do obsessor. Foi assim que, na presença da paciente, na sexta-feira, todo bom-senso se esvaiu diante da força da luxúria e do clamor dos desejos libidinosos. Como já fizera anteriormente, Marcondes, ao término da sessão, ofereceu um livro emprestado para Acácia, dizendo-lhe da importância da leitura da obra para compreensão dos problemas de que ela se queixava. A paciente aceitou sem nenhuma relutância e prometeu que o devolveria na próxima semana. Instado a atirar-se a seus pés e declarar-lhe amor, Marcondes ainda teve forças para avaliar o ridículo da situação e fechar a porta rapidamente, a fim de que não sucumbisse ao imperativo que Gaspar procurava impor-lhe. Amargurado, voltou à noite para casa, sabendo por antecedência que tempos difíceis iriam obscurecer o horizonte da sua vida.

17
Vida nova

MADRE TERESA, DEPOIS DE DIALOGAR POR longo tempo com Ivete sobre a vocação religiosa, resolveu anunciar-lhe a sua decisão. Convicta de que fora inspirada por Deus, disse-lhe com tranquilidade:

— Ivete, eu vou admiti-la provisoriamente em nosso convento.

Lágrimas abundantes rolaram pela face da executiva que, instantaneamente, abraçou-se à superiora como a criança que se agarra à mãe num momento de extrema felicidade. Sem deixar transparecer, também madre Teresa estava emocionada e feliz com sua decisão. Entretanto, logo em seguida, deu continuidade à conversação, dizendo:

— Quero aqui repetir as palavras que proferiu um dia Sua Santidade, o papa João Paulo II, a pessoas que vivenciavam a situação em que você hoje se encontra:

"Alguns de vós, que sentis que Jesus vos convida a segui-lo mais de perto e vos pede tudo, não tenhais medo e dai-lhe, se vo-lo pedir, o vosso coração e a vida inteira".

— Está decidido, madre, assim vou fazer. Muito obrigada por aceitar-me entre as suas servas.

— Não me agradeça, Ivete. Foi Jesus quem a convidou. E lembre-se: daqui para a frente você será serva de Deus e prestará o seu serviço à humanidade.

— Que assim seja.

— Recordando, devo dizer-lhe que você ingressa na Ordem Carmelitana como postulante. Este período poderá durar de seis meses a um ano e meio. É o início do contato com a vida do Carmelo e com a comunidade das freiras. Com elas, você compartilhará oração, trabalho, convívio e formação.

— E quando poderei dar entrada no convento?

— Sejamos prudentes. Você trabalha numa grande empresa, que não pode perdê-la da noite para o dia. Dar-lhe-ei quarenta dias para solucionar os problemas do mundo e, finalmente, ingressar em nossa Ordem. Lembre-se de que você tem todo esse período para confirmar a sua decisão ou revogá-la.

Ivete quis contra-argumentar, mas a entrevista já estava encerrada. De volta para casa, seu coração vibrava como nunca sentira antes.

∿

Na segunda-feira, logo que chegou à empresa, Ivete foi conversar com o diretor comercial. Não conseguindo entender o que se passava, ele chegou a adiantar-lhe uma informação, que só deveria ser anunciada pouco mais à frente:

— Ivete, sei que você é uma profissional que tem oferecido à nossa empresa muitos resultados significativos. E sei também que, embora esteja quase no topo da pirâmide organizacional, quer ir além. Isto é público e notório. Esta é uma característica marcante do verdadeiro executivo, do empreendedor. Por essa razão, devo dizer-lhe agora, o que somente lhe seria comunicado daqui a dois meses, quando nosso diretor administrativo deverá aposentar-se. Eu a indiquei para ocupar o posto que estará vago.

— Eu lhe agradeço o que você fez por mim. Entretanto, não é isso que pretendo.

— Bem, então devo dizer-lhe solenemente — falou o diretor com um largo sorriso — que você foi aprovada. Ivete, você é a nova diretora administrativa da nossa empresa. Você chegou lá. Aceite meus sinceros parabéns. Afinal, fui eu que lutei por você, pois sempre acreditei na sua competência e no seu comprometimento.

— Tudo isso pode ser verdade, mas a minha decisão é irrevogável. Eu estou pedindo demissão.

— Eu não acredito. Tanta, mas tanta gente luta a vida inteira para conseguir o que você acaba de alcançar, e não consegue. Já vi muitos executivos aposentarem-se com a frustração de não terem conseguido atingir o posto de diretor. Já vi até profissionais que lutaram para ser gerente um dia e... não conseguiram. Agora você vem me dizer que está pedindo demissão? Por que, Ivete? Por quê?

— Você guarda segredo até eu deixar definitivamente a empresa?

— Embora ainda não esteja acreditando, devo dizer que guardo segredo total.

— Pois bem, eu vou entrar para o convento.

O diretor deu um salto na cadeira, esbugalhou os olhos e só pôde perguntar atônito:

— O quê?

A perplexidade e o espanto tomaram conta daquele homem de negócios. Completamente pasmo, perguntou novamente:

— O quê?

— Cheguei à conclusão de que tenho vocação para a vida religiosa.

— Eu não acredito, Ivete. Eu não acredito. Você não percebe que atingiu o cume do êxito no mundo empresarial? Você não sabe o que é ser diretora deste empreendimento gigantesco? Não percebe que portas antes fechadas às suas pretensões, estarão agora escancaradas para você? Não identifica as oportunidades que se manifestam na sua vida? Você vence a luta e desaparece da arena? As portas das grandes realizações se abrem para você, Ivete. Já estão abertas!

— Entenda, nós estamos vivendo em mundos diferentes. O sucesso empresarial não significa mais nada para mim. Já lutei desse lado por muitos anos, agora chegou o momento de ingressar num mundo diferente: o mundo das realizações espirituais. É para lá que eu vou e de lá não quero nunca mais sair.

— Se entendi bem, você está afirmando que será freira?

— Foi o que lhe disse.

— Freira?

O diretor desabou sobre a cadeira. Não podia entender o que se passava na alma de Ivete. Ele também lutara tanto para chegar ao posto que ocupava havia vários anos. Sabia das vantagens de estar no topo numa empresa de projeção nacional e com ramificações no exterior. Ouvir de quem também estava chegando nesse mesmo nível que deixava tudo para trancafiar-se numa ostra chamada convento era demais para o seu sistema de crenças. Ainda sem entender o que ocorria, não teve outro jeito senão aceitar o pedido formulado por Ivete. Pediu, entretanto, que ela aguardasse uma semana para somente então comunicar ao presidente da empresa e à Diretoria de Recursos Humanos a decisão da executiva. Haveria tempo para desistir dessa "loucura" e retomar a vida "normal". Sem opção e por respeito a quem sempre a ajudara nas lutas do cotidiano empresarial, Ivete esperou o tempo sugerido, quando, em definitivo, anunciou a sua demissão irrestrita e irrevogável.

Vazada a informação, a notícia caiu como uma bomba sobre os funcionários da área comercial da empresa. Houve uma grande divisão de opiniões: de um lado, estavam os que achavam que Ivete estava passando por problemas psicológicos. Afinal, não era possível alguém com o seu tirocínio empresarial, simplesmente abandonar tudo para fechar-se num convento. Ela deveria estar sofrendo de algum transtorno mental. De outro, porém, havia os que apoiavam sua decisão inesperada. Se tivessem a coragem que ela demonstrara, fariam a mesma coisa.

— Eu só não faço isso porque tenho dois filhos para criar — disse uma vendedora em tom de lamentação.

— Eu não sou capaz desse gesto porque não consigo deixar para trás um rabo de saia — completou, galhofeiro, um assistente de vendas.

— E eu só não faço o mesmo porque não sou capaz de deixar as comodidades da vida para entocar-me num ninho de silêncio e esquecimento do mundo.

Pensavam todos eles que Ivete ficaria reclusa num mosteiro para o resto da vida. No entanto, mesmo pertencendo a uma Ordem religiosa, ela poderia ter contato com o mundo por meio do trabalho que realizaria. A Ordem na qual estava prestes a ingressar tinha, por exemplo, um colégio e convênio com a faculdade, onde grande parte dos professores eram religiosas ou sacerdotes Carmelitas. Isso, porém, era totalmente diferente de "viver no mundo", como ocorrera com Ivete até aquele momento da sua existência.

∾

— Então, você vai mesmo para o convento? — perguntou-lhe Dolores, sua grande amiga, quando da visita de despedida feita por Ivete.

— Vou, Dolores. Consegui a coragem que me faltava. É exatamente isso que eu quero para a minha vida.

— Acho quase uma loucura tamanho gesto, mas se você assim decidiu, quem sou eu para dizer o contrário? Sentirei falta das nossas conversas, dos conselhos que você sempre me dava e também das risadas, quando algo engraçado acontecia com qualquer uma de nós. Foi uma época muito boa. É pena que esteja acabando.

— É só por um tempo. Depois que eu tiver terminado o postulado e o noviciado, ou seja, quando for realmente freira, você poderá visitar-me, como eu faço com a madre Teresa. Receberei você tão bem quanto eu era recebida pela superiora.

— Por falar em superiora, você ainda será diretora da faculdade. A superiora da Ordem não vai ser tão burra a ponto de não utilizar sua experiência como executiva.

— Não fale assim — disse Ivete com um sorriso. — É falta de respeito.

— Está vendo? Já fala como uma freira.

Ambas riram e continuaram a última visita que Ivete faria ao apartamento da amiga. Algum tempo mais tarde, despediram-se com lágrimas nos olhos.

— Fique com Deus, Dolores.

— Seja feliz, Ivete. E não se esqueça de mim.

— É claro que não. Rezarei sempre por você.

Depois de saldar as poucas dívidas que tinha e resolver todos os problemas pendentes, Ivete apenas aguardou o dia de ingressar no convento para dar início ao postulado. Mais difícil foi desligar-se da empresa em que trabalhava. Passada a semana que lhe fora dada para "pensar melhor", Ivete voltou a reunir-se com o diretor comercial.

— Então... recomeça hoje? Pode ser amanhã também, se quiser — disse-lhe o diretor, ensaiando um sorriso.

— Não, eu não volto. A minha decisão de entrar para o convento é definitiva.

— Ivete, abra os olhos. Você está cometendo uma loucura. Isso não passa de um capricho. É fogo de palha. Começa muito forte, mas se apaga logo. Esse desatino em sua vida será fatal. Quando você descobrir que isso tudo é uma bobagem, não poderá retroceder. Esse é um caminho sem volta.

— Esteja tranquilo. Eu não pretendo voltar. Eu não retrocederei. Estou plenamente convicta a respeito da minha decisão.

— Sabe de uma coisa? Estive pesquisando sobre essa história de se tornar freira. Não é tão fácil como você pensa.

— E quem disse que eu penso assim?

— Você será primeiramente uma espécie de "pau para toda obra". Dar-lhe-ão os piores serviços, aqueles que ninguém gosta de fazer. Você será humilhada e até desrespeitada. Procurarão provar que você não tem vocação. E é aí que a maioria desiste. Principalmente uma executiva, que sempre teve tudo à mão, bastando levantar um dedo. Você não aguentará o *repuxo*, Ivete. E, nessa altura, terá sido tudo em vão.

— Agradeço as suas considerações. Você tem se mostrado um irmão para mim. Muito obrigada, mas eu vou formalizar minha demissão.

— Não sem antes falar comigo — disse o presidente da empresa, que acabara de entrar e ficara atrás de Ivete, ouvindo as palavras do diretor. — Escutei uma parte do que foi dito. E é verdade. Você está jogando fora tudo que acumulou em anos de trabalho. Mais alguns anos estará aposentada. E, ao aposentar-se, terá galgado os degraus que levam ao topo da pirâmide organizacional em nossa empresa. Você é uma mulher de sucesso, Ivete. Não foi à toa que a escolhi para ser a futura diretora administrativa da nossa organização. Seja sensata. Dê um basta a essa história doentia de tornar-se freira. Isso não é para você. Convento é coisa para jovenzinhas deserdadas que não têm onde cair mortas. E, com todo respeito, você já não é mais jovenzinha. E, muito menos, deserdada. Você conseguiu um belo patrimônio. É acionista da empresa. Hoje é gerente, amanhã será diretora. O que pretende mais que isso?

— O que pretendo, presidente, não tem nada a ver com o que você acabou de falar. É verdade que fui uma executiva de sucesso. Mas pretendo seguir outro caminho. O tempo que desperdicei no meu aprimoramento espiritual quero que seja, a partir de agora, muito bem aproveitado. Sei que fica muito difícil para você entender a minha nova opção de vida, mas ela significa tudo para mim.

— Já lhe foi dito que esse é um caminho sem volta, não foi?

— Sim, foi.

— E também lhe foi informado que você pode ser rejeitada no convento, daqui a seis meses ou um ano?

— Também estou a par dessa possibilidade.

— Bem, se isso acontecer, o que você fará da vida, na sua idade?

— Agradeço a preocupação de vocês quanto a esse detalhe, mas também já pensei nisso. Saberei o que fazer, no momento certo.

— Você chama isso de detalhe? — perguntou o presidente arqueando as sobrancelhas. — A sua vida é um detalhe?

— Não, presidente, a minha vida não é um detalhe. E a minha vida está, a partir de agora lá, entre as paredes do convento, e não aqui.

O presidente da organização empresarial, deu de ombros e, com um ar entristecido, disse ao diretor comercial:

— Amigo, não há mais nada a fazer. Ela já escolheu o que quer da vida.

Em seguida, sem que Ivete esperasse, ela notou uma lágrima furtiva brilhando no olho daquele homem acostumado a lidar com situações difíceis nas lides do cotidiano. Ele achegou-se a ela, deu-lhe um abraço muito forte e, sem palavras, saiu rapidamente da sala.

Ivete sensibilizou-se com a preocupação do presidente e entendeu que a sua atitude, embora equívoca, fora tomada com boa intenção. O diretor, vendo que nada mais havia a dizer, mudando inesperadamente o seu procedimento, disse em tom de despedida:

— Ivete, aqui cessam todas as minhas tentativas de mantê-la em nossa empresa. Faço questão de tomar todas as providências para a sua demissão. E quero dizer que lhe desejo tudo de bom em sua nova etapa de vida. Que você seja aceita na Ordem que escolheu e se dê bem, tratando do que eu deixei em branco até hoje: a vida espiritual. Pela pessoa incomum que você é, merece toda a felicidade do mundo.

Ivete concluiu todos os preparativos para o ingresso no Carmelo, tendo presenteado Dolores com o carro importado que comprara no ano anterior. Aproveitou esse tempo para meditações sobre a nova vida que a esperava, frequentou a missa e comungou todos os dias. No dia anterior à partida, confessou-se, como a simbolizar o pedido de perdão por tudo de menos digno que praticara, enquanto habitante do Mundo dos Homens e como meio de entrar com toda a pureza no ambiente espiritualizado que esperava encontrar no convento. O dia escolhido, de comum acordo com madre Teresa, foi 15 de julho, véspera do dia consagrado à Nossa Senhora do Carmo. Feliz pela escolha dessa data, muito cedo já tocava a campainha da portaria do convento, com o coração tranquilo, pois achava que estava fazendo o que já deveria ter feito muito tempo antes. Depois de longa espera, foi recebida por madre Teresa, que a acolheu com carinho, mas também com a aura de superiora, dado que, a partir daquele momento, o relacionamento já não seria mais tão só de amigas, mas principalmente de superiora e postulante.

— Fico feliz com o seu ingresso entre nós, Ivete. Acredito na sua vocação, mas ela só poderá ser confirmada após o tempo de análise necessário. Há jovens que aqui aportam com a aparência de uma vocação consolidada e, no entanto, alguns meses depois desistem por não aguentarem o rigor das Regras da Ordem do Carmo. Quanto a você, também ainda nada sabemos em definitivo, mas o tempo nos dirá com toda certeza se deve prosseguir ou não. Noto, entretanto, algo muito bom: o seu semblante denota a tranquilidade de quem tomou a decisão correta.

— Estou muito feliz por ter feito esta opção.

— Muito bem. De hoje em diante, você terá pouco contato comigo. Se precisar, estarei pronta a recebê-la, entretanto, a sua superiora direta será irmã Teodora, mestra das postulandas.

Madre Teresa apresentou Ivete à irmã Teodora e deixou o recinto. A mestra iniciou um diálogo fraterno com Ivete, que se sentia nas nuvens, tamanha a felicidade por estar no convento não como visitante, mas como uma moradora.

— Logo vou lhe mostrar a sua cela. Antes, porém, quero falar um pouco sobre o nosso dia a dia. No tempo em que aqui estiver, você conhecerá muitos detalhes, que não me é possível passar-lhe agora.

Várias orientações e recomendações foram feitas e, antes de apresentá-la às irmãs e mostrar-lhe todas as dependências do convento, a freira designou-lhe o trabalho que passaria a realizar cotidianamente.

— Ivete, você ajudará na limpeza das celas e corredores da ala em que elas se encontram. Irmã Luzia vai orientá-la detalhadamente sobre esse serviço.

Ivete sabia que não poderia trabalhar na faculdade administrada pela Ordem; no entanto, pensava que, dado o seu gosto pela jardinagem, teria sido designado esse trabalho para ela. Ao ouvir que faria o trabalho de faxina, não pôde deixar de comparar as novas atividades às de executiva, que deixara para trás. Mas estava ciente de que, ao entrar para a Ordem, já não seria mais senhora de si. Afinal, a obediência era um dos votos que ela deveria professar.

Havia mais três postulantes que tinham chegado poucos dias antes no Carmelo. As suas celas ficavam lado a lado. O primeiro dia foi de novidades, embora Ivete já houvesse conhecido algumas das dependências do convento, enquanto visitante. As postulantes pareceram-lhe simpáticas e as freiras que também habitavam o convento, pouco a pouco lhe foram sendo apresentadas. O dia foi tão cheio de atividades, que a noite chegou sem aviso prévio. Quando se deu conta, ela estava só, sentada diante de uma mesinha, encimada por um pequeno quadro de Nossa Senhora do Carmo. Além desse quadro, havia sobre a cama, bastante simples e bem-arrumada, um crucifixo de madeira. Ao lado da cama, um pequeno criado-mudo e, na parede próxima, uma pia com um sabonete e uma toalha de rosto. Olhando para aquele ambiente singelo, ela começou a chorar suavemente, não por tristeza, mas pela oportunidade de estar no lugar pelo qual tinha sonhado muito nos últimos tempos. Finalmente, estava no Carmelo.

Após uma breve oração de agradecimento a Deus, à Senhora do Carmo e à Santa Teresa de Ávila, pegou o caderno que levara para anotações e começou a escrever sobre as suas primeiras impressões:

Cheguei finalmente ao Carmelo. É como se tivesse fechado ternamente os olhos em meu apartamento e caído num sono profundo, iniciando um sonho de alegria e felicidade plenas. Não me lembro de ter sentido tanta paz interior como a que estou sentindo neste momento. Creio que esteja sabendo agora o que significam as palavras de Jesus: "Deixo-vos a paz, a minha paz vos dou; não vo-la dou como o mundo a dá. Não se turbe o vosso coração, nem se atemorize". É exatamente essa paz de que fala o Mestre, que sinto ter entrado em meu coração, minha alma. Sei, no entanto, que também terei aqui momentos de provação. Estou ciente de que haverá, depois de serenos dias

de luz resplandecente, noites escuras de dor e aflição. Mas não
quero perturbar o meu coração agora. Lembro-me do que diz
São João da Cruz num poema em que procura mostrar que o
maior tesouro é Deus:
"Para chegares a saborear tudo, não queiras ter gosto em coisa
alguma.
Para chegares a possuir tudo, não queiras possuir coisa alguma.
Para chegares a ser tudo, não queiras ser coisa alguma.
Para chegares a saber tudo, não queiras saber coisa alguma".
Será que conseguirei algum dia viver assim? Quanto a este
último trecho de que me recordo, vem-me à mente que Sócrates
parecia ter chegado por aí, quando, mesmo tendo um conheci-
mento superior, chegou a dizer: "Só sei que nada sei".
Não quero pensar em mais nada para não obscurecer a feli-
cidade que brilha em meu coração. Pretendo adormecer, en-
volta nesta sensação de paz interior, que o mundo não me
pode tirar.

Ivete fechou o caderno de anotações e, pouco tempo depois, deitou-se sob o alvo lençol da cama simples, que a abrigava nessa primeira noite no convento Carmelita. Sonhou que estava andando por um jardim repleto de flores multicoloridas. Alguém a acompanhava, mostrando-lhe a beleza e o esplendor desse jardim maravilhoso. No centro havia um grande chafariz que expelia jatos de água dourada e prateada. Bancos de madeira sob árvores semelhantes a *flamboyants* permitiam que se observasse em silêncio e contemplação aquele espetáculo inusitado. Ivete não se lembrava de ter visto nenhum jardim tão perfeito e belo, mesmo quando de suas viagens à Europa. As flores das árvores copadas eram vermelhas, alaranjadas e amarelas. Entremeando-se havia também outras plantas ostentando flores de matizes diversos, como o azul e o violeta.

Sentada à sombra, Ivete sentia uma brisa refrescante, enquanto rememorava fatos importantes da sua vida, culminando com a escolha para a vida religiosa. Por trás do banco, percebia uma figura, cujas mãos se colocavam sobre os seus ombros, ao mesmo tempo em que uma voz lhe dizia: "Você fez a escolha certa. Continue a trilhar o caminho em que iniciou agora a sua jornada. Siga em frente com coragem, sabedoria e amor". Após ouvir essas palavras, Ivete acordou. Era madrugada. Logo mais estaria levantando-se para a alvorada interior de sua alma. Feliz pela lembrança do sonho, não pôde notar que um espírito sorria a seu lado, enquanto a abençoava num passe de tranquilidade e harmonia. Era sóror Augusta do Sagrado Coração de Jesus, a grande amiga que ela teve quando de sua última encarnação, após ingressar num mosteiro Carmelita. A amizade continuava em sua plenitude, embora Ivete não se apercebesse disso.

18
Retribuição

No sábado aprazado, Marcondes, Dora e Beatriz, foram retribuir a visita que haviam recebido de Nestor e Albertina. Apesar do bom gosto da decoração, o apartamento era simples. Sobre a mesa do *living*, um belo vaso chinês com flores amarelas dava um tom solene ao aposento, que tinha igualmente quadros de pintores acadêmicos espalhados pela sala. O azul do jogo de sofá contrastava com o branco das paredes, tornando o ambiente muito agradável.

A acolhida ao casal e sua filha não poderia ter sido melhor, o que quebrou qualquer formalidade que se pudesse estabelecer. Quando foi servido um suco de caju, feito por Albertina, todos já se sentiam à vontade.

— E o que lhe tem dito Beatriz a respeito dos seus primeiros dias de estágio?

Marcondes, embora estivesse com a mente um tanto obnubilada pelo grau máximo de obsessão que se instalara, conseguiu um momento de tranquilidade, que lhe permitiu responder amigavelmente a Nestor:

— Só tem feito elogios e agradecido a sua grande ajuda.

— A mim ela não deve nada, não é Beatriz? Não foi isso que eu lhe disse?

Beatriz, muito à vontade diante do casal, respondeu afável:

— É verdade, mas eu lhe devo, sim. Não fosse a sua generosidade e eu estaria ainda correndo atrás de quem me abrisse as portas.

— Tudo bem. Não vou discutir com você — disse Nestor, enquanto piscava para Marcondes. — E quanto ao tipo de trabalho que você vem realizando? É do seu agrado?

— É exatamente o que eu queria. Estou tendo o privilégio de aprender o que vai me ajudar muito, quando, mais tarde, participar do concurso para juiz do trabalho. O senhor sabe que eu quero ser juíza, não é mesmo?

— E poderia não saber? Vejo na sua aura as virtudes da justiça e da sabedoria. Você vai se dar muito bem. Aliás, Dora, devo dar-lhe os parabéns pela educação primorosa de sua filha.

— Muito obrigada. Eu e o Marcondes fizemos sempre o possível para que ela pudesse chegar à juventude, ostentando uma educação esmerada.

— Devo dizer que o pouco que conheço da Beatriz, só me revela uma jovem muito refinada e, o principal, com bondade no coração.

Em seguida, os casais começaram a conversar sobre a moralidade tão aviltada nos dias de hoje por homens e mulheres, que detêm o poder e deveriam dar o bom exemplo aos cidadãos em geral e à juventude, em particular. Com o passar do tempo, Albertina começou a colocar os pratos na mesa, secundada por Dora e Beatriz. Mesmo sob protestos da anfitriã, mãe e filha fizeram questão de auxiliar, ao mesmo tempo em que impediram Nestor e Marcondes de levantar-se das poltronas para qualquer tipo de ajuda. Queriam que o juiz, com suas ideias, influenciasse positivamente Marcondes. O jantar foi muito agradável, além dos pratos saborosos servidos aos visitantes. Marcondes, bom conhecedor de culinária, não se cansava de elogiar os pratos servidos com simplicidade, porém, com elegância.

Dora estava particularmente feliz por ter encontrado pessoas tão diferentes daquelas a que ela estava acostumada a conhecer. Alguma coisa dizia no seu interior que aquele casal ainda iria ajudar muito na reconstrução da sua vida conjugal, que se deteriorara de uns tempos até aquele momento.

Depois de um jantar apetitoso, acompanhado por animados diálogos e seguido por um cafezinho bem quente, Nestor convidou os visitantes a conhecer sua biblioteca, repleta de livros jurídicos, mas também recheada de obras da literatura universal, Filosofia, Psicologia e Espiritismo. Depois de algum tempo, Albertina e Dora voltaram ao *living*, enquanto Ana levou Beatriz ao seu quarto, a fim de mostrar-lhe o seu *notebook*.

Sentados no escritório, Marcondes e Nestor conversavam animadamente.

— Parabéns pela sua biblioteca, Nestor.

— Eu gostaria de expandi-la, mas está ficando cada vez mais difícil por causa do pequeno espaço.

— Mas do modo como se encontra, já pode ser considerada um modelo pela qualidade dos livros e organização. Estou vendo aqui até uma obra de Roberto Assagioli, criador da psicossíntese.

— Eu sempre procurei ampliar a minha cultura. Como juiz, não posso dar-me ao luxo de conhecer apenas normas jurídicas. É preciso ir além. Você me falou dele e procurei comprar a obra.

— O que você acha de Assagioli? Ou o que você me diz sobre a psicossíntese, Nestor?

— Certamente você a conhece melhor que eu, mas um dos aspectos que mais aprecio na psicossíntese é a concepção pluridimensional da personalidade humana. Ela não se atém apenas ao consciente e inconsciente ou subconsciente, mas chega ao superconsciente, tal como acontece nos estudos da doutrina espírita.

Não querendo entrar nesse terreno, Marcondes disse alguma generalidade e procurou mudar de assunto, perguntando sobre a carreira de Nestor. Desse modo, a conversa tomou outro rumo.

Na sala de estar, o tema central acabou recaindo sobre o Espiritismo. Dora falou a respeito do livro que Nestor havia oferecido a Beatriz, o que propiciou a abertura para esse tema.

— Li um pequeno trecho do livro e achei muito bom. Fala do amor que existe incrustado no coração de todas as pessoas, mesmo as mais comprometidas com o crime — disse Dora, com naturalidade.

— *O Evangelho Segundo o Espiritismo*, esse é um livro que trata de temas edificantes para a nossa vida. Os espíritas deveriam ler um trecho por dia, a fim meditar sobre a sua caminhada evolutiva na Terra.

— Albertina, eu, sendo católica, não conheço quase nada sobre o Espiritismo, mas o pouquíssimo que li, sem dúvida nenhuma é relevante e só enobrece o ser humano.

— Nós, espíritas, não temos o hábito de buscar promover a "conversão" de pessoas de outros credos, como fazem ostensivamente os adeptos de algumas doutrinas religiosas. Entretanto, quando a pessoa se acha disposta a conhecer melhor os ensinamentos ministrados pelo Espiritismo, fornecemos-lhe o conhecimento básico, a fim de que, quando interessada, possa dar prosseguimento à aprendizagem.

— Mesmo que seja por simples curiosidade, eu gostaria de saber mais sobre essa doutrina. Curiosidade sadia — completou Dora, com um sorriso.

Dona Albertina, notando o interesse da amiga, começou a falar-lhe suavemente sobre os ensinamentos espíritas.

— O Espiritismo, Dora, é uma doutrina codificada por Allan Kardec, fundamentada nas evidências da sobrevivência da alma e da comunicação dos espíritos com os homens, por meio da mediunidade. Na verdade, nós também somos espíritos, mas estamos encarnados, enquanto os demais estão desencarnados, ou seja, vivem no plano espiritual.

— Bem, até aí não vejo muita diferença em relação ao catolicismo, por meio do qual fui educada, embora não o pratique. Ele diz que a morte nada mais é que a passagem da vida terrena para a vida espiritual que, no fim das contas, prossegue ou no Céu ou no Inferno. Portanto, continuamos vivos. Por outro lado, quando o católico faz as suas preces, está entrando em contato com o mundo espiritual, por meio dos santos. Mas há, sim, uma diferença: a mediunidade de que você falou. Explique-me, por favor: o que é exatamente mediunidade?

— É a faculdade que permite o intercâmbio entre o plano espiritual e o material. É ela que nos possibilita a percepção da influência dos espíritos, ou seja, é a sensibilidade à influência do mundo espiritual. Por meio do médium, que é a pessoa que sente a influência dos espíritos, estes se manifestam a nós.

— Mas, Albertina, qual é a finalidade do Espiritismo? Para que serve?

— O Espiritismo é uma doutrina que trata da natureza, da origem e do destino dos espíritos e de suas relações com a vida material. A finalidade é esclarecer-nos sobre a nossa sobrevivência após o fenômeno chamado "morte" e possibilitar-nos o desenvolvimento contínuo para alcançarmos a felicidade, tão almejada pelos homens. Para tudo isso, a doutrina espírita apoia-se em alguns princípios básicos: a existência do espírito e sua sobrevivência após a morte, como já lhe disse; a reencarnação; a Lei de Causa e Efeito; a comunicação entre o mundo material e espiritual; o livre-arbítrio; a vida futura; o plano espiritual; a evolução progressiva dos espíritos dentre outros.

— Você pode falar-me alguma coisa sobre o que o Espiritismo nos traz de bom para a melhoria do nosso cotidiano?

— O Espiritismo é muitas vezes chamado de "O Consolador", porque procura lembrar-nos e alertar-nos dos ensinamentos de Jesus; ensina-nos aspectos da vida que o Evangelho não pôde esclarecer melhor, devido ao nível cultural inferior do povo na época da encarnação do Cristo na Terra; assim como alivia e conforta os que sofrem, ao mostrar-lhes a causa e a finalidade dos sofrimentos humanos e também indica-lhes os meios para libertar-se deles.

— Essa parte me interessa muito, Albertina. Permita-me abrir-me com você.

— Esteja à vontade, Dora. Tudo o que eu puder fazer para ajudá-la, sem dúvida o farei.

— Obrigada. O que lhe quero dizer e para o qual lhe peço segredo, menos com seu marido, dr. Nestor, em quem também confio, é sobre o meu relacionamento com Marcondes. As coisas não andam nada boas. Ele mudou muito nos últimos tempos. Era uma pessoa afável, alegre, com quem se podia dialogar tranquilamente. Pertencemos a tipos psicológicos diferentes, mas isso nunca foi motivo para desavenças. Ele é expansivo e comunicativo. Eu já sou mais voltada para dentro de mim mesma, comunicando-me mais abertamente apenas com pessoas que já conheço e em quem confio.

— Ele é extrovertido e você, introvertida.

— Exatamente. Mas, como disse, isso nunca foi obstáculo para o nosso relacionamento conjugal. No entanto, ultimamente, ele tem estado taciturno, sensível demais e, às vezes, até agressivo, o que não era antes.

Dora fez uma longa pausa, abaixou a cabeça e disse, em tom muito baixo de voz:

— Tenho até vergonha do que vou falar, mas... penso mesmo que ele está tendo algum caso extraconjugal, embora eu não tenha nenhuma prova. A vida em casa, Albertina, está virando um inferno...

Lágrimas afloraram nos olhos de Dora, enquanto se recordava dos bons momentos vividos com o marido, no passado.

— Tanto eu como o Nestor, tudo faremos para ajudar você e Marcondes. Afinal, vocês sofrem com essa situação e também Beatriz, que acaba recebendo toda a carga negativa, oriunda dessa desavença. Já estamos fazendo vibrações e preces, com a finalidade de melhorar a vida de vocês. Na verdade, ambos concordamos que Marcondes deve estar passando por um processo de obsessão. Gostaríamos muito de fazer um trabalho de desobsessão, mas como você é católica e Marcondes, materialista, gostaríamos antes de saber se vocês concordam com o nosso propósito.

— Quanto a mim, se for para ajudar-nos, estou totalmente à disposição, pois a vida que estamos levando é sofrida demais. Em relação a Marcondes, não sei o que ele conhece a respeito do Espiritismo, mas não deve ser muito. E há um agravante: ele não gosta de tocar no assunto. Entretanto, conversarei melhor com ele, num momento em que estiver tranquilo e aberto ao diálogo.

Na biblioteca, Nestor e Marcondes continuavam a conversa, que tomara o rumo das religiões, criticadas pelo psicólogo. Ouvindo o parecer de Marcondes sobre a religiosidade, Nestor perguntou:

— E quando algum paciente aborda a questão religiosa, como você atua?

— Boa pergunta. Como psicoterapeuta, apenas acompanho as colocações do paciente sem interpor nenhum juízo valorativo. A minha função não é expressar o meu julgamento, mas buscar esclarecer o problema vivido, para que ele encontre a sua própria solução.

— Concordo que não possa expor o seu parecer, e sim iluminar o terreno, a fim de que o paciente encontre o caminho que julgue melhor para a continuação da sua vida.

Marcondes sorriu e disse animado:

— Nestor, já vi que você daria um excelente analista.

— Exagero seu, mas no Centro Espírita nós também temos um setor de entrevistas, em que as pessoas buscam orientação. Agimos desse modo. Ali também temos psicólogos.

— Psicólogos no Centro Espírita? Será possível?

— Por que não? Se há advogados, engenheiros, professores, assistentes sociais, também pode haver psicólogos.

— Desculpe, Nestor, mas não consigo entender como uma pessoa culta pode tomar parte num grupo tão...

Nestor riu e concluiu:

— Inculto?

— Desculpe, não quis ofendê-lo. Creio que fui rude. Perdoe-me.

— Você não me ofendeu. Foi apenas sincero e posso lhe dizer que há muitas pessoas que pensam assim, até conhecer, de fato, a doutrina que abraçamos.

— Você acaba de dizer uma verdade: às vezes, julgamos uma doutrina sem sequer conhecer os seus fundamentos. Creio que eu esteja fazendo o mesmo com o Espiritismo. Pelo pouco que conheço a esse respeito, o fundador da doutrina espírita foi um tal de Kardec, não é mesmo? Allan Kardec?

— Na verdade, ele não foi o fundador, e sim o codificador. Kardec não criou a doutrina espírita. Ela lhe foi revelada pelos espíritos superiores, com o auxílio de vários médiuns e sob orientação direta de um espírito chamado *Verdade*. Portanto, não foi uma concepção puramente humana. Em um de seus livros, *O Evangelho Segundo o Espiritismo*, Kardec afirma que se o Espiritismo fosse apenas fruto da concepção humana, não teria outra garantia além das luzes daquele que a houvesse concebido. Ele surgiu, porém, por meio da manifestação de espíritos de alta estirpe. Como considera Kardec, Deus encarregou os Espíritos de levar a doutrina espírita de um a outro polo, manifestando-se em toda parte, sem conceder a ninguém o privilégio exclusivo de ouvir sua palavra. O que ele fez foi compilar, analisar e condensar inúmeras mensagens recebidas por meio de muitos médiuns e de um grupo de espíritos, sempre supervisionados pelo Espírito da Verdade. E, como ele assevera, a garantia única e formal do ensino dos espíritos está na concordância que existe entre as revelações dadas espontaneamente, com a intervenção de um grande número de médiuns desconhecidos uns dos outros, em diversos lugares.

— Segundo as suas palavras, o Espiritismo surgiu como uma espécie de revelação. Estou certo?

— Exatamente. Assim como houve a revelação feita por meio de Moisés e a realizada por meio de Jesus, tivemos igualmente uma terceira revelação, que contém os ensinamentos dos espíritos e completa as anteriores.

— Supondo que o que você disse seja verdadeiro, o que pretendiam os espíritos com essa revelação? Apenas criar uma nova religião?

— Certamente a intenção não era essa. Com o Espiritismo, eles nos ofereceram um conhecimento superior, que trata da natureza, origem e destino dos espíritos, bem como de suas relações com o mundo corporal. Eles queriam dar-nos uma orientação segura para que pudéssemos viver em plenitude.

Marcondes riu e disse em tom de galhofa:

— Isso está virando poesia, Nestor. Seja mais objetivo.

— Está bem. Os espíritos queriam que revivêssemos o cristianismo, daí o nome que se dá ao Espiritismo de "cristianismo redivivo". Era preciso reviver a doutrina cristã em toda a sua pureza, pois a doutrina de Jesus estava desfigurada por dogmas, cerimônias e rituais exteriores, que falseavam o núcleo do cristianismo autêntico.

— Entendi. Mas você falou em três revelações, sendo o Espiritismo a terceira. Fale um pouco mais sobre isso.

— Você sabe que revelar significa inicialmente "retirar o véu" do que estava encoberto.

— Sim.

— Pois bem, neste sentido, a ciência, ao nos fazer conhecer os mistérios da natureza, oferece-nos constantemente revelações. E qual é a essência de toda revelação senão a verdade? A ciência, portanto, a cada nova descoberta, traz-nos uma parte da verdade sobre a natureza. Falando agora da dimensão espiritual, as Leis Divinas são reveladas ao Homem de acordo com o seu grau de entendimento e capacidade de apreensão das verdades que contêm. Quanto a isso, esteja certo, o ser humano sempre receberá as revelações divinas, conforme sua posição evolutiva. Dizem os espíritos que é necessário que cada coisa venha a seu tempo. A verdade é como a luz, comparam eles. É preciso habituar-se pouco a pouco, senão ela ofusca.

Marcondes riu mais uma vez e disse, com um leve toque no ombro de Nestor:

— Agora você está sendo muito claro. Fale-me, então, por favor, dessas três revelações.

— A primeira delas foi feita por espíritos superiores a Moisés, por meio dos mandamentos, que orientam o homem a respeito das verdades eternas, dando-lhe o princípio dos deveres para com Deus e o próximo. Jesus Cristo, com o seu Evangelho, trouxe-nos a segunda revelação. Ele não negou a lei de Deus, chegando mesmo a afirmar que veio dar-lhe cumprimento, ou seja, desenvolvê-la, dar-lhe o verdadeiro sentido e moldá-la ao grau de desenvolvimento humano. A revelação de Jesus foi feita por meio do Evangelho, a Boa-Nova. Ele fez um resumo surpreendente e radical das Leis Divinas ao dizer:

"Ame a Deus sobre todas as coisas e ao próximo como a si mesmo". E não deixou de acrescentar: "Esta é toda a lei e os profetas". A doutrina espírita, Marcondes, corresponde à terceira revelação. Ela nos permite conhecer o mundo invisível que nos envolve e no meio do qual vivíamos sem sequer suspeitarmos. O Espiritismo também nos revela as leis que regem o mundo invisível, suas relações com o mundo visível, a natureza e o estado dos seres que o habitam e, portanto, o destino do homem depois da morte.

— O que você está me dizendo, Nestor, é exatamente o que eu desconhecia a respeito do Espiritismo.

Em seguida, riu um tanto desconfortavelmente e continuou:

— Mas não pense que eu já estou adotando a sua religião.

Nestor, com um sorriso de simpatia, respondeu calmamente:

— Não estou tentando converter ninguém. Apenas quero dar-lhe rápidas pinceladas sobre o que seja a doutrina que abraço.

— Claro, claro. Por favor, continue.

— Enquanto terceira revelação, o Espiritismo é uma nova ciência que, com provas irrecusáveis, vem revelar aos homens a existência e a natureza do mundo espiritual e suas relações com o mundo corporal. A lei do Antigo Testamento, Marcondes, está personificada em Moisés e a do Novo Testamento, em Jesus Cristo. O Espiritismo não está personificado por ninguém, pois é produto do ensino dado não por um homem, mas pelos espíritos. E, como afirma Kardec, os espíritos são as vozes do céu em todas as partes da Terra e por inumerável multidão de intermediários, os médiuns. Ou seja, o Espiritismo é, de certo modo, um ser coletivo, que abrange um conjunto de seres no mundo espiritual, cada um trazendo aos homens os seus conhecimentos, de modo que este possa dar-se conta daquele mundo e da sorte que o espera.

— Noto sinceridade em suas palavras, Nestor. Você fala com convicção. Mas deixe-me fazer-lhe apenas mais uma pergunta, pois tenho de me retirar e você também não pode ficar à minha disposição a noite toda, não é verdade?

— Não se importe com as horas, Marcondes. Mais importante é o tema de que estamos tratando.

— Obrigado. Você falou que o Espiritismo é uma ciência. Será que ouvi bem?

— Ouviu, sim.

— Mais uma vez, desculpe-me. Entretanto, não é um exagero chamar de ciência uma seita religiosa?

Imperturbavelmente, Nestor, ignorando o tom de provocação manifestado por Marcondes, respondeu:

— O Espiritismo tem um tríplice aspecto, apresentando-se como ciência, filosofia e religião.

Marcondes mexeu-se desconfortavelmente na cadeira, mas nada disse. Nestor continuou:

— O que é uma ciência, Marcondes, senão o conjunto organizado de conhecimentos, especialmente os obtidos mediante a observação, a experiência dos fatos e um método próprio? Pois bem, nessa acepção, a ciência espírita tem como objeto de estudo a comunicabilidade com o mundo dos espíritos e os meios pelos quais essas comunicações podem ocorrer. Sem deixar de lado o método científico e a observação rigorosa da lógica, a ciência espírita procura explicar e documentar as formas de comunicação: o modo, o porquê e quando acontecem, assim como seus significados e consequências. Como ciência, o Espiritismo ainda estuda as formas de se alcançar a comunicação com o mundo espiritual e o modo de identificar seus diferentes estágios de evolução, entre outros temas. Se quiser conhecer este aspecto do Espiritismo, você pode ler *O Livro dos Médiuns*, onde se encontra o caráter científico da doutrina espírita.

— Digamos que eu concorde, mas é possível conceber que o Espiritismo seja também uma filosofia?

— Bem, você sabe da dificuldade de se definir filosofia, não é mesmo? Parece que cada filósofo, a partir do seu ponto de vista, tem a sua própria definição.

— Claro. E não pretendo que você me relacione uma lista de definições.

— Ótimo. Digamos apenas que a filosofia busca responder logicamente a questões essenciais que intrigam a humanidade desde os tempos remotos da história das civilizações. Perguntas como: "Quem sou eu? De onde vim? Para onde vou? Por que estou aqui?". A doutrina espírita também se aplica às respostas a essas questões. A sua temática envolve objetos de conhecimento que ultrapassam a experiência sensível, tais como a existência de Deus, os elementos gerais do universo, a criação, a vida espiritual, a imortalidade da alma, as leis morais etc. Para toda essa investigação, possui o Espiritismo como instrumento de trabalho o método racional. Creio poder dizer que o Espiritismo é a síntese essencial dos conhecimentos humanos aplicada à investigação da verdade. Não se trata, porém, de um sistema fechado. A doutrina espírita se oferece à investigação da verdade sem os prejuízos do espírito de sistema, como disse corretamente Kardec. Ela possui, porém, um caráter específico: não foi criada pelos homens e, por tal particularidade, ela se distingue de todas as demais filosofias. Kardec foi o codificador dessa doutrina.

— E quem a formulou, então?

— A sua origem é transcendental. O seu conteúdo foi dado por espíritos superiores, como já disse, com o concurso de diversos médiuns. Tais ensinamentos foram, a seguir, recebidos e coordenados por Kardec. Trata-se, portanto, de uma filosofia revelada.

Marcondes quis contestar, mas as palavras ficaram presas em sua língua. Olhou atentamente para Nestor e perguntou:

— Como religião, o que vem a ser o Espiritismo?

O juiz ajeitou-se na cadeira e disse compenetrado:

— Trata-se de uma religião natural, como ensinou Herculano Pires, sem nenhuma conotação com qualquer outra religião, rito ou o que seja.

— Desculpe, não entendi.

— Este ponto precisa ser bem entendido. Creio, no entanto, que possa explicá-lo de modo adequado. O Espiritismo é o farol que norteia os seus seguidores e lhes fornece consolo, amparo e força, além de razão e bom-senso. Habitualmente, Marcondes, uma religião possui sacerdotes, ritos, cultos e dogmas, já o Espiritismo não apresenta nada disso. Ele procura ser o cristianismo redivivo.

— E o que vem a ser cristianismo redivivo? Por favor, fale novamente.

— É a doutrina cristã de volta às suas origens, assim como Jesus a pregou. É, pois, o cristianismo livre do aspecto exterior, que Jesus condenou nos fariseus, e atento ao aspecto interior, expresso na sua renovação íntima. Sem essa característica religiosa do Espiritismo, não conseguiríamos encontrar o apoio necessário para nos manter firmes em nossa disposição de crescimento espiritual. É a sua dimensão religiosa que nos cumula de fé e nos guia nas adversidades do caminho. É ela que nos une a Jesus e nos auxilia em nossa aproximação com Deus. Sem o aspecto religioso da doutrina espírita, seríamos intelectuais conhecedores das coisas do espírito, mas teríamos talvez o coração desprovido de humildade, caridade e amor.

Nestor silenciou. Marcondes, impactado com a nova visão da doutrina, que até aquele momento qualificara de simplória e ignorante, ficou procurando palavras, a fim de dar continuidade ao diálogo. A doutrina espírita era mais do que ele imaginava. Ficou até envergonhado por insinuações que havia feito de que o Espiritismo era coisa de ignorantes e fanáticos.

— É verdade, Nestor, eu não conheço mesmo o Espiritismo.

— Mas poderá conhecê-lo, se assim o desejar.

— Claro, claro. Noutra oportunidade, gostaria de ouvir mais a respeito — disse Marcondes, escondendo a sua falta de interesse pelo assunto.

Nestor levantou-se, foi até a estante e retirou um livro.

— Este é um presente. Leia-o com vagar. Trata-se de uma boa introdução ao Espiritismo.

O livro escolhido foi *O que é o Espiritismo*, de Allan Kardec. Marcondes agradeceu, prometendo lê-lo para depois fazer seus comentários. Em seguida, buscando fugir o mais rápido possível daquele assunto que o fustigava por dentro, olhou para o relógio, exclamando:

— Já é tarde! Tenho de me retirar. Amanhã terei muito o que fazer e, com certeza, você também.

— Não se preocupe.

~

A conversa de Beatriz e Ana centrou-se particularmente nas atividades da faculdade e a de Albertina e Dora no problema vivido por esta última no relacionamento com o marido. A ideia de Albertina era entrar no assunto da obsessão com Marcondes, mas, quando se preparava para levá-lo à sala de estar, ele já chegava, dizendo da necessidade de retirar-se.

— Nem pudemos conversar muito ainda — disse Albertina.

— Concordo, mas amanhã tenho uma longa programação, não é Dora?

— É verdade.

Assim, com uma rápida despedida, o casal e a filha deixaram o apartamento dos novos amigos, retornando para casa com muitas reflexões na mente. Entretanto, Dora achou a saída de Marcondes muito repentina, até mesmo um tanto seca.

— Por que você bateu em retirada tão apressadamente, Marcondes?

— É verdade. A conversa estava tão boa! Você *vai tirar o pai da forca*, pai?

— Não. Apenas acho que não devemos ficar até muito tarde na casa de pessoas que ainda conhecemos pouco.

— Mas Nestor e Albertina são tão afáveis, tão receptivos, além de demonstrarem que desejavam mais conversa. E não é só isso: qual a programação intensa que você terá amanhã? — perguntou Dora com certa irritação.

— Não sei, não sei, mas que era hora de encerrar a visita, isso era.

— Você mostrou-se muito *careta*, pai, e até mesmo um pouco grosseiro.

— O que vocês têm contra mim? Não se pode encerrar uma visita e voltar para casa?

— Parecia que você estava fugindo de algo. Seu semblante estava mudado.

— Fugindo coisa nenhuma! De onde você tirou isso?

— Pai, você agradeceu pelo livro que ganhou do dr. Nestor?

— Claro. Por quê?

— Do jeito que saímos, pensei que tivesse esquecido.

Dora sabia que havia algo por trás da saída intempestiva de Marcondes. Teria ele ouvido a conversa entre ela e Albertina? Isso ela precisava saber. Para tanto, perguntou:

— O que vocês estavam conversando na biblioteca?

— Conversamos sobre psicologia, política, sobre o trabalho dele e, por incrível que pareça, até sobre Espiritismo. Já pensou? Eu que detesto gente que se apega a crendices...

— Pelo que ouvi de Albertina, o Espiritismo não é isso de que você está falando. Pareceu-me até uma religião bastante séria.

— Basta ver a cultura do dr. Nestor, não é, mãe? É preciso ser muito burro para pensar que ele se apega a crendices.

— Ei, mocinha! Mais respeito, certo?

— Tudo bem, mas então não fale besteira.

— Só porque trabalha agora para o Nestor, já virou sua defensora?

Dora, que estava a fim de saber o que levara Marcondes a sair repentinamente do apartamento dos amigos, procurou pôr um fim no rumo a que estava chegando a conversa.

— Chega! Chega! Eu apenas penso que o Espiritismo parece ser algo mais sério do que meras crendices. E isso não é motivo para brigas.

— Está bem. Respeito a sua opinião, mas, apesar dos esforços do Nestor para me convencer do contrário, ainda penso que não vale a pena perder tempo com esse tipo de conversa.

— E o livro que você ganhou de presente? Vai ler?

— Não sei. Vou deixar com você. Depois, faça alguns comentários. Num próximo encontro, terei o que falar sobre ele.

— Agora, você me lembrou de uma coisa.

— O quê?

— Não os convidamos para uma visita ao nosso apartamento.

— Se papai não tivesse fugido feito gato escorraçado, isso não teria acontecido.

— Não convidá-los não foi nenhuma gafe. Para isso há o celular. Nesta semana, você conversa com a Albertina e faz um convite.

— Para quando?

— Sei lá. Para o ano que vem.

— O que deu em você, Marcondes?

Rindo desajeitado, ele mostrou o que, de fato, ia por dentro de sua alma: o desejo inconsciente de não se encontrar mais com o casal, que o fazia pensar na vida de um modo que, naquele momento, não lhe era propício.

— Foi apenas uma brincadeira.

— Brincadeira fora de propósito, não é, pai?

O fim de noite foi de muita reflexão para Dora. Desde que se encontrara pela primeira vez com Albertina, ouvira tanta coisa que não lhe passara pela mente antes, que agora seu desejo era dar continuidade ao diálogo tão proveitoso que iniciara. Ligaria para ela, logo na manhã seguinte e a convidaria para um chá durante a semana. Queria saber melhor sobre o tratamento da obsessão, que ela começara a lhe explicar, quando Marcondes, atabalhoadamente, encerrara a conversa para despedir-se. Dora não tinha dúvidas: ele ouvira alguma parte da conversa entre ela e Albertina. Daí a súbita retirada. E a verdade é que ouvira algumas frases ditas em voz mais alta e agora conversava consigo mesmo a tal respeito: "Que história é essa de obsessão? Estão achando que estou endemoniado? Quem são eles para dizer isso? Ora, ora, a psicopatologia explica muito bem as suas crenças infundadas em comunicação com os espíritos. Vou acabar de vez com esta situação. Não quero mais ouvir falar em Espiritismo e pronto!".

Num dos cantos do quarto, Gaspar dava gargalhadas e fazia piruetas, dizendo a Marcondes:

— É isso aí, paspalhão, espírito não existe. Se não existe, como pode comunicar-se, não é mesmo? É tudo balela dos carolas Nestor e Albertina. Corte logo essa amizade, jogue água nessa fogueira. E lembre-se: espírito não existe!.

Enquanto Dora lia algumas linhas de *O que é o Espiritismo*, Marcondes virou-se para o lado oposto e disse para si mesmo: "Não quero ouvir mais esse papo de louco. Se espírito não existe, por que perder tempo com essa esquisitice? Há coisa muito melhor em que se pensar". E começou a imaginar como seria a próxima sessão com Acácia.

19
A queda

No domingo pela manhã, quando Marcondes havia saído, alegando que procurava espairecer a mente com o frescor do dia, Dora ligou para Albertina. Após os cumprimentos, falou da alegria pelo encontro da noite anterior, quando puderam conversar sobre assuntos mais elevados do que aqueles que ela costumava ouvir na cabeleireira.

— Concordo com você, Dora. Gosto de encontrar-me com pessoas interessadas em assuntos mais elevados. No centro espírita em que sou voluntária, as nossas reuniões versam sempre sobre assuntos de primeira ordem para o nosso autoaprimoramento. Às vezes, chego lá muito cansada e volto completamente refeita e animada.

— Se não for intromissão em sua vida, o que você faz lá exatamente?

— Claro que não é intromissão. Eu sou expositora no curso "Aprendizes do Evangelho".

— Desculpe, não conheço esse curso.

— Tenho uma sugestão: você vem aqui hoje à tarde, tomamos um chá e conversamos a esse respeito. O que você acha?

— Não posso aceitar. Já estive aí ontem. Seria muito incômodo. Mas aceito a conversa se o encontro for aqui em casa. Marcondes falou-me que vai ao cinema e a Bia pretende sair com as amigas, de modo que estaremos muito sossegadas para você me contar sobre o seu voluntariado no centro espírita.

— Combinado. A que horas é bom para você?

— Que tal às quatro?

— Ótimo. Estarei aí.

Às duas e meia, Marcondes saiu com Beatriz, a fim de levá-la até a casa de uma amiga e ir ao *shopping,* com a finalidade de comprar um livro e assistir a um filme. Dora preparou o que pôde para tornar a tarde agradável, de modo que, ao ser anunciada a chegada de Albertina pelo interfone, ela sorriu satisfeita. Parecia-lhe que já conhecia a amiga de longa data, tamanha a afinidade que se estabelecera entre ambas, logo na primeira visita. Albertina era uma senhora alegre, refinada e muito propensa a diálogos construtivos. Dora não ouvira dela nenhuma referência deselegante a quem quer que fosse. Também notava que lhe desagradavam assuntos banais e notícias sobre celebridades da TV e outros temas triviais. Como desejava conversar sobre o voluntariado de Albertina e sobre a busca de solução para os problemas com Marcondes, a visita da amiga foi aguardada com uma expectativa bastante positiva.

Ao chegar, Albertina também sentiu-se à vontade, iniciando um diálogo descontraído. Em seguida, começou a falar a respeito das suas atividades no centro espírita:

— Como já lhe disse, trabalho na área da educação. Sou expositora no curso "Aprendizes do Evangelho". Trata-se de um curso com duração de três anos, voltado ao estudo do Novo Testamento e à prática da reforma íntima. Analisamos, por exemplo, as parábolas de Jesus, buscando chegar ao significado que elas expressam. A partir daí, cabe a cada um procurar colocar em prática os ensinamentos recebidos.

— Interessante. Assemelha-se muito ao que se faz na igreja católica, embora, como já lhe disse, eu não seja praticante.

Dona Albertina sorriu e disse com tranquilidade:

— Segundo os próprios adeptos do catolicismo, Dora, não existe católico não praticante.

— Concordo. Diria mesmo que sou simpatizante apenas. Mas fale-me mais sobre o curso, Albertina.

— Eu sou expositora no terceiro ano e estamos com trinta alunos. As minhas aulas são às quintas-feiras à noite, mas há outras turmas noutros dias. Estamos estudando agora as duas cartas de Paulo aos Coríntios. Procuramos tirar de todos os temas que estudamos principalmente o seu aspecto moral, a fim de aplicarmos em nossa vida.

— É muito proveitoso.

— Sim, mas não somos anjinhos. Continuamos com as nossas falhas de cada dia. A diferença com outras pessoas é que nos aprimoramos nos ensinos recebidos e nos tornamos responsáveis pelo que aprendemos. Procuramos, sim, colocar em prática o que foi assimilado; no entanto, sabemos do quanto falta para que realmente sejamos verdadeiros seguidores do Cristo.

Dora olhou para Albertina, com um sorriso ameno, e disse categórica:

— Agora sei por que a sua conversa é diferente. Nenhuma pessoa que conheço consegue manter um diálogo com a seriedade e a propriedade que lhe são características.

— Quanto à conversa até pode ser verdadeiro o que você disse, mas quanto à prática do que lhe afirmo, posso dizer que sou mesmo uma aprendiz do evangelho muito incipiente.

— E quanto ao Nestor, o que ele faz na instituição que vocês frequentam?

— Ele participa nos trabalhos de desobsessão.

— Este é mais um assunto que eu peço para você conversar comigo hoje.

— Com prazer, Dora. É pena que ele não esteja aqui para falar com mais propriedade. No entanto, conheço os trabalhos desenvolvidos e posso fazer uma abordagem inicial.

A conversa prosseguiu com as explicações de Albertina e as incessantes perguntas de Dora, cujo intento era que fosse realizada a prática de desobsessão em favor do marido. Albertina pediu que lhe fosse contado o que estava realmente ocorrendo entre Dora e Marcondes, a fim de que pudesse ter uma visão mais precisa do problema. Dora concentrou-se por um momento, como a buscar palavras para descrever com clareza tudo o que vinha acontecendo em sua vida e que ela julgava ser decorrente da obsessão sofrida por Marcondes. Em seguida, iniciou a narrativa:

— Em primeiro lugar, devo dizer-lhe, Albertina, que amo o meu marido, assim como amo a minha filha. O meu desejo é ver a nossa vida familiar voltar ao que era no passado. Quando me casei com Marcondes, eu trabalhava numa empresa como auxiliar de contabilidade, onde permaneci por alguns anos. Contudo, com o passar do tempo, notei que me distanciara muito de Bia, que ficava ressentida com a minha ausência. Em comum acordo com Marcondes, deixei o trabalho e passei a participar efetivamente da educação da minha filha e da administração da casa. Devo dizer-lhe que me dei muito bem com as novas atividades, principalmente quando notei diferenças positivas na conduta de Bia, após a minha decisão de aproximar-me mais dela. Assim permaneci até recentemente, quando ela começou a seguir o seu próprio caminho. Marcondes mostrou-se sempre responsável, trabalhador, prestativo e respeitoso em relação a mim e à Bia. Como ele cozinha muito bem, tirou-me inúmeras vezes da cozinha para fazer pratos deliciosos. Enfim, a nossa vida caminhava de modo agradável e tranquilo. Contudo, de uns tempos para cá, ele começou a mudar. Primeiramente, foi a fixação numa paciente. Ele só falava numa tal de Ivete, até o dia em que ela deixou a terapia. Ele não falou nada, mas creio que tenha sido porque ele avançou além das tarefas de terapeuta. De outra vez, ele saiu do consultório com uma paciente e tenho certeza de que foi a uma cervejaria com ela. Depois, alegou ter ido comprar remédio numa drogaria. Fui até lá com ele e ficou constatado que não estivera no local. Atualmente, quando está em casa, ele anda taciturno, fechado no escritório e não participa mais da vida familiar. Até mesmo em relação à Bia, ele não é como antes: atencioso, amoroso e interessado em suas atividades. De vez em quando, ele muda e volta um pouco às conversas familiares para, depois, retornar ao mutismo. Quando está com você e Nestor, ele também muda, mas, ao chegar em casa, retoma a melancolia. Assim mesmo, ontem ele bateu em retirada do seu apartamento, quando o assunto com o Nestor resvalou para o lado do Espiritismo. Ele é materialista e não gosta de falar sobre nenhuma doutrina espiritualista.

— Entendo.

— O meu temor é que as coisas comecem a ficar insuportáveis daqui para a frente. Nesse sentido, quero pedir a sua ajuda. Você me disse que poderia ser obsessão, não é mesmo?

— É verdade. Há características da obsessão que parecem estar presentes na conduta de Marcondes. Por exemplo: a ideia fixa, que nós chamamos monoideísmo; as alterações de estado emocional, passando de momentos em que se encontra taciturno para outros em que retoma a vida normal; o desleixo em relação à família... Esses são aspectos que ocorrem numa pessoa obsidiada. Nestor também é da mesma opinião. Ontem ele sentiu uma vibração negativa na presença de Marcondes, que pode ser fruto da obsessão pela qual ele esteja passando. Há outras características próprias da obsessão, que podem fazer parte da situação atual de Marcondes.

— Quais seriam?

— Alguns sinais, como pesadelos constantes, vícios, agressividade exacerbada, abandono da vida social, além da familiar, visão frequente de vultos ou impressão de ouvir vozes que ameaçam ou incitam a atos imorais e até mesmo tentativa de suicídio.

— O que você me diz reforça a hipótese de que ele esteja mesmo obsidiado.

— Nesse caso, ele precisa de ajuda.

— E o que eu posso fazer para contribuir com a cessação desse mal?

— Na verdade, quem tem de trabalhar para a sua recuperação é o próprio obsidiado. No entanto, quando isso não é possível, podemos ajudar, fazendo um tratamento desobsessivo até que ele se conscientize do que está ocorrendo e comece a realizar o seu próprio trabalho. Em relação a você, a melhor ajuda é a prece constante em favor do seu marido, a tolerância e a compreensão. Devo, entretanto, dizer-lhe o seguinte: podemos e devemos ajudar o obsidiado que não está disposto a orar nem a promover a sua reforma íntima, mas a recuperação efetiva só terá início quando ele mudar a conduta moral e começar a combater em si mesmo a causa da obsessão.

— E, enquanto isso não for possível, o que podemos fazer, além do que você já disse?

— Temos, no centro espírita, um tratamento de desobsessão, que é feito à distância. Portanto, Marcondes não precisa deslocar-se até lá, pois a presença de pessoas necessitadas é dispensável, uma vez que a espiritualidade pode promover o auxílio à distância. Recomendo que você permaneça em atitude receptiva no horário da reunião, fazendo uma prece e lendo um livro edificante.

— Quanto devo pagar por esse tratamento?

— Não há necessidade de pagamento nenhum. Você apenas tem de passar antes por uma entrevista, já que Marcondes certamente não se disponibilizará a fazer isso.

— Certamente não, mas eu irei de boa vontade. É só você passar-me o endereço.

— Façamos o seguinte: amanhã à noite você tem um tempo livre?

— Tenho.

— Posso passar aqui por volta de dezenove horas?

— Claro, mas não quero dar-lhe trabalho.

— De modo algum. Eu a levarei até o centro espírita, que fica no Ipiranga.

— Agradeço a sua ajuda.

A conversa mudou de tema e a tarde transcorreu muito agradável para ambas. Eram dezoito horas quando Albertina deixou o apartamento. Marcondes voltou às dezenove horas e encontrou a esposa muito animada. Estava se dirigindo ao escritório, quando Dora falou sobre a visita de Albertina.

— O que ela veio fazer?

— Tomar um chá comigo. Eu a convidei. Ontem saímos tão às pressas do apartamento dela, que nem sequer convidamos o casal para um encontro em casa.

— E ela voltou àquele papo absurdo de Espiritismo?

— Também fui eu que pedi para que ela me esclarecesse.

— Só falta você querer enveredar por esse caminho.

— Sou católica, mas se quisesse tornar-me espírita, qual seria o problema?

— É questão de cabeça, Dora. Eles parecem tão bonzinhos e até podem ser, mas envenenam a saúde mental das pessoas com a sua conversa de comunicação com os espíritos.

— Desculpe-me, mas penso de modo diferente.

Sem muito ânimo para discussão, Marcondes apenas disse, com mal humor, antes de dirigir-se para o escritório:

— Bem, cada louco com a sua mania.

∾

A segunda-feira passou muito depressa. Quando Dora se deu conta, já eram seis e quinze da noite. Tomou um banho mais rápido que de costume, trocou-se e esperou Albertina, que chegou logo. Dali seguiram no carro da amiga para o Ipiranga. Em pouco tempo, chegaram a uma rua relativamente tranquila daquele bairro. Na fachada, sobre a porta principal, lia-se numa placa: Centro Espírita Luz do Amor. Sem saber muito bem o que se passava dentro do prédio, Dora, com certa ansiedade, aguardou que Albertina a acompanhasse. No interior do centro espírita, Albertina conversou com uma senhora e, em seguida, apresentou-a à amiga:

— Esta é Lourdes, que realiza as entrevistas. Deixarei que você converse com ela. Depois, pode procurar-me naquela sala, à esquerda.

Apresentadas, Lourdes levou Dora a uma saleta, onde havia uma pequena mesa e duas cadeiras.

— Sente-se, por favor. Então, em que posso ajudá-la, Dora?

— Já conversei com a Albertina e quero passar-lhe as mesmas informações. Trata-se...

Dora recontou o seu problema conjugal com Marcondes e o temor de que a situação ainda se agravasse mais. Lourdes ouviu com muito interesse, fazendo, de vez em quando, alguma pergunta, para esclarecer-se melhor acerca da queixa de Dora. Depois de inteirar-se de tudo o que estava acontecendo, pediu que ela preenchesse uma ficha e fez as últimas considerações:

— As sessões de desobsessão acontecem às terças-feiras, das vinte às vinte e duas e trinta, habitualmente. Nesse horário, é importante que você se ache recolhida, primeiramente em estado de prece e, depois, fazendo com seriedade a leitura de uma obra de cunho espiritual. Deixe o telefone desligado, não se esquecendo do celular, e procure não receber visitas nesse horário. Como seu marido não tem a mesma abertura que você em relação ao Espiritismo, não se preocupe com o comportamento dele. Como você me disse que ele costuma atender no consultório até as vinte e duas horas, deixe que assim se faça e preocupe-se com o que eu já lhe disse.

Dora, durante a entrevista, tinha visto sobre a mesinha um livro *Palavras de Vida Eterna*. Curiosa, perguntou a Lourdes:

— A leitura que farei pode ser num livro como este?

— Sem dúvida. Você pode abrir "ao acaso" e ler com vagar, meditando no conteúdo que estiver sendo lido.

Dora pediu para ver o livro e abriu imediatamente sem escolha de página. Leu em voz alta o título da lição, a fim de que Lourdes ouvisse:

— "Enquanto Temos Tempo".

Em seguida, passou os olhos para o primeiro parágrafo e se espantou, quando leu:

— "Às vezes, o ambiente surge tão perturbado que o único meio de auxiliar é fazer silêncio com a luz íntima da prece. Em muitas circunstâncias, o companheiro se mostra sob o domínio de enganos tão extensos que a forma de ajudá-lo é esperar que a vida lhe renove o campo do espírito".

Dora, surpresa, olhou para Lourdes e disse, entre soluços:

— É o que está acontecendo em meu lar. Mas, então, eu só posso esperar que tudo se modifique? Nada posso fazer para ajudar o meu marido?

Lourdes pediu que Dora lesse um pouco abaixo e ela continuou a leitura:

— "Entretanto, as ocasiões de construir o bem se destacam às dezenas, nas horas do dia a dia".

O livro dava exemplos de auxílio ao semelhante: uma palavra que inspirasse o bom ânimo, um gesto que desfizesse a tristeza ou um favor que eliminasse a aflição. Dora perguntou:

— Quer dizer que não preciso ficar apenas esperando que as coisas se modifiquem?

Lourdes respondeu, pedindo para que ela encerrasse a leitura.

— "Não vale esperança com inércia. O tijolo serve na obra, mas nossas mãos devem buscá-lo." — Dora concluiu.

— Aí está a resposta, Dora. E você já veio buscar o tijolo, ao procurar o tratamento de desobsessão.

A entrevista durou mais alguns minutos até, reconfortada, Dora agradecer e voltar para casa com Albertina.

∾

Marcondes, que havia inicialmente sentido simpatia por Nestor e Albertina, passou a nutrir aversão às suas pessoas. Envolvido pelo pensamento malévolo de Gaspar, ele se via às vezes tecendo considerações injustas a respeito do casal e fazendo todo tipo de reflexões inspiradas pelo ódio do obsessor. Num dos dias subsequentes à visita que havia feito ao apartamento de Nestor, ele, num momento de fraqueza, assim pensou, com muito rancor no coração: "Esse é um casal de petulantes. O que cada um deles está querendo é mudar a minha cabeça e também a de Dora. E com relação à Bia, que está agora trabalhando para o Nestor? Com certeza, ele está fazendo lavagem cerebral nela. Vi na sua mesa de cabeceira um desses livros carolas de que Nestor e Albertina tanto gostam. Mas se eles pensam que vão conseguir o seu intento, estão muito enganados. Para começar, vou dar um fim no livro. Depois, vou chamar a Bia para uma conversa de pai para filha. Essa história de Espiritismo vai acabar nesta casa. Vai mesmo!". Depois de dar vazão a esses pensamentos, o terapeuta, inspirado pelo espírito Gaspar, pegou o livro que Bia havia recebido de presente e o escondeu na sua pasta, com a finalidade de jogar no lixo do consultório. Procurou também o exemplar com que Nestor o presenteara e leu o título, fazendo um trejeito que não lhe era comum:

— *O que é o Espiritismo*. E, por acaso, me interessa saber o que é essa droga de seita, que só serve para deixar as pessoas malucas? Este livreto vai para a lixeira!

Depois disso, foi ao consultório e, assim que chegou, fez o que havia prometido: lançou os dois livros na lixeira, ao pé da escrivaninha. À noite, ao chegar ao apartamento, encontrou-se com Beatriz, que lhe perguntou:

— Pai, você pegou o livro que estava sobre o meu criado-mudo?

— Livro? Qual livro?

— Deixe pra lá. Acho que levei para o serviço e não me dei conta.

Como Dora tinha ido ao supermercado, Marcondes aproveitou-se da ocasião e disse para a filha:

— Bia, posso conversar um pouquinho com você?

— Claro! Pode falar.

Pensando bem nas palavras que iria dizer e tentando ser simpático, deu um tapinha no ombro de Beatriz e disse:

— Bem, Nestor e Albertina começaram a fazer parte do nosso círculo de amizades, não é mesmo?

— Sim. E estou muito feliz. Mamãe, principalmente, estava precisando de pessoas desse nível para conversas mais saudáveis. As pessoas só fazem fofocas ou ficam entretidas com novelas alienantes. Não é fácil, pai, encontrar quem tenha conteúdo para uma conversa que vá além do trivial.

— Você tem razão. Nestor e Albertina formam um casal diferente de outros que existem por aí.

— Ainda bem que você está pensando assim, pois quando voltamos do apartamento deles, você estava um tanto azedo e não gostei nada de sua atitude.

Estava difícil para Marcondes entrar nas considerações que pretendia tecer com a filha. A conversa começava a tomar um rumo que não estava previsto. Foi com muito esforço que ele aproveitou e falou, tentando mostrar serenidade:

— Só existe um "porém" nessa nova amizade, Bia.

Beatriz, insatisfeita com o que ouviu do pai, perguntou de mau humor:

— Posso saber que "porém" é esse?

— Entenda, Bia, eles são muito fora da realidade. São moralistas e propensos a algum tipo de psicose. Ou você acha que quem fala com espírito é normal?

— Ah! Essa não. Há tantos espíritas no Brasil e todos estão de acordo com o fato de que podemos nos comunicar com aqueles que já partiram para o plano espiritual. Você vai me dizer que são todos propensos à psicose? Aliás, o que é mesmo psicose, "seu" analista?

— Deixe de ironia. Psicose é um grave transtorno mental. Suas características fundamentais são: desorganização dos processos de pensamento e perturbações da emocionalidade. Em alguns casos, e aqui está um grande perigo, ocorrem alucinações e delírios. Na psicose há uma intensa deformação da realidade. Você acha isso pouco?

— Pai, deixe de brincadeira. Você notou isso tudo no dr. Nestor? E em dona Albertina?

— Eu não disse que eles são psicóticos. O que eu disse foi: eles são propensos a algum tipo de psicose.

— Desculpe, mas propenso à psicose eu acho que é você.

— Mais respeito, Bia.

— E você está respeitando o dr. Nestor e a dona Albertina?

— Bia, eu a chamei para alertá-la. Não estou dizendo para você abandonar o estágio. Acredito que ele esteja sendo bom para você. Apenas, não entre nessa conversa sobre Espiritismo. Isso é coisa de gente maluca.

— E você acha que Chico Xavier era maluco? Divaldo Franco é maluco?

— Chico Xavier vivia meio fora da realidade, sim. Quanto a esse Divaldo, não conheço, mas se é algum tipo de líder espírita, deve ser *maluquinho* também.

— Maluco é você, que fala sem conhecimento. Quer saber de uma coisa? Chega desse papo. Vou continuar frequentando o apartamento dos meus novos amigos e acho que a influência deles é muito benéfica para mim. E seria também para você, se não estivesse mergulhado numa obsessão *braba*.

— Quem disse isso a você, Bia? Sua mãe? Nestor? Albertina? Quem lhe disse isso?

Beatriz percebeu que falara o que não devia. Quis desconversar, mas Marcondes insistiu:

— Eu já tinha ouvido esse papo de gente doida, mas pensei que fora apenas de passagem. Continuam falando isso de mim? Hein, Bia?

— Não, pai. Quem está falando sou eu, pois já li sobre isso. E se você quer mesmo saber, repito: você está com uma *baita* obsessão.

— Os causadores de tanta bobagem, com certeza, são esses livros esquisitos que você está lendo.

Aproveitando a oportunidade, Beatriz mudou rapidamente de assunto:

— Então, quer dizer que foi você que *deu fim* no livro que ganhei do dr. Nestor?

— Você está me acusando?

— Digamos que eu esteja perguntando.

— Não sei de que livro está falando. Eu não vi livro em lugar nenhum. A propósito, devo dizer que você larga livro por todo canto da casa. Já era hora de colocar ordem nas coisas.

O diálogo não teve o efeito que Marcondes esperava. Chegou num ponto em que Beatriz deu de ombros e foi para o quarto, deixando o pai sozinho. Ele, porém, não se deu por vencido. Inspirado por Gaspar, foi, no dia seguinte, conversar com Dora.

— Dora, você sabe que não tenho nada contra Nestor e Albertina. Entretanto, eles pertencem a uma seita pseudorreligiosa própria de quem vive afastado da realidade e, como pessoa de bom-senso, devo dizer que isso é muito perigoso.

— Sempre o respeitei como terapeuta, Marcondes, mas agora você está falando como alguém que se acha acuado e quer se defender. O que lhe está causando preocupação real?

— Eles estão querendo enlaçar você e Bia nessa doutrina de malucos.

— Por que só eu e Bia?

— Quiseram fazer o mesmo comigo, mas já notaram que eu não caio nesse jogo perigoso. Bia é ainda jovem e, como tal, é presa fácil de aventureiros religiosos. Quanto a você, permita-me dizer, é um tanto ingênua e se deixa seduzir com facilidade por ideias novas.

Dora ia responder quando se lembrou de que Marcondes estava passando por um processo de obsessão e, portanto, era preciso paciência. Desse modo, falou com naturalidade:

— Eu não sou ingênua, Marcondes. Se simpatizei com essa doutrina, é porque ela traz muitas verdades que podem transformar a nossa vida para melhor.

— Para pior, você deveria dizer.

— Você já começou a ler o livro que lhe foi presenteado pelo Nestor?

— Claro que não.

— Então, como pode falar mal do que não conhece?

— Basta lembrar que eles se comunicam com espíritos. Você já pensou no que seja comunicar-se com quem não existe mais? E o pior é que eles dizem obter resposta, é uma fuga da realidade, Dora. E é com isso que você diz estar se simpatizando? Você quer resvalar num processo psicótico?

— Marcondes, quem lhe disse que alguém que desencarnou não existe mais?

— Você está até utilizando os termos empregados por eles. O que está acontecendo? Qualquer pessoa em sã consciência sabe que a morte é o fim. Depois que se morre, nada mais resta. Nada, ouviu, Dora?

— Sempre respeitei seu modo de pensar. Você sabe muito bem disso. E você também sempre respeitou o meu credo. Por que, agora, essa ira? O que o feriu tanto?

A discussão terminou rapidamente. Marcondes, alegando ter de ir ao consultório, deixou para outra oportunidade a sua explicação sobre a irracionalidade do Espiritismo. Quanto a Dora, confirmou sua suspeita de que o marido estava sendo obsidiado. O início do tratamento de desobsessão estava marcado para a próxima terça-feira. Ela estava ansiosa, pois queria salvar o marido de cair num precipício de onde seria muito difícil a volta.

∾

Marcondes sabia muito bem que algo de errado estava acontecendo com ele. Tinha consciência de que seu comportamento não estava sendo o habitual. No entanto, uma força descomunal o impelia à conduta insana que estava tomando. Assim, quando saiu de casa rumo ao consultório, pôde avaliar a falta de bom-senso na sua implicância com Nestor e Albertina. Afinal, ele bem sabia que eram pessoas de índole elevada e de bom coração. Entretanto, em dados momentos, contra a sua vontade, ele se entregava a pensamentos agressivos contra o casal, desejando eliminá-los de seu rol de amigos. Era certo que ele, materialista, não podia concordar com o pensamento espiritualista de Nestor e Albertina, mas isso não era motivo suficiente para simplesmente desconsiderá-los, como vinha fazendo.

Durante a semana, ele teve algumas quedas, quando discutia com Dora, tentando dissuadi-la da nova crença, que começava a instalar-se em seu espírito. Mas outro lado sombrio da sua personalidade começava a agigantar-se, fugindo completamente do seu controle: o comportamento sexual. Às vezes, ele acordava, altas horas, pensando obsessivamente em Acácia, a nova paciente. Na verdade, não tinha nenhum interesse por ela, achava-a sem graça. Entretanto, sentia-se compelido a lembrar suas palavras, seu modo de dizê-las e a imaginar cenas sensuais que não lhe passavam pela mente em momentos de lucidez. Foi assim que, na sexta-feira, seguiu para o consultório. A cabeça parecia girar, sentia uma tontura que não era comum. "Acácia será só minha", pensou num desvario. "Hoje ela não escapa. Já esperei demais. Por que tanta indecisão? Por que essa vacilação desalentadora? Não aguento mais a espera torturante. Hoje ela será minha. Será minha!" O espírito Gaspar estava ali com ele, impelindo-o para os braços de Acácia, pois sabia que a jovem senhora seria pega de surpresa e rechaçaria totalmente o avanço insensato daquele homem, presa de um mal que permitira instalar-se em sua vida. Gaspar ficava antecipando com prazer descomunal o trágico desfecho daquela aventura insana de Marcondes, manipulado pelas garras férreas do obsessor.

O analista chegou ao consultório e, ao atender outros pacientes, ficou ansioso à espera daquela mulher que, mesmo sem atraí-lo, era agora o foco dos seus pensamentos obsessivos. Depois de algumas horas de expectativa, finalmente Acácia entrou no consultório. Cumprimentou-o e deitou-se no divã. "É agora ou nunca", pensou ele. A sessão terapêutica transcorreu como de modo habitual. Contudo, quando se encerrou, Marcondes perguntou abruptamente:

— Já leu o livro que lhe emprestei, Acácia?

— Ah! Sim. Está na minha bolsa. Desculpe pelo esquecimento.

— Não tenha pressa. Apenas quero saber o que achou do conteúdo.

— Gostei. Entretanto, não entendi por que me emprestou. Não trata do problema pelo qual estou aqui.

— Eu sei — disse o terapeuta, com voz alterada pela emoção de estar diante da mulher que precisava conquistar.

— Então, por que pediu para que eu lesse a obra?

Marcondes não estava enxergando nada à sua frente. Nem mesmo Acácia. A sua visão estava turvada pela paixão. Completamente fora de si, e manipulado pelo obsessor, atirou-se de joelhos aos pés da paciente e disse com voz embargada:

— Eu preciso de você, Acácia. Não aguento mais. Depois que você entrou em minha vida, não pode mais sair. Estou totalmente apaixonado por você. Tem de ser minha, Acácia, tem de ser minha!

A paciente ficou petrificada. Algo a deixou presa ao solo, de modo que não pôde mover-se. Marcondes, por sua vez, levantando-se rapidamente, enlaçou-a pela cintura e tentou dar-lhe um beijo na boca. Nesse momento, recobrando-se do estupor, Acácia empurrou-o com força e disse com voz forte:

— Saia da minha frente! Você enlouqueceu. Quem pensa que eu sou?

Em seguida, pegou sua bolsa e abriu rapidamente a porta do consultório. Uma surpresa, contudo, aguardava-a.

∾

Na terça-feira anterior, Dora havia se preparado convenientemente para a primeira sessão do tratamento de desobsessão, que seria realizada em favor de Marcondes. Havia comprado o livro *Palavras de Vida Eterna* e para Beatriz um novo exemplar de *O Evangelho Segundo o Espiritismo*, pois o primeiro desaparecera do apartamento, tendo Marcondes jurado que não sabia de nada. No horário previsto, ela deitou-se sob o lençol e rezou a Oração do Senhor, mais conhecida como Pai-Nosso. Em seguida, abriu aleatoriamente o livro psicografado por Chico Xavier. O capítulo era "Combatendo a Sombra". De início, havia um dístico sobre a carta de Paulo aos Romanos, que dizia: "E não vos conformeis com este mundo, mas transformai-vos...". A seguir, o espírito Emmanuel tecia seus comentários: "O aviso evangélico é demasiado eloquente, todavia é imperioso observar-lhe a expressão profunda. O apóstolo, divinamente inspirado, adverte-nos de que, em verdade, não nos será possível a tácita conformação com os enganos do mundo, tanta vez abraçados espontaneamente pela maioria dos homens; no entanto, não nos induz a qualquer atitude de violência. Não nos pede rebelião e gritaria. Não nos aconselha azedume e discussão. A palavra da Boa-Nova solicita-nos simplesmente a nossa transformação". Instantaneamente, Dora pensou nos descaminhos em que estava transitando o seu marido. "Marcondes está muito diferente do que era alguns anos atrás", pensou. E continuou: "Não existe mais o respeito e o carinho com que me tratava. Nem mesmo o cuidado, que fazia com que ele assumisse tarefas que me eram próprias, apenas para não me sobrecarregar. Foi assim que ele descobriu o seu dom inato para a cozinha. Ele sentia prazer em fazer pratos saborosos e iguarias incomuns. Hoje, já não tem mais satisfação nesse *hobby*, que o deleitava. Nem mesmo em livrarias ele tem ido. A sua vida transformou-se em ir para o consultório e fechar-se no escritório caseiro, sem contato comigo e com a Bia. A sua fala traz a conotação do desprazer e da irritação. Ele perdeu a alegria de viver, que lhe era tão característica. O azedume e a impaciência tomaram conta dos seus mínimos gestos. Tornou-se um solitário dentro do seu próprio lar. Entretanto, como diz o autor deste livro, não devo dar-me a discussões com a finalidade de procurar mudá-lo. Em vez disso, quem tem de transformar-se sou eu. Não deixa de ser paradoxal esta assertiva, mas me parece verdadeira. O próprio Marcondes, quando ainda dialogava comigo, disse-me certa vez que 'ninguém muda ninguém'. Se eu quiser mudar uma pessoa, quem tem de transformar-se primeiro sou eu. Quando conseguir a minha modificação, aí sim, estarei criando o clima adequado para a autotransformação do outro".

Depois de ficar por um bom tempo pensando nas palavras que lera, Dora continuou a leitura: "Eleva o padrão vibratório das emoções e dos pensamentos. Cresce para a Vida Superior e revela-te em silêncio, na altura de teus propósitos, convertendo-te em auxiliar precioso da divina iluminação do espírito, na convicção de que a sementeira do exemplo é a mais duradoura plantação no solo da alma. Não te resignes aos hábitos da treva. Mas clareia-te, por dentro, purificando-te sempre mais, a fim de que a tua presença irradie, em favor do próximo, a mensagem persuasiva do amor, para que se estabeleça entre os homens o domínio da eterna luz".

Nesse pequeno trecho havia tanta coisa a meditar, que Dora ficou reflexiva, pensando em cada frase que lera e procurando aplicá-la à sua vida. "Quanta sabedoria nestas poucas palavras", pensou. "Que bela lição de amor ao próximo. Entretanto, como é difícil transpor para a minha própria vida o que acabo de ler. Percebo agora como estou ainda nos degraus inferiores da minha evolução. Eu não sabia que o Espiritismo tinha livros tão edificantes! É por essa razão que Lourdes, quando me entrevistou, estava com um exemplar sobre a mesa. Não se trata de uma leitura continuada. É preciso parar a cada parágrafo e refletir sobre o que foi lido. Se não fizermos isso, corremos o risco de perder os bons frutos da leitura meditada. Mas como posso fazer para aplicar estes conceitos ao meu relacionamento com Marcondes? Será que consigo? Será, meu Deus?". Os pensamentos navegavam com rapidez em sua mente. Um forte cansaço foi tomando conta de seu corpo e ela adormeceu em meio às reflexões que o livro estimulara. Quando acordou, passava das dez e trinta da noite. "A sessão de desobsessão já terminou e eu aqui, dormindo. Dentro em pouco, Marcondes vai chegar. Como estará ele? Como devo tratá-lo?". A resposta logo assomou à sua memória: "A palavra da Boa-Nova solicita apenas a nossa transformação". E ela procurou receber Marcondes com muito carinho.

Quando a porta da sala se abriu, Dora, que ficara assistindo à televisão, levantou-se e falou, com a maior convicção possível:

— Oi, Marcondes, seja bem-vindo!

O terapeuta estranhou o cumprimento, mas aceitou-o de bom grado, inclusive o beijo na face, que se tornara esporádico entre eles. A semana transcorreu um pouco mais tranquila, mas uma ou outra discussão acabou acontecendo entre ambos, inclusive na sexta-feira, momentos antes de Marcondes sair rumo ao consultório.

Com um sentimento de culpa por não ter conseguido pôr em prática o que lera nas sábias palavras de Emmanuel, Dora resolveu fazer uma surpresa a Marcondes, indo encontrá-lo no consultório. Ela, entretanto, é que se surpreenderia com a cena deprimente que iria presenciar.

20
A sessão

No dia aprazado, Albertina e Nestor foram ao Centro Espírita Luz do Amor, onde se realizaria a sessão de tratamento da obsessão. Albertina dirigiu-se à sala de aula para ministrar ensinamentos no Curso de Aprendizes do Evangelho e Nestor seguiu para a sala de desobsessão. Após cumprimentar os trabalhadores, tomou o seu lugar na mesa e aguardou o início dos trabalhos. Pontualmente no horário marcado, teve início a leitura de um trecho do livro *O Evangelho Segundo o Espiritismo*. Adamastor, o dirigente, leu em voz alta:

— "Bem-Aventurados os Aflitos".

Fazendo pequena pausa, leu o subtítulo: "Causas Atuais das Aflições", iniciando propriamente a leitura:

— "As contrariedades da vida possuem duas origens bem diferentes: umas têm sua causa na vida presente, outras, em vidas passadas. Quando procuramos as origens dos males terrenos, encontramos em nós mesmos a responsabilidade pela maioria deles. Quantos homens caem por seus próprios erros! Quantos são vítimas de seu próprio desleixo, imprevidência, orgulho e ambição! Quantas pessoas se arruínam por falta de ordem, de perseverança, pelo mau proceder, ou por não terem limitado seus desejos! Quantas uniões infelizes, fruto do interesse ou da vaidade, nas quais o sentimento verdadeiro não teve importância alguma! Quantos desentendimentos e disputas desastrosas poderiam ser evitados, com um pouco mais de calma e com menos melindres! Quantas enfermidades resultam da falta de moderação e dos excessos de toda ordem! Quantos pais tornam-se infelizes por causa de seus filhos, por não terem combatido suas más tendências desde a infância! Por indiferença e comodismo deixaram crescer neles o orgulho, o egoísmo e a tola vaidade que ressecam o coração. Mais tarde, ao colherem o que semearam, ficam espantados e aflitos com a falta de respeito e a ingratidão dos filhos."

Nestor, concentrado, meditava nas palavras inspiradas com que Kardec alertava sobre as consequências presentes de atos passados. E buscava tratá-las como um alerta para a sua própria vida. Enquanto isso, o dirigente dava sequência à leitura:

— "Na maioria das vezes, todos os males que fazem o homem sofrer pelo coração têm sua origem no seu próprio mal proceder. Ao examinar sua consequência, talvez ele possa dizer: 'Se eu tivesse feito ou deixado de fazer tal coisa, não estaria agora nesta situação'. O homem normalmente é o autor de seus próprios infortúnios, mas, em vez de reconhecer isso, acha mais fácil e menos humilhante para sua vaidade colocar a culpa na sorte, na Providência ou na sua má estrela, quando na verdade a má estrela é a sua própria negligência. Os males dessa natureza constituem seguramente a grande maioria das contrariedades da vida, e o homem os evitará quando trabalhar para seu aperfeiçoamento moral e intelectual."

Terminada a leitura, Adamastor fez algumas considerações, ouviu algumas observações dos trabalhadores e principiou a prece inicial:

Pedimos ao Senhor Deus Todo-Poderoso que envie Seus bons espíritos para nos assistir, afastando os que possam nos induzir ao erro e nos dando a luz de que precisamos para distinguir a verdade da mentira. Afaste também, Senhor, os maus espíritos, encarnados e desencarnados, que poderiam tentar provocar a desunião entre nós, desviando-nos da verdadeira caridade e do amor ao próximo. Se alguns tentarem entrar neste recinto, faça com que não tenham acesso ao nosso coração. Bons espíritos, que se dignam a vir nos instruir, façam com que sejamos receptivos aos conselhos que nos trazem, desviando-nos de todo pensamento de egoísmo, orgulho, inveja e ciúmes. Inspire-nos a indulgência e a benevolência para com nossos semelhantes, presentes ou ausentes, amigos ou inimigos. Que reconheçamos a saudável influência que trazem, por meio dos bons sentimentos de amor com que vão nos envolver nesta reunião. Concedem aos médiuns que escolheram para transmitir os ensinamentos, a consciência da importância do mandado que lhes foi confiado e a seriedade do ato que realizarão, a fim de que o façam com o fervor e a responsabilidade necessários. Se em nossa reunião estiverem pessoas que foram atraídas por sentimentos que não são do bem, abram seus olhos ao esclarecimento e perdoem-nas, assim como nós as perdoaremos se elas vieram com más intenções. Pedimos especialmente ao espírito Eurípedes Barsanulfo, nosso guia espiritual, para nos dar assistência e velar por nós.

Após breve silêncio, por meio de uma médium psicofônica, o mentor expressou-se com palavras de amor e tranquilidade:

— Que a paz do Senhor se aloje no coração de cada um dos presentes nesta noite em que temos, mais uma vez, a oportunidade do serviço a favor dos nossos irmãos. Permaneçamos serenos e compenetrados diante das situações que se apresentarem, sempre voltados para a ajuda necessária a encarnados e desencarnados, que precisam do nosso apoio moral e espiritual. Que o Senhor Jesus Cristo nos inspire, a fim de que possamos agir de maneira apropriada e sempre com amor e compreensão, como nos convém.

Nestor, médium esclarecedor, tudo ouvia, com o propósito de seguir as orientações do mentor. Depois de um período de silêncio, ouviu-se a voz do primeiro enfermo espiritual. Já haviam se manifestado dois espíritos, quando a voz de Gaspar, a contragosto, disse por meio de um médium psicofônico:

— O que vocês querem de mim? Por que me trouxeram para cá?

Coube a Nestor a intervenção:

— Qual é o seu nome, meu irmão?

— Eu sou Gaspar e não estou gostando nada do grupo que estou vendo à minha frente. Que lugar é este? O que vocês querem comigo? Disseram-me que preciso de uma boa conversa. É verdade?

— Você está num lugar de paz e amor. Aqui estamos realmente para conversar.

— E conversar sobre o quê?

— Sobre o sofrimento que vem tomando conta do seu coração por tanto tempo.

— E você sabe que sofrimento é esse?

— Estou pronto para ouvir.

— Eu não me abro com estranhos.

— Digamos que este estranho poderá ajudá-lo a encerrar de vez esse enorme sofrimento que o consome.

— Você é o quê? Um padre? Um médico?

— Eu sou um amigo oculto que pretende ajudá-lo, mas, para isso, é necessário que você, de livre e espontânea vontade, fale-me a respeito do mal que o aflige.

— Bem, pelo menos, parece que você está me respeitando...

— Eu o respeito como meu irmão, Gaspar.

— Não sei se devo, mas vou falar. Eu fui dono de uma pequena fazenda, há muito tempo. Era bem casado com Joana, a quem muito amava. Nascido em Portugal, vim para o Brasil, a fim de conseguir o que não me fora possível na minha pátria. Eu queria ser alguém na vida. Por essa razão, juntei um pouco de dinheiro e rumei para cá. Quando consegui comprar minha fazendinha, conheci os meus vizinhos, Joaquim e Maria Angélica. Joaquim mostrou-se, de início, uma pessoa de boa índole, um amigo mesmo. Entreguei-me de corpo e alma a uma amizade, que me ajudava aliviar a saudade do meu país. Joana fez-se amiga de Angélica, de modo que a nossa aproximação foi total. Tudo transcorria muito bem: tanto o trabalho como a nova amizade. Quando era amigo de alguém, não impunha restrições, portanto, me abri diante de Joaquim e me senti feliz por partilhar da sua amizade. Entretanto, como um réptil traiçoeiro, ele hipnotizou minha adorada Joana e lançou-se voraz sobre ela. Traiu-me em minha própria casa. E quando fui ajustar contas, assassinou-me, sem dó nem piedade, com um tiro certeiro no peito.

Após uma pausa, em que parecia reavivar o sofrimento sentido na ocasião que agora relatava, Gaspar continuou:

— Ele conseguiu desgraçar a minha vida. Você não pode imaginar a dor que senti quando, de repente, vi-me longe da minha amada Joana, que agora se convertera também em traidora. Fiquei ressentido com o acontecido, mas ela foi levada pelas palavras fingidas e bajuladoras de Joaquim. Fiquei muito magoado com ela e ainda estou, mas nada se compara com a mágoa e o ódio mortal que sinto pelo meu rival traiçoeiro. Fiquei muito tempo vagando sem eira nem beira. Procurei Joaquim por toda a parte até que, finalmente, consegui localizá-lo. Vi com meus próprios olhos que ele vivia tranquilo com sua esposa e filha, como se nada houvesse acontecido. "Além de tudo é um dissimulado", pensei. E resolvi acabar com o seu sossego, forjando um plano para arrasar com ele e sua família. Serviço completo, amigo.

Gaspar deu uma risada de satisfação e esperou a reação do Nestor, que, com calma, tomou a palavra:

— Você se julga injustiçado, não é mesmo?

— Totalmente injustiçado. O que fiz para que meu lar fosse assim destruído? Não merece punição quem ousa acabar com a felicidade do seu semelhante? Não merece vingança?

— Gaspar, você nunca pensou que existe uma justiça divina? Nunca pensou que cabe a Deus julgar o ato de Joaquim e não a você?

O obsessor riu mais uma vez e disse, em tom provocativo:

— Justiça divina! Essa é boa. Se isso existisse, não teria ocorrido tamanha desgraça que varreu a minha família. Ou eu estou enganado?

— Você está enganado, Gaspar. A justiça divina existe. Se a pessoa a quem você se refere praticou um ato injusto contra você, acarretou uma dívida e, mais cedo ou mais tarde, terá de resgatá-la.

— Então, por que ele vivia tranquilamente com sua família e eu remoendo a dupla traição? Ele merece vingança e é vingança que terá. E da forma mais cruel possível.

— Agindo contra ele para satisfazer o seu orgulho, você também estará contraindo uma dívida, que exigirá ressarcimento. Deixe a justiça com quem de direito. E busque a sua própria felicidade.

— Vingança é a minha felicidade.

— Engano seu, Gaspar. Vingança pode trazer uma satisfação passageira, mas depois converte-se em novo sofrimento. Já a felicidade está isenta de dor moral. Confie na justiça divina e busque a paz e a felicidade que você tem direito.

— Em um ponto você está certo, eu mereço mesmo paz e felicidade. Aliás, você foi a única pessoa que me disse isso até agora.

Chegara o momento de Gaspar encerrar a sua intervenção e ele prometeu que voltaria para continuar o diálogo com Nestor na próxima semana. Entretanto, assim que deixou o centro espírita, acompanhado de mentores espirituais, o ódio voltou ao seu coração e ele buscou, mais uma vez, vingar-se exemplarmente de Marcondes. Na sexta-feira seguinte, esteve muito próximo de seu desafeto, envenenando-lhe a mente com uma insaciável sede de volúpia. Na verdade, Marcondes nada sentia por Acácia. Mesmo admitindo-se um carente sexual, não seria essa mulher quem lhe devolveria a satisfação perdida. Ele não a via senão como mais uma de suas pacientes. Mas, nessa altura, a invigilância moral fizera com que a obsessão se convertesse em subjugação. Nesse ponto, o obsidiado torna-se um joguete nas mãos do obsessor, que tem o domínio total de sua vontade. Caracterizado pela perda do discernimento e da emoção, o estágio da subjugação representa o ponto máximo da obsessão, em que o adversário desencarnado sobrepõe-se ao obsidiado, com o fito de dominá-lo por completo. O desenvolvimento da fase terrível da subjugação tem início no plano moral. Mais tarde, havendo sintonia adequada, passa a haver uma identificação fluídica entre obsessor e obsidiado que, posteriormente, levará ao domínio do perispírito da vítima. Atingido esse ponto, surgem as crises que afetam o corpo físico, com movimentos involuntários, tiques nervosos, trejeitos, agressões e quedas similares a convulsões. A subjugação, portanto, comporta dois tipos: moral e corporal. Na subjugação moral, o subjugado é impelido a tomar resoluções muitas vezes absurdas e comprometedoras, diferentes da sua habitual vontade, mas que, por uma espécie de ilusão, ele acredita serem sensatas. Somente depois cai em si, verificando o erro cometido. Na subjugação corporal, o obsessor age sobre os órgãos materiais do subjugado, provocando-lhe movimentos involuntários e chegando a levá-lo aos atos mais ridículos. Pois bem, Gaspar tinha consciência do grau que atingira a obsessão de Marcondes. Foi assim que, imantado a ele, passou naquela sexta-feira a manipulá-lo de acordo com sua vontade. Daí o fato de, mesmo sem ter interesse especial por Acácia, ter-se atirado aos seus pés declarando-lhe uma paixão incontida.

∾

Naquele dia, Dora vestiu-se melhor, chamou um táxi e foi ao consultório de Marcondes. Não saíam de sua memória as palavras de Emmanuel: "Eleva o padrão vibratório das emoções e dos pensamentos". E foi com esse propósito que chegou até o prédio em que Marcondes atendia Acácia. Abriu com cuidado a porta e sentou-se numa poltrona, na sala de espera. Enquanto o atendimento prosseguia, ela pensava: "Estou fazendo a coisa certa. Com a minha mudança, ocorrerá também a transformação dele. Não posso mais ficar alimentando pensamentos de dissensão e sentimentos de amargura. A minha vida conjugal tem de mudar para melhor, custe o que custar". Passado pouco tempo, ela ouviu vozes, em tom elevado, vindas da sala de atendimento. Preocupada, levantou-se e quando se aproximava da porta, esta abriu-se e, antes que Acácia deixasse o recinto, pôde ouvi-la dizer com grande indignação:

"Saia da minha frente! Você enlouqueceu. Quem pensa que eu sou?"

Enquanto a paciente saía às pressas, ignorando a presença de Dora, Marcondes procurou recompor-se. No entanto, ela ainda pôde vê-lo suplicando um beijo da paciente. Totalmente transtornada pelo impacto da cena, Dora ficou paralisada. Depois, sem dizer nenhuma palavra, deixou o consultório, entrando no elevador, enquanto Acácia descia pela escada. Marcondes, como que acordando de um sono profundo, tomou consciência da gravidade da situação. Fechou o consultório e foi ao encalço de Dora. Quando saiu do prédio, a rua estava deserta. A esposa pedira ao taxista que aguardasse, pois, se Marcondes já tivesse saído, ela voltaria de táxi para casa. Assim, rumou às pressas para o apartamento. Marcondes correu até a esquina e como não viu a esposa, voltou ao prédio, a fim de pegar o carro e rumar para casa.

Quando chegou ao apartamento, Dora encontrou-se com Beatriz que, ao vê-la fora de si, perguntou:

— Mãe, o que aconteceu?

Ainda perplexa, devido à cena a que tinha tido o desprazer de assistir, Dora disse, entre lágrimas:

— Uma desgraça, filha. Uma desgraça!

— Mãe! Explique-se.

— O seu pai arrumou outra mulher.

— O quê?

— É isso mesmo: o seu pai arranjou outra mulher. Tenho de sair deste apartamento.

— Espere um pouco. Vamos conversar melhor. Sente-se e conte-me tudo o que aconteceu. Depois decidimos o que fazer.

∾

Quando Marcondes chegou ao subsolo, em busca de seu carro, Acácia lutava desesperadamente para dar partida em seu automóvel. Aproveitando-se da ocasião, ele correu até ela e, antes que o vidro do carro fosse fechado, pediu com voz sumida:

— Perdoe-me, Acácia. Enlouqueci. Nunca pensei em ofendê-la, como fiz hoje. O que aconteceu no consultório nunca mais vai se repetir. Aquele homem não era eu. Meu interesse por você é apenas como paciente e nada mais. Peço-lhe perdão pelo gesto desvairado que acabo de cometer. Nunca mais vou importuná-la. Por favor, perdoe-me.

Vendo o tremor nas mãos dele, Acácia deixou de fechar o vidro e ficou por fração de segundo sem saber o que fazer. Quando, finalmente, ia dizer alguma coisa, viu-o desabar no chão. Notando que ele não se mexia, subiu apavorada até o térreo, a fim de pedir socorro. O porteiro rapidamente chamou o Corpo de Bombeiros que, poucos minutos depois, chegou e o levou ao hospital. Acácia, ainda lívida diante de tudo o que ocorrera em tão pouco tempo, voltou desorientada para casa.

∾

No seu apartamento, após tomar uma xícara de chá, Dora começou a contar para Beatriz o que acontecera no consultório:

— A cena foi deprimente, Bia. Seu pai tentava beijar a paciente, declarando estar apaixonado. Nunca pensei que presenciaria uma cena como essa. Foi humilhante demais para mim.

— E ela, o que disse?

— Disse que ele havia enlouquecido e mostrou-se ofendida. Pareceu-me indignada com o que estava acontecendo.

— Mas então ela não é sua amante.

— Ou, então, estava pondo fim num caso extraconjugal.

— Não, mãe. Se ela estivesse encerrando um caso, não se sentiria ofendida. Papai fez algo que a insultou. Talvez ela seja até casada e, diante da atitude despudorada dele, ela sentiu-se ultrajada em sua dignidade. Ela é jovem?

— Não tem a minha idade, mas também não é jovenzinha.

— Bem, casada ou não, ela recusou-se a aceder ao desejo dele. Portanto, ele não tem uma amante. Deve ser apenas crise da idade. Você sabe que ele não é mais jovem e há homens imaturos que, nessa fase da vida, precisam provar para si mesmos que ainda são "homens de verdade", e se comportam como se isso só abrangesse a dimensão sexual...

— Bia, você está mais madura do que eu poderia supor. Mas, ainda que seja verdade tudo o que disse, o seu pai não deixa de ser um grande safado, um grande sem-vergonha.

— Ou um grande doente.

— Doente não tem ânimo para se declarar e se humilhar aos pés de uma mulher.

— Então, por que você pediu à dona Albertina para fazer o tratamento de desobsessão?

Dora ficou sem resposta. Então a obsessão poderia levar a um estado mental tão perturbado como aquele que ela presenciara momentos atrás? Precisaria conversar com Albertina, mas, àquela hora, não tinha coragem de fazê-lo. Beatriz, decidida, pegou o seu celular e ligou para aquela mulher que se mostrara tão interessada em ajudar a família, que agora passava por uma situação no mínimo complicada. Do outro lado, uma voz respondeu:

— Pois não?

— Desculpe-me, dona Albertina, por ligar a esta hora. É Bia.

— Oi, Bia! Tudo bem?

— Nem tanto, dona Albertina. Estamos numa situação difícil e precisamos muito da sua orientação. Mamãe vai falar com a senhora.

Passando o celular para Dora, disse-lhe para que contasse com detalhes o que ocorrera, a fim de receber a devida orientação. Dora, com lágrimas nos olhos, cumprimentou a amiga:

— Boa noite, Albertina. Desculpe...

Antes que terminasse o pedido de desculpas, Albertina deixou-a à vontade e pediu que lhe dissesse o que estava acontecendo.

— Não sei por onde começar. Pedi-lhe que nos ajudasse com a sessão de desobsessão de Marcondes, ocorrida terça-feira passada, não é mesmo?

— Sem dúvida. E o que aconteceu?

— Naquela noite, ele voltou mais tranquilo para casa; no entanto, durante a semana tivemos algumas discussões, voltando o ambiente desagradável, que está se tornando habitual em nosso lar. Mas hoje aconteceu a gota d'água. Para melhorar as coisas, resolvi fazer-lhe uma surpresa, indo buscá-lo no trabalho. Pois bem, quando lá cheguei, notei que havia vozes alteradas na sala de atendimento. De repente, a porta se abriu e uma paciente saiu transtornada, chamando Marcondes de louco. Marcondes tentava beijá-la e declarava-lhe toda a sua paixão. Quando me viu, saí sem lhe dar tempo para dizer-me nada. Tomei o táxi que me havia levado até lá e voltei para casa. Não sei, Albertina, o que fazer. Penso que ele logo estará chegando e não sei se o expulso, se o escuto ou se saio desta casa para nunca mais voltar.

— Fique calma, Dora. Sei que isso é difícil, mas é justamente nestes momentos que temos de usar de prudência. Quando ele chegar, dê tempo para que se explique. Mas lembre-se de que esse não é o Marcondes que você conhece. Ele está alterado pelo grau elevado de obsessão. O obsessor tomou conta de sua vontade e o fez agir daquele modo. Se estiver ocorrendo a subjugação, como estou pensando, ele cairá em si, e poderá pedir-lhe sinceramente perdão pelo ocorrido. Nesse caso...

Dora pediu-lhe desculpa e atendeu Beatriz que, lívida, entregava-lhe nas mãos o telefone sem fio.

— Mãe, é para você.

Dora atendeu e, após a identificação do hospital, a atendente perguntou-lhe:

— É dona Dora Marcondes?

— Sim. O que aconteceu?

— Seu marido teve um princípio de infarto e está internado. Mas, tranquilize-se, o pior já passou.

Anotando o endereço do hospital, Dora voltou a falar com Albertina.

— Desculpe, mas ligaram de um hospital. Marcondes foi internado com um princípio de infarto. Tenho de ir para lá imediatamente.

— Dê-me o endereço. Eu me encontrarei com você.

Com a cabeça por estourar, Dora chamou um táxi e rumou com Beatriz até o hospital. Lá chegando, informou-se a respeito do apartamento onde se encontrava Marcondes e foi procurá-lo. Quando chegou ao pé da cama, viu o marido dormindo e um médico e uma enfermeira a seu lado.

— Como ele está?

— Agora está repousando, mas chegou aqui com um princípio de infarto. Se o atendimento não tivesse sido rápido, poderia ter ocorrido o pior — respondeu o médico.

— Meu Deus!

— Acalme-se. No momento, ele não corre risco. Estaremos alertas durante toda a madrugada. Caso ocorra algo, comunique-se imediatamente conosco, apertando este botão. A senhora vai dormir aqui, não é mesmo?

— Sim, ficarei a seu lado.

Quando o médico e a enfermeira deixaram o recinto, Dora lembrou-se de que não levara roupa de dormir. Beatriz anotou tudo de que ela precisava e voltou para o apartamento a fim de providenciar o necessário. Pouco tempo depois, chegaram Nestor e Albertina.

— Como ele está? — questionou Nestor.

— Graças a Deus, bem. Ainda não pude conversar com ele, mas o médico tranquilizou-me, dizendo que ele já não corre nenhum risco.

— Melhor assim. Não podemos ficar muito tempo aqui. Consegui a duras penas que nos permitissem subir, pois este não é horário de visitas. Sugiro, pois, que façamos uma prece em seu favor.

Dora aceitou e Albertina orou com sentimento:

— Elevemos os nossos pensamentos e sentimentos a Deus, rogando-Lhe as bênçãos sobre o nosso amigo Marcondes.

Após um breve intervalo, continuou:

— Meu Deus que, em Sua sabedoria, julgou por bem permitir que acometesse um processo doentio a nosso irmão Marcondes, pedimos que lance um olhar de compaixão sobre seus sofrimentos, colocando um fim a esta situação angustiante, se isso for melhor para ele. Bons espíritos, pedimos que reforcem nosso desejo de aliviar seu sofrimento. Dirijam nosso pensamento, a fim de que ele derrame um bálsamo salutar sobre seu corpo e console também sua alma. Inspirem-lhe a paciência e a submissão à vontade de Deus. Deem-lhe a força para suportar as dores com resignação cristã, a fim de que ele não perca o fruto desta prova. Assim seja.

Os visitantes colocaram-se à disposição da amiga e Albertina ficou de ligar mais tarde para ter outras notícias. Dora ficou em silêncio, meditando sobre tudo o que ocorrera naquela noite de surpresas desagradáveis. Algum tempo depois, Beatriz chegou com os apetrechos necessários para que a mãe dormisse no hospital. Quando saiu, Dora voltou a pensar em tudo o que ocorrera naquele dia incomum. "O que pensar de tudo o que aconteceu hoje? Como normalizar uma situação tão anormal? Como perdoar o gesto insano de Marcondes, que implorava o amor, o sexo, sei lá o que daquela mulher? E como não compadecer-me deste homem que muito amei um dia em sua vitalidade e que hoje esteve à beira da morte? Ao mesmo tempo em que me enojo da sua atitude vil, fundada numa sexualidade doentia, sinto uma ponta de compaixão pela pessoa que sempre esteve a meu lado apoiando-me e me amparando nos momentos difíceis pelos quais já passei. É tudo muito confuso. Muito confuso."

A madrugada seguia o seu percurso inexorável, enquanto Dora, sem conseguir conciliar o sono, prosseguia em suas reflexões e em memórias de momentos felizes e difíceis que passara com aquele que ela não conseguia definir, pois não alcançava nenhuma identificação com sua lívida figura a respirar tropegamente por meio de um tubo de oxigênio.

Quando a enfermeira entrou no apartamento para medicar Marcondes, encontrou Dora pensativa, sentada no sofá ao lado da cama.

— Você ainda não foi dormir?

— Não estou conseguindo.

— Esteja tranquila, seu marido está bem. Se tudo continuar assim, em poucos dias estará de volta a casa. Mas se você estiver precisando de um calmante, posso conseguir.

— Obrigada. Vou tentar descansar na cama.

Depois que a enfermeira deixou o apartamento, Dora deitou-se e, após mais algumas conjecturas, finalmente adormeceu. Em meio ao sono, teve um sonho que, ao acordar, deixou-a intrigada. Sonhou que andava por um jardim muito bonito. O caminho que seguia estava ladeado por arbustos floridos, com uma cor brilhante e um perfume muito agradável. As árvores frondosas tinham um colorido exuberante, que a deixava extasiada. Contudo, quando seguiu por uma trilha anexa, a paisagem foi-se modificando. Os arbustos floridos deram lugar a espinheiros que avançavam sobre a terra ressequida que ela pisava. Num dado momento, viu-se presa entre os galhos cobertos de espinhos pontiagudos de plantas popularmente chamadas arranha-gatos. Ao se debater, acabou por arranhar-se. De repente, viu uma abertura quase rente ao solo, e passou por ela em segurança. Ainda sentindo as dores dos ferimentos, viu-se num bosque que cheirava a mata virgem e que lhe trouxe novamente o bom ânimo e a vontade de explorá-lo. Mais à frente, sentiu sob os pés descalços a areia amarelada que levava a um rio tranquilo de águas cristalinas. Folhas secas, gravetos e pequenos galhos seguiam placidamente pela correnteza despencando numa cascata logo à frente. Um único pensamento dominou a mente de Dora naquele momento de alegria e exaltação: "É aqui que devo ficar!". Em seguida, acordou, ainda dominada pela suavidade da cena que acabara de presenciar. Antes, porém, que pudesse refletir sobre o sonho incomum, ouviu um gemido, que vinha do leito em que repousava Marcondes. Assustada, chamou a enfermeira, que logo entrou no aposento. Depois de verificar o que houvera, disse sorrindo:

— Não foi nada. Ele apenas acordou. Mas não converse muito com ele. Deixe que repouse, a fim de que possa voltar logo para casa.

Dora, buscando força interior, aproximou-se do leito e deu um leve sorriso. Marcondes olhou para ela e, sem nenhuma palavra, deixou escorrer um filete de lágrimas.

— Não se emocione agora, Marcondes. Estarei sempre aqui, apenas me revezando com Bia, de vez em quando. O mais importante neste momento é a sua recuperação. Estamos todos torcendo para que sua internação seja breve e logo você possa voltar para casa.

Marcondes pôde apenas dizer "perdão" e fechou os olhos, adormecendo novamente. Para Dora, a situação era extremamente constrangedora. Os sentimentos alteravam-se constantemente. Ela queria perdoá-lo, mas a mágoa teimava em dar entrada em seu coração. Assim ela ficou até a hora das visitas, quando chegaram Bia, Nestor e Albertina. Esta deixou o marido e Beatriz no apartamento e convidou Dora para sentarem-se numa poltrona da sala de visitantes. Já sentadas, Albertina perguntou:

— Como você está, Dora?

— Nada bem.

— O que está sentindo?

— É difícil lhe dizer. Às vezes, penso em perdoá-lo e continuar a vida como antes, mas outras, a minha vontade é expulsá-lo de casa ou abandoná-lo, assim que se recuperar. Não sei como será daqui para a frente.

— Eu entendo seus sentimentos. A experiência pela qual está passando é realmente difícil, mas você não pode perder a cabeça, principalmente agora. A prudência tem de ser mantida em situações como esta.

— E o que fazer? Ficar com um homem que já não me ama ou começar nova vida?

— A decisão é sua. Entretanto, como você me pede uma resposta, penso que é necessário primeiramente escutar o que Marcondes tem a dizer, quando estiver em condições de fazer isso. Somente depois de um diálogo sincero é que poderá brotar uma decisão sensata. No entanto, seja qual for a solução, não guarde mágoa em seu íntimo, Dora. Por mais difícil que seja, perdoe. A falta do perdão traz consequências desastrosas para quem não perdoa.

— É isso que está me causando um grave mal-estar. Como perdoar um homem que me traiu a ponto de declarar uma paixão incontida a outra?

— Como lhe disse, isso tem de ser esclarecido. A mulher que você viu é realmente amante do seu marido? Não se sabe. Marcondes é que deverá esclarecer. Por tal motivo, espere pacientemente até que ele possa elucidar a situação. Até lá, ore muito. Mas ore com fé, minha amiga. Peça ao seu anjo guardião que a inspire. Tenho certeza de que logo tudo estará devidamente esclarecido e você voltará a ter uma vida tranquila e satisfatória.

No apartamento, Nestor pediu delicadamente a Bia para ficar sozinho com Marcondes. Quando ela saiu, ele olhou fixamente para Nestor e começou a chorar.

— Fique tranquilo, Marcondes, tudo vai se ajeitar.

Com voz fraca, Marcondes disse, entre lágrimas:

— Sinto vergonha, Nestor. Vergonha.

— Eis o seu verdadeiro caráter, Marcondes. E é isso que vai contar para a reconstrução da sua vida. No momento, tranquilize-se, para que a recuperação seja breve e você possa ter um diálogo sincero e verdadeiro com sua esposa e filha. Lembre-se de que ninguém está isento de erro. Estamos neste mundo para aprender e crescer, moral e espiritualmente. Aprendemos até mesmo com os nossos erros. E, muitas vezes, esse tipo de aprendizado é aquele que cala fundo em nossa consciência, levando-nos à real transformação para melhor.

Marcondes ouvia em silêncio as palavras do amigo e procurava alcançar o significado de consolação e alerta para a necessidade de modificação. O tempo foi muito curto e logo chegou o término do horário de visitas. Dora voltou para casa e Beatriz, dispensada do trabalho por Nestor, ficou com o pai.

Instada a descansar, Dora passou a maior parte do tempo deitada lendo páginas dos livros espíritas que adquirira recentemente. À noite, voltou ao hospital, a fim de substituir Beatriz. Nestor também fez questão de passar dois períodos com Marcondes, e, Hernani, irmão de Dora, colaborou, ficando de plantão a maior parte do tempo. No apartamento do casal, Iraci, esposa de Hernani, assumiu o comando das atividades rotineiras, permitindo que Dora ficasse em repouso. As conversas entre as duas auxiliaram muito. Iraci era uma pessoa equilibrada e realmente disposta a ajudar.

∞

Albertina, Dora e Iraci começaram a se encontrar e o tempo passava rapidamente. Dora tinha a oportunidade de aprender mais sobre a vida e também de distrair-se com os contos de fundo moral que Iraci tinha na ponta da língua.

— Vocês conhecem a história do jovem mercador de peixes que queria ser sábio e santo? Pois bem, ele vivia numa pequena vila de pescadores. Contudo, não sabia como agir para tornar-se o que mais desejava na vida. Por mais que perguntasse, ninguém conseguia responder-lhe, pois ali moravam apenas humildes pescadores, sem muita instrução. Todavia, tudo mudou quando, num belo dia, ele ficou sabendo que chegara à vila, para proferir algumas palestras, um ancião considerado sábio e santo. À noite, ele quase não dormiu, pois ficou pensando em como seria o seu diálogo com o sábio. Finalmente, chegou o momento e ele se viu diante de um senhor idoso, de cabelo e barba brancas, que ostentava um olhar doce e compassivo. Instado diante da rara ocasião, o jovem perguntou com humildade: "Mestre, o que devo fazer para tornar-me sábio e santo?". Com um leve sorriso, o sábio pediu-lhe que voltasse na tarde seguinte e ficaria sabendo como proceder. À noite, ele ficou imaginando quais seriam as palavras que ouviria do sábio e que mudariam sua vida. Sem encontrar nada que o satisfizesse, viu o dia amanhecer e saiu para o seu trabalho. À tarde, na hora combinada, lá estava ele diante do ancião, aguardando pela derradeira resposta à sua dúvida fundamental. Vendo-o, o sábio entregou-lhe um livro volumoso e lhe disse apenas: "Meu caro jovem, este livro vai torná-lo sábio e santo". O rapaz ficou muito comovido, agradeceu efusivamente o mestre e voltou correndo para casa. Lá chegando, já escurecia, mas ele nem pensou em jantar. Em vez disso, correu para a cama. Deitou-se rapidamente e, com expectativa incomum, abriu o livro. A primeira página estava em branco, mas isso é muito comum em livros, de modo que ele abriu a segunda. Também estava em branco. Abriu a terceira: estava em branco. Abriu a quarta, a quinta, a sexta, enfim, folheou todo o livro e nada! Todas as páginas estavam em branco. Não havia uma letra sequer em nenhuma delas. Decepcionado e irado, o jovem praguejou, amaldiçoando o ancião que o fizera de bobo — assim pensava ele. Também nessa noite não conseguiu conciliar o sono, mas, desta vez, pensando nas maldições que vomitaria sobre o incomum palestrante. Depois de muito revirar-se sobre a cama, viu a manhã acontecer. Foi para o trabalho e aguardou impacientemente a hora em que poderia estar novamente diante do suposto impostor. Embora tivesse demorado, o momento esperado chegou. Diante do ancião, atirou o livro no tapete e disse com arrogância: "Velho insolente! Como ousa zombar das minhas aspirações na vida? Devolvo-lhe o livro que não serve para nada, muito menos para tornar alguém sábio e santo. Faça dele o que melhor lhe aprouver". Já virava as costas para sair, quando o ancião, tomando o livro e olhando compassivamente para o rapaz, chamou-o: "Meu jovem, por favor, aceite o livro que poderá mudar a sua vida". Impacientado, o mercador de peixes avançou sobre o sábio, que lhe disse, imperturbável: "Chegando à sua casa, pegue uma caneta e uma régua. Trace em cada página uma linha vertical no centro. A cada dia, quando for dormir, escreva no lado esquerdo tudo o que você fez de bom, suas virtudes. No lado direito, escreva tudo de negativo que você praticou, seus defeitos. No dia seguinte, procure melhorar suas virtudes e corrigir os defeitos. Se assim fizer, sem deixar de fazê-lo nenhum dia, até chegar à última página, ao encerrar o livro, você terá se tornado um sábio e um santo". O jovem caiu em si. O livro realmente poderia mudar sua vida, mas quem iria escrevê-lo seria ele próprio. Lágrimas rolaram pela sua face, vendo a injustiça que praticara contra o ancião. Lançou-se imediatamente a seus pés e pediu-lhe perdão pela injúria cometida: "Perdão, Mestre. Sem dúvida, a ingratidão por mim praticada será o primeiro defeito que assinalarei na primeira página do livro". O sábio levantou-o e pediu que voltasse em paz para casa. A partir dali, todas as noites o jovem relatava no livro os defeitos e as virtudes, procurando no dia seguinte corrigir e melhorar. Muitos anos depois, quando a vila já se tornara uma lucrativa cidade de grandes mercadores, um ancião ensinava os jovens com humildade e paciência a tornarem-se sábios e santos. "Dizem" — comentavam os moradores mais jovens — "que esse ancião sábio e santo foi na juventude um simples mercador de peixes".

Em momentos de prazer e reflexão como esse, quando contos de fundo moral eram narrados por Iraci, Dora se esquecia do problema que tinha. E, ao mesmo tempo, preparava-se para solucioná-lo. Quando ia ao hospital, a fim de cumprir o seu turno, Marcondes nada lhe dizia. Às vezes, ela notava lágrimas escorrendo pela face do marido, mas, diante do seu mutismo, também nada dizia. A única coisa que lhe falou foi que se tranquilizasse, pois avisara todos os seus clientes que a terapia estava suspensa até que ele pudesse voltar às atividades rotineiras. Além disso, imperou o silêncio. Contudo, chegou o dia em que o médico disse solenemente para Dora:

— Amanhã, seu marido receberá alta, dona Dora. Pode fazer os preparativos para levá-lo de volta ao lar. Felizmente, ele já está recuperado. É preciso apenas tomar algumas precauções e seguir à risca a ingestão de alguns remédios.

Orientada, ela se preparou para levar Marcondes de volta ao lar. Uma grave dúvida, porém, persistia: quando teriam o indispensável diálogo sobre o destino de ambos dali para a frente?

21
Conversações

Na semana seguinte, após a primeira sessão de trabalhos desobsessores, Nestor viu-se novamente diante do espírito Gaspar.

— Consegui parte do que pretendo com Joaquim — disse o obsessor com riso de satisfação.

— Você ainda vê Marcondes como o antigo Joaquim, não é mesmo? — perguntou Nestor.

— Ele é Joaquim! Apenas está oculto sob um pseudônimo. Como vocês costumam dizer: "É um lobo em pele de ovelha".

— Você disse que conseguiu *parte* do que pretende?

— É verdade. Ele ainda tem de cair lá no fundo do abismo. E quando chegar aqui, pertinho de mim, então as coisas vão ficar piores. Ele será meu escravo. Meu infeliz escravo.

— Estou surpreso, pois você parecia aceder às minhas palavras em nosso último encontro.

— Eu apenas havia dito que você fora a primeira pessoa a me dizer que mereço a felicidade. Somente isso.

— E, então, você não acha que merece mesmo?

— Depois de tudo por que passei, acho que ninguém a merece mais que eu. No entanto, esse Deus de que vocês falam traiu-me, assim como Joana e Joaquim.

— Gaspar, será que você não pagou uma dívida contraída anteriormente ao passar pelo que passou? Será que você não recebeu uma lição para poder continuar o seu desenvolvimento e encontrar a felicidade?

— O quê? Não estou entendendo nada.

— Você já sabe que vivemos mais de uma existência, não é mesmo? Caso contrário, não estaríamos aqui conversando.

— Parece que você tem razão.

— Bem, você não viveu só essas duas existências, viveu muitas outras, e numa delas não fez algo semelhante a Joaquim ou mesmo a outra pessoa?

O dirigente espiritual que dava apoio a Gaspar, aplicou-lhe um passe, tranquilizou-o e fez com que se recordasse da sua penúltima encarnação. Como num *flash*, Gaspar viu-se no corpo de um senhor feudal, na Idade Média. Ao mesmo tempo, recordou-se de muitas injustiças praticadas por ele contra seus servos e dos sofrimentos que lhes causou, apenas para mostrar seu poder e sua pretensa superioridade. Mas um caso específico ocorreu-lhe à memória. Havia um de seus servos mais próximos e de mais confiança, chamado Anselmo, casado com uma bela jovem, Heloísa. Era um servo dedicado, que se sacrificava, muitas vezes, para satisfazer as menores vontades do seu superior. Entretanto, atraiçoando a lealdade do seu subordinado, Gaspar, então chamado Pedro, notando a beleza de Heloísa, resolveu afastar o servo para tê-la perto de si. Pensando num modo de eliminá-lo, entregou-lhe a incumbência de levar uma carta a um feudo distante. Ao mesmo tempo, ordenou que dois soldados, a quem pagou com moedas de ouro, assassinassem o servo durante o trajeto. Assim foi feito, e o senhor feudal fez com que levassem a viúva à sua presença. Prometendo-lhe proteção, começou a persegui-la com o intuito de torná-la sua amante. Entretanto, ela resistiu a todas as investidas do senhor que, sentindo-se ultrajado, estuprou-a e, alegando deslealdade, deu um jeito de eliminá-la, num ato de extrema injustiça e maldade.

Essas cenas tornaram-se vivas na memória de Gaspar que, sem saber o que fazer, apenas disse decepcionado:

— Eu fiz tudo isso?

— A que você está se referindo, Gaspar? — perguntou o médium esclarecedor.

Completamente surpreso com a lembrança de fatos tão distantes, o obsessor contou com detalhes as terríveis experiências de sua vida pregressa. Atônito diante da desumanidade demonstrada naquela existência, Gaspar silenciou. Nestor aguardou, a fim de que ele refletisse, e depois esclareceu:

— O que se passou em sua última encarnação foi o resultado do que você praticou anteriormente. Operou-se, Gaspar, a Lei de Causa e Efeito. Explico: trata-se da lei segundo a qual todas as nossas ações provocam um efeito correlato. Se a ação for boa, os resultados serão favoráveis ao autor; se for má, o autor receberá efeitos desfavoráveis e inoportunos. O estado feliz ou infeliz de um espírito é próprio do seu grau de pureza ou impureza. A completa felicidade prende-se à perfeição. Toda imperfeição é causa de sofrimento, e toda virtude é fonte de prazer. O homem sofre em razão dos defeitos que expressa em seu cotidiano. De acordo com a Lei de Causa e Efeito, toda falta cometida é uma dívida contraída, que deverá ser paga. Em algumas oportunidades, as faltas cometidas podem ser reparadas na mesma encarnação. Outras vezes, porém, somente na existência posterior terá a alma culpada condições de resgate. O sofrimento que lhe foi imposto não passou de consequência pelo sofrimento que você impôs a Marcondes, então com o nome de Anselmo. No entanto, isso não significa que ele devesse vingar-se em encarnação posterior. Marcondes, já com o nome de Joaquim, também infringiu a Lei Divina e está agora saldando sua dívida. Por outro lado, também você está transgredindo a Lei e deverá resgatar o seu deslize. Entretanto, não precisa ser pelo sofrimento, pode ser pelo amor. Basta que você mude sua conduta, perdoe Marcondes e passe a auxiliá-lo, a fim de que se recupere e possa reconstruir seu lar e seu trabalho.

— Você me fala em perdoar? E o ultraje pelo qual passei?

— E o ultraje que você fez Marcondes passar?

Gaspar ficou pensativo. As coisas agora se tornavam diferentes; afinal, quem começara a onda de maldade fora ele mesmo. Confuso, ele pediu um tempo para pensar melhor. Nestor consentiu, dizendo-lhe, porém, com segurança:

— Conversaremos na próxima semana. Mas nesse tempo você me promete que dará trégua a Marcondes?

Pego de surpresa, Gaspar respondeu um tanto amuado:

— Não é o que eu gostaria, mas tenho palavra. Farei o que me pede.

∽

Ficou acertado que Marcondes deixaria o hospital numa sexta-feira. Hernani iria buscá-lo com Dora. Iraci ficou no apartamento preparando a refeição. Quanto a Marcondes, estava desorientado desde que se recobrara satisfatoriamente do infarto. Como enfrentar o olhar inquisidor da esposa? Como contar-lhe tudo o que vinha ocorrendo em sua mente até o plano de conquistar a todo custo a sua paciente? Como dizer-lhe que se tratava de uma força irresistível que tomava conta de sua mente e de seu corpo, fazendo até com que se jogasse aos pés de Acácia? E, ademais, ele teria de falar sobre Ivete e Lucélia, pacientes a quem ele também perseguira com sua obsessão pelo sexo. Suportaria Dora toda essa confissão? A ocorrência mais verossímil não seria ela enxotá-lo de casa ou ela mesma deixar o apartamento para ir morar com os pais, já idosos? E, com certeza, levaria Beatriz consigo. Nesse caso, de que valeria viver? Nessa altura, Acácia poderia ter contado a outras pacientes o que acontecera e a notícia poderia ter-se espalhado até mesmo no prédio onde ficava o consultório. Seu trabalho tinha ido por água abaixo, pensava ele. E, mais uma vez, nesse caso, de que valeria viver? Um desejo sinistro de acabar com a sua existência começou a tomar conta de seus pensamentos. Um plano foi-se instalando em sua mente doentia: assim que pudesse, passaria numa farmácia, compraria uma caixa de barbitúrico e tomaria de uma só vez todos os comprimidos. Assim todos os problemas estariam resolvidos. Convencido de que não havia outra saída para a sua situação tão comprometedora, levaria a efeito o seu plano na primeira oportunidade que lhe sobreviesse. Mais tranquilo, pois sabia que logo tudo estaria terminado, preparou-se para voltar para casa. Dora, que havia conversado muito com Albertina, e que fora tomar passes no centro espírita, estava mais compreensiva, embora ainda esperasse por explicações plausíveis por parte do marido. Quanto a isto, dissera-lhe Albertina:

— Dora, não se esqueça de que Marcondes está passando por um terrível processo de obsessão. Depois de tudo o que você me contou, não tenho dúvida de que se trata da fase mais avançada: a subjugação. Não exija demais de quem não tem condições para isso.

— Concordo com você, Albertina, mas alguma explicação ele me deve.

— E, com certeza, ele vai lhe dar. O que quero dizer é para você, no seu íntimo, perdoar tudo o que ocorreu, mesmo o que você ainda desconhece. Faça uso do perdão. Você vai sentir-se melhor e estará abrindo as portas para a reconciliação e uma nova vida, agora em uma dimensão superior.

— Não é fácil, Albertina.

— Eu sei disso. Mas é a melhor saída para esse caso.

— Mas, por que o trabalho de desobsessão não deu certo?

— Está dando certo, Dora. Mas exige o tempo necessário. Assim como a obsessão foi se instalando aos poucos, com a desobsessão ocorre o mesmo. E a sua ajuda será, daqui para a frente, fundamental.

— De que modo?

— Primeiro com seu perdão, depois com suas preces e com os diálogos construtivos que você estabelecer com Marcondes. Nestor e eu procuraremos também colaborar. Esteja certa disso. Também manteremos diálogos elevados com ele e estaremos fazendo preces diárias para que essa terrível obsessão termine o mais breve possível.

A conversa com Albertina surtiu efeito. Dora resolveu perdoar Marcondes, entretanto, queria ouvir suas explicações, a fim de poder saber melhor o que fazer para ajudá-lo.

Marcondes chegou cabisbaixo ao apartamento, mal conseguindo olhar para Dora ou Beatriz. Seu plano de suicídio já estava traçado. Esperaria apenas a oportunidade. Mas nesse meio tempo teria necessariamente de defrontar-se com Dora. Era isso que ele queria evitar a todo custo. Contudo, no segundo dia, após muito tempo de silêncio, Dora entrou no dormitório, fechou a porta e perguntou inesperadamente:

— E então, Marcondes? Não vai me dizer nada? Não pretende explicar-se?

Simulando mal-estar, ele colocou a mão no peito e disse com vagar:

— Eu... lhe devo, sim, explicação, Dora... Só lhe peço... que seja amanhã.

Dora, com uma ponta de culpa, concordou e esperou o diálogo que teriam no dia seguinte. Quanto a Marcondes, envolto num véu de vergonha e autodecepção, apenas ficou esperando o momento de tomar a caixa toda de barbitúrico que, a seu pedido, o cunhado Hernani fora comprar. O melhor momento, no pensamento de Marcondes, seria à noite, quando o apartamento estivesse mais sossegado. Com a expectativa de uma conversa a dois e com o desejo de acabar com todo o sofrimento, como erroneamente pensava Marcondes, o dia arrastou-se até cair a noite.

∾

No centro espírita, iniciava-se mais uma sessão terapêutica de desobsessão. No momento preciso, lá estava Gaspar, conduzido pelo dirigente espiritual. Dessa vez a arrogância demonstrada anteriormente já se desfizera. Depois que soube ter agido tão irresponsavelmente quanto Marcondes e anteriormente a ele, sentiu uma vergonha muito grande. Afinal, justamente o que sempre combatera em seu desafeto, ele mesmo praticara de modo vil e irresponsável.

— Agora que tomou conhecimento de mais uma de suas existências passadas, Gaspar, ficou mais fácil perdoar Marcondes e buscar sua própria felicidade?

— Não me peça para perdoar. Estou confuso, pois nunca iria imaginar que também fui tão velhaco e patife como Joaquim, que você insiste em chamar de Marcondes. Mas daí para perdoá-lo, vai uma longa distância. Com o perdão, eu perco a minha dignidade. É como se eu agradecesse por ele ter sido um traidor. Não é isso o perdão?

— Meu caro Gaspar, perdoar é conceder uma oportunidade ao agressor para que ele se arrependa.

— E por que Joaquim mereceria essa oportunidade?

— No mínimo porque também você precisa de oportunidade para arrepender-se do que fez.

— Você quer dizer que cada um de nós deve perdoar o seu agressor? Eu perdoo Joaquim e ele me perdoa?

— Exatamente.

— Mas como isso é possível se ele está agora no corpo desse tal Marcondes?

Nesse momento, o mentor manifestou-se na voz de uma médium psicofônica, que disse com segurança:

— Gaspar, ainda nesta madrugada vocês se reencontrarão. Estaremos dando a cada um a oportunidade para se arrependerem de todo mal que praticaram, um contra o outro, e poderem dar prosseguimento à sua autorrealização, à sua reforma interior. Aproveite bem essa concessão que lhes fazemos.

Gaspar ficou estarrecido diante do evento que iria viver, mas aquiesceu por saber que era o único meio de resolver aquela situação de inúmeros anos de sofrimento atroz. De forma inusitada, ele estaria frente a frente com seu opositor.

É interessante explicar que, durante o sono, ocorrem momentos específicos denominados "Sono REM". O vocábulo *REM* significa *"Rapid Eyes Movement"*, ou seja, "movimento rápido dos olhos". Nessas fases do sono ocorre o maior número de sonhos. Martins Peralva, em seu livro *Estudando a mediunidade*, distingue três tipos específicos de sonhos: a) *Sonhos comuns,* que resultam das nossas disposições físicas e psicológicas. Nesses sonhos, o espírito envolve-se na onda de seus próprios pensamentos como nos dos outros; b) *Sonhos reflexivos,* que são frutos da exteriorização de impressões e imagens arquivadas no cérebro. Neles, o espírito se relaciona com fatos, imagens, paisagens e acontecimentos passados desta ou de outras existências; c) *Sonhos espíritas,* em que ocorre o desdobramento do espírito e este se encontra com parentes, amigos, instrutores e até inimigos encarnados ou desencarnados. Trata-se de atividade real e efetiva do espírito durante o sono. *Desdobramento* é o fenômeno que consiste no afastamento do espírito de quem dorme, enquanto o corpo físico permanece em repouso, ligado por um cordão extrafísico, em geral denominado "cordão de prata" ou "cordão fluídico". Trata-se de filamentos que ligam o perispírito ao corpo, permitindo que este se projete e, posteriormente, retorne ao corpo físico.

Terminada a sessão, Gaspar foi conduzido por um mentor ao apartamento de Marcondes. Apesar de tudo o que descobrira a respeito de seu próprio caráter em encarnação na Idade Média, o obsessor ainda sentia uma repulsa muito grande por aquele que traíra uma amizade sincera que este lhe dedicara, quando eram Gaspar e Joaquim, no século XIX. O apartamento estava em silêncio. Beatriz dormia em seu quarto e Dora, alegando necessidade médica de o marido estar só, dormia no outro dormitório. Marcondes ressonava. Gaspar, instado pelo mentor, observava-o.

— Veja bem — disse o mentor. — Repare no sofrimento estampado na fisionomia desse homem. Não há em seu semblante nem uma réstia de paz e harmonia. Em sua mente ressoa o plano de pôr fim à sua presente existência. E ele vai fazê-lo se você não agir antecipadamente.

— Eu?

— Você mesmo.

— Eu quero mais é que ele se lasque, esse verme nojento acabou com a minha vida. Se ele sofre, eu sofro muito mais.

— E quem o fez sofrer tanto quanto você agora? Quem se aproveitou da sua posição social para tirá-lo de seu caminho e dar vazão a instintos inferiores, destituídos de qualquer marca de amor verdadeiro? Quem, com seu poder descomunal, assassinou este homem e arruinou a existência de sua esposa?

Gaspar pensou um pouco e, em seguida, redarguiu:

— Então você está pregando a vingança? Pois não é contra isso que você estava se colocando?

— Eu não defendo a conduta dele na última encarnação. Ele já está pagando. Eu sugiro que vocês acabem com esse círculo vicioso e busquem, cada um em particular, o caminho de retorno para o Pai. Eu recomendo que partam em direção à felicidade, deixando de vez a amargura do sofrimento desnecessário.

Antes que Gaspar pudesse retrucar, o mentor auxiliou o desdobramento de Marcondes que, ao ver o desafeto, prestou bem atenção em sua fisionomia e, em seguida, recuou aterrorizado. Colocando as mãos à frente dos olhos, como a querer negar o que estava presenciando, disse apavorado:

— Gaspar! Você está aqui?

— Sim — respondeu o obsessor. — Vim cobrar o que me é devido: a minha honra! Você não escapa das minhas garras, vagabundo, miserável.

Marcondes, pego de surpresa, tremia diante do ódio estampado em Gaspar. Entretanto, o mentor auxiliou-o a recordar-se do que ocorrera na Idade Média, quando ele, servo exemplar, fora traído pelo caráter corrompido de seu senhor. Tudo veio, com grande ímpeto, à sua memória. Nesse momento, enchendo-se de coragem, Marcondes respondeu:

— Como você tem a desfaçatez de me insultar, quando na pele de Pedro, meu senhor, traiu a minha confiança e fidelidade incomum à sua pessoa? Como pode perseguir-me, quando o autor de toda a desgraça que me ocorreu foi você mesmo, na sordidez de sua mente degenerada? Quem é você, criatura abjeta, para me dar lição de moral?

Gaspar, mais uma vez, reviu tudo o que acontecera na longínqua era medieval, quando ele deu início àquele círculo de dor e sofrimento atroz. Paralisado diante das tristes recordações, ele virou-se indeciso para o mentor que, aproveitando o ensejo, disse com autoridade:

— Olhem bem para mim e me escutem. Estou aqui a fim de promover a reconciliação entre ambos. Chegou o momento de quebrar esse círculo vicioso, que começou há muitos séculos. Lembrem-se bem. Pensem no século I antes de Cristo. Vocês estão em Roma. São dois abastados irmãos, que desde a infância sempre disputaram entre si a primazia pela força e inteligência. Mas, aparentemente, são unidos. Pertencem à aristocracia romana. Cada um possui a sua *villa*, com dezenas de escravos. No ano 26 a.C., o imperador é Otaviano, herdeiro adotivo de Júlio César. Conservador e austero, é respeitado e invejado pelos patrícios, tendo sido um deles. Os irmãos Marcus Tullius e Marcus Livius — lembram-se? — disputam a amizade ou, pelo menos, a boa reputação diante do imperador. Marcus Tullius, hoje Marcondes, e Marcus Livius, chamado hoje Gaspar.

A memória dessa encarnação foi clareando na mente deles. Cenas completamente sepultadas no inconsciente de ambos eram agora recordadas em pequenos detalhes.

— Tullius conseguiu aproximar-se do imperador, sendo convidado algumas vezes para comemorações realizadas no palácio. Livius, embora também tenha poucas vezes conseguido aproximar-se de Otaviano, não conseguiu o mesmo destaque. A inveja e o amargor, por ter sido preterido, levou-o a sérios comprometimentos do estômago, que acabaram por levá-lo ao desencarne. Entretanto, não assumindo a responsabilidade pela eclosão da doença, dizia aos mais íntimos que a deslealdade e o descaso de Tullius é que o estavam levando ao túmulo. Quando desencarnou, estavam de relações cortadas. O dissabor diante do acontecido permaneceu no coração de Livius até a encarnação seguinte, na Idade Média, quando foi Pedro, senhor feudal. Já, como Gaspar, no século XIX, teve a oportunidade da reconciliação, entretanto, Joaquim, que também guardava mágoa inconsciente da traição que sofrera por parte de Pedro, acabou por vingar-se, traindo aquele que então se mostrava seu amigo leal.

O quadro ficou claro para ambos os contendores, como também a oportunidade de pôr fim à dissensão. Todavia, cada um deles estava tão envergonhado, tão humilhado, que não ousava fitar os olhos do outro. O mentor tomou a palavra:

— Queridos irmãos, está vivo na memória de cada um de vocês o quadro de seus infortúnios. E o que fez essa bola de neve girar por tantos séculos foi o egoísmo, cultivado com esmero no passar dos anos. Como já se disse, o egoísmo é a fonte de todos os vícios, tal como a caridade é a origem de todas as virtudes. Do egoísmo é que deriva todo o mal. Como o egoísta tem seus interesses voltados unicamente para si mesmo, acaba por valorizar a própria personalidade em prejuízo dos demais. E para que se interrompa o sofrimento que existe no âmago de cada um de vocês, só existe uma solução: a cessação imediata da hostilidade. Mais que isso: o perdão mútuo.

Levantando a cabeça, que se mantivera cabisbaixa, Gaspar perguntou amuado:

— Perdão? Não é pedir que me humilhe diante de quem me vilipendiou o valor da amizade?

— O perdão, Gaspar — respondeu o mentor —, é a oportunidade concedida pela compaixão divina para a reabilitação. Você não acabou de recordar como igualmente escorregou no caminho do autoaperfeiçoamento? Não foi suficiente a lembrança sofrida de seus deslizes? Também Marcondes teve o valor da sua lealdade e da sua amizade vilipendiado por você. Perdoar é recomeçar, é reconstruir em novas e seguras bases uma aliança abençoada pela compassividade do Pai Celeste. Esqueça tudo o que você fez e tudo que lhe aconteceu de negativo, aproveite o passado apenas como lição para um presente melhor. Recomece a viver, sem o sofrimento dolorido da mágoa e você terá a oportunidade de uma nova encarnação, com perspectivas muito melhores. Siga o seu caminho para a melhora interior e permita que Marcondes faça o mesmo.

Gaspar ficou pensativo. O fato de ele também ter traído a confiança do seu adversário, deixou-o desarmado. Marcondes, por sua vez, tomando conhecimento dos fatos que estavam sepultados no seu inconsciente, foi tomado de grande arrependimento, e falou com a voz embargada pelas lágrimas:

— Senhor, eu estou pronto não só para perdoar como para pedir perdão.

Voltando-se para Gaspar, continuou:

— Meu senhor, meu irmão e meu amigo, nem mesmo tenho o que perdoar, pois já considero que você está perdoado. Apenas, suplico-lhe perdão por todo o mal que eu possa ter-lhe feito, em qualquer das nossas existências. Quero que você seja feliz, como merece, e quero também encontrar a felicidade perdida no meio do caminho. Perdoe-me, Gaspar, pelo amor de Deus.

Marcondes falava em meio às lágrimas, que derramava em abundância. Sendo pego de surpresa, Gaspar ficou estarrecido, sem nada poder dizer. Depois, também com lágrimas afloradas nos olhos, disse comovido:

— Já não sei que nome dar-lhe. Vou chamá-lo, portanto, pelo nome que tem hoje: Marcondes. Peço-lhe perdão por todo o mal que já lhe fiz em existências passadas, ao mesmo tempo em que o perdoo pela amargura que você me fez passar. Peço-lhe, sobretudo, perdão pelas atribulações que você vem passando e que fui eu, em minha insanidade, quem os causou. Prometo-lhe que, a partir de agora, eu o deixo livre para seguir seu caminho, assim como eu terei de seguir o meu. Peço mesmo que este espírito de luz que contribuiu para a nossa reconciliação, auxilie-me para que eu possa reparar o mal que já lhe causei e cujas consequências ainda estão por vir. Que eu possa evitá-las com a força que vem do Alto e que eu ainda não possuo. Perdoe-me, Marcondes, pelo desejo que tenho de reparar-me.

Gaspar, em sentido pranto, dirigiu-se até o antigo desafeto e abraçou-o, sempre a pedir-lhe perdão, o mesmo fazendo Marcondes. O mentor esperou um momento e disse de surpresa:

— Aqui estão dois espíritos que também querem dirigir-se a vocês. Escutem o que eles têm a dizer. Assim, apareceram, em desdobramento, conduzidas por espíritos solícitos, Ivete e Dora. Ivete foi a primeira a falar:

— Meus queridos irmãos, aqui estou para buscar a reparação dos meus erros, pedindo-lhes perdão pelo mal que lhes infligi. Como Joana, em minha última encarnação, traí o seu amor, Gaspar, e sofri pelo resto dos meus dias a dor do arrependimento. Morri de mágoa e assim cheguei ao plano espiritual, onde permaneci prometendo a melhora de vida na encarnação seguinte, ao mesmo tempo em que lhes pedi perdão pelo desatino praticado. Atualmente, busco a reparação entre as quatro paredes de um convento, que simboliza a esperança de dias melhores. Na carne, não tenho consciência do que aconteceu no passado, mas algo indefinível me impele para o auxílio ao semelhante. Aqui, esclarecida pela luz do entendimento, sei que busco desesperadamente a reparação do infortúnio que impregnou as nossas existências. Venho implorar-lhes, Gaspar e Joaquim, o perdão que vai me dar a paz de espírito e me permitir servir ao próximo, de acordo com o Mandamento Divino.

Atirando-se aos pés de Marcondes e Gaspar, Ivete encostou o rosto no solo e, entre soluços, implorou pelo perdão que esperava havia tantos anos. Gaspar, comovido pela dor expressa por Ivete, levantou-a e lhe disse, olhando em seus olhos:

— Eu sempre a amei, Joana, e se hoje você buscou o interior de um mosteiro para dedicar o seu amor aos semelhantes, só posso perdoá-la, do fundo da minha alma. Fique em paz. Que um dia possamos nos encontrar para darmos continuidade ao que foi interrompido de modo tão devastador. Que tenhamos uma nova chance de amor e paz. Que o Senhor assim o permita.

Marcondes, com os olhos vermelhos de tanto chorar, ajoelhou-se diante de Ivete e disse com toda sinceridade, lembrando seu antigo nome:

— Eu não posso perdoá-la, Joana, pois fui eu que a empurrei para o precipício, para o fundo do abismo. Entretanto, peço o seu perdão, a fim de que ambos possamos, cada um na sua própria trilha, continuar rumo à felicidade de que nos desviamos um dia. Perdão, Joana, perdão.

Abraçaram-se os três, com lágrimas nos olhos e felizes por estarem pondo fim a um sofrimento que havia se cristalizado no coração deles, embora o ressarcimento das dívidas contraídas ainda tivesse de ser completado por novas experiências. Naquele momento, porém, Dora, que se mantivera calada, adiantou-se e disse:

— Marcondes, eu fui Maria Angélica Alcântara em minha última encarnação. Lembra-se? Fui sua esposa devotada, a quem você traiu.

A alegria estampada na face de Marcondes desapareceu imediatamente. Então, fora a ela que ele traíra e agora estivera tentando fazê-lo novamente? Justamente a quem nunca tivera um único pensamento de traição em relação a ele? Essa era a monstruosidade que ele vinha cometendo desde a sua última encarnação? A infâmia do seu gesto pesou em seus ombros, de modo que, inconscientemente, ele dobrou a cabeça em direção ao peito. Humilhado na essência de seu ser, tentou sair correndo do local, porém, Dora, inspirada pelo mentor, antecipou-se à sua ação e lhe disse com ternura:

— Eu sei de seus problemas, Marcondes. Sei das influências recebidas de seu antigo rival. Mas sei igualmente que você estava precisando da oportunidade que acabou de ter. Portanto, não tenho dúvidas de que, daqui para a frente, sua vida vai mudar e poderemos reconstruir o amor que começou há tantos anos e se desfez com seus atos impensados. Gaspar, daqui para a frente, vai pensar em você com amor fraterno, quando estiver recebendo as lições da espiritualidade. Joana, ou Ivete nesta encarnação, já encontrou o seu caminho de redenção e vai seguir convictamente por ele. Resta a nossa regeneração para o estabelecimento de dias melhores no nosso futuro. Venha comigo para o refazimento interior de que necessitamos.

Marcondes, agora tocado pelo amor de Dora, dirigiu-se até ela e ia atirar-se a seus pés, quando ela se adiantou e o abraçou efusivamente.

— Prometo-lhe, Dora, que nunca mais pensarei em traí-la. De hoje em diante, serei aquele que sempre deveria ter sido: o esposo fiel e o pai amoroso.

O mentor, estendendo as mãos em direção aos protagonistas daquele encontro incomum, aplicou-lhes um passe de serenidade, a fim de que, tranquilos, pudessem retornar ao cumprimento das promessas ali expressas para a melhora de cada um. Em seguida, dois espíritos, que ainda não tinham sido vistos, encaminharam-se até Gaspar e tomaram as suas mãos, desaparecendo em seguida. Ivete abraçou Dora e, em seguida, foi transportada para o seu leito no convento. Marcondes, adiantando-se, tocou a mão da esposa e ambos seguiram para o lar. Estava encerrado o encontro mais importante na vida desses espíritos espezinhados pelo sofrimento. Dali para a frente, novas experiências esperavam por eles na trajetória de sua reforma íntima.

22
Confabulações

IVETE ACORDOU COM UMA ALEGRIA INTERIOR que não lhe era familiar. Quando foi à capela para as orações, sentia-se leve, como se um peso tivesse sido retirado de suas costas, embora não tivesse consciência do que ocorrera durante a madrugada. Em meio à missa, quando o celebrante disse "Corações ao alto", ela sentiu que o seu flutuava muito além do plano em que se achava, no interior da capela. "O meu coração está suspenso no Céu", pensou, enquanto acompanhava a celebração da missa.

Em pouco tempo, o trabalho de Ivete passou da faxina para a jardinagem. Ela começou a cuidar dos jardins internos. Havia uma freira que entendia bastante de jardinagem e Ivete foi designada para auxiliá-la. Quando não havia trabalho nos jardins, ela ajudava na cozinha, fazendo as vezes de copeira. Funções tão diversas das que ela exercia na empresa em que trabalhara como executiva... Mas ela sabia que essa era uma provação que lhe fora imposta para checar sua humildade e obediência aos superiores. E fazia com tanto gosto ambas as atividades, que acabavam se tornando uma distração prazerosa. Irmã Ernestina, a quem se reportava nos trabalhos de jardinagem, havia simpatizado bastante com ela. Sempre que podia, orientava-a com exortações ou contando algum caso ocorrido com ela mesma, na juventude, ou com alguma outra freira.

— O período em que somos postulantes — disse certa vez — é um dos mais importantes da nossa vida. Postular significa pedir, solicitar, não é mesmo?

— É verdade, irmã.

— Pois bem, quem está fazendo o postulado, como você, está pedindo para ser aceita. Está passando por um período de preparação e provações, que indicarão se o pedido será ou não aceito. Mas a aceitação, se houver, não é ainda para tornar-se freira, mas para passar ao nível seguinte: o noviciado. Depois, sendo aprovada no período de noviciado, aí sim, será uma noviça admitida na Ordem. Nesse meio-tempo, haverá a profissão simples, em que a noviça faz votos temporários de obediência, castidade e pobreza e, finalmente, a profissão perpétua, que é um compromisso para toda a vida. O caminho é longo, minha irmã, mas se você tiver realmente vocação para a vida religiosa, o tempo será muito breve, e a felicidade, como rosa entre espinhos, suplantará todos os sacrifícios.

— Suas palavras dão-me ânimo, irmã Ernestina, e eu procurarei guardá-las em meu coração. — Ivete fez um pequeno silêncio, depois perguntou: — Valendo-me da sua boa vontade, posso fazer-lhe uma pergunta?

— Claro que sim. O que você quer saber?

— Das postulantes que aqui ingressam, quantas seguem até o fim, ou seja, quantas tornam-se freiras?

— Não posso dar-lhe nenhuma porcentagem, apenas lhe digo que algumas ficam pelo meio do caminho. Em geral, são moças que romantizaram a vida religiosa e, ao se verem diante da realidade, não conseguiram suportá-la. Outras tinham uma vida social muito intensa ou seus pais eram ricos, de modo que, ao se verem fechadas entre quatro muros, usando roupas simples, sem muito contato com pessoas e sem poder usufruir o dinheiro de que se valiam no mundo, acabaram desistindo. Como disse o Divino Mestre: "Ninguém pode servir a dois senhores, porque ou há de odiar um e amar o outro ou se dedicar a um e desprezar o outro. Não pode servir a Deus e a Mamon". Você sabe a que se refere Jesus, quando diz "Mamon"?

— Ele faz referência às riquezas, não é mesmo?

— Sim, mas não só a isso. Mamon é também o símbolo da luxúria, do gozo da carne e dos prazeres deste mundo. Quando nos conduzimos sob a inspiração de Mamon, enveredamos para a ambição e a avareza. E quando assim agimos, voltamos o nosso coração apenas para as coisas materiais e terrenas. Como é fácil perceber, quem pauta a sua conduta pelo caminho terreno não consegue achegar-se às coisas do Céu. Não pode, portanto, suportar a vida religiosa.

— Nada mais lógico, irmã Ernestina.

— Para concluir, vou dar-lhe um exemplo. Certa vez chegou aqui ao convento uma jovem de cerca de vinte anos. Era filha de um grande industrial. Apesar de a madre e a mestra tentarem dissuadi-la, ela insistiu em ingressar na Ordem. Como o postulado serve de experiência para as jovens, ela foi aceita. Em pouco tempo, verificou-se que se tratava de uma moça mimada e caprichosa. Não se sentiu bem com o vestuário simples que recebeu, tinha dificuldade enorme para fazer a limpeza das dependências internas e levantava-se de mau humor. A convivência com as demais postulantes e com as freiras ficou insuportável para ela, as regras tornaram-se pesadas demais até que, três ou quatro meses depois, ela anunciou que estava de malas prontas para voltar à casa paterna. É aqui que devemos nos lembrar de mais uma assertiva de Jesus: "Como é difícil aos que têm riquezas entrar no Reino de Deus! Com efeito, é mais fácil um camelo entrar pelo buraco de uma agulha do que um rico entrar no Reino de Deus!". É claro que o Mestre falava do rico que dá prioridade à sua fortuna e não à parte espiritual da vida. A riqueza pode tornar-se, assim, um fardo insuportável, quando não se tem as virtudes da simplicidade, da humildade e da caridade. É bom que pensemos nisto com seriedade. O que vale mais? Uma conta bancária elevada ou um coração voltado para Deus?

O diálogo encerrou-se aí, mas deixou conteúdo para a reflexão posterior de Ivete. Quando ela se recolheu à cela, ficou pensando no mundo que deixara para fora das quatro paredes do convento. Até pouco tempo, ela fora uma executiva de sucesso. Tinha um belo apartamento, carro do ano, uma conta corrente polpuda e dinheiro aplicado em ações rendosas. Dali para a frente, porém, nada disso deveria ter sentido para ela. Faria voto de pobreza, rejeitando as riquezas do mundo. É claro que não viveria na miséria. Pelo resto da vida teria o que lhe fosse necessário, entretanto, não seria o dinheiro guardado que lhe compraria os hábitos e os calçados que iria usar. Ser-lhe-ia necessário agir humildemente, pedindo à superiora o que lhe fizesse falta. Há muito tempo isso não lhe acontecia. Em sua área da empresa, por exemplo, era ela que decidia o que cada funcionário deveria ter para a execução adequada do seu trabalho diário. E, como diretora, passaria a ter o seu poder ampliado. Muitas pessoas teriam de obedecer-lhe as decisões e inclinar a cabeça diante de seus caprichos. Agora, fechada naquela minúscula cela, o mundo passava a ser visto com outros olhos, sob nova perspectiva. Entretanto, ela continuava firme no seu propósito de ingressar na ordem do Carmo.

O seu desejo mais veemente era deixar de ocupar-se apenas consigo mesma para, em contato com Jesus, poder doar um pouco de si para quem precisasse dos seus préstimos. A palavra mais adequada para esse gesto era caridade. Lembrou-se de uma citação do sutra Mahaparinirvana, do budismo, que lera certa noite em seu apartamento: "A verdadeira caridade surge espontaneamente de um coração simpático, antes mesmo que qualquer pedido seja feito. Ela é a pessoa que doa, não em ocasiões específicas, mas constantemente". Era exatamente isso que ela queria praticar dali para a frente, amando a si mesma, sem, no entanto, deixar de amar seus semelhantes. "Não saiba a vossa mão esquerda o que faz a direita", dissera Jesus. E ela queria pautar-se por essa norma. Pensou em começar a agir desse modo, fazendo pequenos gestos de delicadeza com suas companheiras de convento. Dali, poderia alçar voos mais altos para cumprir o mandamento sintetizado pelo Divino Mestre: "Amar a Deus sobre todas as coisas e ao próximo como a si mesmo".

Esses pensamentos de Ivete recebiam o impacto de uma inspiração superior, provinda de sua amiga e mentora espiritual, sóror Augusta do Sagrado Coração. Na verdade, eles começaram a solidificar-se após o encontro, em desdobramento, entre ela, Marcondes, Gaspar e Dora. Em seu íntimo, algo lhe dizia que ela precisava mudar radicalmente a sua vida e, quando assim pensava, uma ponta de tristeza e culpa transparecia em seu semblante. Era o impacto das lamentáveis ocorrências que haviam sobressaído no seu passado distante, quando de sua última encarnação. Inconscientes, manifestavam-se apenas na onda de tristeza que a invadia, quando, sozinha em sua cela, tecia o véu das suas meditações profundas sobre a vida e a morte. Alheia ao que acontecia com seus parceiros de infortúnio, todos agora com a oportunidade de ressarcimento e de uma existência mais bem aproveitada, Ivete foi vendo os dias passarem de modo rápido e silencioso no interior do convento que abrigava os seus mais caros sonhos. Foi assim que, passado um ano, chegou o esperado e temido dia em que a madre mestra, irmã Teodora, chamou-a para conversar sobre a sua "vocação religiosa". Antevendo que o seu futuro estaria determinado a partir do diálogo que se aproximava, um intenso tremor tomou conta do seu corpo, quando, diante da porta da cela de sua mestra, ouviu:

— Bom dia, Ivete. Entre!

— Com licença, madre.

— Sente-se. Quero ter uma conversa com você.

Sem nada dizer, Ivete sentou-se aflita na cadeira que lhe foi destinada. Depois de breve silêncio, em que irmã Teodora parecia findar a análise de alguns apontamentos, teve início o diálogo:

— Eu gostaria de saber como você está em relação à vida no convento.

— Como já lhe disse outras vezes, madre, penso que encontrei o lugar onde deveria ter pedido acolhida muito mais cedo. Não tenho nenhuma reclamação. Pelo contrário, só tenho agradecimentos.

— A sua resposta me parece muito romântica. Deu-me a impressão de estar lendo um folhetim sobre uma simples monja que se tornou santa.

A resposta atingiu em cheio o orgulho reprimido de Ivete, que arqueou as sobrancelhas e olhou diretamente nos olhos de irmã Teodora para dar-lhe uma resposta que condissesse com o tom do comentário, mas o sorriso que, agora, a freira estampava no rosto, desarmou-a completamente. Desajeitada, quis dizer alguma coisa, mas a freira adiantou-se:

— Exagerei em minha consideração?

— Não, madre. Quero dizer, fui sincera quando proferi as minhas palavras.

— Acredito. Então, fale-me sobre você.

Ivete estava completamente confusa. Lógica em suas argumentações, esperava um diálogo com começo, meio e fim, entretanto, a conversa parecia mudar de rumo a cada intervenção da madre mestra. Falar o quê sobre ela? Como fora até ali a sua vida monástica? O que esperava do futuro? Qual era o seu tipo de personalidade? Quais os seus anseios e necessidades? Enfim, o que realmente queria madre Teodora? Logo chegou uma luz. Olhando-a com serenidade, a madre mestra, acrescentou:

— Faça-me um apanhado geral de sua vida neste último ano, desde o dia em que aqui chegou.

— Bem, mestra, eu cheguei aqui porque me senti impelida para a vida religiosa. O mundo lá fora já não me causava nenhuma satisfação. Como a senhora bem sabe, eu era uma executiva em ascensão. Estava prestes a tornar-me diretora de uma grande empresa. Não havia, entre os executivos, quem não invejasse a minha trajetória. Mas, apesar de tudo isso, eu me sentia triste, oprimida, pois não mais conseguia obter satisfação das atividades que antes me fascinavam. Faltava alguma coisa em minha vida que eu não conseguia identificar. Isso persistiu por muitos meses. Como a senhora também sabe, eu já considerava madre Teresa minha grande amiga e vinha visitá-la três ou quatro vezes por ano. Em uma dessas vezes, ela deixou-me num dos bancos da capela e despediu-se. Quando fiquei de mãos postas para iniciar uma prece, antes de deixar o convento, uma paz incomum tomou conta da minha alma. Era como se todos os meus problemas houvessem cessado. Eu flutuava numa espécie de nuvem interior. É difícil de explicar. O que posso dizer é que foi a experiência de maior paz e tranquilidade em toda a minha vida. Quando, depois de alguns minutos, levantei-me, já estava decidida: o que eu queria para mim era viver voltada para a espiritualidade. O que eu queria, de fato, era entrar para o convento. Conversei posteriormente com madre Teresa. Quando consegui a aprovação, uma onda de felicidade inundou meu coração.

— E depois? Como foi a sua vida aqui, até este momento?

— Em primeiro lugar, devo dizer que não me arrependo da escolha que fiz. É isso mesmo que quero para mim.

— Nunca sentiu saudade da sua vida de executiva numa grande empresa?

— Não, madre, não sinto nenhuma saudade daquela vida. É aqui que pretendo passar todos os meus dias até ser chamada para a eternidade.

— O que pensou quando lhe passei o trabalho de faxina e depois a tarefa de cuidar dos jardins e da copa? Afinal, isso nada tem a ver com as atividades de uma alta executiva, não é mesmo?

— Lembra-se, madre Teodora, que lhe disse que gostava de cuidar de jardins? Adoro plantas e flores. Estar entre elas é para mim muito agradável. Nem sinto o tempo passar. Quanto à faxina, confesso que não me foi tão pesada, como pensei a princípio.

— E quando está lavando pratos, copos e talheres?

— Não é o que mais gosto na vida, mas também esse trabalho realizo com amor, tanto quanto posso.

— Não tenho nada a recriminar quanto a essas atividades que você vem realizando, Ivete. Entretanto, caso você continuasse conosco, teria de cumprir outras tarefas. Farei um rodízio de trabalho. Caber-lhe-ia, a partir daí, a limpeza das celas e dos banheiros. É um trabalho comum para a postulante que vem de família pobre e está acostumada a fazer isso. No entanto, para você não deve ser a mesma coisa, não é verdade?

Ivete sempre detestara fazer limpeza. Para isso, tinha uma empregada em seu apartamento. Ao ouvir as palavras de madre Teodora, uma ponta de insatisfação vincou a sua testa e cerrou os seus lábios, o suficiente para ser notado pela superiora em sua experiência de lidar com pessoas.

— Não é o que você gostaria, eu sei. Mas quem entra para o convento tem de deixar as vontades e os caprichos da porta para fora.

Parece-me que você os trouxe para dentro, Ivete. Isso não é nada bom. Pode até mesmo contaminar outras postulantes que ainda não estejam seguras quanto à sua vocação. Os seus caprichos não me dão bom augúrio quanto à sua permanência nesta casa.

Ivete estremeceu. Estaria madre Teodora dizendo que ela poderia fazer as malas e voltar para o mundo? Seus sonhos começavam a terminar naquele momento? Haveria alguma forma de convencê-la do contrário? Juntando forças, pediu a Deus que não a abandonasse naquele momento. Que não a repelisse da casa onde ela mais queria ficar. Foi com lágrimas nos olhos que disse, em tom de súplica:

— Madre mestra, ainda tenho muitos defeitos, eu bem sei. Mas estou aqui também para me desfazer deles. Prometo-lhe vigiar mais os meus pensamentos, os meus sentimentos e a minha conduta.

— Também os seus caprichos, Ivete.

— Sim, madre, também as minhas vontades e os meus caprichos. Dê-me mais uma oportunidade, eu lhe imploro.

Nesse momento, ela levantou-se e ajoelhou-se diante da superiora, que, imediatamente, fez com que se levantasse.

— Nada de cenas cinematográficas, Ivete. Não é assim que se conquista um lugar na casa de Deus.

Ao ouvir isso, ela perdeu todas as esperanças de ainda poder dar continuidade ao postulado.

Chegara no ponto final. Não havia mais como continuar o seu caminho. Era preciso voltar e encarar a derrota, refazendo a vida no mundo, por mais difícil que isso lhe parecesse.

— Perdão, madre. Não quis fazer cena. Aceito o que a senhora me disser. Estou atenta às suas determinações e aos seus conselhos.

Assim dizendo, fechou os olhos e esperou a sentença final.

— Pois bem, Ivete, pensei muito no seu caso e já tenho a decisão tomada.

Quando, em desdobramento, encerrou-se o inusitado encontro entre Ivete, Marcondes, Dora e Gaspar, este foi conduzido pelos braços por dois espíritos, que lhe pareceram familiares, mas de quem não se recordava. Pareceu-lhe passar por locais recobertos de uma neblina espessa até que avistou, em meio a uma região inóspita, alguns prédios cercados por altos muros. Quando se aproximaram do local, um dos espíritos falou-lhe:

— Gaspar, você vai ficar nesta casa de recuperação. Seu perispírito está muito danificado. Antes que possa dar continuidade ao seu aprendizado, é necessário que se refaça. Isso pode levar um certo tempo. Aproveite cada momento que você passar nessa localidade e não desperdice a oportunidade que lhe está sendo oferecida. O perdão abre as portas para a reforma íntima, no entanto, é preciso que se dê continuidade ao processo de autorregeneração. A sua melhoria vai depender exclusivamente de você, visto que espíritos abnegados estarão trabalhando continuamente para o seu restabelecimento.

Depois de algum tempo, chegaram à instituição, sendo recebidos por trabalhadores que encaminharam Gaspar para uma grande enfermaria. Antes, porém, os espíritos que ele via enevoados, tornaram-se límpidos a seu olhar e ele pôde distinguir dois grandes amigos que tivera em Portugal, quando de sua última encarnação. Emocionado, agradeceu-lhes entre lágrimas, pois se sentia muito bem como há muito não estava. Parecia-lhe ter tirado um grande peso das costas. É verdade que sentia uma dor aguda na região do peito, mas não se comparava ao sofrimento que vivera até aquele momento. Um dos espíritos esclareceu-o:

— Gaspar, a dor que você está sentindo é na região do seu perispírito, que foi danificada devido ao ódio que você nutria contra o seu desafeto. As nossas emoções e sentimentos destrutivos agem nas regiões em que se situam o centro solar e o centro cardíaco. Ao mesmo tempo em que você emite energias aniquiladoras a quem odeia, também recebe essa carga devastadora em seu próprio pe-rispírito. E o amor pode regenerar os tecidos danificados. Portanto, mantenha-se sintonizado em bons pensamentos e em sentimentos dignificantes. Faça exatamente o que lhe for recomendado e terá o tempo de permanência nesta casa reduzido, podendo até trabalhar para dar continuidade à sua romagem rumo ao nosso Pai.

Outras palavras orientadoras e reconfortantes foram ditas pelos antigos companheiros de Gaspar, que agradeceu em prantos tudo o que haviam feito por ele. Posteriormente, conduzido à en-fermaria, iniciou o processo de recuperação.

~

Marcondes acordou às oito horas em ponto. O quarto estava quente e ele afastou a coberta. Acendeu o abajur e olhou para o criado-mudo onde colocara a caixa com os soníferos. Estava ali o que ele pensara ser o meio de afastar-se dos problemas da vida. No en-tanto, sentia no peito nova energia que se propagava por todo o corpo. Não se tratava apenas de uma energia física, ele sentia-se também muito bem-disposto emocionalmente. Havia muito tempo não sabia o que era estar alegre, pois até uma ponta de alegria bai-lava em seu semblante sorridente. Pegou a caixa de sonífero e a co-locou na gaveta do criado-mudo. Não queria mais fazer uso daquilo que só poderia complicar as coisas, em vez de solucioná-las. Preci-sava falar com Dora o mais rápido possível. Tinha de pôr um fim naquela situação angustiante. Diria que agira contra a sua própria vontade, quando investira na paciente. E era verdade. No estágio em que chegara a sua obsessão, ele já não era mais o autor da sua pró-pria vida. Tornara-se um joguete nas mãos do obsessor. Essa é uma das características da subjugação, quando passa a haver o predomí-nio da vontade do desencarnado sobre o obsidiado, exaurindo-lhe as energias e transtornando-lhe os equipamentos da aparelhagem mental. Diria também que, apesar de tudo, responsabilizava-se pelo ocorrido, mas que determinara mudar de vida imediatamente.

Pensava ainda em como expor tudo o que lhe ia na alma, quando Dora entrou no quarto trazendo uma bandeja com chá e bolachas. Sentiu um leve estremecimento. Recuperando-se, pegou a bandeja, colocou-a ao seu lado e pediu que a esposa se sentasse. Em seguida, com voz embargada, começou pedindo perdão:

— Devo-lhe explicações, Dora, mas antes quero pedir-lhe perdão por todo o sofrimento que lhe tenho causado até o dia de hoje. Sei que não lhe é fácil perdoar-me depois da cena deprimente a que você assistiu. Para mim, igualmente é praticamente impossível encará-la novamente e poder estabelecer um diálogo do mesmo modo que fazia anteriormente. A situação é tão terrível que eu havia decidido dar fim a tudo, tomando uma caixa de sonífero. Contudo, quando acordei, senti uma leveza que não me era familiar havia muito tempo. Algo me disse para retornar à vida e recomeçar tudo. É por essa razão que venho pedir-lhe perdão e quero expor tudo o que me ocorreu nos últimos tempos.

Dora também levantara muito mais leve naquela manhã. O que se passara com Marcondes parecia não afetá-la mais. Era como se já houvessem se reconciliado. Ela pensava ter tido um sonho semelhante ao dele. Não se recordava bem do conteúdo, mas parecia-lhe que o marido lhe havia pedido perdão e ela o perdoara, de modo que não se fazia necessário fazê-lo passar novamente por essa tribulação. Via Marcondes já com outros olhos, embora ainda restasse um fundo de mágoa em seu coração, de modo que deixou que ele continuasse.

— Dora, não sei como me explicar, mas há mais de um ano venho me sentindo diferente. Ideias que antes eu não tinha começaram a circular em minha mente. Emoções desagradáveis passaram a fazer parte do meu repertório sentimental. Fiquei pessimista, mal-humorado e até mesmo desrespeitoso. Algo indefinível me dizia para que... demonstrasse a minha masculinidade e o meu poder de sedução, partindo para conquistas sem nenhum fundamento no amor verdadeiro. A paixão tomou conta da minha vida, as emoções descontroladas, alheias ao bom uso da razão passaram a fazer parte intrínseca da minha personalidade. Talvez eu esteja usando um linguajar um tanto professoral, mas tenho vergonha de usar termos mais populares para qualificar a minha conduta nos últimos tempos. Serei franco: tentei conquistar mais de uma paciente, sendo porém repelido pela firmeza moral de cada uma delas.

— Não precisa entrar em detalhes, Marcondes. Eu sei o que aconteceu.

— É verdade. Só eu não percebi o abismo que estava à minha frente. Quero dizer, entretanto, que no momento em que você me viu com Acácia, aquele não era eu, Dora. Não sei como me explicar, mas eu não queria fazer aquilo. Uma força estranha me impeliu a agir daquele modo. Eu não me sentia mais senhor de mim mesmo. Num momento, eu estava agindo normalmente, porém, passados alguns minutos, uma ideia estranha tomava conta de mim e me forçava a ter um tipo de comportamento que eu não queria ostentar. Tudo ficou tão absurdo que pensei estar enlouquecendo, justamente eu que sou terapeuta. Uma das características da esquizofrenia é a alucinação e o delírio, e isso já estava acontecendo comigo. Estava tendo os sintomas de loucura, Dora. Creia em mim. Não estou querendo ocultar meu descaminho, fazendo uso dos conhecimentos da minha profissão. Não é isso. Eu estava realmente entrando num estado semelhante ao da esquizofrenia. Contudo, hoje, quando acordei, todo esse peso e essa tortura me pareceram coisas do passado. Senti uma leveza incomum. Voltei a ser senhor dos meus pensamentos e das minhas emoções. Enfim, voltei à vida, e a primeira coisa que quis fazer foi contar tudo a você e pedir-lhe sinceramente o seu perdão.

Dora, que antes havia sentido uma pontada no peito, quando Marcondes lhe revelou os passos em falso que dera, agora sentia-se mais leve. O seu maior desejo era voltar aos bons momentos que vivera com o marido, reconstruindo paulatinamente o lar, de modo que esperou pacientemente as revelações dele, que depois de falar por muito tempo expondo como pôde tudo o que lhe acontecera nos últimos dois anos, mais uma vez implorou a compreensão e o perdão da esposa. Com lágrimas nos olhos, Dora disse perdoar-lhe as faltas cometidas, mas foi enfática ao dizer que ele deveria mudar sua vida a partir daquele exato momento ou tudo estaria acabado entre ambos. Marcondes aceitou, sem saber exatamente o que Dora queria dizer com "mudar sua vida", até que veio a explicação:

— Marcondes, você diz ser materialista e ateu.

— Sim.

— Discordo dessa posição, mas respeito suas opções. No entanto, há algo que você precisa saber e a respeito do qual não abro mão, a fim de que haja uma feliz reconstrução do nosso lar.

Marcondes, ainda sob o impacto do perdão recebido da esposa, olhou-a ternamente e esperou a explicação.

— Sei o que aconteceu com você e se não o soubesse, provavelmente não aceitaria a reconciliação. Você conhece muito bem a psicologia, a psicoterapia, a psicopatologia, mas não sabe totalmente o que aconteceu com você, quando da sua mudança radical. Tenho conversado muito com Albertina e Nestor, e eles me explicaram o que, de fato, ocorreu.

Marcondes franziu a testa, pois já esperava uma explicação baseada no Espiritismo. No entanto, na situação em que se encontrava, não tinha moral para recusar o esclarecimento, de modo que relaxou os músculos e esperou a continuação do diálogo.

— Você passou por um processo de obsessão. Não, não é o que você entende por obsessão. Não estou falando em transtorno obsessivo, como às vezes você comenta a respeito de alguém. Falo da obsessão em termos da doutrina espírita. Não diga nada por enquanto. Apenas me escute.

Marcondes ajeitou-se na cama e aguardou pacientemente as palavras de Dora.

— Albertina, nas conversas que tivemos, esclareceu-me a seu respeito, dizendo que o transtorno pelo qual você vinha sofrendo era uma obsessão espiritual, ou seja, a ação persistente de um espírito inferior exercida sobre você. Houve sua permissão para que ele exercesse o domínio sobre os seus pensamentos, as suas palavras e as suas ações.

— Como assim? E Deus?

Marcondes, imbuído de seu materialismo, não podia acreditar que algo como obsessão pudesse ocorrer. Dora olhou bem no fundo dos seus olhos e respondeu com firmeza:

— Deus respeita o nosso livre-arbítrio, Marcondes. Foi você que permitiu a união destrutiva com seu obsessor, e que, por meio de seus sentimentos e pensamentos, atraiu-o, sofrendo as consequências.

— Pense bem, Dora, você acha que eu iria permitir que alguém exercesse domínio sobre mim?

— Houve afinidade de pensamentos e sentimentos entre você e o obsessor. Os espíritos inferiores são atraídos por quem pensa de modo semelhante a eles, por quem tem as mesmas emoções que eles. Não precisa pensar muito para entender. Você é viciado em *crack*?

— Claro que não!

— Você andaria pela noite com um grupo de viciados em *crack*?

— Certamente não.

— Por quê?

— Por que não tenho afinidade com eles.

— Ótimo! E você iria hoje à noite assistir a uma palestra que tivesse por tema um novo olhar sobre a psicanálise?

— Provavelmente sim, desde que achasse que me traria benefícios.

— Desde que se afinasse com os representantes dessa abordagem, não é mesmo?

— Sem dúvida.

— Pois bem, o mesmo acontece com os espíritos. Eles sentem-se atraídos por quem se afina com eles. Quem age de modo moralmente elevado, atrai bons espíritos, mas quem, por meio dos pensamentos, das palavras e dos atos, começa a caminhar para o lado do mal, atrairá maus espíritos, que vão perturbá-lo e obsidiá-lo. Foi o que aconteceu em sua vida. Há mais de um ano você está mudando de conduta. E foi você mesmo quem disse que tudo em nossa vida começa com os pensamentos e os sentimentos, não é verdade? Pois a sua obsessão começou quando você mudou seus pensamentos e sentimentos, permitindo a aproximação de um obsessor espiritual, sintonizado com tudo o que se passava em seu íntimo. Primeiramente, ele começou a incutir-lhe outros pensamentos do mesmo teor que os seus. Com esses pensamentos vieram as emoções correspondentes. No começo, provavelmente, você achava estranho ter certos pensamentos que antes não correspondiam às suas convicções. Era o grau da obsessão simples. Contudo, com o passar do tempo, você foi assimilando esses baixos pensamentos, expressando naturalmente essas emoções menos nobres, e passou a conviver com elas em seu cotidiano. Se lhe dissessem que você estava agindo de modo incomum, responderia que não era verdade e continuaria a cultivar esses pensamentos e sentimentos. E também continuaria a agir de modo repreensível, encontrando uma resposta qualquer para justificar os atos imorais que estava praticando. Era o grau da fascinação obsessiva. Por último, Marcondes, você começou a ter pensamentos nocivos que desejava afastar, mas não conseguia. Notava que eles não eram seus, mas não conseguia expulsá-los da sua mente. Comportamentos que lhe pareciam absurdos passaram a ser praticados por você, mesmo contra a sua vontade. Por que isso? A vontade não era mais sua, pois passara para o domínio do espírito obsessor. Diga-me com sinceridade: você jogou-se aos pés da sua paciente por livre e espontânea vontade?

Marcondes sentiu-se acuado. Aonde chegaria aquela conversa? Não fazia ideia, mas tinha certeza de que, ao terminar a fala de Dora, ele estaria completamente desarmado. Foi assim que, após pensar um pouco, respondeu de cabeça baixa:

— Confesso que não agi livremente. Fui impelido por uma força que não consigo definir. Algo completamente alheio a mim, mas que não pude evitar. Por tudo isso me senti envergonhado, desonrado mesmo. E até agora, quando estou falando sobre esse gesto de loucura por mim praticado, não consigo olhar para o seu rosto, Dora. Perdoe-me.

— Já o perdoei, Marcondes. Não estou aqui com a pretensão de humilhá-lo. Apenas quero dizer que, ao agir do modo como agiu, a obsessão chegou em seu grau mais perigoso: a subjugação. Quando o obsidiado atinge esse nível, passa a existir um envolvimento que produz a paralisação do seu desejo, obrigando-o a agir contra a sua vontade.

— Foi o que aconteceu comigo.

— Certamente. E ainda devo acrescentar que há dois tipos de subjugação: a *moral*, quando a pessoa é dominada mentalmente pelo perseguidor, que a induz a decisões absurdas e comprometedoras; e a *física*, em que a pessoa tem consciência dos atos absurdos que realiza, mas se sente incapaz de reprimi-los. Você atingiu esses dois pontos, Marcondes. Você foi ao fundo do poço.

Ouvir aquelas palavras não foi nada agradável, mas ele sabia que eram proferidas por quem desejava a sua recuperação. Na verdade, ele não estava acreditando nessa história de obsessão, mas uma coisa era verdade: tudo o que Dora dissera correspondia ao que acontecera com ele. Não havia como negar. Restava-lhe, porém, uma pergunta. Ele queria saber como a esposa explicaria a mudança ocorrida em seu ser. Ao acordar, ele já não sentia mais a ação dos pensamentos intrusivos que o dominavam havia muito tempo. A sua mente parecia estar completamente livre da ação nefasta das ideias mirabolantes que lhe ocorriam e das emoções corrosivas que as acompanhavam. Como explicar essa mudança súbita?

— Há coisas que você ainda desconhece, Marcondes, e é disso que falarei agora. Enquanto você agia de modo tresloucado, pedi a Albertina e a Nestor que me ajudassem a pôr um fim nessa situação angustiante. Foram eles que me esclareceram a respeito do que acabei de lhe dizer. Como você sabe, eles atuam num centro espírita. Nestor trabalha no setor de desobsessão. Ele é médium esclarecedor. Eu não sabia o que era isso. Eles me disseram que se trata de um médium que durante a sessão de desobsessão dialoga com o espírito obsessor, incorporado noutro médium, buscando fornecer informaçoes sobre a sua situação na espiritualidade e convencê-lo a desistir da sua intenção de prejudicar o obsidiado, seguindo o seu caminho de melhora espiritual para a sua própria felicidade. Em muitos casos, trata-se de um espírito que, em alguma encarnação anterior, foi prejudicado pela pessoa que ele hoje obsidia. Nesse caso, o médium esclarecedor procura convencê-lo a perdoar aquele que o ofendeu no passado, para que possa dar continuidade ao seu processo de melhora interior.

— Dora, você está falando como Nestor e Albertina. Mas continue: o que aconteceu durante a sessão de desobsessão, em meu caso?

— Segundo Albertina, trata-se de um espírito que pretende vingar-se por você ter traído a sua confiança na última encarnação. O ódio que ele demonstrou contra você era muito grande.

— Era?

— Ele parece ter dado um tempo, a fim de refletir melhor. Ainda nada sei sobre a última sessão realizada no centro espírita. Hoje, no entanto, Nestor e Albertina virão visitá-lo e então teremos novas notícias. Talvez, devido a essa pausa, você tenha se sentido melhor, voltando a ser quem realmente é. E pode ser mesmo que o obsessor o tenha perdoado e deixado de perturbá-lo. Contudo, mesmo que esse tenha sido o caso, daqui para a frente depende de você continuar são ou cair novamente num processo obsessivo.

Mesmo não crendo no que ouvia, Marcondes perguntou interessado:

— E o que devo fazer para que não aconteça mais isso?

— Você deve abandonar os pensamentos negativos, as emoções destrutivas e a conduta desregrada. Se assim não fizer, atrairá outro espírito afinado com as vibrações que você estiver emitindo. E aí, começará tudo de novo.

— Mas se esse espírito não tiver nada contra mim, por que vai querer prejudicar-me?

— Espíritos que se afinam com pessoas que emitem vibrações negativas são inferiores, brincalhões ou maléficos. Quando você passa na rua e algum trombadinha tenta roubar a sua carteira, ele tem alguma coisa específica contra você? Se você é sequestrado por um bandido, ele está querendo vingar-se?

— É claro que não.

— O mesmo se passa com os espíritos inferiores. Eles sentem inveja de quem vive melhor que eles. E podendo fazer o mal a alguém, não perdem a oportunidade.

— Onde foi que você aprendeu tudo isso?

— Já lhe disse: foi Albertina que me orientou.

— Desculpe, Dora, mas é difícil acreditar no que você me conta.

— Nestor poderá conversar melhor com você. Afinal, ele trabalha na desobsessão. Até lá, pense bem em tudo o que eu lhe falei.

— Pensarei, Dora, pensarei.

∾

Eram três horas da tarde quando Nestor e Albertina chegaram ao apartamento de Marcondes. Dora os recebeu com a felicidade estampada no rosto.

— Noto que você melhorou muito, Dora.

— Albertina, só posso agradecer-lhe e ao Nestor por tudo o que nos têm feito.

— Não precisa agradecer — disse Nestor. — Apenas cumprimos um dever.

— Está bem. Entrem, por favor.

— Como está Marcondes? — perguntou Nestor, aguardando boas notícias.

— De ontem para hoje, ele mudou. Contou-me o que aconteceu com ele nestes últimos tempos e pediu perdão pelos erros cometidos. Seu semblante mudou, ou melhor, voltou a ser o que era antes de toda essa confusão. Acho que teremos tempos de paz nesta casa daqui para a frente.

— Eu já esperava por isso. Precisamos, entretanto, orientá-lo muito bem, a fim de que não volte a enredar-se com espíritos inferiores.

— O pouco que sei, repassei. No entanto, ele se diz materialista e não crê na existência de espíritos, muito menos na comunicação com eles. Esta é a dificuldade.

— Temos de caminhar com muito cuidado e sem pressa — respondeu Nestor. — Ele está no quarto?

— Sim, e espera a sua visita.

— Posso conversar em particular com ele? Penso que o diálogo será mais benéfico. Depois, eu as chamo para participarem também.

— Claro. Acompanhe-me.

Quando Nestor entrou no aposento, Marcondes estava lendo uma obra de psicologia. Ao ver o juiz, abriu um sorriso e disse animado:

— Estava aguardando ansiosamente a sua visita, Nestor. Estou aqui jogado em meio aos lençóis e o meu consolo único é a presença de Dora e Bia. A sua companhia vai-me fazer bem.

Depois dos cumprimentos, Nestor quis saber como Marcondes se sentia.

— Passei por uma vergonha do tamanho do mundo, Nestor. Mas hoje pela manhã tive uma conversa muito séria com Dora. Ou melhor, ela teve uma conversa muito séria comigo. Depois desse diálogo parece que o mundo voltou a sorrir para mim. Quero pedir-lhe desculpas, pois, pelos meus atos insanos, deixei de ser digno da sua amizade. Conheço bem a lisura da sua conduta, que contrasta com a minha.

— Nada disso, Marcondes. Eu estou tão à mercê de comportamentos repreensíveis quanto você. A diferença é que luto muito para manter-me dentro dos padrões evangélicos. E também escorrego durante a caminhada, mas procuro levantar-me rapidamente. Fico feliz por saber que você está arrependido do que fez e gostaria mesmo, se você me permitisse, de conversar sobre esse assunto.

— Confesso que me sinto envergonhado cada vez que relembro os acontecimentos, Nestor, mas sei também que preciso pensar sobre eles para fortalecer a minha nova conduta. Dora falou-me a respeito do trabalho espiritual que você e Albertina vêm fazendo em meu benefício. Posso lhe ser franco a esse respeito?

— Por favor, diga.

— Bem, em primeiro lugar, quero agradecer de coração tudo o que vocês vêm fazendo por mim. Digo isso com sinceridade. É muito difícil encontrar pessoas tão interessadas nos outros como sei que ocorre com vocês. Por favor, continuem mesmo com essa gentileza. Contudo, não acredito nessa história de obsessão. E não creio nisso porque, primeiramente, não acredito na existência de Deus e também porque não admito a existência de espíritos. O que aconteceu comigo foi um transtorno psicológico, Nestor. E isso me assusta, porque se assemelha a um processo psicótico. Fico arrepiado quando penso nisso.

— Marcondes, você acha que foi coincidência o fato de ter mudado de ideia com tanta rapidez e justamente quando estamos realizando as sessões de desobsessão?

— Penso que sim.

— Então, façamos o seguinte: não se fala mais em obsessão e desobsessão a menos que você tome a iniciativa. Nem mesmo a respeito de doutrina espírita conversaremos. Apenas trocaremos ideias sobre como permanecer com a convicção e disposição de mudar que você acabou de demonstrar-me.

— Não o ofendo ao contradizer sua crença?

— Marcondes, posso confessar-lhe uma coisa?

— Claro!

— Pois bem, no passado eu fui tão cético quanto você.

— Não consigo vê-lo a não ser com sua postura cristã, como sempre se apresentou a mim.

— Eu procurava manter uma conduta ética, sem, no entanto, resvalar por nenhuma crença religiosa. Já Albertina era espírita desde criança. Estávamos casados havia dois anos quando caí de cama, sem nenhuma causa física. Não conseguia levantar-me. Eu queria retomar as atividades de advogado trabalhista, mas algo me prendia na cama e eu não conseguia sair dali. Ela frequentava o mesmo centro espírita em que trabalhamos hoje. Quando me disse que o meu mal era fruto de obsessão, quase ri na sua cara. Só não o fiz por respeito, mas fui ferrenhamente contrário a esse diagnóstico. Pedi a um amigo que era psiquiatra para dizer-me alguma coisa a respeito do meu mal. Ele foi taxativo: "Isso é um distúrbio histérico". Lembro-me que fui veemente na resposta: "Histeria é coisa de mulher!". E ele explicou-me que se tratava de um distúrbio em que o conflito psíquico é simbolizado por sintomas corporais. No meu caso, era a paralisia das pernas, que me impediam de levantar-me.

— Sei muito bem qual foi o diagnóstico do seu amigo.

— Com certeza. E sabe o que mais? Ele aconselhou-me sessões de psicanálise. Para mim, entretanto, não passava de loucura de médicos. Queria um remédio que me fizesse voltar à vida comum. Mas, mesmo assim, achava esse diagnóstico mais plausível do que o fornecido por minha esposa.

— Concordo com você.

— Entretanto, Marcondes, aconteceu o inesperado.

Marcondes ajeitou-se melhor na cama e esperou pela continuação do relato de Nestor.

— Foram feitas sessões de desobsessão e o espírito que me obsidiava, acatando as ponderações do médium esclarecedor, prometeu afastar-se de mim e seguir com espíritos que o encaminhariam a um centro de recuperação extrafísico. No dia seguinte, senti-me leve, disposto, levantei-me e voltei sem mais nem menos ao trabalho cotidiano. Coincidência também?

Marcondes olhou para o lençol branco e nada respondeu. Nestor continuou tranquilamente:

— A partir daí, eu quis saber o que se fazia naquela casa espírita. Bem, para encurtar a história, estou lá até hoje. E pretendo continuar enquanto tiver forças para deslocar-me até aquele lugar de refazimento moral e espiritual.

Marcondes continuava de olhos fixos no lençol, como a meditar sobre a fala de Nestor. Este, para não parecer que procurava doutriná-lo, continuou:

— Marcondes, tudo tem o seu tempo. Vou falar, portanto, apenas em termos de moralidade. Vejo que você mudou desde a última vez em que o visitei. Isso é muito bom. Mas as coisas não devem parar por aí. É necessário que você mantenha um padrão elevado de pensamentos e sentimentos. Não se permita baixar a vibração característica dos bons pensamentos e dos sentimentos nobres.

— Nunca fui de ter qualquer pensamento que ferisse a moralidade pessoal ou a ética profissional. O que me ocorreu nos últimos tempos fugiu completamente à normalidade, Nestor.

— Acredito no que você está me dizendo. O que você precisa é voltar a pensar assim. Disse um espírito iluminado que a mente é o espelho da vida. E mais, respiramos no mundo das imagens que projetamos e recebemos. Você me entende?

— Claro, claro.

— Você estudou psicologia, de modo que não posso querer ensinar o Pai-Nosso ao vigário, não é mesmo?

— Sem essa, Nestor. Sou todo ouvidos.

— Costuma-se dizer que a emotividade plasma a ideia. A ideia determina a atitude e a palavra, que comandam as ações. Portanto, nossa conduta tem início com os sentimentos e pensamentos que alimentamos em nosso cotidiano, concorda?

— Não posso discordar.

— É por tal motivo que insisto em dizer que, daqui para a frente, você deve vigiar-se muito. Cuidado com os pensamentos, com os sentimentos, pois são eles que levam às palavras e aos atos em desajuste com a moralidade. E também são eles que nos conduzem aos atos meritórios.

O diálogo ainda prosseguiu por alguns minutos até que Nestor chamasse Albertina e Dora para participarem da conversa.

— E então, Marcondes, como está? — disse Albertina sorridente, tocando-lhe no braço. Diante daquela senhora, que sempre se apresentara tão dignamente e com um sorriso cordial nos lábios, Marcondes desabou e chorou convulsivamente.

— Chorar faz bem, Marcondes, quando o pranto simboliza a dor que cala fundo no coração. E sei que é isso o que acontece com você. Quem olha para o seu semblante tem certeza de que se trata de uma alma digna e correta.

— Eu sinto vergonha, Albertina. Vergonha dos desatinos que cometi.

— Marcondes, quem não escorregou um dia? Todos nós estamos sujeitos a resvalar no meio da estrada que nos conduz ao aperfeiçoamento moral e espiritual. Sei que você costuma dizer-se materialista, mas isso não impede que conheça algumas passagens do Evangelho. Estou equivocada?

— Não. Num país cristão, não há como desconhecermos pelo menos alguns fragmentos do Novo Testamento.

— Então você deve lembrar-se da passagem em que, certa vez, os escribas e fariseus, buscando um pretexto para acusar Jesus, apresentaram-lhe uma mulher apanhada em adultério.

— Lembro, sim.

— Pois bem, ela foi colocada no meio das pessoas que afluíam ao local. Os escribas e fariseus disseram em seguida que, de acordo com Moisés, semelhantes mulheres deveriam ser apedrejadas. Jesus, no entanto deu uma resposta primorosa: "Quem de vós for sem pecado, lance-lhe a primeira pedra". Todos deixaram o local. Ficando só, com a mulher, Jesus perguntou-lhe: "Onde estão os que te acusavam? Ninguém te condenou?". E ela respondeu: "Ninguém, Senhor". Nesse momento, o Mestre encerrou o diálogo com as seguintes palavras: "Nem eu te condenarei. Vai e não tornes a pecar".

Marcondes ficou pensativo, em seguida, falou comovido:

— Tem tudo a ver comigo, não é Albertina?

— Tem sim, Marcondes. Quem somos nós para julgá-lo? Estamos aqui apenas para dar-lhe o apoio de que você necessitar.

Queremos ver você, Dora e Beatriz alegres e sorridentes. Queremos vê-los unidos, apoiados no verdadeiro amor.

Beatriz, que entrara silenciosamente no quarto, limpou uma lágrima, aproximou-se do pai, beijando-lhe o rosto, e disse com emoção:

— Eu o amo, pai. Vamos começar tudo de novo.

Dora não se conteve e, também em prantos, abraçou o marido e a filha, dizendo em voz baixa:

— Vamos sim, filha, vamos começar tudo de novo. E da maneira certa.

23
Um novo caminhar

Quando madre Teodora anunciou que já tinha a decisão tomada, Ivete contraiu as pupilas e aguardou silenciosa as palavras de sua superiora. A madre mestra notou a atitude ansiosa da postulante, toda encolhida em sua cadeira. Sorriu e disse em voz quase alta:

— Você foi aceita, Ivete. A partir de agora pode considerar-se noviça do Carmelo.

Não foi possível conter as lágrimas, que jorraram abundantes. Madre Teodora lembrou-se de que fizera o mesmo quando, havia muito tempo atrás, sua superiora lhe deu uma resposta idêntica à que ela acabara de transmitir à sua postulanda. Pacientemente, aguardou que Ivete se recompusesse e proferisse algumas palavras de agradecimento.

— Obrigada, mestra, muito obrigada. Não sei como agradecer-lhe pela oportunidade que a senhora me oferece.

— Não me agradeça, Ivete. Não fui eu que a aceitei na vida religiosa. Foi Jesus, nosso Mestre, que a convidou para o convívio na Ordem do Carmo.

— Sim, minha madre.

— Entretanto, você ainda tem de passar por uma longa estrada até que a última porta se abra e, definitivamente, você seja aceita.

— Farei tudo o que for possível para que assim se cumpra.

— O noviciado, Ivete, é um tempo de formação em que você terá a oportunidade de assimilar os costumes monásticos, embora esta nossa congregação mantenha um pé no mundo ao permitir que entremos em contato com aqueles que estão fora de nossas quatro paredes, principalmente no tocante ao nosso colégio e à faculdade. Estamos em parte no mundo, mas não somos do mundo.

— Entendo.

— Você receberá o santo hábito e terá um novo nome, um nome religioso. E fará os votos temporários de obediência, castidade e pobreza. Terá três anos pela frente até comprometer-se por toda a vida. Espero que esteja no caminho certo, Ivete.

— Madre, se Jesus me aceitou hoje é porque me aceitará amanhã.

— Que assim seja. Mas a nossa conversa não terminou. Ainda penso que você não está plenamente adaptada à vida religiosa, que requer muita humildade, abnegação e resignação. Você conhece a vida de Teresa Martin ou Teresa de Lisieux?

— Santa Teresinha do Menino Jesus?

— Exatamente.

— Quase nada, madre. Ela é uma santa muito popular aqui no Brasil, mas confesso que sei muito pouco a seu respeito.

— Pois eu quero que você a conheça muito bem. Sabe o que significa a "pequena via"?

— Não, madre, não sei.

— Pequena e frágil, Teresinha estava convicta de ser um nada diante de Deus. Fazia meditações diárias sobre a vida dos santos e ficava encantada com seus gestos de heroísmo e suas enormes penitências. Ao colocar-se diante de gigantes espirituais, como Santa Teresa de Ávila, Santa Cecília e São Francisco de Assis, ela sentia-se um humilde grão de areia. Mas isso não fez com que renunciasse à conquista da santidade. Certa de sua pequenez, descobriu um novo caminho, curto e direto, na busca da perfeição. É a chamada "pequena via". Lerei um pequeno trecho da obra autobiográfica de Santa Teresinha e você entenderá perfeitamente o que é a "pequena via'".

Pegando um livro que já colocara na cadeira ao lado, madre Teodora abriu-o numa página marcada com um clipe e iniciou a leitura:

Vivemos num século de invenções [século XIX]. Agora já não se tem a fadiga de subir os degraus de uma escada. Em casa de gente abastada, um elevador a substitui com vantagem. Por mim, gostaria de encontrar um elevador para me erguer até Jesus, porque sou pequenina demais para subir a dura escada da perfeição. Busquei, então, nos Sagrados Livros uma indicação do elevador, objeto dos meus desejos, e li estas palavras, emanadas da boca da Eterna Sabedoria: "Se alguém é pequenino, venha até mim". Fui, então, com o pressentimento de ter achado o que procurava e com a vontade de saber, ó meu Deus!, o que faríeis ao pequenino que respondesse ao vosso chamado. Continuando minhas reflexões, eis o que encontrei: "Como uma mãe acaricia o filhinho, assim vos consolarei, e vos acalentarei em meu regaço". Oh! Nunca vieram alegrar minha alma palavras mais ternas e mais melodiosas! O elevador que me conduzirá até ao Céu são vossos braços, ó Jesus! Por isso, não

*preciso ficar grande. Devo, pelo contrário, conservar-me pe-
quenina, ficar cada vez mais diminuta.*

Madre Teodora parou a leitura e fez um breve silêncio, enquanto olhava firmemente para Ivete. Em seguida, falou gravemente:

— Você entendeu este pequeno trecho de *História de uma alma*?

— Penso que sim, madre.

— Qual é a principal mensagem extraída das palavras de Santa
Teresinha?

— Quem não tem o porte dos grandes santos deve encontrar
um caminho diferente, que se adapte à sua pequenez.

— Isso mesmo. E qual foi o caminho encontrado por Teresa
de Lisieux?

— A consciência da própria pequenez, a humildade.

— Você entende com facilidade, Ivete. O caminho encontrado
por Teresa foi a humildade. E sabe por que lhe faço estas perguntas?

— Por que esse deve ser o meu caminho?

— Você também precisa de um "elevador". Talvez você se ache
acima das demais postulantes porque é mais experiente, já exerceu
altos cargos no mundo, mas posso lhe afirmar que o seu lugar está
no mesmo nível daqueles alcançados pelas jovens que postularam a
seu lado. Uma de suas colegas vai voltar para casa, Ivete, porque o
melhor lugar para ela é o aconchego da família, mas também não
é inferior a você por causa disso. A virtude que você mais terá de
cultivar durante os anos de noviciado será a humildade. Não se esqueça das palavras de Santa Teresinha. Eu quero que você leia e
releia esta obra. Mas quero, acima de tudo, que pratique a virtude
mestra que Teresa de Lisieux tão bem colocou em prática, apesar de
seus verdes anos. Você sabe quantos anos tinha essa jovem quando
partiu para a eternidade?

— Sei que era jovem, madre.

— Vinte e quatro anos e nove meses, Ivete. E conseguiu voar tão alto como nós nem podemos imaginar. Pense bem em tudo o que conversamos. Voltaremos a dialogar. Por ora, está encerrada a nossa entrevista.

Ivete saiu da sala de entrevistas alegre por ter sido aceita, mas preocupada com as palavras de madre Teodora a respeito da humildade. Pareceu-lhe claramente que recebera uma advertência. Se não incorporasse a virtude da humildade, poderia ser convidada a voltar para casa. E ela sabia que essa é uma das mais difíceis qualidades de se obter durante apenas uma única existência. Entretanto, sua visão católica de mundo não lhe permitia sequer imaginar a doutrina da reencarnação, de modo que teria de lutar arduamente se quisesse continuar em meio às noviças do Carmelo. Segurando o livro na mão direita e colocando-o diante do peito, chegou até a sua cela e, silenciosamente abriu a porta, enquanto a sua mente vibrava num alarido incomum. Iniciar a leitura da autobiografia de Teresa de Lisieux foi apenas a sequência lógica dos acontecimentos. Começava o prólogo com um pensamento do poeta francês Charles Péguy: "Nada é tão cheio de mistério como as silenciosas preparações que esperam pelo homem desde o limiar de cada vida. Tudo vem a termo, antes de completarmos nossos doze anos". Ivete mal iniciara a leitura e já teve de deter-se para refletir no conteúdo daquelas palavras enigmáticas. O pensamento voou célere para a sua infância. Lembrou-se das brincadeiras, do estudo, do terno relacionamento com os pais e da morte de cada um deles, quando ela ainda era jovem. E, enquanto estava absorta contemplando os próprios pensamentos, um fato que se mantivera sepultado nas sombras do inconsciente aflorou com uma clareza tão radiante que ela achou estar vendo tudo numa tela cinematográfica, que surgira inesperadamente à frente de seus olhos. Ela devia estar com seus sete ou oito anos quando viu uma estampa que servia de marcador de um livro.

Pegou-a nas mãos e observou a imagem de uma freira carregando um crucifixo recoberto de flores. "É Santa Teresinha", disse sua mãe. E Ivete, na sua infantil ingenuidade, respondeu com convicção: "Também quero ficar assim!". A mãe abraçou-a e concluiu: "Por que não?". Ao rememorar a consideração da mãe, a tela desapareceu de sua frente e ela colocou os olhos novamente na frase de Péguy: "Tudo vem a termo antes de completarmos nossos doze anos". O significado desse pensamento tornou-se límpido para ela. A exortação de madre Teodora para que lesse e relesse aquele livro não fora obra do acaso. Ele teria de ser o seu livro de cabeceira.

Ela cumpriu o que prometera naquele momento. Havia passagens que quase sabia de cor, tantas as vezes que as relera. A humildade de Teresa de Lisieux começou a calar fundo em sua alma. Nem sempre era fácil, mas Ivete, agora irmã Vitória das Chagas de Cristo, fazia ingentes esforços para dobrar-se diante das imposições de sua superiora. Quanto mais passava o tempo, mais se convencia de que madre Teodora descobrira com singular argúcia o seu principal defeito: o orgulho. Por meio dele, Ivete reagia, às vezes, na empresa, de modo tempestuoso a quaisquer observações de colegas a respeito da sua liderança, ainda que fosse com o único objetivo de melhorá-la. Ela não conseguia aceitar a possibilidade de falhas em suas atividades. Outra característica que identificara em sua própria pessoa fora de que não admitia humilhar-se diante de ninguém, reconhecendo algum erro, o que, na verdade, era fruto do orgulho. Isso para ela era um traço de fraqueza, uma falta de personalidade, que não tolerava. O orgulho leva à vaidade. E esse defeito também ela descobrira em si mesma. Isso também fora notado por madre Teodora, daí a insistência na virtude da humildade. "Como ela consegue penetrar a nossa alma? Como consegue aprofundar-se por sob a fina camada de verniz que colocamos para ocultar as nossas fraquezas? Dali ela faz uma radiografia de quem realmente somos e nos instiga a transformar-nos, a fim de que possamos servir ao Senhor e aos nossos semelhantes". Esses pensamentos fizeram com que irmã Vitória admirasse cada vez mais aquela freira já idosa, que costumava desafiar as postulantes e noviças para que abrissem as portas do seu ego, com a exposição involuntária de virtudes e defeitos. Cada uma das pessoas que ali estava era para madre Teodora um livro aberto, de leitura nem sempre agradável. Mas fora justamente essa visão incomum a respeito do ser humano que fizera com que, durante muitos anos, aquela religiosa de saúde um tanto frágil se mostrasse agigantada na condução de suas ovelhas. Para irmã Vitória, madre Teodora era um exemplo de perspicácia no trato com o ser humano.

Duas citações calaram fundo na alma de irmã Vitória durante o período de noviciado. Uma ela foi encontrar no livro dos Salmos: "Não permitais que meus olhos vejam a vaidade, fazei-me viver em vossos caminhos". Chegou a copiar o texto, colocando-o como marcador de seu livro de cabeceira. Outro pensamento estava no Eclesiastes: "Vaidade das vaidades! Tudo é vaidade". Analisando sua vida, quando ainda estava no mundo, começou a enumerar muitas coisas que ela fazia questão de ostentar, sempre por pura vaidade: roupas, adereços, carro do ano, cargo e tantas coisas mais. "Tudo vaidade", pensava com certa aflição, "tudo fruto do vazio que reinava na minha alma". E se propunha a desapegar-se de tudo o que pudesse ocasionar o mais leve tom de aparência ilusória, de "vazio preenchido de nada", como ela costumava dizer.

O dia dos primeiros votos foi para irmã Vitória — que buscava esquecer ter se chamado Ivete — uma sequência de alegrias. Não se lembrava de nada comparável ao momento solene de professar os votos de obediência, castidade e pobreza, três virtudes que deveriam ornar o seu espírito dali em diante. Entretanto, ela também sabia que a responsabilidade diante da sua escolha aumentara muito. Ela já não era mais a postulante que quase nada sabia da vida de quem opta por prosseguir a sua existência como religiosa. Era preciso encarar com mais seriedade ainda a sua escolha, feita de livre e espontânea vontade.

∾

Alguns meses após as solenidades dos votos temporários, uma triste notícia espalhou-se pelos corredores do convento: madre Teodora desencarnara durante a madrugada, enquanto fazia as preces contidas em seu breviário. Apesar da sua rigidez, ou até talvez por causa dela, a madre mestra era muito respeitada e querida pelas postulantes e noviças, de modo que os corredores do convento naquela manhã tornaram-se mais frios e silenciosos. O corpo foi enterrado no cemitério anexo ao convento, sendo colocado na lápide o seguinte epitáfio: "Partiu para a pátria dos justos com Deus no coração". Justiça era a virtude mais saliente em seus traços de personalidade. E muito se falou a esse respeito pelas semanas seguintes.

Madre Teresa, a superiora do convento, assumiu também o encargo de mestra, iniciando as suas novas atividades com uma entrevista com cada noviça. Irmã Vitória não sabia bem como seria recebida, visto que durante quase todo o tempo de postulado não tivera contato interpessoal com aquela que fora sua grande amiga tempos atrás.

— Bom dia, irmã Vitória. Queira sentar-se — disse a superiora.

Irmã Vitória respondeu ao cumprimento e sentou-se em silêncio.

— Há muito tempo não conversamos, não é mesmo?

— Sim, madre, depois que iniciei o postulado quase não nos vimos.

— Mas eu guardo as informações passadas a seu respeito por madre Teodora. Antes, porém, gostaria de saber por você mesma como está se sentindo agora que está mais próxima da vida religiosa.

Irmã Vitória ajeitou-se na cadeira e disse com voz respeitosa:

— Eu penso que estou no lugar certo, madre. Se fosse ainda uma executiva, era aqui que eu gostaria de vir habitar. A vida religiosa me traz a paz que nunca encontrei.

— Fico feliz por ouvir isso, mas lembre-se de que, sendo aceita no Carmelo, você não terá uma vida monástica. Não temos uma vida reclusa. Nosso trabalho é entre as pessoas do mundo, de modo que não podemos alimentar a esperança da separação entre nós e os outros, que habitam fora das nossas quatro paredes.

— A senhora tem razão. Apenas quis dizer o que madre Teodora sempre afirmava: "Estamos no mundo, mas não somos do mundo".

— Você aprendeu bem. Entretanto, ainda tem muito a aprender. Não posso dizer agora que você será aceita na Ordem. O noviciado é apenas o início. Estude muito bem a Regra Carmelitana, mas, acima de tudo, procure viver de acordo com ela. Podemos dela afirmar o que diz o Deuteronômio a respeito da palavra de Deus: "Ela está na tua boca e no teu coração, para que a ponhas em prática". Você entendeu bem?

— Sim, madre. Procurarei com todo empenho colocar em prática o que diz a Regra da Ordem do Carmo.

— Irmã Vitória, lembro ainda uma citação de Santa Teresa de Ávila: "Arrisque-se sobre o Oceano do Nada para atingir o Continente do Tudo...". Sabe o que significa?

— Que devo lançar-me de corpo e alma naquilo que escolhi um dia e só assim alcançarei a plenitude de vida que sempre almejei. O que deixo no mundo é o Nada e o que ganho com a vida religiosa é o Tudo.

— Pode ser uma forma de entender o significado dessas palavras misteriosas, mas vejo também no Nada a humildade que temos de assimilar na vida religiosa, vendo-nos como um Nada, diante do Tudo, que é Deus. Observo nos apontamentos de madre Teodora que você precisa muito desta virtude tão desprezada pelo mundo, a santa humildade. O que você acha?

— Ela estava com a razão. Como fui no passado uma executiva de sucesso, ela temia que eu cultivasse na vida religiosa o orgulho, a soberba e a vaidade.

— E você, o que pensa?

— Tenho feito o possível para afastar da minha alma tudo o que se refere a esses defeitos.

— Não basta afastar o mal, irmã Vitória. É preciso, antes de tudo, introduzir o bem em nosso espírito. Onde floresce o bem, não pode medrar o mal.

Gritos se fizeram ouvir, vindos da rua distante: "Pega ladrão! Pega ladrão! Mata! Mata!". Madre Teresa olhou no fundo dos olhos de irmã Vitória e disse solenemente:

— Para matar o ladrão que tenta roubar-nos o Céu, é preciso cultivar as virtudes que ainda não possuímos. Ninguém chega até Deus sem um ramalhete de virtudes conquistadas com o sofrimento das lides cotidianas.

Novamente o silêncio tomou conta do ambiente. Madre Teresa parecia meditar para escolher bem o que diria em seguida.

— Você tem estudado a autobiografia de Santa Teresinha, irmã Vitória?

— Sim, madre. Todos os dias.

— Madre Teodora sabia o que estava dizendo. Se ela indicou-lhe essa leitura, é porque você estava precisando dela. Há na última anotação uma frase com a qual, provavelmente, ela encerraria a entrevista com você: "O Senhor se compraz em conceder sabedoria aos pequeninos". É uma anotação de Teresa de Lisieux. E o que significa, irmã Vitória?

— Se eu quiser ter a sabedoria das grandes almas, deverei tornar-me pequenina. Ou melhor, deverei sentir-me e portar-me como pequenina, pois, querendo ou não, já sou muito pequena diante do porte gigantesco dos grandes santos.

— Se você passar a agir desse modo, sem dúvida o Pai Celeste comprazer-se-á em conceder-lhe a sabedoria. Vá até a sua cela e medite sobre essas palavras.

Estava encerrado o diálogo. Irmã Vitória levantou-se e fez o que ordenara a madre superiora.

∾

O tempo passava lentamente entre as quatro paredes do convento. Irmã Vitória assumiu o posto de auxiliar de cozinha e continuou pondo em prática as palavras ouvidas de madre Teodora e de madre Teresa, agora sua mestra. Depois de alguns meses, chegou ao mosteiro a nova madre mestra, que passaria a conduzir os passos de irmã Vitória até que fizesse a profissão solene. Chamava-se madre Guilhermina do Coração Imaculado de Maria. Era uma entusiasta de Santa Teresinha, mantendo a obrigatoriedade do estudo biográfico recomendado anteriormente à irmã Vitória. Mas, já em seu primeiro encontro, a noviça pôde notar que não seria fácil a convivência com sua nova superiora, que a tratava de modo áspero, quase agressivo:

— Irmã Vitória, você está sendo relapsa! Por que não está estudando a *História de uma alma*?

— A senhora quer que eu dedique mais tempo a esse estudo, madre?

— Eu quero apenas que estude.

— Eu o venho fazendo, como a senhora me ordenou.

— Você está lendo e não estudando. Sabe a diferença entre ler e estudar? Responda-me!

— Ler é apenas tomar conhecimento de um conteúdo, ao passo que estudar é aprofundar-se nele.

— É mais que isso. Estudar é chegar até as entrelinhas de um texto, é descobrir o seu real significado. É, sobretudo, colocar em prática o seu conteúdo. E é exatamente o que exijo em relação à sua conduta. Vou ser clara: ou você passa a viver o conteúdo da obra ou terei de rejeitá-la no Carmelo. Não queremos aqui almas superficiais e impregnadas das vaidades do mundo. Está entendido?

— Sim, mestra.

Ao ouvir a ameaça cortante da madre mestra, irmã Vitória apavorou-se. Para não ser enviada de volta ao mundo, passou a dedicar mais tempo ao estudo da obra. Queria não somente entender o conteúdo expresso do livro, mas fazer uma leitura de seu subtexto, para não perder uma vírgula de seu real significado. Levantava-se uma hora mais cedo que as demais noviças e começava imediatamente o estudo. É bom que se diga: ela já fazia o estudo regular das suas colegas de noviciado e, além disso, dedicava-se de corpo e alma ao estudo da vida de Teresa de Lisieux, procurando, em todas as oportunidades pôr em prática o seu conteúdo. Houve um momento em que quase desistiu, pois, por mais que se esforçasse, recebia sempre as reprimendas de madre Guilhermina: "Você não está agindo como determinei", "Você não está estudando devidamente", "Você está se deixando levar pela preguiça", "Desse modo, serei obrigada a recusá-la no Carmelo" e assim por diante. As acusações eram descabidas e a madre mestra não dava explicações, satisfazendo-se apenas em repreender. Certa vez, irmã Vitória deixou cair uma jarra, que se espatifou no chão, espirrando água no hábito de uma freira. Pouco tempo depois, a noviça foi chamada à cela de irmã Guilhermina:

— Você é desajeitada demais, irmã Vitória.

— Perdoe-me, madre.

— Ou fez aquilo de propósito, como revolta?

— Não, madre, não foi por revolta. A jarra escapou-me das mãos.

— Então é parvoíce, mesmo. É característica de gente estúpida e desajeitada. Você não serve para os trabalhos da cozinha. A partir de amanhã começará a cuidar dos banheiros do convento. Penso que nessa atividade conseguirá algum resultado melhor. Pode ir.

A reprimenda calou fundo na alma de irmã Vitória, que teve ímpetos de responder à altura, mas, diante da lição de humildade que recebera da vida de Santa Teresinha, calou-se, baixou a cabeça e voltou tristemente à sua cela. Fazer o serviço de limpeza dos vasos sanitários parecia-lhe, naquela altura normal, não lhe causando repugnância. O que lhe doía interiormente era a maneira dura, seca e desatenta da madre mestra. Ela sabia que não era merecedora daquele tratamento, dado o esforço ingente que fazia para cumprir todas as determinações que lhe eram impostas, sem queixas nem reclamações.

Três anos depois, quando faltavam quatro meses para a profissão solene, um compromisso para toda a vida, irmã Vitória não sabia mais se tinha vocação para a vida religiosa, tantas as objeções que ouvira durante esse tempo da boca de madre Guilhermina. Completamente confusa, foi ter à cela de madre Teresa, que a convocara para um diálogo anterior às solenidades que, em breve, teriam lugar naquela instituição religiosa. Normalmente, ela não tinha contato com a madre superiora do convento, de modo que, ao ser chamada, teve a certeza de que o diálogo se encerraria com a renúncia à sua permanência na Ordem. "Não devo mesmo servir para a vida religiosa", pensou abatida. "Não tenho o porte descomunal dos grandes santos nem a pequenez necessária para as almas menores. Meu lugar deve ser o mundo." Nesse momento, lembrou-se de Santo Agostinho e arrematou, enquanto batia à porta da cela da superiora: "O meu lar não deve ser a 'Cidade de Deus', mas a 'Cidade dos Homens'".

— Pode entrar.

— Com licença, madre.

— Sente-se, irmã Vitória.

Depois de acomodar-se na cadeira, a noviça olhou humildemente para a face rosada da superiora que, sem nenhuma emoção, perguntou:

— E então? Como se sente em nosso convento?

Madre Teresa pareceu a irmã Vitória extremamente fria, como nunca se apresentara antes, embora já não pensasse nela como a amiga de outros tempos. Hoje ela era, no convento, a superiora a quem devia toda obediência. Entretanto, mesmo assim, o seu semblante pareceu-lhe duro e frio. Diante dessa recepção, irmã Vitória concluiu que chegara o fim de suas aspirações e de seus sonhos. Ela fora rejeitada na Ordem de Nossa Senhora do Carmo. Restava-lhe apenas arrumar a mala e voltar para o mundo.

— Está sem resposta, por quê? Alguma dúvida?

— Desculpe, madre. Qual foi sua pergunta?

— Eu não sabia que você é também distraída. A pergunta foi: Como se sente em nosso convento?

— Sinto-me muito bem, madre. Não tenho nenhuma queixa. Não pensei que fosse tão bom estar totalmente envolvida com a vida religiosa.

— E você está totalmente envolvida com a vida religiosa?

— Apesar da minha fraqueza, da minha pequenez, procuro envolver-me plenamente. Esta tem sido uma das minhas metas no Carmelo.

— Você tem lido muito a autobiografia de Santa Teresinha?

— Sim, madre, todos os dias.

— Percebe-se. Qual a virtude dessa santa que mais tocou o seu coração?

— A humildade. E também o amor a Jesus Cristo e a Maria Santíssima.

— Você se parece com ela?

— Não, madre. De modo algum. Embora Teresa de Lisieux se dissesse muito pequenina, a sua alma era gigantesca. Não consigo atingir essa altura.

Pela primeira vez madre Teresa sorriu, ao perguntar, referindo-se à passagem em que Santa Teresinha afirma ser muito pequena, mas que Jesus poderia ser o seu "elevador" para que ela pudesse achegar-se a Ele:

— E por que você não usa o "elevador" para alcançá-la?

Irmã Vitória descontraiu um pouco e conseguiu rir.

— Tenho tentado, madre, tenho tentado.

Voltando à seriedade, madre Teresa fez-lhe uma pergunta brusca:

— Você tem vocação para a vida religiosa, irmã Vitória?

A pergunta pareceu-lhe capciosa, mas ela respondeu com sinceridade:

— Embora sem nenhum merecimento da minha parte, creio que sim.

— Pois bem, eu a chamei aqui exatamente para falar sobre isso.

As mãos de irmã Vitória estavam geladas. Esperando pelo pior, fechou os olhos e aguardou a fala da superiora.

— Chegou o ponto em que não podemos mais permitir a permanência de nenhuma de nossas noviças se estivermos convictas de que elas não têm vocação. Você teve bastante tempo para dar-nos a conhecer se, além de chamada, também foi escolhida pelo Senhor. Sei das provações pelas quais passou e, a partir da sua reação a elas, posso dizer-lhe com a consciência tranquila e o coração pacificado: você, irmã Vitória...

Chegara o momento tão esperado e temido. Pela mente de irmã Vitória perpassaram os principais acontecimentos desde que ouviu a porta do convento fechar-se às suas costas. Lembrou-se dos conselhos da simpática irmã Ernestina, das ordens secas de madre Teodora, da incompreensão de madre Guilhermina, do estudo sobre a vida de Santa Teresinha e das inúmeras provações que teve de suportar. Tudo, porém, naquele exato momento, tornou-se muito pequeno diante da frase que ouviria a seguir. Madre Teresa, circunspecta, olhava-a bem nos olhos. Diante da solenidade da circunstância, foi incrédula que ouviu dos lábios de sua superiora:

— Você, irmã Vitória, demonstrou-nos cabalmente que tem vocação para a vida religiosa. Sendo assim, fará os votos perpétuos.

Lágrimas de felicidade rolaram pela face alva de irmã Vitória. Madre Teresa, completamente mudada, sorriu e pousou a mão sobre a cabeça da noviça, dizendo emocionada:

— Parece que você conseguiu emprestado o "elevador" de Santa Teresinha.

Em seguida, com ar sério, falou quase cochichando:

— Você precisava passar pelas provações que passou, irmã Vitória. Creia que madre Teodora a amava e chegava a verter lágrimas por ter de apresentar-se tão dura em seu relacionamento. Mas, antes de partir, conversou comigo a seu respeito, dizendo que acreditava na sua vocação. Eu, porém, quis ter a minha própria certeza. Hoje a recebo no Carmelo com a convicção do dever cumprido. Continue a ser como se mostrou nestes anos, irmã Vitória, e os braços de Jesus estarão sempre prontos para recebê-la, quando chegar o momento de sua partida. Não deixe jamais de ser humilde e nunca se esqueça de que uma freira Carmelita tem a sua vida dedicada à oração, assim como ao serviço a Deus e à humanidade.

Nesse momento, madre Guilhermina entrou na sala e abraçou irmã Vitória, dizendo-lhe com olhos marejados de lágrimas:

— Você passou pelas provações, irmã Vitória. Nós a recebemos de braços abertos no Carmelo.

Irmã Vitória sorria entre lágrimas, abençoada por sua mentora espiritual, sóror Augusta do Sagrado Coração de Jesus, que, iluminada pelo brilho das suas virtudes, abençoava-a com ternura e amor, no início do seu novo caminhar.

24
Caminhando contra o vento

AO CHEGAR AO CENTRO ESPÍRITA, NESTOR sentia-se mais leve, mais solto. A conversa que teve com a família de Marcondes trouxera-lhe um novo alento. Parecia-lhe que, realmente, as coisas iriam mudar dali para a frente no seio daquela família, que também merecia a felicidade. Ele gostava muito de Beatriz, moça ajuizada e prestativa no estágio que cumpria com ele, e aprendera a gostar também de Dora e de Marcondes. Seu maior desejo, no momento, era vê-los encontrar o melhor caminho para a sua ascensão espiritual.

A sessão começou com a presença de um espírito que pedia ajuda e orientação. A seguir, uma voz conhecida disse um "boa-noite" respeitoso, como não era de seu hábito. Sendo recebido cordialmente pelo médium, pediu a palavra e falou comovido:

— Graças a vocês e a amigos que desconhecia, aprendi a valorizar os meus irmãos e a respeitá-los. Aprendi também que o mal que recebi de alguns deles foi uma reação ao mal que lhes fiz anteriormente. Como vocês dizem, existe uma lei universal, chamada Lei de Ação e Reação, e ela se aplicou totalmente a mim. Sou Gaspar, que aqui esteve em outras vezes, querendo vingança contra Joaquim, hoje com o nome de Marcondes. No entanto, espíritos abnegados fizeram-me ver que quem tudo começou, iniciando um círculo vicioso, fui eu mesmo e que, portanto, recebi o merecido. Confesso que ainda sinto um arrepio quando me lembro da traição que sofri. Entretanto, sinto o mesmo arrepio quando me recordo de que agi da mesma forma com aqueles que mereciam o meu respeito e o meu amor fraterno. Tenho muito a melhorar em mim, pois estou apenas no início da minha regeneração, mas me proponho a usar de toda minha força de vontade e de toda a minha aplicação para aprender o que ainda ignoro e aplicar na melhora da minha própria vida. Meu tempo se esgotou, tenho de partir, mas não sem antes agradecer a cada um de vocês, que muito contribuíram para que a mudança começasse a se instalar em mim. Muito obrigado. Muito obrigado.

O agradecimento foi entrecortado por um choro de arrependimento. Nestor ainda teve tempo de dizer:

— Siga em paz, irmão, e receba as nossas preces e o nosso amor fraternal.

∾

Já restabelecido, Marcondes estava convicto de que teria de mudar de conduta. Queria igualmente retomar o trabalho no consultório, porém, sentia-se tão envergonhado pelo que ocorrera que não encontrava coragem para reiniciar suas atividades. Foi Dora quem o estimulou a fazer uma visita de reconhecimento ao prédio onde tinha o consultório. Pela recepção que lhe fizesse o porteiro, ele poderia saber como tinha sido a reação dos pacientes. Instada por ele, a esposa o acompanhou. Quando lá chegaram e depararam com o porteiro, tiveram uma surpresa, que deixou Marcondes extremamente preocupado: havia uma carta destinada a ele, cujo remetente era Acácia, a paciente que sofrera assédio sexual por parte do terapeuta.

— A sua paciente deixou esta carta e se despediu sem dizer mais nada. Quanto aos outros pacientes, todos ficaram preocupados com a sua saúde. Sem saber bem o que dizer, falei-lhes que alguém da família deveria entrar em contato com eles para explicações mais detalhadas.

— Você fez bem. A minha esposa conversou com cada um deles. Obrigado.

— Bem, eu fico feliz por vê-lo de volta. O senhor recomeça hoje?

— Recomeço na próxima segunda-feira.

— Ótimo. Estarei, como sempre, aqui na portaria, à sua disposição.

Marcondes agradeceu e seguiu com Dora para o consultório. Lá chegando, abriu o envelope e pediu que a esposa lesse. Sua ansiedade era enorme. Afinal, ele não poderia adivinhar qual o conteúdo da carta. Com vagar, Dora desdobrou as folhas de papel, escritas com letras redondas e firmes, e leu em voz alta:

Doutor Marcondes, espero que esta carta o encontre recuperado. Devo, entretanto, dizer-lhe que fiquei extremamente chocada com o seu comportamento doentio em relação a mim. Confesso que não esperava de um terapeuta uma conduta típica de pessoa com transtorno mental. Afinal, não seria o senhor quem deveria tratar alguém com tal anomalia? Penso mesmo que o senhor está seriamente transtornado e deveria buscar ajuda de um terapeuta equilibrado, ou de um representante da religião que o senhor professa, ou até mesmo de ambos. Nunca passei por uma situação tão constrangedora como a que o senhor me impingiu. Devo dizer-lhe claramente que poderia processá-lo por assédio sexual. Seria uma causa ganha, Marcondes, pois o que o senhor fez qualquer juiz consideraria fora da conduta ética de um psicólogo. E por falar nisso, também eu poderia dar queixa no Conselho Regional de Psicologia. No mínimo, o senhor seria suspenso de suas atividades psicoterapêuticas ou — quem sabe? — perderia de vez o seu registro de psicólogo e a possibilidade de voltar a trabalhar nessa digna profissão. Aliás, a profissão é digna, mas o senhor não se mostrou digno dela. No entanto, há um atenuante: talvez eu tenha colaborado para que o senhor se lançasse um dia a meus pés, declarando-me paixão amorosa. Eu deveria ter intuído que alguma coisa de errado havia em sua conduta. Para lhe ser franca, cheguei a ter essa intuição, porém, não fiz caso e pensei que fosse exagero da minha parte. Só me dei conta do que estava acontecendo quando o senhor executou o seu ato insano. Confesso, mesmo, que fiquei com um certo sentimento de culpa, pois logo depois o senhor teve um princípio de infarto, como vim a saber depois. Naquele momento, fiz o que pude, chamando o porteiro para providenciar socorro. Espero que tudo tenha corrido bem. Enfim, dr. Marcondes, não estou aqui para incriminá-lo de nada. Quanto a isso, pode ficar tranquilo. Não contei a ninguém o que aconteceu, nem o farei jamais. Isso ficará sempre entre mim, o senhor e sua esposa. Como leiga, penso que se o senhor conseguir eliminar o comportamento desviante que teve, poderá continuar a clinicar, pois o seu conhecimento e a sua habilidade são incomuns.

Nesse terreno, só posso fazer-lhe elogios. Não sei se conseguirei um psicólogo clínico tão culto e competente como o senhor. Mas, ainda que o senhor tenha mudado completamente a sua conduta, não poderei mais continuar frequentando o seu consultório, nem o senhor se sentiria bem. Assim, considere-me fora do rol de seus clientes. Encerro, pedindo-lhe que faça um exame de consciência. Avalie o mal que fez a mim, à sua esposa e à sua filha. Não se esqueça do seu desrespeito em relação ao meu marido, que o senhor nem conhece, mas que é um homem honesto, honrado e irrepreensível. Mas, ao mesmo tempo, lembre-se de que o mal ainda pode ser reparado e a melhor maneira de fazê-lo — creio — é agir de modo contrário, ou seja: amar verdadeiramente a sua esposa, que merece também o seu respeito; amar paternalmente a sua filha; e prosseguir nas suas atividades profissionais como um psicólogo e homem digno, probo e respeitável. Nada melhor para eliminar as trevas do que um brilhante facho de luz! Seja feliz com sua família e admirado por seus pacientes. Atenciosamente, Acácia.

Havia um *post scriptum* que dizia simplesmente:

Tenho uma amiga, que me afirmou categoricamente que o senhor está com uma séria obsessão. Não sou espírita, mas penso que não custa consultar um centro idôneo que possa ajudá-lo. Para quem está no fundo do poço, não se escolhe o braço que surge para salvá-lo.

O silêncio que se seguiu à leitura foi avassalador. Dora ficou com as folhas manuscritas encostadas ao peito, e Marcondes sentou-se na poltrona, cabisbaixo. Em seguida, limpando as lágrimas que escorriam abundantes, disse com grande comoção:

— Perdoe-me, Dora. Perdoe-me. Você não merece o tratamento desumano que recebeu de mim. Você é digna de todo o meu amor e de todo o meu respeito. Se ainda me aceitar, eu lhe prometo que voltarei a ser o Marcondes puro e amável que fui na juventude, acrescido da experiência que adquiri nas lutas da vida.

Abraçou a esposa e despencou em seus ombros, completamente abatido. Dora, também entre lágrimas, respondeu comovida:

— Já o perdoei, Marcondes. Essa é uma página virada de nossa existência. Eu gostaria apenas que você deixasse as muralhas da sua defesa habitual e ouvisse um pouco Nestor, com referência à obsessão. Tenho certeza de que não foi por acaso que a sua paciente assinalou a mesma coisa em seu *post scriptum*.

Marcondes deixou os ombros de Dora e fixou o olhar em seu rosto. Parecia pensativo. Ela esperou um pouco e como ele nada disse, perguntou:

— E então? O que você me diz?

— Bem... você sabe que sou materialista e para um materialista não faz sentido falar em espíritos obsidiando pessoas vivas. Soa estranho, não é mesmo? Entretanto, Acácia falou algo que não posso negar: se estou no fundo do poço, por que não ouvir pacientemente o que Nestor tem a me dizer? E também Albertina?

— Espero que você escute realmente e procure levar em consideração o que lhe for dito. Não é apenas o cumprimento de um gesto burocrático, automático, mas uma confabulação de que você fará parte ativa. Deixe de lado suas armas e, com humildade, pondere sobre os argumentos de Nestor e Albertina. Não responda abruptamente às considerações que eles fizerem. Deixe que falem livremente; depois, quando estiver só, pese bem o conteúdo que lhe foi passado e, apenas mais tarde, tire as conclusões.

Isso não era bem o que Marcondes queria ouvir, mas sentia-se acuado diante de tudo o que ocorrera, de modo que não teve alternativa senão concordar com a esposa, prometendo-lhe fazer o que ela lhe pedira. Entretanto, uma dúvida o assaltou e ele resolveu esclarecer logo:

— Dora, você se tornou espírita?

— Não, Marcondes, mas não posso negar que depois que se iniciaram os trabalhos de desobsessão, você mudou muito.

— Depois dos trabalhos de desobsessão, Nestor falou algo a respeito, mas...

— Vamos conversar com ele sobre esse assunto. Prometo-lhe que tudo será esclarecido.

— Está bem. E quando será essa conversa?

— Albertina me ligou, dizendo que hoje à noite estarão lá em casa.

— É melhor assim. Não quero adiar esse encontro.

Nesse dia, Marcondes entrou em contato com todos os seus pacientes, dando-lhes a notícia de que se recuperara e voltaria a atender a partir da segunda-feira seguinte. Em seu íntimo, porém, tremia ao pensar no desatino que cometera e que agora deveria estar banido de sua conduta como psicólogo clínico.

∞

Eram sete e meia da noite, quando a campainha do apartamento de Marcondes soou. O coração sobressaltou-se. Estava esperando a visita do casal, mas quando notou que logo mais estaria ouvindo o que talvez não quisesse, sentiu grande desconforto. Não dava, porém, para fugir da situação, de modo que aguardou a entrada dos visitantes. Depois dos cumprimentos, Beatriz e Ana anunciaram que iriam ao *shopping,* a fim de obter informações sobre planos para aquisição de um celular.

— Não demore, Bia — disse Dora quase automaticamente.

— Mãe, nós não somos crianças. Sossegue. Não demoraremos muito.

Depois de uma troca de palavras introdutórias, Marcondes, que já recebera orientação de Dora, convidou Nestor para uma conversa a sós em seu escritório. Foi este que iniciou o diálogo:

— Você está realmente bem, Marcondes?

— Sim. Conversei ontem com o meu médico e recebi mais uma vez a excelente notícia de que não tenho mais nada; porém, preciso tomar algumas precauções. Nada que seja impossível de cumprir.

— Ótimo. E emocionalmente, como você se encontra?

A pergunta soou estranha para Marcondes, pois lhe pareceu que o terapeuta fosse o juiz e não ele. Entretanto, não deixou de responder:

— Passei por uma vergonha muito grande, Nestor. Nunca me senti tão constrangido. O que mais me dói é que eu, sendo terapeuta, agi como um paciente desorientado. Devo confessar-lhe que, ainda hoje, quando me dirijo à minha esposa, tenho a tendência a baixar os olhos por não poder encará-la como antigamente.

— Ela já o perdoou, não é mesmo?

— Sim, mas está difícil voltarmos ao mesmo relacionamento franco e aberto de outrora. Isso também me dói.

— Dê um tempo, Marcondes. Você verá que tudo vai se ajeitar. É preciso, porém, que esteja vigilante. Poderá haver momentos em que, diante de uma mulher bonita, o desejo de conquistá-la volte com certa intensidade. E, para que você saia vencedor, precisa estar preparado. No momento, não fique abatido, mas procure reconquistar sua esposa. E nada melhor do que o amor sincero para consegui-lo. Pode demorar sim, mas o seu relacionamento tornar-se-á ainda melhor do que já foi no passado.

— Espero que você esteja certo, Nestor. Não suportaria perder minha esposa e minha filha.

— Agindo de acordo com o que estamos conversando, tudo vai se ajeitar.

Marcondes sentiu-se aliviado e, diante da acolhida fraterna de Nestor, fez a pergunta que guardava no peito:

— Dora falou-me a respeito do trabalho de desobsessão que foi feito em relação à minha pessoa. Você também já tocou no assunto, mas pode me dizer o que é realmente isso?

Nestor, que já esperava pelo questionamento, ficou feliz em poder iniciar o seu esclarecimento:

— Eu já lhe disse, Marcondes, que, segundo a doutrina espírita, codificada por Allan Kardec, somos espíritos imortais. E, como espíritos, temos durante uma encarnação a tarefa de aprender e de nos aprimorar continuamente por meio da reforma íntima. Entretanto, uma única encarnação não é suficiente para alcançarmos a perfeição que nos é possível. São necessárias para isso inúmeras encarnações. E, sempre que nos despojamos da nossa vestimenta carnal, vivemos um estado peculiar denominado "erraticidade", que é o estado dos espíritos não encarnados que vivem o intervalo entre uma e outra existência corpórea. Durante esse período, os espíritos aguardam a oportunidade de uma nova encarnação para dar sequência ao aprendizado e autoaprimoramento. Entretanto, há espíritos ainda presos às paixões terrenas que vagueiam pelas regiões próximas à Terra, ou mesmo com familiares, pensando às vezes que nem sequer desencarnaram. Outros, que foram injustiçados, feridos, traídos ou perseguidos, partem ao encalço de seus desafetos para vingar-se, buscando insuflar-lhes pensamentos destrutivos que possam levá-los à sua ruína física e moral, tirando-lhes a saúde corporal e o equilíbrio mental. Foi o que aconteceu com você. Chamamos de obsessão essa influência perniciosa de um espírito desencarnado sobre um encarnado. Você foi, portanto, obsidiado por um espírito que procurava destruí-lo para vingar-se de atos praticados contra ele por você, em encarnações passadas. Você está entendendo?

— Estou, mas é algo tão mirabolante que chega às raias das fantasias mórbidas de desequilibrados mentais. Perdoe-me. Não o estou ofendendo. Apenas digo o que penso sobre o que você acaba de me dizer. Para mim, que sou materialista, falar em espírito perseguidor e vingativo é algo completamente fora dos parâmetros da razão.

— Entendo perfeitamente. Quero até mesmo fazer um parêntese em nossa conversa para perguntar-lhe: você é mesmo materialista? Até onde vai o seu materialismo?

— Assim a conversa fica melhor. A resposta é fácil: creio que existe apenas a matéria. O ser humano é um composto orgânico e nada mais. Não existem alma, espírito ou mesmo Deus. Tudo é matéria, Nestor, o mais é fantasia de pessoas desavisadas ou mal-intencionadas. Você quer saber até onde vai o meu materialismo? Vai até as raízes da doutrina materialista. O meu materialismo é radical.

— Você não acha que a partir de Einstein, o materialismo levou um duro golpe?

— Por quê?

— Não foi Einstein quem disse: "A matéria é energia condensada"?

— Sim, mas não me venha dizer que tudo é energia, portanto, não existe matéria.

— Não direi isso. Vou apenas afirmar que a matéria é fluido condensado. A matéria é uma modificação do fluido cósmico universal.

A expressão fisionômica de Marcondes revelou a Nestor que ele não entendera bem o que lhe fora dito.

— O quê? Se ficarmos aqui falando em teorias, não chegaremos a resultado nenhum. A nossa conversa está ficando muito vaga e até difícil para mim, que não domino os termos e expressões espíritas.

— Concordo — disse Nestor, sorrindo. — As coisas devem ser concretas. Sendo assim, convido-o a assistir a mais uma palestra na próxima terça-feira em nosso centro espírita. O palestrante é físico e aderiu à doutrina espírita há muitos anos. O tema é exatamente "Espiritismo e Ciência". O que você acha?

— Para você não dizer que sou preconceituoso, aceito. Pelo menos é um cientista que estará expondo o tema. Penso que acompanharei as suas palavras sem dificuldade. Mas, ainda que eu não creia no Espiritismo, continue falando a respeito da obsessão, ou melhor, qual o trabalho que foi feito em relação à minha obsessão, como você afirmou. Estou interessado.

Nestor achou Marcondes mais maleável, mais flexível do que antes. Gostou disso e apressou-se em responder:

— O que foi feito, na verdade, chamamos de cura da obsessão.

Assim, ele explicou em detalhes tudo o que acontecera nas sessões de desobsessão. Deixou claro que Gaspar, o obsessor de Marcondes, seguindo as orientações do médium e particularmente de seu mentor, houve por bem abandonar a sua sede de vingança.

— Isso significa, Marcondes, que você está momentaneamente livre da obsessão. Digo momentaneamente porque sempre há espíritos de hierarquia inferior prontos para obsidiar quem se sintonize com eles. Portanto, cabe exclusivamente a você continuar livre da interferência maligna de espíritos inferiores.

Marcondes pensou um pouco e perguntou:

— E de acordo com a doutrina espírita, o que devo fazer para continuar bem? Fazer oferendas a algum tipo de espírito?

Nestor riu e, com um leve toque no braço do psicólogo, respondeu:

— Nada de oferendas, Marcondes. Como muitas pessoas, você está confundindo o Espiritismo com algumas religiões que têm algum ponto em comum com essa filosofia, mas que se distanciam muito em outros. Quando falo Espiritismo, refiro-me à doutrina codificada por Allan Kardec e somente a ela. Assim, respondendo à sua pergunta, o que você deve fazer é mudar sua vida, ou seja, elevar-se moralmente.

Marcondes não gostou muito do que ouviu, mas diante dos fatos ocorridos recentemente, teve de engolir em seco e continuar ouvindo Nestor.

— Jesus tem um ensinamento que se aplica perfeitamente a esta situação. Disse Ele: "Orai e vigiai". Você precisa de ambas as coisas. Tem de vigiar os pensamentos, as emoções e as intenções diante dos outros. Tem de cuidar das palavras que emprega e, principalmente, da conduta que expressa em seu dia a dia. E para conseguir isso, a prece é fundamental.

— Só me lembro de ter orado quando criança. Minha mãe fazia com que eu orasse ao acordar, antes e depois das refeições e também à noite, ao deitar-me. Ah! Agora me lembro: ela dizia para eu orar, sempre que estivesse em apuros.

— Sua mãe fazia o certo, Marcondes. Pena que você tenha seguido por outro caminho. No entanto, cada um tem o seu próprio tempo e as suas próprias oportunidades.

Marcondes emocionou-se ao se lembrar da mãe, cujas recordações sempre eram positivas. Nestor deixou que ele se recompusesse e continuou:

— Bem, esse foi o tratamento que empregamos no centro espírita, Marcondes. E esta a orientação que lhe dou para que continue tão bem como se apresenta hoje.

— Confesso que, para mim, não é nada fácil levar em consideração uma doutrina espiritualista. Mas vendo a sua conduta incorrupta, como também a de Albertina, não posso negar-me a, pelo menos, estudar um pouco os princípios básicos da doutrina que vocês seguem. O que você me aconselha, para começar?

Nestor ficou surpreso com a atitude de Marcondes, de modo que respondeu solícito:

— Vou agir de modo diferente de outras vezes, quando ponho nas mãos de algum amigo *O Livro dos Espíritos* ou *O Evangelho Segundo o Espiritismo*, ambos de Allan Kardec. Enviarei a você, pelas mãos de Beatriz, *O Porquê da Vida*, de Léon Denis.

— Bem, pelo menos o título é interessante. Prometo-lhe que vou ler. E quanto a vigiar-me, esteja certo de que é uma orientação verdadeira. Vou retornar ao atendimento psicoterapêutico, de modo que preciso mudar minha conduta, sem dúvida. Você não sabe como estou ansioso para voltar à vida comum de outrora. Tudo o que me aconteceu, ou melhor, tudo o que fiz me deixou amargas lições. Esteja certo de uma coisa, Nestor: a minha vida vai mudar. E para melhor.

∾

Quando, no dia seguinte, Beatriz chegou da faculdade, Marcondes foi ao seu encontro para receber o livro com que Nestor o presenteara.

— Está aqui, pai — disse-lhe a filha, acrescentando: mas desta vez é para ler mesmo, hein!

— Prometo-lhe, Bia. Vou começar agora mesmo.

Depois de conversar mais um pouco com Dora, Marcondes retirou-se para o dormitório, onde, já deitado, iniciou a leitura do livro, que começava com uma interrogação: "Qual o homem que, nas horas de silêncio e recolhimento, já deixou de interrogar a Natureza e o seu próprio coração, pedindo-lhes o segredo das coisas, o porquê da vida, a razão de ser do Universo?". Ao ler estas questões, ele voltou à juventude quando, fazendo a si mesmo pergunta semelhante, não encontrou nenhuma resposta. A mãe falecera havia pouco tempo, de modo que a interrogação não saía da sua mente. Entretanto, sem poder dar uma resposta satisfatória, preferiu acreditar que não existia um sentido para a vida nem uma razão de ser do Universo. E, a partir daí, afastou-se de toda e qualquer religiosidade, tornando-se ateu e materialista. A origem da sua opção pelo materialismo teve início, portanto, na juventude, num momento de crise emocional pelo desencarne da sua mãe. Depois disso, não houve mais nenhum questionamento, nenhuma pesquisa. Essa reflexão fez com que Marcondes chegasse à conclusão de que a escolha pelo materialismo não estava assentada num raciocínio lógico, mas tão somente numa resposta emocional a um problema de ordem íntima. Era, portanto, o momento de saber o que diziam os espíritas. E ali, em suas mãos, estava uma obra que poderia ajudá-lo a chegar a uma conclusão lógica e não apenas emotiva. Continuou a leitura e deparou com este pensamento: "O homem ignorante dos seus destinos é semelhante ao viajante que percorre maquinalmente a sua rota, sem conhecer o ponto de partida nem o ponto de chegada, e mesmo sem saber qual o motivo da sua viagem; do que resulta, sem dúvida, o estar sempre disposto a parar diante do menor obstáculo e a perder o tempo sem cuidar do alvo que deve atingir". E logo mais adiante, Marcondes encontrou outra reflexão: "Se tudo acaba com a morte, o ser não tem nenhum motivo para constranger-se, para comprimir os instintos, os gostos. Fora das leis sociais, nada pode detê-los! O bem e o mal, o justo e o injusto se confundem igualmente, se esvaem no nada. E o suicídio será sempre um meio de escapar aos rigores das leis humanas".

Nesse ponto, Marcondes interrompeu a leitura. Ele também pensara no suicídio, não para fugir das leis humanas, mas da sua própria consciência, que lhe gerava intensa dor diante do mal que houvera praticado contra pessoas inocentes. E esse gesto impensado, se ele o houvesse cometido, seria também fruto da sua conclusão de que tudo acaba com a morte.

Na verdade, o pensamento límpido, lógico e objetivo de Léon Denis começava a colocá-lo contra a parede, pois ele não encontrava argumentos sólidos à altura para contestá-los. Interrompida a leitura, Marcondes ficou por muito tempo acordado, pensando seriamente em tudo o que lera até ali. As reflexões, assentadas nos princípios defendidos pelo autor, levavam a um ponto que ele gostava de evitar, mas para o qual sempre era chamado por suas reflexões: o sentido da vida. Para ele, a vida não tinha nenhum sentido. Tudo o que acontecia era fortuito, casual. Mas, nesses momentos, ele se lembrava de Viktor Frankl, terapeuta judeu, que afirmava ser a busca do significado de sua vida a principal força motivadora de todo ser humano. Uma citação de Frankl não saía de sua mente: "Uma importante missão está reservada a cada um de nós, no concerto geral do progresso da humanidade. Devemos descobri-la". Frankl havia mostrado em sua própria existência que podemos dar um sentido à nossa vida, pois, embora enclausurado num campo de concentração nazista, não esmoreceu, conseguindo encontrar naquele ambiente aviltante o seu próprio significado. A experiência num campo de concentração poderia transformar-se na queda para uma vida irreal e sem sentido, porém, Frankl converteu tal experiência em mais um exemplo de como o ser humano pode, nas mais difíceis condições, encontrar um significado para aquele momento cruciante de sua existência. Diante disso, Marcondes achava-se impotente. Não dando tempo a maiores reflexões, ele prosseguiu na leitura. Denis discorria sobre espírito e matéria. Outro tema que ele procurava evitar. De acordo com o autor, o homem participa de duas naturezas: uma material e outra espiritual. Pelo corpo e órgãos, deriva da matéria e pelas faculdades intelectuais e morais, procede do espírito. Era demais para uma noite só. Marcondes fechou o livro e deixou para continuar no dia seguinte. Dora, notando a maneira abrupta como o marido colocou o livro no criado-mudo, perguntou-lhe:

— Alguma coisa errada?

— Este livro diz exatamente o contrário do que penso, Dora. É difícil fazer uma leitura serena e imparcial. O autor fala sobre o sentido da vida e eu penso que a vida não tem nenhum sentido; ele ensina que participamos de duas naturezas, uma espiritual e outra material, ao passo que para mim o homem tem apenas uma natureza: a material. E vai por aí afora.

— Você não acha que é o momento de considerar o que os outros pensam?

Marcondes percebeu, então, como vinha impingindo aos outros o seu modo de pensar, a sua visão de mundo. Dificilmente ele conseguia escutar o que outro tinha a dizer. Habitualmente, cortava a frase do interlocutor pelo meio e dava logo o seu parecer, mesmo sem ter conhecimento pleno da verdade que lhe era passada. Era preciso mudar. Mesmo que não concordasse com o pensamento do autor, deveria ler o livro até o fim. Depois, procuraria Nestor para discutir sobre as suas discordâncias.

— Dora, você tem razão. Vou ler com paciência e tranquilidade. Depois, converso com Nestor e digo o que penso.

Assim, Marcondes deu um beijo em Dora e acomodou-se sob a coberta. Fazia muito tempo que ele não agia assim, de modo que a esposa ficou feliz por ver que, aos poucos, ele começava a voltar ao que era antes. E a grande esperança que ela conservava no coração era que ele fosse além, mudando também as crenças e valores.

Na manhã seguinte, ele continuou a leitura do livro, tendo-a terminado no dia posterior. Várias anotações foram feitas para futura discussão com seu amigo. No sábado à noitinha, o casal rumou para a casa de Nestor e Albertina, como haviam combinado durante a semana. Ana foi até a casa deles para encontrar-se com Beatriz, a fim de seguirem para uma festa de aniversário de um colega da faculdade. Marcondes levou o livro para conversar a respeito com Nestor.

Antes de ser servido o jantar, o anfitrião convidou-o para conversarem no seu escritório. Lá chegando, questionou:

— E então, o que achou do livro?

Marcondes refletiu um pouco e respondeu, de modo desconfortável:

— Confesso que não conhecia Léon Denis. É um autor claro, objetivo e sucinto. Diria mesmo que é um autor cuja leitura é muito agradável.

— E quanto ao conteúdo?

Era justamente aí que as coisas tornavam-se complicadas. Ele teria de ser honesto no seu parecer, mas, ao mesmo tempo, muito polido. Foi o que buscou fazer.

— Bem, Nestor, é aí que *o bicho pega*.

— Como assim?

— Vou começar com o sentido da vida. Denis é totalmente favorável a que busquemos um sentido para a vida. Entretanto, para mim, a vida não tem nenhum sentido. Ou tem?

— Veja por si mesmo, Marcondes. Mas lembro-me de ter lido um livro que trata exatamente desse assunto. O autor deve ser seu conhecido, pois foi um psiquiatra e terapeuta. Criou a logo... logo...

— Logoterapia!

— Isso mesmo. E pelo que sei, a logoterapia conseguiu muitos adeptos.

— Eu temia que me viesse com Viktor Frankl, pois é ele o autor do livro que você leu. Por acaso, não é *Um sentido para a vida*?

— Sim, é esse. Eu sabia que era do seu conhecimento. Mas, por que você temia que eu citasse Viktor Frankl em nossa conversa?

— Porque ele conclui que em quaisquer condições a vida tem um sentido. E diz mais: temos o anseio por um sentido e somente nos tornamos felizes quando nos apercebemos de que estamos preenchendo esse sentido. Mesmo dentro de limitações óbvias, temos a liberdade de preencher o sentido de nossa vida. É isso o que ele afirma, Nestor.

— E mesmo assim você insiste em dizer que a vida não tem nenhum sentido?

Marcondes procurou escolher bem as palavras, antes de responder:

— Agora você sabe por que eu temia que Viktor Frankl fizesse parte de nossa discussão. — Depois de algum silêncio em que refletiu o máximo que pôde, Marcondes continuou: — Sei que você me colocou em uma *sinuca de bico*, Nestor. Façamos o seguinte: coloquemos "entre parênteses" este árduo tema e continuemos o nosso diálogo. Depois eu procurarei lhe dar uma resposta.

— Está bem. E qual foi o outro tema do qual você discordou?

— Bem, Denis prossegue a sua bem elaborada exposição, falando sobre a harmonia do universo, sobre a Terra e até mesmo sobre o próprio ser humano. Dessas considerações, conclui sobre a existência de Deus. Discordo, Nestor. Ainda penso que tudo foi obra do acaso.

— Marcondes, lembre-se de que Léon Denis nos pergunta se tanta beleza, esplendor e harmonia podem resultar do acaso. Ele apela para a razão, o discernimento. Você não acha que tanto esplendor no universo, na Terra e em nós mesmos devem ser atribuídos a uma causa inteligente presidindo a ordem do mundo e a evolução da vida?

Marcondes não respondeu. Nestor continuou:

— Quando lemos *O Livro dos Espíritos*, notamos uma pergunta: "Onde se pode encontrar a prova da existência de Deus?". E sabe onde está a resposta? Num axioma aplicado às ciências: "Não há efeito sem causa". Se procurarmos a causa de tudo o que não é obra do homem, a razão nos responderá. Neste ponto, Kardec faz um comentário, dizendo mais ou menos o seguinte: o universo existe, logo, tem uma causa. Duvidar de que Deus existe é negar que todo efeito tem uma causa. É até mesmo dizer que o nada pode fazer alguma coisa. E então, o que você me diz?

Marcondes esboçou um sorriso, pediu para deixarem também esse tema "entre parênteses" e considerou:

— É difícil contradizer o texto de Léon Denis porque ele é muito lógico. Uma proposição leva necessariamente à outra, de modo que você acaba sendo obrigado a concordar com ele.

— E que mal há nisso? Você mesmo disse que se trata de um texto lógico; portanto, assentado na razão, não é mesmo?

— Sim, mas estou encastelado no materialismo há muito tempo, Nestor. Não é fácil convencer-me de algo que contradiz aquilo em que acreditei durante toda a minha vida.

— Neste ponto, você tem toda razão. Mudar crenças não é fácil. Concordo com sua conclusão e penso também que "não ser fácil" não é igual a "ser impossível".

Marcondes riu alto e falou em tom jocoso:

— Eu não sabia que você era um grande sofista, no bom sentido da palavra, é claro.

Nestor também riu. A conversa estava caminhando bem. Ele não podia, entretanto, avançar mais. Deu para notar que a leitura de *O Porquê da Vida* havia mexido com seu amigo que, no entanto, procurava não *dar o braço a torcer*. Assim, ele decidiu fazer uma breve conclusão e deixar que Marcondes escolhesse o novo rumo da conversa.

— Uma leitura como a que você fez traz muitas reflexões, é verdade. Eu sugiro que releia a obra e no próximo sábado voltemos ao assunto. O que acha?

— Perfeito. Quero apenas falar de mais um tópico do livro que é muito difícil para mim. Não quanto ao entendimento, mas quanto à crença em tudo o que ali está. Trata-se das vidas sucessivas. Se, para mim, tudo acaba com a morte, como poderei pensar em vida após a vida? Como poderei pensar que uma pessoa continua a existir noutra dimensão e que retorna novamente à vida? Há bons livros que tratam desse tema?

— Há, sim, Marcondes. No próximo sábado eu vou lhe mostrar obras que tratam desse assunto de importância transcendental. Vamos fazer um trato: você relê Denis e eu lhe mostro algumas obras que tratam do tema da reencarnação. Combinado?

Marcondes, mais tranquilo, respondeu sorridente:

— Combinado!

∾

Na semana seguinte, Marcondes retornou ao consultório. A sua alegria era tanta, que chegava a superar o ânimo com que iniciou a sua profissão de psicólogo clínico, na juventude. Tudo parecia novidade. Tudo era motivo de satisfação. Quando o primeiro cliente assomou à porta do consultório, ele sentiu até um leve tremor e um frio no estômago. Afinal, aquela era a chance de ele prosseguir com a profissão, de modo tão ou mais competente do que fora antes dos problemas que enfrentara. Tudo transcorreu muito bem e assim foi com todos os pacientes, mesmo com as mulheres. A semana foi muito produtiva e gratificante para ele.

Em família, ele se mostrou amoroso com Dora, compreensivo com Beatriz, e prestativo para com ambas. A esposa percebeu a diferença e procurou também se mostrar à altura, o mesmo ocorrendo com Beatriz, que voltou a cantarolar pelo apartamento, como antes costumava fazer. Tudo correu em paz e harmonia. Marcondes não deixou de reler o livro com que fora presenteado por Nestor. Anotou algumas questões e deixou para discuti-las com seu amigo, quando fosse a seu apartamento, no sábado.

Na terça-feira, como combinado, Nestor passou no apartamento para levar Marcondes ao centro espírita, onde se realizaria a

PORTAIS DA ETERNIDADE | 369

palestra sob o tema: "Espiritismo e Ciência". Da parte de Marcondes, não havia praticamente interesse, mas, para não descumprir o prometido, seguiu com ele até o local. O palestrante era um físico, o que intrigou Marcondes, pois, segundo o seu parecer, um cientista não deveria ater-se a temas como Espiritismo, muito menos buscar uma conexão com a ciência. De qualquer modo, ele ouviria pacientemente o que fosse dito. Quando o cientista se apresentou, Marcondes ficou sabendo que se tratava de um homem de seus cinquenta anos, que já fizera mestrado e doutorado em física. Sem tempo para outras reflexões, prestou atenção nas primeiras palavras do palestrante: "O Espiritismo é uma doutrina com aspectos científicos, filosóficos e religiosos. A ciência espírita fornece subsídios para a reflexão filosófica, ou seja, os fenômenos espíritas proveem o material para as considerações da filosofia. Entretanto, o mais importante é o aspecto religioso da doutrina, pois o seu grande objetivo é a melhora moral do ser humano". Se Marcondes chegou a achar um exagero da parte do palestrante afirmar o caráter filosófico, científico e religioso do Espiritismo, pelo menos ficou curioso para saber por que ele considerava essa doutrina uma ciência. Aliás, Nestor já conversara com ele a esse respeito.

A palestra continuou diante de uma plateia numerosa e atenta: "A ciência espírita teve início quando Allan Kardec iniciou os seus trabalhos, entre os anos de 1855 e 1868. No começo, o que chamou a atenção do professor lionês foi o fenômeno das chamadas "mesas girantes", passando depois para fenômenos mais elaborados, já com a metodologia própria desta ciência. O objetivo que tinha em mente era estudar alguns tipos de fenômenos que ocorrem com os seres humanos. Tais fenômenos abrangem tanto os encarnados como os desencarnados, isto é, aqueles que vivem a sua presente encarnação e os que já viveram neste plano e se encontram agora no plano espiritual, preparando-se para uma nova encarnação".

Se Marcondes ouvia atentamente as palavras do palestrante, também era tomado por duas reações intensas: estava estupefato por ver à sua frente um físico falando sobre fenômenos que nunca tinham merecido a sua atenção e, por outro, colocava em dúvida o que era afirmado, pois não lhe parecia verossímil. Entretanto, ao mesmo tempo, não lhe parecia que um orador daquele porte que ali estava se dedicasse a um tema tão desconfortável, segundo o seu parecer, se não estivesse convicto. Voltou a escutar as palavras do físico: "Kardec sempre se postou ao lado da ciência, dos cientistas, dizendo mesmo que os tinha em grande estima e ficaria muito honrado se fosse contado entre eles. Mas, ao mesmo tempo, teve a coragem de dizer: 'Todo homem que faz uma especialidade, a ela se aferra com todas as suas forças. Tirai-o daí e o vereis quase sempre delirar, por querer submeter tudo ao mesmo crivo; é uma consequência da fraqueza humana'. E afirma, a seguir, que consultaria de bom grado um químico sobre uma questão de análise, um físico sobre a força elétrica, um mecânico sobre uma força motriz, mas não tinha em melhor conta suas opiniões negativas sobre o Espiritismo, do que o parecer de um arquiteto sobre uma questão de música. Entretanto, senhoras e senhores, vários cientistas, despidos de preconceito, fizeram os seus próprios experimentos e concluíram pela veracidade dos fenômenos espíritas. Foi o caso, por exemplo, de Camile Flammarion, de William Crookes, Gustave Geley, Gabriel Delanne e tantos outros".

Marcondes não sabia disso. Aliás, nunca dispusera de tempo nem interesse para saber algo a respeito da doutrina espírita, de modo que quando o orador falou sobre o preconceito dos cientistas, ele não pôde deixar de *enfiar a carapuça*, pois também sempre fora preconceituoso em relação ao Espiritismo e às religiões em geral. Mas agora ele ouvia que o Espiritismo não era apenas religião, mas também ciência e filosofia. Se ele quisesse ter uma visão correta dessa doutrina, precisaria conhecê-la melhor. O orador, nesse momento falava exatamente sobre isso: "Essa é a função da doutrina espírita: abrir a mente do homem na compreensão exata de seu campo de atitudes religiosas, filosóficas e científicas".

A plateia continuava atenta. Ao lado de Marcondes havia uma mocinha que anotava tudo em um caderno. Um casal à sua frente, de vez em quando comentava algo de grande importância dito pelo orador. Ele, por sua vez, prestava atenção em tudo o que acontecia. Agora o palestrante falava dos princípios da ciência espírita. Ele redobrou a atenção.

"De acordo com o companheiro Aécio Chagas, a ciência espírita tem seus princípios, como qualquer outra ciência. São seus princípios básicos: existência, sobrevivência ou imortalidade, reencarnação e evolução do espírito, assim como a comunicação entre encarnados e desencarnados. São alguns de seus princípios auxiliares: o perispírito e suas propriedades, a lei de afinidade, os fluidos e suas propriedades etc. Mas não é apenas isso. O Espiritismo tem igualmente regras metodológicas, como as regras para a realização das reuniões mediúnicas, procedimentos a serem tomados para aceitação das comunicações mediúnicas, certas atitudes morais etc. Outros princípios auxiliares e outras regras há, que não elencaremos em nossa palestra para não torná-la cansativa. No entanto, o que aqui registrei pode-se dizer que constitui o âmago da teoria espírita". O palestrante falou mais um pouco e Marcondes foi se interessando em entender aquela doutrina tão mal vista por ele até aquele momento. Não que estivesse convencido de tudo o que ouvia, mas, pelo menos, parecia cair o véu de ignorância e preconceito a respeito do Espiritismo. De agora em diante, ou se calava ou estudava o seu conteúdo para poder dar um parecer justo.

Foram as últimas palavras do orador: "Enfim, a ciência espírita não prescinde da ciência oficial. Pelo contrário, quer caminhar a seu lado, passo a passo, porque não teme as suas conclusões e não alimenta os seus preconceitos. Muito obrigado!".

A plateia ovacionou o palestrante e, lentamente, começou a deixar o salão. Nestor fixou-se nos olhos de Marcondes e, sorrindo, perguntou:

— E então? Qual é o seu parecer sobre esta palestra?

— Estou numa situação difícil, Nestor.

— Por quê?

— O palestrante é muito comunicativo, tem recursos oratórios e detém um vasto conhecimento. Quanto a isso, o meu conceito para a sua palestra é "excelente". No entanto, ainda é difícil entender o Espiritismo como ciência e filosofia. Até pouco tempo atrás, eu o entendia como uma religião simplória e preconceituosa. Contudo, após tudo o que você e Albertina me falaram e o que acabei de ouvir, já não posso mais pensar assim. Ao mesmo tempo, fica difícil crer num Deus justo e amoroso, na existência de espíritos e, ainda, na comunicação com eles.

— Gostei do que você me falou.

— Gostou? Como assim? Você também duvida?

— Não, não é isso. Gostei porque você não aceita tudo o que lhe é oferecido. Você questiona, busca avaliar sensatamente e só depois dá o seu parecer. O Espiritismo não procura seguidores a laço, Marcondes. Nem eu estou querendo convertê-lo a nada. Apenas lhe ofereço a oportunidade de enxergar a vida de modo diferente.

— Entendo e fico satisfeito.

— Kardec tem uma frase que se tornou lapidar: "Fé inabalável é somente a que pode encarar a razão face a face, em todas as épocas da humanidade". Não somos partidários da fé cega, mas da fé raciocinada.

— Está aí a minha situação difícil, pois concordo plenamente com essa afirmação e com o que você disse antes sobre fé raciocinada. Essa é também a minha posição. Dito desse modo, só faltaria eu dizer que concordo plenamente com a doutrina espírita, mas as coisas não são assim tão fáceis. Há empecilhos básicos, como os que lhe disse há pouco. Isso, porém, não significa que eu não possa, talvez, um dia chegar a essa concordância. Lerei mais sobre o Espiritismo, prometo-lhe.

Não deu tempo de Nestor responder, pois chegavam até eles Albertina, Dora e suas filhas. As garotas estavam entusiasmadas com a palestra e Dora afirmava que concordava com "praticamente tudo" que fora dito. O clima entre as duas famílias estava muito bom. Quando saíram do centro espírita, marcaram um novo encontro no apartamento do juiz. Ventava forte e Marcondes não pôde deixar de dizer, fazendo menção à circunstância que estava vivendo:

— Olha aqui, gente: estou mesmo caminhando contra o vento...

25
Consagração

O DIA DOS VOTOS PERPÉTUOS DE IRMÃ Vitória das Chagas de Cristo, a antiga Ivete, finalmente chegou. Era um domingo de maio, em pleno outono. A temperatura pela manhã, quando se realizaria a cerimônia, estava por volta dos vinte graus. No coração da noviça, porém, passava dos trinta. Ela acordou muito alegre e aproveitou para agradecer a Deus pela imensa oportunidade que se descortinava em sua vida: servir aos semelhantes. Era isso que ela queria. Ainda não estava certo o que iria fazer dali para a frente, mas madre Teresa lhe prometera que teriam uma conversa na segunda-feira, a fim de traçar novos rumos na vida da noviça.

Ao iniciar a *Lectio Divina*, oração de escuta da palavra de Deus nos Evangelhos, ainda em sua cela, deparou com a seguinte frase: "Eu sou o pão da vida. Quem vem a mim, jamais terá fome; e quem crê em mim, jamais terá sede". Sem procurar interpretar a mensagem, irmã Vitória ficou no silêncio do seu cubículo para receber diretamente na alma as palavras de Jesus. Uma onda de alegria tomou conta do seu ser. Ela não tinha dúvidas: O Divino Mestre a chamara para semear no coração as palavras da Boa-nova... Dali para a frente, cabia-lhe apenas esperar o momento solene da sua profissão perpétua.

Eram oito e trinta da manhã quando o coral, especialmente convidado, iniciou a participação com uma peça barroca, situada entre o fim do século XVIII e início do século XIX, e que ficou perdida por muito tempo, tendo sido recentemente encontrada. Uma verdadeira preciosidade. Tratava-se das "Matinas do Menino Deus", do padre Jesuíno do Monte Carmelo, também pintor e escultor de renome. A harmonia entre os violinos, o órgão eletrônico e as vozes humanas era um convite à meditação. Irmã Vitória estava visivelmente emocionada. As cerimônias seriam presididas pelo bispo Dom Carlos Borromeu de Freitas, que fez questão de ter uma conversa particular com madre Teresa e outra com a noviça, antes do início das solenidades. Certo de que fora constatada a verdadeira vocação de irmã Vitória, foi com prazer que ordenou o início do cerimonial.

Após a participação do coral, as cerimônias prosseguiram, cumprindo rigidamente os cânones da Igreja. Para irmã Vitória, cada palavra ouvida tinha um significado particular naquele que ela considerava o dia mais importante da sua vida. No momento da homilia, Dom Carlos Borromeu pediu-lhe, em tom coloquial, para viver com os pés cravados no chão, na realidade do cotidiano, sem, no entanto, deixar de viver com os olhos voltados para o Céu. E continuou, dirigindo-se a todos os presentes: "Irmãos e irmãs, queremos, como irmã Vitória, partir daqui esperançosos, felizes, decididos e estimulados para a missão que nos espera. Queremos deixar este recinto, amparados nas palavras do Cordeiro de Deus, que um dia nos brindou com esta prenda evangélica, registrada por Mateus: 'Onde dois ou três estiverem reunidos em meu nome, ali estou eu em nome deles'. Se abrirmos o nosso coração ao sagrado coração de Jesus, jamais estaremos sós, pois teremos por companhia o mais sagrado dos visitantes".

Lágrimas afloravam nos olhos de irmã Vitória. Nesse momento, ela lembrava-se dos seus pais. Como gostaria que eles estivessem ali presentes para participar da alegria que brotava em seu coração. Sem contato com familiares, ela convidara seus antigos liderados, colegas executivos e o diretor-presidente da empresa em que trabalhara por muitos anos. Convidara também sua grande amiga, Dolores e mais alguns conhecidos. Não sabia, entretanto, quem estava ali, pois se concentrava no cerimonial, não se permitindo olhar para os lados. Mais tarde, ela poderia abraçar cada um dos convidados presentes. Mas o bispo continuava a sua homilia e irmã Vitória escutou mais estas palavras: "Ó Senhor, a nossa grande esperança, está conosco e, no seu amor misericordioso, oferece-nos, a nós e à irmã Vitória, um futuro de união com seu coração sagrado. Assim, amparados por nosso Pai como o povo de Deus nas areias escaldantes do deserto, saídos do exílio da Babilônia, exclamemos uníssonos: 'Exulto de alegria no Senhor, a minha alma rejubila no meu Deus'. E não nos esqueçamos da filha excelsa desse povo, Maria Santíssima, Nossa Senhora do Monte Carmelo, e com ela a sua serva Santa Teresa de Ávila. Que sejam exemplo de cristandade para nós e, em especial, para irmã Vitória, que hoje faz a sua profissão solene".

Irmã Vitória lembrou-se de Teresa de Lisieux, cujas reflexões relera várias vezes nesses anos. Vieram-lhe, ainda, à memória, irmã Ernestina e irmã Teodora, cada uma ajudando-a a seu modo na caminhada íngreme para o Carmelo. Foram novas lágrimas a banhar o seu rosto nessa manhã de outono, em que seu coração quase estourava de tanto calor. Quando deu por si, o bispo Dom Carlos Borromeu dizia as últimas palavras: "Diz-lhe o Senhor, irmã Vitória, e nós exultamos com isso: 'Eu estarei convosco todos os dias, até o fim dos tempos'. E completou: 'Deixo-vos a Paz, a minha Paz vos dou, mas não a dou como o mundo a dá'. A paz de Jesus não é a paz dos poderosos, dos dominadores. Deixa-nos Jesus a paz que brota no íntimo do nosso coração. A paz que transforma, voltada para o serviço a nossos irmãos necessitados. A paz que vai ao encontro dos escravos do vício, do álcool e das drogas na tentativa de regenerá-los. A paz que liberta e nos transforma. Esta é a paz, irmã Vitória, que Jesus lhe oferece nesta manhã de júbilo e glorificação. Acolha-a em seu coração e com ela viva por toda a vida que Deus lhe destinou".

Encerrada a homilia, a cerimônia teve prosseguimento. Cada lance era especial para irmã Vitória, havendo um, sobremaneira, que a fez estremecer: o momento de fazer os votos perpétuos de pobreza, castidade e obediência. Lembrou-se mais uma vez de tudo o que ouvira a respeito deles desde o primeiro dia em que entrara no convento e não teve dúvida, faria sim os votos para sempre. Era isso que ela queria. Era para isso que ela estava ali. Em seguida, tudo foi muito rápido. Logo estava ouvindo o cântico "Recado de Deus", executado pelo coral: "Deus tem um recado para você que saiu a procurar. Um sentido para viver. Ele está olhando para você. Está chamando...". Ela ouvira algumas vezes essas mesmas frases cantadas pelo coro das freiras, mas agora as palavras que elas encerravam pareciam ser ditas especialmente para ela, que escutava com fervor, como se um coral de anjos ali estivesse para anunciar-lhe os cumprimentos de Jesus. "Deixe o seu barco, deixe a sua casa para seguir os passos meus. Para levar a Boa-Nova, a verdade proclamar e fazer brotar a vida".

Quando se deu conta, as cerimônias estavam encerradas e o bispo já a estava cumprimentando. A seguir, dois auxiliares também a cumprimentaram. Em seguida, saudou-a efusivamente a madre superiora, tão alegre como nos velhos tempos em que Ivete ia visitá-la com frequência. Enfim, depois dos cumprimentos de toda a comunidade, irmã Vitória viu à sua frente a amiga Dolores, que chorava, ao abraçá-la. Representando o corpo diretivo da empresa em que trabalhara, estava o seu antigo chefe, e representando os funcionários, dez dos antigos subordinados da executiva Ivete. Foram momentos de intensa alegria, em que passagens pitorescas já esquecidas foram relembradas, às vezes até com exagero, para melhor colorir a saudade que irmã Vitória deixava no coração de cada um. Quando foi anunciado o almoço festivo, o diretor e os funcionários desculparam-se e se despediram. O mesmo fizeram os conhecidos que ela convidara e que se fizeram presentes durante a cerimônia. Dolores, porém, fez questão de participar da última parte das solenidades do dia, sentando-se de frente à irmã Vitória. O almoço transcorreu com muita alegria e risos contidos das freiras. Ao término, Dolores despediu-se da amiga, prometendo visitá-la de vez em quando.

Encerradas as festividades, irmã Vitória recolheu-se em sua cela. Havia muito a pensar sobre tudo o que vivera naquela manhã e início de tarde. Dali para a frente, deveria viver de acordo com o lema de "oração e trabalho". Foi nesse momento que se lembrou da época em que era postulante e ouviu irmã Ernestina dizer-lhe, emocionada: "Jesus mora em nosso convento. Ele é o centro e a razão de viver de cada uma das nossas irmãs. Basta que você tenha 'olhos de ver' para certificar-se de que Ele está vivo, presente e atuante no dia a dia desta comunidade". Nesse momento, ela voltou a chorar e agradeceu a Deus por tê-la aceito, a Nossa Senhora do Carmo por recebê-la sob o seu manto e a Santa Teresa de Ávila por ter ratificado esse pacto de amor. O que ela não sabia é que sóror Augusta do Sagrado Coração de Jesus, sua mentora espiritual, estivera todo o tempo com ela, amparando-a e abençoando a escolha. Agora a abraçava, despedindo-se de sua afilhada com um passe repleto de paz, harmonia e amor.

A segunda-feira amanheceu mais fria, prenunciando o inverno que se aproximava. Logo após o café da manhã, irmã Vitória foi chamada à sala de reuniões, onde madre Teresa a aguardava.

— Bom dia. Com licença, madre.

— Sente-se, irmã Vitória. Como passou o seu primeiro dia de freira?

— Eu não esperava tanta alegria e felicidade.

— Todas nos sentimos assim no dia da profissão perpétua. É um presente de Deus para nós. E hoje, como você está?

— Muito bem. Estou pronta para receber as orientações e determinações a respeito da minha vida futura.

Madre Teresa riu e disse:

— A sua vida futura começa hoje. Agora. Eu a conheço há alguns anos, não é mesmo?

— Sim, madre, desde os tempos em que eu estava fora do convento.

— Pois você vai voltar para o mundo.

Irmã Vitória deu um sobressalto. Voltar para o mundo? O que madre Teresa queria dizer com isso? Como ela poderia voltar para o mundo, se acabara de consagrar-se a Deus?

Madre Teresa olhou bem para os olhos de irmã Vitória e disse, quase rindo:

— Por que você ficou assim tão pálida? Nós não estamos na clausura. Temos um pé no claustro e outro nas ruas.

— É verdade, madre. A senhora tem toda razão, mas como estou há alguns anos enclausurada, a palavra "mundo" me assustou.

— Não precisa assustar-se, irmã Vitória. O que quis dizer é que você vai matricular-se no Mestrado de Administração Escolar.

Irmã Vitória sentiu um frio na região do plexo solar. Será que ela ouvira bem?

— Mestrado? De Administração Escolar?

— Você acha que não tem condições?

— Não, não é isso. É que eu não esperava por essa notícia.

— Ficou decepcionada?

— Não, madre, de modo algum. Mas fiquei assustada, mesmo querendo fazer o mestrado.

Madre Teresa riu, segurou o braço de irmã Vitória, e disse:

— Você notou que desde que entrou nesta sala só teve um tipo de emoção? O medo?

— Desculpe.

— Não se desculpe, alegre-se. Você quer servir os semelhantes, não quer?

— Sim, madre.

— Então, comece estudando um pouco mais. Você é culta, inteligente, é graduada em Administração, já administrou uma parte importante de uma grande empresa, por que não fazer o mestrado?

— É verdade. A senhora tem razão. Mas o mestrado já deve ter-se iniciado. Estamos em maio.

— Esse problema já está resolvido. Não se preocupe.

— Está certo.

— Então, vamos combinar o seguinte: hoje à tarde, irmã Assunta levará você às Faculdades Integradas Santa Teresa de Ávila. Você vai conhecer todas as suas áreas e também sua nova superiora, pois é lá que vai trabalhar daqui a alguns dias. Será o braço direito da diretora do curso de Administração. Será a sua secretária particular. Na próxima semana, quando seu pré-projeto já estiver pronto, irmã Assunta vai levá-la à universidade, a fim de marcar as provas que você terá de fazer para cursar o Mestrado em Administração Escolar. O que acha?

As assertivas de madre Teresa foram tão rápidas e calculadas, que irmã Vitória ainda não conseguira assimilar todas as determinações. Lembrou-se, contudo, de que já acalentara o sonho de fazer MBA, porém, sempre protelara, alegando não encontrar tempo. Estava agora diante de si a oportunidade de fazer o mestrado. Por que temê-lo? Resolveu aproveitar a chance que lhe era oferecida.

— Acho que a senhora acertou mais uma vez. Farei, sim, o mestrado. E com toda dedicação. Se for aprovada nos exames preparatórios.

— Tenho certeza de que será. Falando nisso, o seu pré-projeto já está pronto?

Ambas riram. Ficou acertado que irmã Assunta lhe daria todas as orientações, pois era doutora em Direito Canônico, tendo conhecimento de todos os meandros para o sucesso no mestrado.

Nessa mesma tarde, irmã Assunta procurou-a. Era uma mulher corpulenta, de estatura mediana e bochechas salientes. Muito culta e também muito simpática e afável.

— E então, irmã Vitória, já pensou no tema da sua dissertação?

— Ainda não tive tempo, irmã Assunta.

— Posso ajudá-la?

Com a orientação ativa da freira, em poucos dias o pré-projeto ficou pronto. Irmã Vitória lia obras em inglês sem dificuldade, de modo que o exame de língua estrangeira seria feito sem maiores problemas. Tudo se encaixou perfeitamente bem no tempo necessário, e ela foi aprovada. Iniciou também o trabalho de secretária particular da diretora do curso de Administração, professora Juliana, uma senhora de setenta anos, que pretendia encerrar carreira logo mais. O trabalho com a diretora revelou-se altamente gratificante para irmã Vitória, que logo fez amizade com a chefe. Trabalhar ali era lembrar um pouco o tempo de executiva, mas noutro nível. Mesmo quando tinha de ir buscar um café com leite na lanchonete da faculdade ou uma caixinha de clipe na papelaria, ou mesmo levar um comunicado para a diretora de outro setor, irmã Vitória o fazia com amor e dedicação. E quando deixava a faculdade para ir à universidade onde cursava o mestrado, era com imensa satisfação que o fazia, de modo que a sua dissertação começava a ganhar corpo.

Às vezes, irmã Vitória ia deitar-se às duas ou duas e trinta da madrugada, pois as pesquisas intensas exigiam mais tempo do que aquele que lhe fora destinado. Mas isso não lhe tirava o ânimo. Pelo contrário, aumentava-lhe a motivação. E assim foi durante dois anos, quando, sem se dar conta do tempo, ela fez a defesa da sua dissertação, tendo na banca examinadora luminares da Administração. Ao término dos questionamentos, o veredito foi anunciado: "nota dez, com louvor".

Irmã Vitória já sabia que teria de fazer também o Doutorado, por essa razão procurou melhorar seus conhecimentos de francês, para ser aprovada nos dois exames de língua estrangeira exigidos como pré-requisito. Foi também aprovada e iniciou o novo ciclo altamente motivada. Três anos depois, defendeu a tese, que preparou com esmero, recebendo novamente como veredito: "nota dez, com louvor".

Nessa altura, ela já conhecia tudo sobre a direção do curso de Administração das Faculdades Integradas Santa Teresa de Ávila. Por várias vezes, substituíra temporariamente a professora Juliana, de modo que aquele trabalho já se tornara rotina. E foi justamente aí que se viu novamente diante de madre Teresa, numa reunião particular.

— Estou muito feliz com você, irmã Vitória. Posso dizer-lhe que superou todas as minhas expectativas. A minha ideia era que você fizesse imediatamente o Pós-Doutorado, no entanto, ando um tanto adoentada, como você sabe, e não estou dando mais conta da orientação e supervisão das postulantes e noviças. Quero que você seja a madre mestra dessas jovens. Eu ficaria muito grata se você aceitasse essa incumbência.

Lágrimas começaram a cintilar nos olhos de irmã Vitória. Ela não pôde deixar de lembrar-se de que, havia apenas alguns anos ela recebia orientações constantes de madre Teodora e, posteriormente, da própria madre Teresa. Essas orientações foram-lhe valiosas. Sem elas, talvez não tivesse dado conta de todas as situações imprevistas que o cotidiano lhe oferecia no interior do convento. Ela não se considerava ainda uma pessoa humilde, como deveria ser, mas, sem dúvida, o pouco que conseguira já aplainara muito o terreno em que pisava na caminhada para Deus.

— Você aceita, irmã Vitória?

— Madre, não me julgue rebelde. Apenas não sei como conciliar as atividades de Diretora Interina do curso de Administração e a grande responsabilidade de orientar e dirigir as postulantes e noviças. Nem mesmo sei se tenho competência para uma obra de tal envergadura.

Madre Teresa sorriu e colocou as mãos de irmã Vitória entre as suas. Em seguida, olhando-a ternamente, disse com autoridade:

— Pois vou deixá-la um pouco mais apreensiva, irmã Vitória. A partir de hoje, você não é mais Diretora Interina do curso de Administração. Você assume plenamente o posto. A professora Juliana pediu demissão. Entretanto, o seu turno de trabalho será apenas o matutino. Para os demais, você terá duas assistentes. Mais tranquila? No período da tarde, poderá exercer o papel de mestra entre as postulantes e noviças.

Rindo mais uma vez, madre Teresa concluiu:

— À noite, além das suas preces, você poderá escrever, como sempre quis. E agora? O que acha?

Irmã Vitória também riu, dizendo:

— Cada vez que a senhora me chama para uma "conversinha", fico apreensiva, madre Teresa.

O tempo foi passando e irmã Vitória, agora madre mestra, foi-se habituando ao trabalho intenso que desenvolvia. À noite, como dissera madre Teresa, além das preces, ela escrevia pacientemente o seu primeiro livro, que ficou pronto três anos depois. Enviou uma cópia à sua superiora, que fez apenas uma pequena sugestão de melhoria e o aprovou integralmente. Foi publicado pelo selo religioso da editora das Faculdades Integradas. Intitulava-se *O Caminho para Deus* e era inspirado nas obras da reformadora do Carmelo, Santa Teresa de Ávila, não deixando de citar o famoso "elevador" de Teresa Martin. Aliás, Santa Teresinha era um símbolo para madre Vitória, que sempre recomendava às postulantes e noviças o estudo da autobiografia da santa. Outros livros se seguiram, e ela passou a ser conhecida e respeitada entre padres e freiras Carmelitas, sendo convidada por diversas vezes para proferir palestras e presidir encontros cristãos.

Em poucos anos, as Faculdades Integradas tornaram-se universidade. Os cursos foram ampliados e a reputação da qualidade de ensino também cresceu. Madre Vitória, já tendo concluído o Pós-Doutorado, foi convidada para proferir a aula inaugural da universidade, o que fez com grande competência. Depois disso, mais conhecida pela reitora, assumiu rapidamente o posto de Pró-Reitora, onde pôde, mais uma vez, demonstrar habilidade e sabedoria. Exerceu o cargo por cinco anos, após os quais recebeu uma convocação da reitoria para uma reunião particular.

— Madre Vitória — disse-lhe a reitora —, como você deve saber, estou com meus setenta e seis anos, muitos deles dedicados à nossa universidade, desde os tempos em que ela era ainda o antigo Colégio Santa Teresa de Ávila, com meia dúzia de alunos. Mas o tempo passou muito rápido. A instituição cresceu e se tornou a potência que hoje conhecemos. E chegou também a hora de eu passar a reitoria para mãos mais competentes.

— O que é isso, madre? Não há na universidade ninguém que se aproxime da sua competência administrativa.

— Há sim, madre Vitória. E eu já indiquei ao Conselho o nome dessa pessoa. É ela que eu quero no comando da nossa instituição.

Apesar da inteligência fulgurante, madre Vitória resvalou pela ingenuidade, ao dizer:

— Esteja certa, madre, que eu conversarei com os conselheiros que conheço para que aprovem a pessoa indicada pela senhora. Apesar de isso ser desnecessário, visto que ninguém ousará ir contra o seu parecer.

A reitora riu e, dando um toque no braço de madre Vitória, disse:

— Pois bem, a pessoa escolhida é você.

Madre Vitória quase desmaiou de susto. Seria brincadeira da reitora? Como ela poderia comandar aquela instituição gigantesca? Havia vários diretores de área que poderiam ocupar o cargo, mas a reitora fora escolher justamente ela? Depois de algumas conjecturas e passado o susto, ponderou:

— Não creio que seja a pessoa mais adequada para esse posto magno. Poderia citar pelo menos umas quatro ou cinco pessoas mais competentes que eu.

— A humildade também conta, madre Vitória.

— De qualquer modo, eu terei de pedir licença a madre Teresa, minha superiora.

— Eu já me antecipei. Ela não só concordou, como me congratulou pela escolha.

A partir daí, madre Vitória mostrou-se de uma competência ímpar para tocar todos os assuntos-chave da universidade. Sempre próxima de diretores, professores, funcionários e alunos, tornou-se não apenas conhecida, como admirada pela comunidade acadêmica. Entretanto, após cinco anos de administração, recebeu um duro golpe. Madre Teresa estava muito mal de saúde. Numa noite, chamou-a para uma conversa. Entrando em sua cela, madre Vitória viu uma anciã afundada na cama e com a tez extremamente alva. A figura de sua superiora e melhor amiga chocou-a. Entretanto, buscou mostrar serenidade e a cumprimentou com alegria.

— Madre Vitória, tenho pouco tempo de vida, por essa razão vou diretamente ao assunto.

— Pois não, madre. Embora creia que a senhora logo estará recuperada.

— Estarei recuperada sim, mas não na Terra, certamente. Ouça-me com atenção.

— Sim, madre.

— Madre Vitória, quando a aceitei no Carmelo, tomei uma das mais justas decisões. Havia quem achasse que você, pelo cargo que ocupava no mundo e pela riqueza que vinha amealhando, nunca chegaria a ser uma perfeita servidora de Cristo. Mas, pela graça divina, eu consegui ler nas entrelinhas do seu coração e, tomando a mim a responsabilidade, aceitei-a na família Carmelitana. Não foi preciso passar muito tempo para me certificar de que agira corretamente. Você foi além das minhas expectativas, superou as minhas esperanças. Tornou-se a amada mestra das nossas postulantes e noviças, e hoje é a magnífica reitora da nossa universidade. Também aí mostrou toda a sua competência e valor. Apenas por isso, você já fez história em nossa Ordem. Eu me congratulo pelo seu sucesso. No entanto, madre, estou precisando mais uma vez da sua humildade.

Madre Teresa fez um longo silêncio, como quem estivesse medindo com cautela as palavras que iria dizer.

— Por favor, diga, madre Teresa. O seu pedido é uma ordem.

— Eu sei, eu sei, madre Vitória. Mas, para quem atingiu o cume da montanha, pedir que desça até a base é muito difícil. No entanto, não há ninguém que, como você, possa dirigir a nossa comunidade, num momento em que mudanças drásticas deverão ser feitas e decisões austeras precisarão ser tomadas. Eu a convido a assumir a administração do nosso convento, como madre prioresa. Já obtive o aval das instâncias superiores, de modo que depende apenas de você.

Tudo parecia girar à frente de madre Vitória. Lembrou-se de anos atrás, quando ia visitar madre Teresa e saía dali revigorada, pronta para enfrentar os problemas do cotidiano. Recordou-se do momento em que fora conversar com ela, dizendo da sua vontade de entrar para a Ordem do Carmo e do instante em que foi aceita como postulante. Passaram pela sua mente a profissão provisória e a profissão perpétua, os primeiros anos de convento e a sua escolha como madre mestra das novas postulantes e noviças. Não lhe passara, porém, pela alma, a possibilidade de ser escolhida como superiora do convento. Se ela se sentia extremamente honrada pelo convite, também achava que não tinha a competência espiritual que o cargo exigia.

— Madre, eu não tenho o fulgor da sua aura, não possuo as marcas indeléveis da sua sabedoria e do seu amor, como poderei conduzir os destinos deste grande convento?

Pela primeira vez, naquele diálogo, madre Teresa sorriu.

— Ninguém lhe pede para dar o que não tem. Mas a sua resposta demonstrou as qualidades espirituais necessárias para o exercício eficaz das suas novas responsabilidades. Você mostrou a humildade que eu esperava, o que fez cintilar a aura que você disse não possuir.

— Madre, perdoe-me. Creio que irmã Paulina, com a força da juventude, as qualidades morais incomuns e a inteligência superior, poderia ser a escolha mais acertada.

— Ela será a sua auxiliar, madre Vitória.

Não havia mais como contra-argumentar. Madre Vitória ajoelhou-se diante do leito de madre Teresa e, entre lágrimas, jurou que tudo faria para tornar-se digna de tão elevada incumbência. Para ela, era muito mais importante e necessário conduzir os destinos daquele convento do que gerir a qualidade da educação, nas amplas salas da universidade. Rogou, entretanto, as bênçãos de madre Teresa, a fim de que pudesse cumprir com dignidade as responsabilidades que acabava de assumir. A superiora prometeu-lhe inspirá-la, sempre que sentisse necessidade de amparo espiritual.

A notícia correu célere pelos corredores e celas do convento, sendo tida como justa e necessária. Na noite seguinte, madre Teresa deixava as lides terrenas para dar continuidade à sua caminhada rumo ao Pai... Madre Vitória sabia que isso aconteceria brevemente, mas quando o fato se deu, cobriu-se de tristeza e amargura. Seu farol terreno deixara de luzir. As paredes do convento tornaram-se mais escuras e o ar lhe pareceu mais pesado. Apenas as flores coloridas dos jardins insistiram em mostrar todo o seu brilho e frescor. Talvez representassem no coração de madre Vitória a certeza de que, sob a promessa que lhe fizera, madre Teresa estaria ainda a clarear as soluções dos problemas cotidianos que ela teria de solucionar. A ajuda de irmã Paulina foi muito importante, principalmente nos primeiros meses, pois ela estivera muito próxima de madre Teresa em seus últimos anos como prioresa. Entretanto, madre Vitória, por mais tempo que dedicasse à gestão dos negócios do convento, achava que não estava dando conta de grande parte dos problemas. Daí a sua resolução inquestionável: iria deixar a reitoria da universidade para dedicar-se de corpo e alma aos assuntos do mosteiro. A notícia não agradou à comunidade universitária, mas a decisão era irrevogável. Um mês depois de assumir o priorado, madre Vitória estava desligada da universidade. Foram-lhe oferecidas várias cátedras, tanto de graduação como de mestrado e doutorado, mas ela achava que as tarefas que lhe cabiam na Terra estavam restritas ao convento. Com a habitual humildade, recusou todos os convites. Apenas uma atividade paralela, porém, ela não abandonou: escrever os livros de ascese espiritual. E assim fez até o seu desencarne.

A administração flexível e, ao mesmo tempo, estritamente ética que madre Vitória imprimiu ao seu priorado, fez com que conquistasse o respeito e a admiração das freiras, das noviças e das postulantes. Pouco tempo depois de assumir a gestão do convento, madre Vitória desincumbiu-se das responsabilidades como mestra das postulantes e noviças, escolhendo para o cargo uma freira jovem, muito querida em meio à comunidade interna. A escolha acertada contribuiu para aumentar seu prestígio. Tornou-se conhecida por suas decisões justas e humanas, por suas orientações precisas e pela santidade que exalava de suas palavras e atos. Sua conduta exemplar serviu de modelo a muitas freiras que se iniciavam na vida religiosa. Suas obras eram lidas com muita reflexão por parte de quem queria dar passos céleres na direção do autoaperfeiçoamento.

Fatos inusitados de sua vida eram contados com admiração pelas freiras, como aquela vez em que uma grande tempestade destelhou parte do convento e sua cela ficou intacta. Verificando que uma postulante ficou sem ter onde dormir, não teve dúvida: acomodou-a em sua cela e foi dormir num dos quartos destelhados. De outra feita, quando uma freira foi acometida de doença transmissível pelo ar e pelo contato, não hesitou em permanecer por muitas horas na cela infecta, durante os dias em que a anciã ainda viveu na Terra. Gestos como esses eram notados pela comunidade e aumentavam o prestígio dela que, aos setenta e nove anos, deixou o plano terreno, enquanto fazia suas orações noturnas.

Era uma hora da madrugada, quando viu à sua frente dois vultos. Prestou muita atenção e notou que eram seus pais, desencarnados havia muito tempo. Surpresa, perguntou o que faziam ali, e eles responderam que tinham ido buscá-la. Suas tarefas, nessa existência, estavam encerradas. Ainda perplexa, notou outros dois vultos que se aproximavam de ambos os lados da cama e tomavam as suas mãos: eram sóror Augusta do Sagrado Coração de Jesus, sua mentora espiritual, e madre Teresa, sua grande amiga e antiga superiora. Mais atrás, entre outras figuras, destacavam-se irmã Ernestina e irmã Teodora. Feliz por estar rodeada de tão respeitáveis amigos, madre Vitória partiu para o plano espiritual, abençoando em seu coração todas as companheiras que ficavam, para dar continuidade às atividades do convento e ao seu progresso espiritual. Mais um capítulo de sua extensa vida de inúmeras encarnações se encerrava. Débitos passados acabavam de ser resgatados por sua vida de amor e dedicação a Deus e aos semelhantes. Novos aprendizados e novas tarefas teria pela frente, a fim de dar continuidade ao cumprimento da Lei de Progresso.

O convento cobriu-se de tristeza, quando, ao findar da madrugada, a ausência de madre Vitória foi percebida e ela foi encontrada com o corpo já frio e um livro de orações sobre o peito. Apesar de sempre recomendar que seu corpo fosse velado na intimidade do convento, quando lhe sobreviesse a morte, a reitoria da universidade fez questão de que ela fosse homenageada na capela universitária, antes que houvesse uma missa solene no convento e, posteriormente, o sepultamento no cemitério das freiras, anexo ao mosteiro. Nova etapa viveria a comunidade de freiras Carmelitas, a partir dali, sob o efeito da vida exemplar de madre Vitória das Chagas de Cristo.

26
Uma nova vida

Os dias se passaram e Marcondes, rapidamente, conseguiu deixar para trás o pensamento obsessivo de conquistar mulheres. Suas pacientes voltaram a ser para ele pessoas respeitáveis, que necessitavam de algum tipo de ajuda para pôr a vida em ordem, e ele, o psicoterapeuta que oferece esse tipo de ajuda. O seu trabalho ganhou nova energia, o que reforçou sua fama de excelente profissional. Também em família, ele mudou. Dora começou a senti-lo muito mais próximo, carinhoso e cuidadoso em relação a ela. Beatriz passava bons momentos de conversa com ele, quase todas as noites, quando voltava da faculdade. Hábitos antigos voltaram a fazer parte da nova vida de Marcondes, como a visita constante a livrarias, a leitura de bons livros madrugada afora e o gosto pela culinária. Foi assim que, num meio de semana, ele se levantou muito cedo e foi ao mercado municipal comprar ingredientes para o almoço. Dora tentou dissuadi-lo, mas a sua resposta jocosa foi que, daquele dia em diante, ele contribuiria mais com a qualidade da comida em casa. Dora então ajudou a diarista a fazer uma faxina completa no apartamento, enquanto Marcondes preparou o almoço.

— O aroma está ótimo, Marcondes. O que você está fazendo?

— Surpresa, meu amor, surpresa! Eu só deixo você saber o que entra na receita: cebolinha, salsa e louro.

— Ah! Assim não dá para saber.

— Então, eu vou dizer: vou fazer muçu para todo mundo.

— Muçu? E o que é isso?

— Na hora certa ficará sabendo.

Dora e a diarista riram e cochicharam.

— Eu sei o que ele vai fazer, dona Dora.

— Sabe? E o que é?

— Não diga nada a ele, para não estragar a surpresa, tá?

— Tudo bem. E o que é muçu?

— É peixe do mar. É o que chamam aqui de namorado. Psiu... Não diga nada ao dr. Marcondes.

Como Marcondes sabia que Beatriz, excepcionalmente, iria almoçar em casa, pois seria dispensada do estágio na parte da tarde, fez um prato que ela adorava: peixe, ou melhor, "namorado assado". Acompanhava o prato principal, arroz à grega e farofa. Ele comprou também um vinho *sauvignon blanc* para completar a receita, dizendo que era para tomarem apenas um copo. Beatriz preferiu água tônica e limão. Todos adoraram a surpresa e Dora pôde ficar mais tranquila, pois o marido realmente estava voltando ao que fora em seu início de casamento: alegre, atencioso e muito amigo.

— Obrigada, pai. O almoço não poderia ser melhor.

— Você merece muito mais, Bia. Eu não poderia ter uma filha melhor.

O elogio foi sincero. Tão sincero que lágrimas afloraram aos olhos de Marcondes que, disfarçando, fez um brinde em homenagem à Dora, à Bia e à diarista, que achou aquele gesto "o máximo".

No consultório, as coisas entraram nos eixos mais rápido do que ele poderia supor. Era com grande alegria e satisfação que ele se dirigia para lá todas as tardes. Também releu *O Porquê da Vida*, de Léon Denis, assinalando mais uma vez passagens que achava sobremaneira duvidosas. Mas, de qualquer modo, essa releitura foi mais fácil e tranquila.

No sábado seguinte, foi com Dora ao apartamento de Nestor e Albertina. Ana foi com seu novo namorado e um amigo buscar Beatriz para irem a uma festa de aniversário.

— Cuidado, rapaziada — disse Marcondes. — Nada de bebedeira. Quem vai dirigir?

— Eu, Marcondes — respondeu Ana. — Eu não bebo. E fico de olho no meu namorado.

— Nós não passamos de duas latinhas de cerveja, não é Jorge? — disse o namorado de Ana.

— É verdade, dr. Marcondes — disse o outro. — Eu sou fraco para beber, por essa razão não passo de duas latinhas. Quer saber de uma coisa? Às vezes, prefiro uma tônica com limão. O bom mesmo dessas festas é o *papo que rola* entre a gente.

— Tudo bem. E quanto a você, Bia?

— Você sabe que não bebo. Fique tranquilo. — E concluiu, rindo: — se Ana vai ficar de olho no Augusto, eu vigiarei Jorge de perto.

— Tudo bem. Mas não cheguem tarde demais.

Em seguida, os quatro se retiraram e o casal seguiu para o apartamento dos amigos.

— Como é bom recebê-los em casa — disse Nestor de braços abertos.

Depois dos cumprimentos, instalaram-se na sala de estar e uma conversa animada teve início.

∿

Na festa de aniversário, estrategicamente, Ana e Augusto fugiram da presença de Beatriz e Jorge, a fim de deixá-los a sós. Eles sabiam do interesse do amigo por Beatriz. Jorge aproveitou-se da ocasião para uma conversa mais séria com a amiga.

— O que você pretende fazer na vida, Bia?

— Como você sabe, sou estagiária de Direito. Estou aprendendo muito com dr. Nestor. Quero ser juíza do trabalho, com a mesma competência dele.

— Que legal! Gostei. — E rindo, acrescentou em voz alta, como se lesse numa placa: Doutora Beatriz Bittencourt Marcondes, Juíza de Direito do Trabalho.

— Fale baixo, bobo. O pessoal do lado até olhou para cá.

— É para todo mundo saber mesmo. Não é legal ser juíza do trabalho?

— Claro que é. Mas ainda sou estudante. E você, com que pretende trabalhar?

— Eu faço Medicina Veterinária.

— A Ana não me falou. Eu não imaginava que você fosse estudante de Veterinária.

— Pois é. Eu adoro bichos. E quero ter um consultório com *pet shop* e tudo.

— Gostei mesmo, dr. Jorge... Jorge...

— Jorge Luís Correia e Castro.

— Doutor Jorge Luís Correia e Castro, médico veterinário. Que nome pomposo, hein! Se eu tivesse algum animalzinho, levaria ao seu consultório.

— Que bom. Valeu a intenção.

A conversa prosseguiu, resvalando para a religião. Na verdade, um queria conhecer o outro melhor, pois a atração era mútua.

— Qual é a sua religião, Jorge Luís?

— Gostei de você me chamar de Jorge Luís. Na faculdade me chamam apenas de Jorge. Só pessoas mais próximas me chamam de Jorge Luís.

— Mas você não respondeu à minha pergunta. Qual é a sua religião?

— Nenhuma em particular. Meus pais são evangélicos, mas eu apenas creio em Deus. Uma vez ou outra leio algum trecho do Novo Testamento, mas não passo disso. E você?

— Eu era católica.

— Era?

— Sim, eu era católica até pouco tempo atrás. Não tenho nada contra o catolicismo, mas hoje, lendo livros espíritas, estou em dúvida. As exortações do Espiritismo calam mais fundo ao meu coração.

— Não conheço nada dessa religião, portanto, também não direi nada.

A conversa do casal prosseguiu noite adentro. Eram duas da madrugada, quando Augusto e Ana os convidaram a deixar a residência. Quando o carro parou diante do prédio onde Beatriz morava, Jorge Luís não quis perder a oportunidade de revê-la.

— Bia, amanhã vai passar um filme muito legal no *shopping* Eldorado. Quer ir comigo?

Ana e Augusto se entreolharam, sorrindo. Beatriz, percebendo o interesse do rapaz e também estando interessada nele, quis responder afirmativamente, mas preferiu uma resposta evasiva para não parecer uma garota *fácil*.

— Não sei. Vai depender da monografia que estou fazendo para a faculdade. Ainda estou muito no começo.

Para ajeitar as coisas, Ana interveio:

— Não exagere, Bia. Dá para fazer as duas coisas. Eu também tenho de estudar, mas vou levantar cedo. Nós podemos pegar uma sessão depois das três da tarde. Estou dizendo "nós" porque eu e o Augusto também vamos ao cinema. Assim, poderemos ir os quatro.

— É verdade — disse Augusto. — Depois a gente come alguma coisa por lá mesmo.

Sem poder contra-argumentar, Beatriz cedeu.

— Está bem, tentarei adiantar o trabalho pela manhã.

&

No apartamento de Nestor e Albertina, a conversa também fluiu naturalmente. Marcondes mostrou-se mais aberto e aceitou ler *O Livro dos Espíritos*, que Nestor colocou em suas mãos.

— Esta é uma nova tradução. Está mais condizente com a língua portuguesa atual. Como você é bastante racional, vai gostar das respostas dos espíritos superiores às questões levantadas pelos médiuns que, por sua colaboração, participaram da codificação espírita.

Dora, que já estava lendo o mesmo livro, concordou com o juiz.

— Eu sou suspeita para falar alguma coisa. Adoro esse livro. É melhor nem falarmos nada a seu respeito, para que Marcondes possa usufruir da agradável surpresa de conhecer o seu conteúdo.

Depois disso, a conversa mudou para assuntos da atualidade, concentrando-se, num dado momento, no tema da pena de morte. Marcondes apressou-se em dizer que era favorável.

— Sou a favor da pena de morte, porque esses bandidos acham que detêm a impunidade, podendo fazer o que bem entendem. Querem saber de uma coisa? Já existe pena de morte no Brasil, contra nós, que somos cidadãos incorruptos e cumpridores dos deveres para com o Estado. Concorda, Nestor?

— Você está certo num ponto: os marginais não têm nenhuma consideração para com suas vítimas, levando-as à morte sem nenhum constrangimento. Isso é verdade. Mas não sou favorável à pena de morte.

— Essa posição é também a do Espiritismo? — perguntou Marcondes.

— Esta é a posição do bom-senso, Marcondes. A duração que deve ter uma existência não é da alçada de nenhum homem. Quando desencarnamos, entramos num estado que se chama "erraticidade", e em que damos continuidade ao nosso aprendizado, ao mesmo tempo em que se determinam as condições da nossa próxima encarnação, inclusive a sua duração. Eu posso viver ainda quinze anos, como pode ser que desencarne amanhã. Esse prazo foi determinado pela espiritualidade superior, durante o período em que eu aguardava para reencarnar. Se eu tinha mérito para isso, eu mesmo escolhi esse tempo; no entanto, a maior parte dos espíritos ainda não atingiu esse nível evolutivo, de modo que espíritos, incumbidos dessa tarefa, determinam o prazo de existência do espírito que vai reencarnar. Como você vê, se eu tiver de viver ainda doze anos nesta encarnação, ninguém tem o direito de encurtar esse prazo, nem mesmo eu. Caso eu me suicide, terei de responder por esse gesto que desrespeitou o prazo que já fora estabelecido anteriormente. O mesmo se diga de alguém que, porventura, venha a me assassinar amanhã. Ainda que a lei positiva determine que praticantes de determinados delitos devem ser condenados à morte, perante a Lei Divina estará havendo um desrespeito ao prazo de existência desses infratores. Quem sabe o que poderá acontecer na continuidade da vida dessas pessoas? Pode ser que a lei humana esteja impedindo que alguns desses infratores reconstruam sua existência e comecem a resgatar as dívidas tremendas que tenham acumulado. Se essas pessoas forem mortas, ter-se-á impedido essa oportunidade.

— Vistas desse modo, as coisas ficam complicadas. Mas há duas questões que lhe escaparam: primeiro, a doutrina espírita, ao ser contra a pena de morte, não está sendo conivente com o crime? Segundo, será mesmo que tudo isso que você disse é verdade? Ou seja, essa história de espíritos, comunicação e reencarnação não é apenas um conjunto de elucubrações mentais, sem nenhum fundamento científico?

Dora não gostou do modo um tanto irônico como foram colocadas as questões.

— Marcondes, você não está sendo insolente?

Albertina apressou-se em responder:

— Não, Dora. Ele tem dúvidas e cabe ao Nestor eliminá-las. Estou gostando dessa conversa, pois pode tirar algumas incertezas e suspeitas que passam pela mente de Marcondes.

— Desculpe se pareci grosseiro — disse Marcondes enrubescido.

Nestor, percebendo o embaraço, comentou:

— Você está certo, Marcondes. Há necessidade de se responder a essas duas questões. Não me considero um sabe-tudo, nem tenho procuração do espiritismo para dar as devidas respostas. No entanto, sem sair da doutrina, tentarei responder. O Espiritismo, sendo contra a pena de morte, não está sendo conivente com o crime porque há outros tipos de sanção, além da pena de morte. Ou seja, dentro da nossa legislação há outros tipos de pena que podem ser aplicadas, dando oportunidade ao criminoso de regenerar-se. Eu sei que você pode contra-argumentar, afirmando que, na situação em que se encontra o sistema carcerário, isso é praticamente impossível.

— É verdade.

— Mas isso não nos dá o direito de encurtar a existência de alguém. Ignoramos os desígnios divinos, Marcondes. Quando matamos alguém, na verdade, colocamo-nos na posição de Deus.

— Na psicanálise, isso se chama teomania — disse Marcondes. — Trata-se de um desejo oculto.

— Há até quem queira ser mais poderoso que Deus — acrescentou Nestor.

— Você tem razão — respondeu Marcondes. — Isso ocorre em casos mais graves de psicose. Mas eu entendi o que você disse. O Espiritismo é contra a pena de morte, por suas próprias razões, mas não é contra a aplicação de outras penas previstas em lei. Todavia, Nestor, eu vou colocar uma pedrinha em seus argumentos. Há defensores da pena de morte que a fundamentam na lei natural de seleção. Não é isso altamente razoável, em se tratando de criminosos incorrigíveis?

— À primeira vista, parece mesmo, Marcondes. No entanto, há aqui uma dificuldade extrema, talvez até mesmo uma impossibilidade: como diagnosticar se um delinquente é mesmo incorrigível? Além disso, a pena de morte acabaria por ressuscitar antigas penas vingativas, quando, em nome da defesa social, matava-se um delinquente, tachado de incorrigível.

Marcondes ficou olhando para Nestor, em seguida sorriu e concordou com o raciocínio do amigo, que pegou *O Livro dos Espíritos*, abrindo-o em determinada página. Em seguida, disse:

— Kardec pergunta aos espíritos superiores se a pena de morte desapareceria algum dia da legislação. Sabe qual foi a resposta? Ouça: "A pena de morte desaparecerá incontestavelmente e sua supressão marcará um progresso na humanidade. Quando os homens estiverem mais esclarecidos, a pena de morte será completamente abolida da Terra. Não haverá mais necessidade de serem os homens julgados pelos homens". E o espírito que responde, acrescenta: "Falo de um tempo que ainda está muito longe". Kardec ainda pergunta se a lei de conservação, que dá ao homem direito de preservar a vida, não será usada, quando se eliminar da sociedade um membro perigoso. Eis a resposta: "Há outros meios de se preservar do perigo sem matar. É preciso, além disso, abrir ao criminoso a porta do arrependimento e não fechá-la".

Marcondes nada comentou. Apenas tamborilou os dedos na poltrona e aguardou que o juiz lesse mais alguma coisa. O juiz pesquisou um pouco e disse:

— Lerei apenas mais uma pergunta de Kardec. "Jesus disse: 'Quem matar com a espada, morrerá pela espada'. Não são estas palavras a consagração da pena de Talião, e a morte imposta ao assassino não é a aplicação daquela pena?". Resposta dos espíritos: "Tome cuidado, porque se tem equivocado com estas palavras como com muitas outras. A pena de Talião é a justiça de Deus e é Ele quem a aplica. Todos sofrem a cada instante e são corrigidos por onde erraram, nesta ou em outra existência. O que fez seu semelhante sofrer, encontrar-se-á em situação idêntica à daquele a quem fez mal. Tal é o sentido das palavras de Jesus. Também ele disse: 'Perdoai a vossos inimigos', e ensinou a pedir a Deus que perdoe nossas ofensas como houvermos perdoado, isto é, na mesma proporção em que houvermos perdoado".

Albertina aparteou, dizendo:

— Marcondes, quando os espíritos falam da pena de Talião, estão também se referindo à Lei de Causa e Efeito, segundo a qual nós colhemos de acordo com o que plantamos. Melhor dizendo, o que estamos vivendo hoje é fruto do que fizemos no passado. Assim, quem faz uso da pena de morte contra criminosos, está gerando no presente consequências muito graves no seu futuro, nesta ou noutras encarnações. Como se costuma dizer, somos livres para plantar o que bem entendermos, porém somos obrigados a colher os frutos que essas sementes tiverem gerado.

Dora, que até aquele momento ouvira em silêncio, interveio:

— Marcondes, penso que as colocações dos nossos amigos foram bem claras. O que você acha?

— Concordo com você. São argumentos sólidos, racionais. Pelo menos por enquanto, estou satisfeito. Está respondida a primeira questão. A segunda, creio que seja mais difícil.

Imperturbável, Nestor deu início à sua resposta:

— A segunda questão é se o que estamos dizendo não passa de elucubrações mentais, sem nenhum fundamento científico. Você se referia à existência de espíritos, à nossa comunicação com eles e à reencarnação, não é isso?

— Exato.

— Então, vamos lá. O conteúdo da doutrina espírita, Marcondes, fruto de uma revelação, foi muito estudado, desde que Kardec, na segunda metade do século XIX, realizou suas pesquisas com as mesas girantes. De início, Kardec não deu atenção a este fenômeno, achando que não passava de distração fútil em muitos salões da Europa. Posteriormente, foi levado a pesquisar, com grande seriedade, chegando à conclusão de que se tratava de mesas que se locomoviam em diversas direções e de vários modos, sob a influência dos espíritos. A partir daí, a pesquisa aprofundou-se e outros fenômenos de comunicação com os espíritos foram analisados sob o enfoque científico. Livros foram escritos, dando o testemunho da veracidade da existência dos espíritos, da sua comunicação com os vivos e da palingênese, que é a doutrina do renascimento de cada indivíduo em existências sucessivas.

— E por que você falou em revelação?

— Usei esse termo porque a doutrina espírita tem origem científica, dado que pesquisadores observaram suas leis e fizeram inúmeras experimentações; mas tem igualmente origem divina, porque foi revelada por espíritos superiores.

— Você quer dizer que o conteúdo teórico dessa doutrina é resultante de pesquisas de caráter científico?

— É o que estou tentando lhe mostrar. Além da revelação, muitos experimentos realizados, a confirmaram. Tais pesquisas levaram à conclusão de que não vivemos uma única existência. Cada um de nós tem a oportunidade de viver múltiplas existências, a fim de poder crescer espiritualmente, partindo da ignorância, no ato da sua criação, até o ponto extremo de sua evolução, em que se torna o que chamamos espírito puro. Essas mesmas pesquisas confirmaram a comunicabilidade entre nós, os encarnados, e eles, os desencarnados. A revelação espírita é uma prova incontestável da possibilidade de nos comunicarmos com o chamado "mundo dos mortos". Na verdade, nós, que estamos hoje no "mundo dos vivos", seremos amanhã os espíritos que poderão comunicar-se com aqueles que aqui estiverem. Isso, Marcondes, você já ouviu na palestra a que assistiu na casa espírita.

— E o que isso tem a ver com "codificação", de que tenho muito ouvido falar? — perguntou Dora, interessada.

Nestor, bem-humorado, passou a explicação para Albertina.

— Os espíritas usam a expressão "codificação kardequiana", ou seja, a codificação elaborada por Kardec. Ela reúne todas as leis, preceitos, revelações do campo científico, filosófico e religioso. Com muito critério, Kardec reuniu o conteúdo básico da doutrina espírita em cinco livros, cujo conjunto é chamado de "Pentateuco Espírita". A codificação, Dora, é fruto de pesquisas cientificamente elaboradas, como disse Nestor. Para isso, Kardec contou com a abnegada colaboração dos espíritos superiores, que nos restituíram os ensinamentos de Jesus em sua pureza. É o que habitualmente chamamos de "cristianismo redivivo".

Marcondes, incansável, fez mais uma objeção:

— Mas, Albertina, qual é a garantia de veracidade do conteúdo expresso na revelação espírita?

— Garoto esperto. Gostei da pergunta. Nestor, faça-me um favor. Pegue para mim *O Evangelho Segundo o Espiritismo*.

Com o livro nas mãos, ela o abriu na "Introdução" e, olhando para Marcondes, disse:

— Lerei alguns trechos que respondem à sua pergunta.

Pesquisando entre as páginas, parou numa delas e pediu ao amigo:

— Escute só: "Se a doutrina espírita fosse de concepção puramente humana, não teria como garantia senão as luzes daquele que a houvesse concebido. Ora, ninguém neste mundo poderia ter a pretensão de possuir, sozinho, a verdade absoluta. Se os espíritos que a revelaram se tivessem manifestado a um só homem, nada lhe garantiria a origem, pois seria preciso acreditar, sob palavra, naquele que dissesse ter recebido deles os seus ensinos". Concorda, Marcondes?

— Plenamente.

— Ótimo. E Kardec prossegue: "Admitindo-se absoluta sinceridade de sua parte, quando muito poderia ele convencer as pessoas de suas relações: conseguiria sectários, mas nunca chegaria a congregar todo o mundo. Quis Deus que a nova revelação chegasse aos homens por um caminho mais rápido e autêntico: por tudo isso encarregou os espíritos de levá-la de um polo a outro, manifestando-se por toda parte, sem conferir a ninguém o privilégio exclusivo de lhes ouvir a palavra".

— Muito interessante — falou Dora, olhando para Marcondes e o *cutucando.* — Não é mesmo, Marcondes?

— Não olhe para mim como um herege. Apenas estou querendo tirar as minhas dúvidas.

— Gosto da sua sinceridade — completou Nestor, pedindo a Albertina: — Continue a leitura. Creio que não há melhor resposta que essa à dúvida de Marcondes.

Albertina, entusiasmada, prosseguiu:

— "Um homem pode ser enganado, pode enganar-se a si mesmo; já não será assim, quando milhões de criaturas veem e ouvem a mesma coisa: é uma garantia para cada um e para todos". Acima de tudo, Marcondes, o que Kardec diz é que, na revelação da doutrina espírita, o que era dito por meio de um médium era confirmado por vários outros em localidades diversas, garantindo a veracidade do conteúdo revelado. Daí estarmos seguros em relação às suas verdades, lembrando que inúmeras pesquisas ratificaram o que foi expresso pela revelação.

Albertina fez uma pausa e esperou a manifestação de Marcondes que, sem ter como retrucar, apenas disse, olhando para ela e para Nestor:

— Pelo que vocês disseram, tenho de concordar que o Espiritismo possui uma boa fundamentação. Para certificar-me disso, entretanto, gostaria de saber quais os livros que registram algumas das pesquisas realizadas.

— Faremos isso, com prazer — respondeu Nestor.

A conversa continuou animada e, quando Marcondes e Dora deixaram o apartamento do casal amigo, levaram um livro e uma pequena relação de outros que relatavam pesquisas sobre a reencarnação e a comunicação com os desencarnados.

∽

No dia seguinte, após assistirem ao filme, os quatro jovens resolveram comer um lanche na praça de alimentação do *shopping*. Como já estava combinado sigilosamente, Ana, alegando que Augusto queria ver um par de tênis numa loja, retirou-se com ele, deixando Beatriz e Jorge Luís sozinhos. Aproveitando a *deixa*, o rapaz, um tanto timidamente, mas com determinação, disse que gostaria de conhecer melhor Beatriz, pois, em apenas dois encontros, já notara que ela era "muito diferente e muito mais madura que a maioria das jovens que ele conhecia. Por tudo isso, não queria perder a oportunidade de crescer interiormente com ela". Beatriz, que também já notara algo diferente em Jorge que a atraíra, consentiu, mas antes perguntou se ele a estava pedindo em namoro. Com o temor de não ser correspondido, o jovem respondeu com voz quase sumida:

— Sim, Bia. É isso. Eu a estou pedindo em namoro, embora quase não se faça mais isso hoje em dia.

Com muita seriedade, mas também com grande alegria interior, Beatriz respondeu, olhando nos olhos de Jorge Luís:

— Eu prefiro mesmo que haja o pedido de namoro, a fim de que fique tudo muito bem esclarecido e com responsabilidade por parte de ambos. Eu aceito o seu pedido.

Jorge Luís sorriu satisfeito, pegou nas mãos de Beatriz e disse com emoção:

— Esteja certa de que eu a respeitarei sempre e agirei com responsabilidade. Quero você muito próxima a mim, Bia. A partir de hoje, você faz parte da minha vida.

Ia dizer mais alguma coisa, porém, Augusto e Ana já chegavam, aguardando uma notícia otimista. Foi Ana que, vendo Jorge segurar as mãos de Bia, logo perguntou, sem cerimônia:

— E então? Boas notícias?

Beatriz, com um sorriso tímido, ficou sem saber o que dizer. Antes que pudesse articular alguma frase, a própria Ana respondeu:

— Já sei. Vocês estão namorando!

Foi Jorge quem confirmou:

— É isso aí. Hoje, sou o homem mais feliz do mundo.

— Que romântico! — falou Augusto em tom de brincadeira.

Ana congratulou-se com os dois e, depois de mais alguns comentários, disse que estava com fome. Lancharam, conversando sobre o filme, sobre a faculdade e, é claro, sobre o novo par de namorados.

Quando a moça chegou a casa, já à noite, Marcondes estava lendo em seu escritório e Dora assistia a um programa na televisão. Após conversarem por alguns minutos, olhando bem para a filha, que se mostrava com uma alegria incomum, Dora intuiu que alguma coisa acontecera de bom.

— Como você está alegre, hoje, Bia. O que aconteceu de tão positivo que a deixou assim? Certamente não foi só o filme.

Beatriz queria guardar segredo por mais alguns dias, mas diante da insistência da mãe, e como era muito apegada a ela, resolveu contar o que ocorrera.

— Pois é, mãe, eu... eu estou namorando.

— Namorando? E posso saber com quem?

— Claro. Com aquele rapaz que esteve aqui ontem à noite e que veio me buscar hoje à tarde.

— Qual é mesmo o nome dele?

— Jorge Luís.

— E você o conhece o suficiente para já estar namorando?

— Nós começamos o namoro justamente para nos conhecermos melhor, mas posso dizer que, em comparação com os rapazes que conheço, tanto na faculdade como no estágio, ele está muito acima. É uma pessoa respeitosa e muito responsável.

— Bem, eu espero que você esteja certa. Mas tome muito cuidado. Há rapazes que aparentam seriedade no início do namoro e depois se revelam o inverso de tudo o que demonstraram.

— *Vire essa boca pra lá*, mãe. Jorge Luís não é desse tipo.

— Tudo bem, mas todo cuidado é pouco.

Marcondes, que ouvira as vozes de Dora e Bia, na sala, deixou o escritório e foi ter com a filha.

Dora aproveitou-se da situação e perguntou à filha:

— E então, você não vai contar a novidade a seu pai?

Um tanto sem jeito, Beatriz juntou forças e disse, procurando demonstrar tranquilidade:

— Pois é, pai, lembra-se do rapaz com quem você conversou rapidamente ontem à noite?

— Aquele que estava com Ana e seu namorado?

— Ele mesmo.

— O que houve com ele?

— Começamos a namorar.

Marcondes, com uma pontinha de ciúme, perguntou como quem não estava acreditando:

— Namorar? Mas assim tão depressa?

— Ele é muito especial, pai. Eu não poderia deixar passar a oportunidade. Ele me pediu em namoro e eu aceitei.

— Antigamente as jovens eram mais recatadas... e cautelosas. Esperavam um bom tempo até admitirem que estavam interessadas num rapaz. Como você sabe que ele é uma boa pessoa?

Beatriz não perdeu a oportunidade de "cutucar" o pai, dizendo:

— Você não é psicólogo? Não leu em seus olhos aspectos da sua personalidade?

Marcondes percebeu que a filha estava tentando tornar a situação mais amena e respondeu, rindo:

— Não, não notei. Mas vou aplicar-lhe um teste de personalidade.

Dora riu e entrou na conversa:

— Fique tranquilo, Marcondes, eu estarei de olho na Bia e no... no...

— Jorge Luís.

— Isso, Jorge Luís.

— Está bem. Mas tenha juízo, Bia. Mais tarde, eu e sua mãe gostaríamos de conversar a respeito.

— Que exagero! Vocês sabem que sou ajuizada e, como já disse, Jorge Luís é uma pessoa bem-educada e de bons princípios.

∾

O namoro de Beatriz e Jorge foi motivo de muitos diálogos em família. Afinal, pai e mãe zelavam pela integridade moral da filha. Era verdade que ela já tivera dois ou três namorados anteriormente, mas alguma coisa dizia tanto a Dora como a Marcondes que, agora, a situação era mais séria. Quanto aos dois jovens, estavam vivendo um novo mundo de descobertas pessoais. Os diálogos eram constantes e fugiam, muitas vezes, dos temas superficiais dos namorados.

— Você me disse que não segue nenhuma religião, mas e quanto a Deus? E a Jesus?

Jorge Luís pensava um pouco e respondia:

— Eu creio num Deus, criador de tudo o que existe. Uma espécie de "Arquiteto do Universo", como dizem os maçons. Creio que seja justo e amoroso, mas, sinceramente, vendo as calamidades que ocorrem todos os dias no mundo, às vezes fico em dúvida a esse respeito. Quanto a Jesus, também conheço pouco. Sei que ele é considerado o Filho de Deus, mas não dizem também que todos nós somos filhos de Deus? O seu pensamento está expresso no Evangelho, não é mesmo? Parece-me que ali ele diz muita coisa que nós deveríamos seguir. Como já lhe disse, às vezes até leio algumas passagens desse livro. Mas conheço pouco a esse respeito para poder falar com autoridade.

— Gostei da sua sinceridade, Jorge. Eu também tenho certezas e dúvidas. Até certo tempo atrás, eu me considerava católica, embora não acompanhasse muito os rituais do catolicismo e também não pensasse muito nisso.

Beatriz fez uma pausa, olhou por sobre os ombros de Jorge Luís e ficou pensativa. O namorado esperou um pouco e, vendo que ela permanecia em silêncio, perguntou:

— Você *considerava-se* católica? E agora, não se considera mais?

— Pois é aí que as coisas se complicam.

— Como assim?

— Depois que passei a fazer estágio com o dr. Nestor, aprendi algumas ideias novas, que me deixaram em dúvida sobre o conhecimento que já possuía.

— Ele a está deixando confusa?

— Eu diria que, no bom sentido, sim.

— Augusto não me fala muito dele. Que religião ele segue?

Beatriz pensou em como dizer, pois, ao falar do Espiritismo com algumas pessoas, notava certo ar de preconceito. Qual seria a reação de Jorge Luís? O único jeito era dizer-lhe e esperar como reagiria.

— Ele é espírita.

Jorge começou a rir e a fazer brincadeiras.

— Espírita? Eu não acredito que um juiz do trabalho possa ser espírita. De qualquer modo, vamos tomar cuidado, pois ele poderá ser capaz de fazer um despacho contra nós. Já pensou, abrir a porta da casa e encontrar no chão um sapo *esturricado* e com a boca costurada?

Beatriz franziu a testa, fez uma cara de poucos amigos e respondeu:

— Ei, até você, Jorge Luís?

— Até você o quê?

— Não é nada disso que você está pensando. Ele é espírita, cristão, kardecista. Dá pra entender?

— E qual é a diferença?

— Você não acabou de falar que o Evangelho traz grandes lições para nós? Pois o Espiritismo praticado por dr. Nestor é o que ele chama de *cristianismo redivivo*. Pelo que entendi, isso significa que a doutrina espírita vai buscar o cristianismo em suas verdadeiras origens, deixando de lado rituais próprios de outras religiões. Ele procura seguir o Evangelho à risca e nada mais.

— Desculpe a brincadeira, não fique brava comigo.

— Eu não estou brava. Estou confusa, pois aprendi mais com ele do que com o que me dizia antigamente minha mãe sobre religião.

— Então, não há motivo para ficar confusa.

— É que... que, ao que parece, estou me tornando espírita também.

Jorge Luís, com seu modo travesso, riu e disse, abraçando-a:

— Sendo espírita, católica, evangélica ou budista, eu a amo do mesmo jeito, Bia.

A partir daí, a conversa tomou o rumo normal dos diálogos entre jovens. Falaram sobre os problemas na faculdade, sobre os amigos Ana e Augusto, sobre bandas de *rock* e MPB, assim como onde iriam no próximo fim de semana.

De outras vezes, a conversa seguiu para o futuro:

— O que você pretende fazer quando se formar, Jorge?

— Meu pai prometeu montar um consultório completo. E como já estou adquirindo experiência com o veterinário com quem trabalho, penso em iniciar imediatamente no local escolhido. Sei que no começo não terei clientes, mas pretendo, com meu *pet shop*, atraí-los para o consultório. Meus pais até se propuseram a executar algumas tarefas como atender, mas recusei, pois eles já têm os seus compromissos.

— Eu não acredito! Isso que é pai e mãe!

— E você? Como vai se iniciar na sua profissão?

— Estou tendo todo o apoio de meus pais e do dr. Nestor. O que estou aprendendo no estágio vai além da minha expectativa inicial. Pois bem, assim que for aprovada no Exame de Ordem, começarei a trabalhar num grande escritório de advocacia, como advogada júnior. Foi o dr. Nestor quem me conseguiu antecipadamente esse emprego.

— O dr. Nestor deve gostar muito de você.

— Sem dúvida. E eu também gosto muito dele. Mas, ainda respondendo à sua pergunta, nesse meio-tempo, pretendo prestar concurso para juíza do trabalho, como já lhe disse. Daí para a frente, nada posso dizer.

— Gostei, Bia. Gostei mesmo. Tenho certeza de que você vai vencer.

Bia riu, segurou as mãos de Jorge e lhe disse:

— Você também vai vencer... ao lado dos seus bichos.

Depois de uma conversa mais séria como essa sobre o futuro, voltaram aos assuntos do cotidiano.

O casal ficava horas a confabular, sem perceber o passar das horas. Estar juntos era do que mais gostavam.

∾

Dora estava muito feliz. Marcondes não tivera nenhuma recaída. Mudara de vida realmente. "O trabalho de desobsessão foi maravilhoso" — disse um dia para Albertina, que concordou, mas advertiu:

— É verdade que o trabalho de desobsessão é importante, Dora. É preciso, porém, que haja igualmente uma mudança moral por parte daquele que foi obsidiado. Fique atenta, no sentido de que Marcondes não volte a antigos hábitos de pensamentos destrutivos e sentimentos baixos. Espíritos inferiores apenas são atraídos e podem fazer mal a quem abre as portas da sua alma para que se acheguem. Se essa porta estiver fechada, ou seja, se a pessoa elevar o seu padrão moral, eles se afastam.

A partir dessa orientação, Dora esteve ainda mais presente na vida de Marcondes, buscando assuntos amenos, alegres, elevados e também procurando expressar apenas sentimentos agradáveis. Com isso, o relacionamento entre ambos melhorou muito, e Marcondes passou a procurar com muita intensidade a companhia da esposa. Tudo indicava que novos ventos sopravam na convivência do casal. Uma nova vida despontava, para a felicidade de ambos.

27

Em construção

Beatriz sempre fora uma garotinha tímida. Quando chegava visita, à semelhança dos gatos, corria para baixo da cama e dali saía somente após muita insistência. Não era muito dada a conversa com adultos, de modo que, para arrancar algumas poucas palavras da sua boca, era necessário uma boa dose de paciência. Havia, porém, uma exceção: Amarildo, um velhinho que morava no apartamento ao lado, com a filha, o genro e dois netos. Beatriz costumava ir todos os dias no apartamento de Paulinho e Rosália, netos de Amarildo. Passava horas brincando alegremente com as crianças. Aos poucos, o senhor idoso começou a conquistar a sua simpatia. Sempre que chegava da rua, trazia os bolsos cheios de balas e guloseimas, que Beatriz adorava. A filha ralhava com ele:

— Pai, eu já disse para você não trazer nada que contenha açúcar. Não faz bem às crianças.

Amarildo respondia, com bom humor:

— A vida tem de ser doce, filha. Ou você prefere uma vida cheia de sal?

Nessa altura, as crianças já estavam à sua volta com os bracinhos estendidos para receber a sua parte. Ele aproveitava a ocasião e perguntava para Beatriz:

— Você gosta de doce, Bia?

— Gosto.

— Mas você já é um docinho de coco!

Beatriz ria e se encostava mais no velhinho, que se sentia feliz ao lado dos netos e daquela garotinha que ele prezava muito. Essa maneira simpática e afável de ser cativou a menina, que se sentia completamente à vontade diante dele, diferentemente do que ocorria com os outros adultos.

— O que você fez hoje na escolinha, Bia?

— Brinquei... escrevi e... brinquei.

— Você gosta de brincar?

— Gosto.

— E do que você brincou?

— Ah, de pegador e de vestir boneca.

— Você corre bastante para escapar do pegador?

— Corro.

— Mas cuidado para não cair nem bater a cabecinha em alguma mesa ou parede.

— Ontem eu caí.

— Caiu?

— Caí.

— Machucou-se?

— Só um pouquinho.

— Mas já sarou, não é verdade?

— Já. E você, também caiu?

A conversa demorava por um bom tempo. Beatriz sentia-se em casa, totalmente solta, segura e alegre. Quando Amarildo ficou doente e caiu de cama, Bia esteve todos os dias a seu lado, entabulando algum tipo de conversa. Mas a doença foi grave para a idade avançada daquele senhor sorridente e sempre disposto a um bom papo. Numa tarde, pressentindo que estava prestes a partir, pediu que lhe levassem a garotinha para um último diálogo. Não deixando transparecer nenhum sinal de tristeza, pediu que ela lhe beijasse a face, deu-lhe alguns conselhos, falou que a amava como um avô e disse, como despedida, que ela iria encontrar um rapaz muito bom que a faria feliz por toda sua existência. Poucos minutos depois que a retiraram do quarto, ele desencarnou suavemente. Bia nunca se esqueceu do bom Amarildo. E até agora, já moça, de vez em quando se lembrava das conversas amenas que tivera com ele.

Foi numa noite, pouco tempo depois que iniciou o namoro, que, antes de adormecer, o velhinho aflorou à sua mente. E, enquanto tecia gratas recordações, veio-lhe à alma a certeza de que Jorge Luís era aquele jovem de que lhe falara Amarildo, ao afirmar que a tornaria feliz. Uma onda suave de paz e tranquilidade tomou conta de todo o seu ser. A seu lado, dois espíritos aplicavam-lhe um passe suavizante.

— Ela ficou uma jovem muito bonita e bondosa, Esther.

— A bondade que lhe vai na alma é que faz brilhar a beleza que as pessoas admiram no seu exterior.

O espírito Amarildo, com uma aparência mais nova, e sua esposa confabulavam diante de Beatriz, que dormia tranquilamente. Esperando que o sono se aprofundasse mais, reduziram o brilho da aura e receberam com muita alegria o espírito que se projetava para fora do corpo.

— Minha querida Bia, que prazer vê-la tão bem!

— Amarildo! Eu não acredito. Eu não poderia receber melhor presente do que a sua presença.

— Esta é minha esposa, Esther. Você não a conheceu.

— Como a senhora é bonita!

— É o reflexo da sua beleza interior, Bia.

Os espíritos Amarildo e Esther ali estavam para orientar Bia em relação a seu namoro com Jorge Luís. Queriam toda a felicidade para o jovem par. Muita coisa foi dita até se despedirem. Amarildo prometeu estar muito próximo de Beatriz dali para a frente, e Esther, mesmo da esfera em que habitava, asseverou que oraria muito por ela e seu namorado.

Quando acordou de manhãzinha, Beatriz lembrou que "sonhara" com o velho Amarildo e foi contar à mãe, na cozinha.

— Ele estava remoçado e a sua esposa parecia-se muito com o retrato que vi inúmeras vezes.

— Ele adorava você, Bia. Quando desencarnou, ficamos com medo de que você adoecesse, tamanha a tristeza que invadiu a sua alma.

— Eu imagino. Eu também o adorava. Lembra-se das balas e doces que ele sempre me dava num saquinho de papel?

— Isso era quase um ritual que ele praticava.

— Mãe, você lembra o nome da esposa dele?

— Deixe-me ver...

— Esther — disse Marcondes, que entrava na cozinha.

Bia ficou muito emocionada e falou:

— Pois foi esse o nome que ouvi no sonho, embora não me lembrasse mais.

— Eles podem mesmo ter visitado você durante a madrugada.

— Você acha que isso pode ser real, Dora? — perguntou Marcondes, envolto em dúvidas.

— Por que não? Você não sabe que vivemos rodeados de espíritos?

— Nestor e Albertina já me disseram isso muitas vezes, mas... não sei, não.

— Pai, pois agora eu tenho certeza. Amarildo e Esther me visitaram mesmo. Não foi um sonho comum. É difícil explicar, mas eu senti a presença deles.

— E o que vocês conversaram?

— Esse é o problema. Eu não consigo me lembrar.

Durante todo o dia, o "sonho" não saiu da memória de Beatriz, que o contou ao Nestor, enquanto trabalhava.

— Se esse sonho a marcou tanto assim, Bia, é porque eles realmente estiveram com você. Afinal, durante a noite, costumamos deixar o corpo para nos dirigir às pessoas, aos espíritos e aos locais com os quais mantemos afinidade e cujo teor vibratório é semelhante ao nosso. Para o Espiritismo, os sonhos podem refletir três situações diferentes: os sonhos chamados *comuns,* que geralmente são imprecisos, desconexos, confusos e frequentemente interrompidos por cenas e paisagens estranhas, extravagantes, sem nenhum sentido de ordem e sequência, refletem tudo o que afetou a nossa mente durante o estado de vigília. Há os sonhos *reflexivos,* que são aqueles em que a alma abandona o corpo físico e registra as impressões e imagens arquivadas no subconsciente. São, portanto, exteriorizações de impressões e imagens arquivadas na mente. Já a terceira categoria de sonhos corresponde ao que aconteceu com você nesta madrugada.

Beatriz achegou-se mais ao juiz, para não perder nenhuma palavra do que lhe seria dito.

— Trata-se dos chamados *sonhos espíritas.* São aqueles em que a alma se exterioriza, abandonando o corpo físico durante certo tempo. Ao desprender-se do corpo, a alma exerce uma atividade real e efetiva, podendo encontrar-se com parentes, amigos, instrutores e até com inimigos. É o que se chama comumente de "projeção astral" e o Espiritismo denomina "desdobramento".

— Entendi.

— Em tais projeções, o que determina com quem nos encontraremos é a lei da similaridade ou lei de afinidade moral, segundo a qual *semelhante atrai semelhante*. Dito de outra forma, as vibrações atraem vibrações semelhantes. Por exemplo, os maus sentimentos e pensamentos criam ao nosso redor uma atmosfera fluídica impura, favorável às influências perniciosas, destrutivas. Já os pensamentos elevados e sentimentos nobres atraem as vibrações sadias, construtivas.

— Isso é semelhante à obsessão sofrida por meu pai, não é?

— Exatamente. Na obsessão, vibramos em sintonia com o nosso obsessor. Bem, assim como atraímos, também podemos repelir os espíritos, de acordo com a qualidade dos sentimentos e pensamentos que existem em nós. Portanto, quem, durante o dia cultivou pensamentos e sentimentos nobres, elevados, durante o sono vai atrair espíritos elevados e repelir os maus espíritos, com quem não tem nenhuma afinidade.

— E como sabemos que o nosso sonho não foi apenas um reflexo do nosso subconsciente, ou melhor, como podemos ter certeza de que nos desprendemos do corpo físico e estivemos em contato com este ou aquele espírito?

— Não existe uma fórmula pronta para nos certificarmos, mas, em geral, quando se trata de um encontro com amigos espirituais, ao acordarmos, guardamos a sensação de realidade em relação àquele sonho. Ele parece mais forte, mais real e permanece em nossa mente por muito tempo. Às vezes, já se passaram muitos anos e nós ainda estamos convictos de que estivemos em companhia de determinado espírito em sonho.

— Bem, é essa a sensação que estou tendo em relação ao sonho desta madrugada.

— Ótimo. O contato que você teve foi muito positivo. Você já fez uma prece de agradecimento por esse espírito ter prometido velar por você e endereçar-lhe preces?

Beatriz enrubesceu, envergonhada.

— Não, dr. Nestor. Eu não pensei nisso. Mas quando estiver em casa, no silêncio do meu quarto, certamente o farei.

— Essa, Bia, é uma amizade que deve ser preservada.

O dia passou muito rápido. À noite, na faculdade, no horário do intervalo, Beatriz ligou para Jorge Luís, a fim de lhe narrar o ocorrido.

∾

Após três meses do namoro da filha, Dora já tinha certeza de que Jorge Luís era um bom rapaz. E dizia isso para Marcondes, que, se nada tinha contra ele, achava que, antes de qualquer julgamento, deveria ter uma conversa a sós com o jovem.

— Ele até pode ser um bom moço, Dora, mas será que serve para a nossa filha? É preciso investigar. Levantar a sua ficha.

Dora riu e disse, galhofeira:

— Você é psicólogo ou investigador?

— Digamos que eu seja um psicólogo com preocupações investigativas — respondeu Marcondes, para entrar no clima leve do diálogo.

Pois bem, ele procurou primeiro levantar dados com Ana, filha de Nestor. Depois, insatisfeito, colocou o próprio Jorge sob um verdadeiro inquérito, certa noite em que este foi buscar Beatriz para irem a uma festa.

— O que você pensa do casamento? Você não acha que é uma instituição falida? Não é algo já sepultado no passado?

A pergunta, muito bem estudada, era um ardil para checar as intenções do jovem em relação a Beatriz.

— Desculpe, Marcondes, mas eu não concordo com o que o senhor está me dizendo.

— Eu não estou dizendo nada, fiz apenas uma pergunta inocente.

— Considero o casamento a porta de entrada para a construção de uma família feliz. Dou muita importância à família. Desse modo, para mim, o casamento é uma instituição sagrada. De um bom casamento depende, em grande parte, a solidez da vida familiar.

— E o que você considera um bom casamento?

— É aquele em que há afinidade entre marido e mulher. E não só afinidade, mas respeito, carinho, cuidado e, acima de tudo, amor. É o que pensa também o meu pai, pois tive uma conversa como esta com ele há poucos dias.

— O seu pai também pensa assim? Muito bom. E o que ele faz, Jorge? Ou melhor, qual é a sua profissão?

— Meu pai é funcionário público. Trabalha na Secretaria da Fazenda.

— E qual é o seu cargo?

— Chefe de setor. Ele é formado em ciências contábeis.

— Ah! Muito bem. E sua mãe?

— Ela é professora de inglês na rede Present English.

— Entendo. Então, você fala fluentemente o inglês?

— Quase. Estudo na mesma rede e domino razoavelmente a língua.

— Gostei. Você está indo bem na faculdade? Tem boas notas?

Jorge Luís sentia-se desconfortável, pois já havia notado as intenções do futuro sogro, mas procurava responder com naturalidade ao metralhar de perguntas.

— Estou indo muito bem, pois gosto demais de Veterinária. Creio que encontrei o que há de melhor para mim, no sentido profissional.

— E o que pretende fazer depois que se graduar?

Marcondes não deixava que o rapaz respirasse. Fazia uma sequência ininterrupta de perguntas, a fim de não lhe dar chance de pensar muito para respondê-las. Durante o tempo em que Beatriz fazia os últimos reparos em seu penteado e maquiagem, ele conseguiu muitos dados sobre Jorge e sua família. Ficou sabendo que o jovem era filho único, que os pais o idolatravam e que se davam muito bem entre si. Diziam-se evangélicos, mas não frequentavam o templo nem pagavam dízimo. Eram contrários à pena de morte, não liam muito, mas adoravam ir ao teatro. Gostavam imensamente do realismo psicológico, particularmente da peça de Arthur Miller: "A Morte do Caixeiro Viajante" e outras coisas mais. Ainda não estava satisfeito e se preparava para desferir mais uma pergunta, quando Beatriz entrou na sala com Dora e determinou com voz autoritária:

— Chega de interrogatório por hoje.

— Não exagere, estávamos apenas conversando cordialmente, enquanto a princesa dava os últimos retoques no visual, não é Jorge?

Sem esperar resposta, a garota puxou o namorado pela mão e foi logo se despedindo.

— Não demorem — falou Dora, sem convicção, sabendo que o horário seriam eles que determinariam.

Após ouvir o ruído da porta do elevador, Dora esperou mais alguns segundos e perguntou a Marcondes, demonstrando grande curiosidade:

— E então, o que mais descobriu sobre Jorge Luís?

Marcondes achou graça da maneira inesperada como ela perguntou e fez um resumo de tudo o que conseguira levantar sobre o namorado da filha e sua família. E, por fim, concluiu:

— Dora, ainda faltam algumas questões a lhe fazer, mas, até agora, Jorge Luís está aprovado.

— Eu não lhe disse? A minha intuição não falha.

Jorge, com seu comportamento maduro e seu amor sincero por Beatriz, deixou Marcondes mais tranquilo e confirmou o bom pressentimento de Dora, quando o viu pela primeira vez. Um fato, sobretudo, marcou definitivamente o elevado nível moral do rapaz. Certo dia, quando voltava a pé para casa, viu uma cena que o chocou profundamente. Um homem saiu na porta de um escritório e, esbravejando, chutou para a rua um cãozinho, dizendo:

— Suma daqui, vira-lata vagabundo. Não volte a entrar neste escritório ou eu o mato a pauladas.

O filhote, muito assustado, correu para o meio da rua e foi atingido por um automóvel em baixa velocidade, ficando paralisado na sarjeta. Profundamente tocado pela triste situação do animal, Jorge Luís, ao notar que o motorista seguiu o seu caminho, sem dar atenção ao ocorrido, foi até ele e o retirou do local. Conhecendo uma clínica veterinária nas imediações, levou-o até lá. Depois de dez dias internado, finalmente o caozinho recebeu alta e Jorge Luís o levou para casa, dando-lhe o nome de Ricky.

Ao saber do fato, Marcondes pôde avaliar o nível de compaixão que o namorado da sua filha abrigava no coração. Isso o deixou muito feliz, pois deduziu: "Se ele é assim em relação a um animal desconhecido, muito mais dedicado será com minha filha!". Na verdade, se Marcondes não odiava animais domésticos, também não morria de amores por eles. O que, de fato, tocou-o foi a conduta moral de Jorge Luís. Dora, diferentemente do marido, gostava de animais e até contribuía mensalmente com uma ONG que cuidava da proteção de animais perdidos, doentes e maltratados que perambulavam pelas avenidas da cidade. O incidente a deixou muito feliz, pois além de marcar o caráter de Jorge, contribuíra para tirar mais um animal da rua. Beatriz afeiçoou-se a Ricky imediatamente, mesmo só o tendo visto por fotografia, pois ainda não fora apresentada aos pais do namorado. Esse dia, porém, chegou rapidamente. Jorge Luís marcou um jantar em sua casa e os pais aguardaram com certa ansiedade o dia em que conheceriam a futura nora. Eugênia, mãe de Jorge, preparou um saboroso *capeletti* ao forno, acompanhado de salpicão de frango e arroz de carreteiro. Já Edgar, o pai, mesmo não sendo um *habitué* de bebida alcoólica, comprou uma garrafa de vinho *Chianti,* indicado para essa ocasião pelo dono da adega. À noite, quando a porta da sala se abriu e Beatriz entrou sorridente, foi amor à primeira vista. Eugênia respirou aliviada, pois estava apreensiva, o mesmo acontecendo com Edgar. Como velhas amigas, Eugênia e Beatriz começaram a conversar imediatamente. Jorge falara muitas coisas boas a respeito da namorada, mas nada melhor do que checar os dados pessoalmente. Edgar puxou uma cadeira e também entrou na conversa até o momento de iniciarem o jantar. Antes, porém, Ricky foi apresentado a Beatriz, que o abraçou e beijou, pedindo que o deixassem na sala. Durante o jantar, ela elogiou muito a comida e bebeu apenas meia taça de vinho, enquanto o bom humor era a tônica daquele primeiro encontro. Jorge Luís estava encantado por averiguar que tudo estava correndo como imaginara. Houve, porém, um momento em que Beatriz ficou tensa. Foi quando, ao falarem de como Ricky havia sido salvo por Jorge, ela comentou sobre a compassividade do namorado.

— Eu também fiquei muito feliz — disse Eugênia. — Em qualquer instituição religiosa, a compaixão é considerada uma das maiores virtudes. Aliás, qual é mesmo a sua religião, Bia?

Sabendo que os futuros sogros era evangélicos, Beatriz, que havia procurado fugir do assunto até ali, estremeceu. Olhou para Jorge, como se lhe pedisse socorro, porém, ele estava levantando-se da mesa para pegar alguma coisa na cozinha. Sem ter a quem apelar, ela resolveu dizer a verdade.

— Sou espírita. Espírita cristã — acrescentou. — Sigo o Evangelho, procurando resgatar o cristianismo primitivo.

Jorge, que ouvira a declaração, voltou-se para ela e disse sorridente:

— Ah! Até que enfim você se decidiu por uma delas.

— Não entendi. Uma delas o quê? — perguntou Eugênia.

— Deixe-me explicar — corrigiu-se o rapaz. — Bia era católica até um tempo atrás, mas como ela faz estágio com um juiz do trabalho que é espírita, por influência dele, começou a ler algumas obras dessa doutrina e, comparando com o que aprendera no catolicismo, preferiu o Espiritismo. Estou certo, Bia?

— Sim, é verdade. Não estou menosprezando o catolicismo, assim como não desconsidero nenhuma religião. Apenas encaixei-me melhor na doutrina espírita. Como se diz por aí, ela *tem mais a minha cara.*

— Entendi — disse Eugênia. E continuou: — Somos evangélicos. Portanto, também buscamos seguir o Evangelho. E temos uma característica peculiar: não somos intolerantes. Assim, nunca vamos dizer que você abriga o demônio na alma, só porque é espírita. Como diriam alguns católicos, somos ecumênicos.

Beatriz respirou fundo. A tensão foi cedendo lugar a um agradável relaxamento. Edgar, valendo-se do silêncio momentâneo, disse descontraidamente:

— Eugênia quis dizer que nós a recebemos de braços abertos em nossa humilde casa.

— Obrigada.

— Para sermos sinceros — continuou Edgar —, não frequentamos muito o templo evangélico. Temos nossa bíblia, que lemos de vez em quando, mas não somos intolerantes, a ponto de esgrimir com os seguidores de outras religiões, como infelizmente fazem alguns dos nossos irmãos. Eu diria que somos evangélicos independentes em relação às congregações que conhecemos.

— Quanto a mim, ainda não frequento o centro espírita, mas como me decidi pelo Espiritismo, pretendo conhecê-lo melhor para poder praticá-lo.

— Apesar de estarmos em religiões diferentes — concluiu Eugênia —, somos todos filhos de Deus e, como tal, somos irmãos. Cada um de nós, a seu modo, procura seguir os ensinamentos de Jesus. E é isso o mais importante.

A conversa tomou outro rumo e o jantar de apresentação de Beatriz terminou com muitos abraços e beijos e o convite do casal para que ela voltasse outras vezes, que seria muito bem recebida.

Depois dessa primeira visita, Beatriz voltou muitas vezes à casa de Jorge Luís e pôde conhecer melhor seus pais. Eugênia era uma pessoa alegre e simples, porém, elegante. Gostava de ir a *shoppings*. Às vezes para comprar algumas coisas; outras apenas para passear ou almoçar. Não lia tanto como Beatriz, mas procurava aproveitar o conteúdo dos livros que passavam por suas mãos. Seu fraco era mesmo o teatro. Edgar era um pouco mais quieto que a esposa, mas, quando a conversa o atraía, podia passar horas num diálogo muito agradável e bem-humorado. Sua paixão, além do teatro, era pelo futebol. São-paulino *roxo,* se não conseguia assistir ao vivo aos jogos do seu time na televisão, buscava algum canal que passasse o video-teipe. Não era muito chegado a ir aos estádios, mas estava a par de tudo o que acontecia com o São Paulo, fosse pelos canais de esporte, fosse pelos jornais.

A afinidade e proximidade com os futuros sogros fez com que Beatriz se soltasse mais e se considerasse um membro a mais na família, embora não se falasse ainda em casamento. Certo dia, ela recebeu um telefonema de Eugênia em seu celular, convidando-a para ir com o casal e o filho ao teatro.

— Dizem que a montagem está muito boa.

— Qual é a peça?

— Ah! Desculpe. É uma obra de Máximo Gorki: "Albergue noturno".

— Gorki é um excelente contista. A peça deve ser muito boa.

— A peça conta a história de vagabundos, idosos e delinquentes, marginalizados pela sociedade. Sobra-lhes, diante da frieza do mundo, apenas uma réstia de esperança. Para nós, que procuramos seguir o Evangelho, serve para refletirmos sobre a compaixão e a benevolência.

— Eu quero ir, sim. Quanto custa o ingresso?

— Deixe que eu trato disso.

Dias depois, quando saíram do teatro, Beatriz estava maravilhada com a montagem da peça.

— Tudo funciona em harmonia. Não consigo encontrar um ponto fraco — saiu dizendo para Eugênia.

— É verdade, Bia. Já me haviam dito a mesma coisa.

— E você, Jorge Luís, o que achou da peça?

— Bem, eu aprendi com meus pais a gostar de teatro e, certamente, essa montagem está entre as melhores a que já assisti.

Para pôr um pouco de alegria na conversa, Edgar, concluiu:

— Melhor que isso, só uma final de campeonato, com o São Paulo completo.

O bom relacionamento familiar também passou a existir entre Jorge e os pais de Beatriz. Ele gostava bastante de ficar conversando no escritório de Marcondes, onde aprendia muita coisa sobre psicologia humana e também animal. Com Dora, ele introduzia-se paulatinamente nos princípios do Espiritismo, embora ela ainda fosse uma iniciante.

— Não existe casualidade, Jorge Luís. "Não cai sequer uma folha de árvore, sem que seja a vontade de Deus". Não é assim que diz o Evangelho?

— Isso mesmo.

— Pois, se você estava diante de Ricky no exato momento em que ele foi atropelado, é porque deveria estar ali, a fim de providenciar a sua total recuperação, e depois levá-lo em segurança para o aconchego da sua família. E mais certamente ainda, se você encontrou Bia em seu caminho, não foi por casualidade. Houve uma razão pra que isso acontecesse.

— Eu também penso dessa forma.

E a conversa continuava dentro dessa mesma orientação, espiritualizando aos poucos a vida de Jorge. Com relação a Marcondes, havia também o que aprender.

— Acabei de ler um livro muito interessante que fala sobre a bondade nos animais. Aliás, esse é o seu título. Diz a autora que muitas pessoas conseguem lembrar-se de um momento em que estavam transtornadas ou de mau humor e o gato ou cão, por meio de um toque deliberado ou de um olhar, pareceu expressar grande preocupação pelo seu estado.

— Como auxiliar de veterinário, concordo plenamente, embora não se fale a esse respeito nas aulas da faculdade.

— Eu sei. Creio que os estudiosos diriam que isso é uma grande bobagem. Muitos psicólogos também. Entretanto, achei o livro muito bom. Diz ainda a autora que, atualmente, as pesquisas estão confirmando o que já sabíamos, isto é, que nesses momentos em que estamos transtornados ou de mau humor, os nossos animais de estimação estão revelando seus profundos sentimentos por nós.

— O senhor não sabe como fico satisfeito por saber que esse é seu pensamento.

— É sim, mas me trate por "você". Fica mais íntimo.

— Está bem. Dias atrás, fiquei sabendo do caso de um militar inglês, que durante a Primeira Grande Guerra, foi convocado e enviado para a França. Quatro meses depois, recebeu uma carta da esposa, dizendo que Prince, seu cão predileto, havia desaparecido e não fora possível encontrá-lo. O militar respondeu que o cão estava com ele. O cachorro percorreu mais de trezentos quilômetros pelo sul da Inglaterra, atravessou o Canal da Mancha e viajou mais uns cem quilômetros pelo interior da França, em plena guerra, até descobrir o seu dono nas vizinhanças da pequena localidade de Armentières.

— É um caso fabuloso.

— E eu conheço outros. Vou contar a respeito do mais próximo a mim. Uma cliente do *pet shop* onde trabalho contou-me que um tempo atrás morava numa casa térrea e, ao lado residia uma senhora que adorava gatos. Quando essa cliente conseguiu um filhote de gato, ele costumava ir até à casa da vizinha, onde era alimentado e recebia muitas atenções. Com isso, ele dividia o tempo entre as duas casas, até o dia em que a cliente teve de mudar-se para uma rua perpendicular à que ela morava, porém um pouco distante. No dia em que chegou o caminhão de mudança, o gato estava fora de casa e a vizinha havia saído, de modo que não deu para saber se ele estava. Para cumprir o horário, o caminhão partiu, e a cliente com o marido seguiram para a nova residência. Nos três dias seguintes não foi possível localizar o gatinho. Triste por não ter conseguido levar consigo o animalzinho, o casal já achava que ele havia se perdido, quando, olhando para o quintal da nova casa, viram-no caminhando na direção deles. O gato fez-lhes agrado e, depois de um certo tempo, desapareceu. No dia seguinte, o casal soube que o gatinho voltara à casa da antiga vizinha. O que me deixa arrepiado, Marcondes, é que ele preferiu ficar com a vizinha, mas não deixou de enfrentar seríssimas dificuldades para despedir-se condignamente de seus antigos donos.

— De fato, é uma história comovente.

— Em geral, quando contam casos como esses, os estudiosos o fazem para demonstrar o instinto e a inteligência animal. Nunca para mostrar o amor que eles sentem pelas pessoas.

— Concordo com você. Aliás, o psicólogo norte-americano John Watson analisou casos como os que você narrou e confessou não ter explicações a oferecer para eles. Joseph Rhine, conhecido por suas pesquisas no campo da parapsicologia, estudou também o psiquismo animal e criou uma expressão que rotula o fenômeno de que estamos falando: *psi-trailing,* que significa algo como "faro psíquico", sem nenhuma ajuda sensorial aparente. Entretanto, ele também não chegou a nenhuma explicação satisfatória.

— A explicação, Marcondes — disse Jorge Luís emocionado —, está na elevada sensibilidade do animal em relação ao homem, no amor que ele tem por nós. Por falar nisso, li que atualmente as pesquisas estão confirmando o que já sabíamos, isto é, que nos momentos que narrei, os nossos animais de estimação estão revelando seus profundos sentimentos por nós. E acho que temos o dever de retribuir tal amor. Como? Distribuindo carinho, dando-lhes proteção, alimentando-os, cuidando de sua higiene e saúde, mas, acima de tudo, amando-os.

Conversas como essas se estendiam até Beatriz aparecer pronta para o passeio que se seguia com Jorge Luís. E também com Beatriz, além das conversas descontraídas, próprias de um casal de namorados, havia também momentos de diálogo mais profundo.

— Tomei conhecimento ontem, Bia, do falecimento da mãe de uma de nossas clientes. A moça estava muito triste, pois tinha grande afinidade com a mãe. Disse-lhe alguma coisa, mas confesso que fiquei sem poder dizer algo mais reconfortante por falta de mais conhecimento a respeito desse assunto. O que você diria a alguém nessa situação? Ou, antes, o que você pensa sobre a morte?

— A morte, da maneira como é entendida pelos materialistas, é uma ilusão.

— O que eles realmente pensam?

— Pensam que a morte é o fim da vida, pensam que depois da morte vem o Nada. No entanto, a morte não passa da desagregação da matéria, causada pelo esgotamento dos órgãos. Em outras palavras, o que morre é o corpo físico. Falo com segurança porque tive uma grande aula do dr. Nestor a esse respeito. Ele me falou: "Bia, a morte é uma transformação da vida. Ou, se preferir, é o momento de transição, quando pomos fim a mais uma experiência na Terra e retornamos ao plano espiritual para darmos continuidade à nossa evolução".

— Interessante.

— O corpo físico, Jorge, é apenas a vestimenta do espírito. Como somos espíritos imortais, o corpo se deteriora, mas o espírito permanece para todo o sempre. Fomos criados para a felicidade e não para terminarmos numa sepultura.

— Bem, parece que você já respondeu às minhas duas perguntas. Posso fazer mais uma?

— Faça quantas quiser, meu amor. Só não sei se conseguirei responder, pois sou uma espírita "da última hora". Minha adesão é muito recente.

— Não fale assim que eu acostumo.

— Pois eu quero mesmo que você se acostume a dialogar muito comigo. Afinal, um dia vamos nos casar e o diálogo é fundamental no casamento, não é mesmo?

— Você tem toda razão. Então, lá vai a pergunta: por que precisamos reencarnar?

Beatriz pensou e respondeu com sinceridade:

— Jorge Luís, você tinha de fazer exatamente uma pergunta para a qual ainda não tenho uma resposta segura? Perguntarei amanhã ao dr. Nestor e lhe direi em seguida.

Assim que teve uma oportunidade, Beatriz repassou a pergunta ao juiz, que respondeu prontamente:

— Fomos criados simples e ignorantes, Bia. Ou seja, sem saber, sem ter conhecimentos nem consciência do bem e do mal, porém, aptos para adquirir o que nos falta. É pelo nosso próprio esforço que temos de construir esses conhecimentos. A partir do momento em que o espírito é criado, começa a sua caminhada para a perfeição. De acordo com a Lei do Progresso, todos nós tendemos para a plenitude da sabedoria e do amor. Partimos do degrau inferior da evolução, a fim de atingirmos o seu ponto alto, quando nos tornamos espíritos puros, tendo nos despojado de todas as impurezas da matéria. Não há quem seja impedido de desfrutar um dia esse estado de elevação espiritual. Agora, a minha pergunta: dá para atingirmos esse nível máximo de elevação numa única encarnação? Vivendo oitenta, cem, cento e vinte anos, alguém consegue atingir esse nível?

— Não é possível, dr. Nestor.

— É por tal motivo que temos de reencarnar muitas vezes. Posto que tenhamos atingido determinado grau de evolução, não retornamos ao estágio anterior. Podemos estacionar por algum tempo, mas, num dado momento, continuamos a escalada. Faz parte da evolução humana. A cada nova encarnação, subimos poucos ou muitos degraus. Temos o livre-arbítrio, isto é, a possibilidade de decidir, escolher em razão da própria vontade. Pois, por meio da nossa escolha, caminhamos lenta ou rapidamente para o nosso próprio progresso, não podendo, porém, jamais retroceder. Por tal motivo, cada um planeja e executa o seu próprio percurso, no seu próprio tempo que, exige, todavia, muitas encarnações.

— Agora entendi. Já posso dar a mesma resposta a Jorge Luís.

Mais tarde, lá estava o casal confabulando sobre as verdades da vida. Cada diálogo era mais uma pedra na construção de suas existências. Construção que se levantava sobre a firmeza da rocha.

Amarildo, da dimensão espiritual, abençoava a relação que se fortalecia entre Beatriz e Jorge. Ele sempre esperara pelo dia em que ambos se encontrariam para dar continuidade ao que fora interrompido na encarnação anterior. Agora, tudo poderia ser diferente, sob as bênçãos do Divino Mestre.

28
Via interrompida

Não se sabe ao certo quem fundou Pindamonhangaba, localizada às margens da rodovia Presidente Dutra, no estado de São Paulo. Seu provável início foi como um arraial, fundado já na época em que os portugueses começaram a marcar presença na região. Tem-se notícia, porém, de que, no século XVII, teve início o povoamento nos arredores de Hepacaré, região que englobava Taubaté e Lorena. Há, entretanto, de acordo com os próprios habitantes da cidade, duas teorias muito discutidas sobre a sua fundação: a primeira afirma que os irmãos Leme, conhecidos bandeirantes, fizeram em 1672 a aquisição de glebas de terra pertencentes à Condessa de Vimieiro, nas proximidades da Vila de Taubaté, na margem direita do rio Paraíba. Nesse mesmo ano, Antônio Bicudo Leme e Braz Esteves Leme, principiaram a construção de uma capela dedicada a São José, fundando a povoação de São José de Pindamonhangaba. Para os adeptos desta teoria, a fundação de Pindamonhangaba deu-se em 12 de agosto de 1672. A segunda teoria diz que, no início do século XVII, algumas sesmarias foram concedidas na região correspondente a Taubaté, Guaratinguetá e Pindamonhangaba. Uma delas foi doada ao capitão João do Prado Martins, em 17 de maio de 1649, na paragem denominada Pindamonhangaba. Segundo a carta de doação, desde o dia 22 de julho de 1643, o capitão já estava de posse de sua sesmaria, sendo essa data considerada pelos adeptos desta segunda teoria como a fundação de Pindamonhangaba, visto que ela ficava na localidade onde se acha hoje a cidade. Mas, há também quem afirme que a cidade foi erigida em 1690, por obra de colonizadores chegados de Taubaté. Em 1705, tornou-se vila, fixando-se aí a data de sua fundação. Em 1849, recebeu o título de cidade.

A partir da segunda metade do século XIX, Pindamonhangaba, além das atividades rurais, iniciou operações de cunho industrial, como o beneficiamento de arroz e fabricação de tecidos. Foi justamente nessa época que Juvêncio Freitas, de trinta e cinco anos, homem afeito ao campo, instalou-se numa fazenda nos arredores da cidade, em companhia de sua esposa, Mercedes Freitas, de trinta anos. Era o ano de 1852. Estabelecido nas terras do coronel Belarmino do Prado, mostrou-se desde o início um trabalhador incansável e um agregado fiel de seu senhor. Entretanto, em plena escravidão, deixava escapar sua discordância em relação ao sistema escravagista, o que lhe trazia complicadas situações, pois era auxiliar direto do feitor Fernão de Vasconcelos, de má índole e rude no trato com os escravos.

Quando Juvêncio chegou à fazenda, já havia sido extinto o tráfico de escravos, de acordo com a Lei Eusébio de Queirós, aprovada em 1850. Na verdade, no ano de 1830, o deputado Antônio Ferreira França apresentara à Câmara Geral um projeto de abolição gradual, que extinguiria plenamente a escravidão, em maio de 1881. Mas a força dos partidários da escravatura, na época, era muito intensa e o projeto foi rejeitado. O mesmo deputado apresentou, em 1831, sem êxito, outro projeto, declarando que o ventre não transmite a escravidão. A Lei do Ventre Livre, de responsabilidade do Visconde do Rio Branco, somente seria aprovada em 1871. Por meio dela, foram libertadas todas as crianças nascidas de pais escravos. No entanto, em 1858, já vigia a Lei Nabuco de Araújo, que criava sanções para as autoridades que encobrissem o contrabando de escravos. Ela fora aprovada quatro anos antes. A Lei Saraiva-Cotegipe foi promulgada somente em 1885, e garantiu liberdade aos escravos com sessenta anos ou mais, que, no entanto, eram obrigados a trabalhar para os senhores por mais três anos ou até completarem sessenta e cinco anos. Um ano antes, o gabinete ministerial, presidido pelo conselheiro Manuel Pinto de Souza Dantas, apresentou projeto de lei visando à libertação dos escravos, que foi rejeitado pela Câmara. Vivia-se um período de efervescência política: os escravocratas lutavam com suas últimas armas para manter o regime, e os abolicionistas venciam as batalhas derradeiras, que culminaram com a abolição da escravatura.

— Isso é um absurdo — dizia o coronel Belarmino. — Daqui a alguns anos não teremos mais escravos. Quem irá trabalhar no lugar deles? Por mais preguiçosos que sejam, precisamos dos seus braços para tocar a lavoura. Essa cambada de deputados e senadores do Império não entende isso?

— É verdade, coronel. Do jeito que andam falando por aí, logo, logo teremos o fim da escravidão.

— Cale essa boca, Fernão. Isso não vai acontecer nunca, entendeu?

— Não vai não, coronel — e Fernão arrumava qualquer serviço para sair de perto do coronel, que espumava, quando lhe diziam que o fim da escravidão estava próximo.

Em meio aos diálogos acalorados na senzala, Juvêncio, às ocultas, passava as últimas informações sobre o andamento das discussões políticas em relação ao regime escravocrata, perfidamente defendido pelos senhores latifundiários. Isso fez com que conseguisse uma aproximação muito grande com os escravos, que o admiravam. No entanto, esse fato causava mal-estar no relacionamento com o feitor.

— Deixa de ser mole, homem! — dizia Fernão. — Trate os escravos com rigor e chicote, do jeitinho que eu mando. Não quero saber de conversinhas com nenhum deles. Eles perdem o respeito. Você não tem de fazer amizades. Tem de vigiá-los, entendeu?

Juvêncio ouvia de cabeça baixa e depois contra-argumentava, mentindo para não ser destituído do seu posto na fazenda:

— Eu procuro conversar com eles, Fernão, para conseguir informações que possam ser úteis. Só isso.

— Bem, assim a conversa passa a ser outra. E o que tem de novidade?

— Até agora, nada. Ainda os estou cativando. Isso leva certo tempo, mas, no futuro, se houver uma boa notícia, você saberá imediatamente, para poder levá-la ao coronel Belarmino.

— Bom. Isso é bom. Mas não se mostre molenga diante deles, Juvêncio.

— Fique tranquilo, Fernão. Seguirei seu conselho à risca.

Essa conversa toda aconteceu para despistar a amizade sincera que ele estava conquistando com os escravos. Seu interesse era colocá-los a par de tudo o que estava acontecendo em relação à escravidão. A Lei Eusébio de Queirós, que proibia o tráfico de escravos, foi recebida com grande alegria, pouco antes da chegada de Juvêncio à fazenda. No entanto, como havia escravagistas que dissimulavam a continuidade do tráfico, foi criada, em 1854, a Lei Nabuco de Araújo. Assim que soube disso, Juvêncio foi contar para mãe Nastácia.

— Fique tranquila, mãezinha. Agora o contrabando de escravos vai acabar. O ministro da justiça criou penalidade para quem insistir em traficar. Desta vez dará certo.

— Que *voismecê teje* certo, Juvêncio. Chega de sofrimento. Chega de dor.

Mãe Nastácia, com mais de setenta anos, e benzedeira famosa entre os escravos da fazenda e arredores, fez uma prece curta e chamou Juvêncio, que se afastava.

— *Vem* cá, *fio*. Quero te *benzê pra mór* de *ossuncê continuá* assim tão *bão cumo* é hoje. Epa, epa, babá! Epa, epa, babá! Oxalá te proteja. *Ossuncê* vai *continuá* a *sê* um moço de *pais* e de bem, viu? Teus *óio* vão *vê* tudo *pra podê contá pra nóis* o que acontece fora das *terra* da fazenda. Epa, epa, babá! Epa, epa, babá! Oxalá te abençoe e guarde!

A partir desse dia, Juvêncio passou a ser tratado com mais consideração pelos escravos, que tinham o maior respeito por mãe Nastácia.

Mercedes, esposa de Juvêncio, prestava serviços de costura para Manuela, esposa do capitão Belarmino. Moça prendada para a arte do bordado, fazia colchas, fronhas e lençóis com desenhos coloridos, que fascinavam a patroa.

— Onde você aprendeu a bordar tão bem, Mercedes?

— Minha mãe me ensinou, dona Manuela. Ela veio da Ilha da Madeira, onde aprendeu a bordar com a minha avó.

— Pois continue bordando assim. A toalha de linho colocada hoje pela manhã na mesa do café, toda branca e bordada em azul é uma das coisas mais lindas e delicadas que já vi.

— Obrigada.

— Eu vim de Viana do Castelo, onde se borda muito bem. No entanto, nunca consegui fazer um bordado à altura das grandes bordadeiras, por essa razão desisti desse tipo de trabalho. Agora, vejo que terei diante de mim aquela que eu gostaria de ter sido.

— Não exagere, dona Manuela.

— Não é exagero, minha filha. É a mais pura verdade.

Desde o começo, Manuela sentiu grande simpatia por Mercedes. Tornaram-se amigas e confidentes. A patroa gostava de presentear a jovem, que se sentia cada vez mais à vontade diante de sua presença. Já o mesmo não acontecia entre Juvêncio e o feitor Fernão. Este foi criando antipatia em seu íntimo por aquele jovem, que ele considerava muito frouxo diante do que costumava chamar "preguiça e atrevimento" dos escravos da fazenda. Na verdade, os escravos trabalhavam de sol a sol e sentiam o peso do trabalho que lhes era imposto com desconsideração e brutalidade. E era assim que o coronel queria que fossem dirigidos. "Escravo bem tratado perde o respeito e a vergonha", dizia para Fernão, exigindo rudeza e até crueldade no trato com eles. Juvêncio não cabia nesse perfil. Amoroso por natureza, não conseguia exigir nada deles sem cordialidade e até gestos inequívocos de amizade.

— Fortunato, vá buscar umas braçadas de lenha para dona Manuela. Faz favor.

— Já *tô* indo, patrãozinho.

— Não me chame de patrãozinho. Somos amigos, não?

— *Craro, craro. Adiscurpe.*

Às vezes, o diálogo beirava ao absurdo, dada a quebra do nível hierárquico entre Juvêncio e os escravos.

— Elório, por favor, vem cá.

— Pois não, sô Juvêncio.

— Preciso de um favor. Vá até a quinta do capitão Gonçalo e entregue-lhe este bilhete do patrão.

— É para já.

— Por favor, somente entregue nas mãos do capitão. E não demore.

— Já *tô* indo, *sô* Juvêncio.

— Obrigado, amigo. Ah! Quando voltar, procure-me imediatamente.

— Tá certo.

— Muito obrigado, Elório.

Certa vez, Fernão ouviu um diálogo semelhante a esse e quase despediu o ajudante.

— É a última vez que lhe digo, Juvêncio. Os escravos não são amigos de ninguém. São serviçais que têm de cumprir todas as nossas ordens. Eles estão aqui para isso. Nunca lhes peça "por favor" nem lhes diga "obrigado". Você está proibido de agir assim, entendeu? Ou quer procurar emprego noutra *freguesia*?

— Desculpe, Fernão. Seguirei seu conselho.

— Isto não é conselho, Juvêncio. É ordem! Está claro?

— Sim, Fernão. Seguirei sua ordem.

— Então, vá vigiar os colhedores de café. Não quero nenhum deles sentado ou na sombra.

Assim se passaram oito anos de trabalho, em que Juvêncio cada vez mais tinha dificuldade para demonstrar amizade por aqueles homens e aquelas mulheres, que lhe falavam ao coração. Não havia como puxar conversa com o feitor, muito menos, com o patrão. Entretanto, com os escravos, ele era capaz de passar toda uma noite, sempre em diálogo animado. Mas, para isso, tinha de mentir que ia dormir mais cedo ou que ia inspecioná-los.

No sexto ano de estada na fazenda, Juvêncio recebeu uma notícia que o deixou completamente abatido: mãe Nastácia havia desencarnado.

— *Sô* Juvêncio! *Sô* Juvêncio! Aconteceu uma calamidade. Mãe Nastácia morreu.

— O quê?

— É verdade. Mãe Nastácia morreu.

— Pelo amor de Deus! Não poderia haver notícia pior.

Durante algum tempo, as noites foram muito silenciosas na senzala. Ninguém queria falar, ou, se o fazia, era para lembrar os feitos da escrava que partira.

— Lembra, *quandu* ela *benzeu* Assência? Parecia *qui* a menina ia *morrê*. Pois *num* é *qui despois du benzimentu* ela se *alevantô* e foi *brincá*?

— E com dona Ignácia d'Angola? A *muié* tinha *quasi* oitenta *ano*. *Tava* de cama e *despois* do benzimento de mãe Nastácia ela foi correndo *pra* cozinha. *Tava* sarada.

— E o *causo* do Anan da Mina? Ele já era *véio tamén*. *Tava quasi* cego. *Num* enxergava *quasi* nada. Mãe Nastácia *posô* a mão na cabeça dele e *u óme inxergô di* novo.

— Mãe Nastácia era *milagrêra*. Ah! Isso ela era.

Durante certo tempo, ninguém se atreveu a fazer as vezes de curandeiro, até que Nego Custódio da Guiné ou simplesmente Nego Custódio, como era habitualmente chamado, benzeu a filha de uma escrava. Ela fora picada na perna por uma cobra. Compadecido, ele pediu ajuda à antiga benzedeira:

— Mãe Nastácia, onde a *sinhora estivé, mi ajudi. Percisamo curá a minina*, mãe Nastácia. *Mi ajudi!*

Após esse pedido de ajuda, ele benzeu a garotinha como mãe Nastácia fazia e aplicou compressas com uma mistura de plantas medicinais. Depois de uma semana com muita febre, a garotinha amanheceu sorrindo e querendo brincar. A notícia espalhou-se e ele se tornou o legítimo sucessor da antiga benzedeira.

Juvêncio, que acreditava nos poderes de mãe Nastácia, também passou a crer nos benzimentos de Nego Custódio. O seu bom relacionamento com os escravos fortaleceu-se e ele continuou a ser uma espécie de repórter que levava as últimas notícias à senzala. Driblar, porém, a desconfiança de Fernão era coisa difícil, conseguida à custa do próprio emprego, que estava sempre em jogo. Mas, apesar de todos os empecilhos, ele conseguiu viver por oito anos na fazenda, sempre ao lado da mulher que ele amava. A única tristeza era não poderem ter um filho. No entanto, como havia muitos filhos de escravos na fazenda, tratavam-nos como se fossem seus. Um dia, quando conversavam sobre o problema, Mercedes disse, com um sorriso nos lábios:

— Deus não permitiu que tivéssemos um filho, Juvêncio, mas, em compensação, deu-nos mais crianças do que poderíamos ter em toda uma vida.

— Isso é verdade, Mercedes. Essa alegria nós temos.

Embora Juvêncio passasse a maior parte do tempo supervisionando o trabalho escravo, a união com a esposa era muito grande. As afinidades reforçavam os laços matrimoniais, criando um vínculo indissolúvel. Entretanto, certa manhã, Mercedes acordou ardendo em febre. Os remédios caseiros não surtiram efeito e um médico de Pindamonhangaba foi chamado. Mercedes sentia náusea e cefaleia constantes. Depois de alguns dias, passou a ter complicações renais e pulmonares. O médico diagnosticou malária. Às ocultas, Manuela permitiu que Nego Custódio tivesse acesso ao leito de Mercedes para benzer o mal. Depois da benzedura, ele chamou Juvêncio de lado e disse entristecido:

— *Ocê* é meu amigo, Juvêncio. É gente boa, mais eu tenho *qui ti dá* uma notícia *qui ocê num gustaria di ouvi*.

— Fale logo, Custódio. Pelo amor de Deus!

— Dona Mercedes vai *mudá* de endereço, *sô* Juvêncio. *Num* é mais *pra* ela *ficá* neste lugar de sofrimento. Ela...

— Vai morrer?

— Mais vai *miorá pra* ela, *sô* Juvêncio. Pode *tá* certo, vai *miorá*.

O que Nêgo Custódio disse, realmente aconteceu. Dois dias depois, Mercedes desencarnou. Juvêncio ficou transtornado. Durante três dias vagou de um lado para outro da fazenda, com os olhos perdidos no infinito, sem responder ao que lhe perguntavam. Somente no quarto dia, voltou ao serviço, mas completamente apático e alheio a tudo o que ocorria à sua volta. Como, depois de uma semana, ainda estivesse alheado, realizando apenas maquinalmente suas tarefas, sem o zelo de outrora, foi chamado para uma conversa com Fernão.

— Juvêncio, eu nunca fui casado, mas sei que deve ser duro perder a esposa ainda na flor da idade. No entanto, homem, é preciso reagir. Você tem se mostrado frouxo e molenga diante da vida. O serviço na fazenda não pode parar por causa da morte de uma pessoa. O mundo continua a girar, entendeu? E o seu trabalho nesta semana foi nulo. Eu é que tive de trabalhar por dois. Assim não é possível continuar. Ou você volta à vida ou serei obrigado a despedi-lo.

Juvêncio pousou lentamente os olhos nos olhos de Fernão e respondeu com voz sumida:

— Eu sei. Você tem razão. Mas sei também que não consegue medir a dor que meu peito sente. No entanto, Fernão, farei o possível para realizar da melhor maneira possível as atividades para as quais fui contratado. Pode estar certo disto.

— Pois eu vou lhe dar mais uma oportunidade, Juvêncio. Se não corresponder... bem, já sabe o que acontecerá.

Juvêncio trabalhou por dois meses, buscando impedir que o sofrimento que sentia perturbasse a qualidade das suas tarefas. Todavia, depois de esforços ingentes, a emoção tornou-se mais forte e, às vezes, ele se via obrigado a deixar os escravos sozinhos para verter lágrimas sob uma grande árvore em cujo tronco escrevera o nome da amada, assim que chegaram à fazenda. Ali, ele ficava a falar com ela, esquecendo-se completamente do trabalho. Fernão já previa que, muito proximamente, teria de despedi-lo. No entanto, um fato apressou o desfecho anunciado. Juvêncio fora até a cidade de Pindamonhangaba a trabalho e ouvira nas ruas o boato de que estava para estourar uma guerra civil nos Estados Unidos, entre o sul e o norte do país. Se os nortistas vencessem, o que parecia mais certo, haveria grande libertação de escravos. Quando voltou à fazenda, à noitinha, correu até a senzala para contar a novidade. E como lhe haviam dito que a ideia abolicionista começava a crescer no Brasil, Juvêncio falou alto:

— Amigos, quer queiram ou não os escravagistas, a libertação está próxima. Logo será virada essa página vergonhosa da história brasileira. E todos terão de tratar a seus filhos como irmãos, com os mesmos direitos dos brancos. É a pura verdade.

Fernão, que passava pelas imediações, ouviu claramente as palavras de Juvêncio e aproximou-se silenciosamente para escutar mais. Depois de certificar-se integralmente da posição abolicionista de Juvêncio, foi correndo contar ao coronel Belarmino tudo o que ouvira da boca do ajudante. Completamente transtornado, o coronel ordenou que Juvêncio fosse capturado imediatamente e colocado para fora de sua propriedade, sem mesmo poder despedir-se de ninguém e sem a possibilidade de pegar seus pertences na casa onde morava.

— Quero que lhe dê uma lição. Quem diria que eu alimentava uma serpente em minha própria casa? Miserável Juvêncio! Você terá o que merece. Vá logo, Fernão. Chame dois ajudantes e não permita que a víbora diga mais nenhuma palavra. Não o mate, mas não o deixe zombar de quem o alimentou por tantos anos. Vá, vá!

Fernão e dois capangas entraram abruptamente na senzala e encontraram os escravos cantando hinos religiosos ao som ritmado do batuque. Juvêncio não estava mais ali. Furioso, Fernão perguntou onde ele estava. Como não obteve resposta, encerrou a reunião e ordenou que todos fossem dormir. Em seguida, partiu em busca de Juvêncio em meio à escuridão. Como se tratava de noite de lua nova, a dificuldade para encontrá-lo era muito grande. Chamando outros capangas, Fernão formou duas equipes que partiram para direções diferentes, vasculhando várias partes da fazenda. A procura continuou até o amanhecer, mas ninguém conseguiu encontrar o empregado. Buscas infrutíferas foram feitas também na cidade de Pindamonhangaba e arredores. Depois de dois dias de muito esforço e nenhum resultado, o coronel Belarmino ordenou que todos voltassem para a fazenda, dando tudo por concluído. Contudo, mandou um comunicado aos proprietários de terras da região, com a descrição do fugitivo, para que ele fosse detido, caso pedisse emprego em alguma fazenda ou sítio vizinhos. Todavia, nunca mais se ouviu falar em Juvêncio e o caso caiu no esquecimento de todos.

∾

Enquanto Juvêncio falava, todo eufórico, a respeito do boato que ouvira na cidade, Bastião, um escravo que o admirava muito, ouviu ruído fora da senzala. Ocultamente, foi espiar e viu Fernão, que se esforçava por escutar o que Juvêncio dizia, saindo em seguida surrateiramente. Prevendo o que iria acontecer, Bastião correu para dentro da senzala e avisou Juvêncio, implorando que ele saísse imediatamente e nunca mais voltasse à fazenda.

— É *cum* dor no coração que digo isso, Juvêncio. Mais é *perciso saí* o mais rápido *possíve pra num sê pego* pelos *hóme* do *coroné*.

Juvêncio mal teve tempo de se despedir, embrenhou-se pelo meio do cafezal. Conhecendo muito bem um atalho que levava diretamente à estrada de terra, fora da fazenda, chegou rapidamente até ela. A partir dali, seguiu estrada afora, tomando cuidado para não ser visto. Ao amanhecer, já estava fora da área urbana de Pindamonhangaba. Com poucas moedas no bolso, conseguiu apenas tomar leite e comer um pão, tendo de prosseguir imediatamente na sua fuga pelos caminhos de Cunha, antiga Vila de Nossa Senhora da

Conceição de Cunha, onde permaneceu por poucos dias. Lá conseguiu realizar pequenos trabalhos, que lhe permitiram seguir até Paraty, onde, finalmente, deu-se por salvo.

Nos arredores da bela cidade, permaneceu semioculto, tomando contato, aos poucos, com habitantes da região. Assim que chegou à localidade, dirigiu-se para os lados da praia Jabaquara, onde conheceu seus compatriotas Vasco e a esposa Alvina. Alucinado com a beleza da região, quis estabelecer-se ali, mas, sem dinheiro, pensou em procurar uma fazenda, onde pudesse empregar-se. Vasco, porém, que morava num casebre próximo à praia, aconselhou-o a construir uma casinhola e começar a trabalhar como pescador.

— Mas não conheço nada de pesca, Vasco. Sou homem afeito ao trabalho da roça.

— Aprenderá comigo, Juvêncio. Moro aqui há vinte anos e não me arrependo de ter chegado neste paraíso.

Juvêncio contou toda a sua história ao novo amigo, incluindo a desencarnação da esposa e a fuga da fazenda, por ser favorável à abolição.

— Penso como você, Juvêncio. E pode crer que mais dia, menos dia, teremos a abolição. O número de políticos abolicionistas tem crescido ultimamente. Aqui, amigo, estará livre da perseguição de qualquer dono de terra partidário da escravatura.

— Será que vou acostumar-me, Vasco?

— Então prefere o inferno ao paraíso? — questionou o pescador rindo.

— Claro que não. Aqui é mesmo a terra das delícias. Quem não gostaria de viver num local como este? O que quis dizer é se me acostumo a trabalhar como pescador.

— Já lhe disse: aprenderá comigo e logo será melhor que eu.

— Não exagere. Não serei um estorvo para ti?

— Está vendo? Até disse o nome da cidade. Falando sério, eu estava mesmo precisando de um conterrâneo para trocar ideias.

Não que eu não tenha amigos brasileiros. Tenho, e muito bons, mas com um natural do meu país, posso falar melhor sobre as coisas da nossa terra. E como me disse que é da Ilha da Madeira e eu de Braga, a cidade mais antiga de Portugal, conhecerei melhor o sul e você, o norte. Mataremos a saudade da boa terra.

E assim, Juvêncio iniciou nova experiência em sua vida, construindo uma casinhola perto do local onde Vasco morava. Começou também a ir para o mar com ele, a fim de aprender a nova profissão. O início foi muito difícil, pois ele não estava afeito às suas novas tarefas como pescador. Contudo, com o passar do tempo, o gosto pelas novidades da profissão foi tão grande, que ele não teve mais saudade da época em que trabalhava no campo. A amizade com Vasco reforçou-se, e os momentos que passavam juntos tornaram-se gratificantes para quem procurava atenuar a tristeza pela desencarnação da esposa.

— Não sei o que é ficar da noite para o dia sem a presença de quem se ama, Juvêncio. Mas sou crente em Deus e sei que ele não iria abandoná-lo neste momento tão difícil de sua vida. Leio toda noite a bíblia e, ainda ontem, vi-me diante de uma lição importante, em que Jesus dizia que não cai de nossa cabeça nem mesmo um fio de cabelo sem que Deus o permita. Portanto, acalme o coração e acredite na bondade divina. Tudo vai se arranjar da melhor maneira possível, você verá.

— Eu não sabia que você era tão religioso, Vasco. Fico satisfeito com o que disse, embora a dor lancinante em meu peito ainda continue a demolir-me.

— Não fale assim, homem. A dor não existe para demolir, mas para fortalecer. Não sou letrado, mas como leio o livro sagrado à noite, tenho aprendido muita coisa que pode servir-lhe de consolo. Não se trata de mentiras que tranquilizam, mas de verdades que aliviam a aflição diante da morte de um ente querido. Nunca ouviu dizer que Deus não castiga, mas ensina? Não é ódio, mas amor?

— Para dizer a verdade, meu amigo, nunca fui dado à leitura, muito menos à leitura da bíblia. Mas estou gostando do que você me diz.

— O meu interesse pela leitura começou quando um senhor já de certa idade, que divulgava o Evangelho, apareceu por estas bandas e, tendo almoçado em casa, presenteou-me com um livro chamado *O Novo Testamento*. Comecei a ler e gostei. A leitura nem sempre era fácil. Às vezes, eu lia duas ou três vezes e ficava sem entender quase nada, mas muita coisa eu conseguia captar e até aplicar na minha vida. Minha mulher, que não sabe ler, escuta enquanto eu leio em voz alta. E assim nós dois aprendemos um pouco sobre a vida e a morte.

— E o senhor que lhe presenteou, voltou outras vezes?

— Infelizmente, não. Parece que ele veio mesmo para abrir a minha mente. Ou o meu coração.

— Pois eu que não tenho o livro, aprenderei com você. Estou precisando mesmo de consolo. Não é fácil, Vasco, ficar sozinho, depois de ter passado alguns anos com alguém que me amava tanto!

— Eu acredito. Mas daqui a algum tempo, quem sabe você não se junta com outra mulher e volta a ser feliz? O que acha?

— Não, Vasco, não pretendo mais me casar. Ficarei vivo enquanto Deus quiser, mas sozinho. Aprenderei a viver só. A minha união com Mercedes se tornou uma via interrompida... um caminho rompido pela força brutal da tempestade.

As conversas entre Juvêncio e Vasco eram constantes, suavizando a solidão que aquele sentia na alma. Certa vez, quando passeava pelas redondezas da praia, ele viu um filhote de gato miando como se estivesse com muita fome. Pegou-o por piedade e o levou para casa, a fim de dar-lhe um pouco de leite. O gatinho afeiçoou-se a ele, talvez por encontrar um protetor, e não saiu mais de seu casebre. Juvêncio, que nunca se interessara por animais, começou a perceber que o gato era um bom companheiro, principalmente à noite, quando ele mais se sentia sozinho. Quando voltava para casa, acendia o lampião, pegava um pedaço de barbante e ficava arrastando pelo chão para que o gatinho corresse atrás. Por ser ainda muito pequeno, deu-lhe o nome de Pitoco e nunca mais quis separar-se dele. Quando cresceu um pouco, Pitoco passou a repartir a cama com o amigo, preferindo o sossego do sono às incursões noturnas pelas casas vizinhas. Em noites de aflição e desespero, quando mais doía a ausência física da esposa, pois a noite era o momento em que tinham maior tempo para o diálogo, Juvêncio procurava brincar com o gatinho, afastando os pensamentos e sentimentos de angústia que quase o dominavam por completo. Essa aproximação ajudou-o muito a superar as horas mais terríveis por que passava o pescador, quando fechado em seu casebre.

Nunca Juvêncio esqueceu-se de Mercedes, mas, aos poucos, foi conseguindo viver melhor, amparado também por Vasco e sua esposa Alvina. Às vezes, quando o sol se punha lentamente às suas costas, eles ficavam à frente do casebre do amigo conversando sobre muitos assuntos, mas, particularmente sobre as coisas da terra natal, que tinham abandonado havia vários anos.

— Já visitou Braga, Juvêncio?

— Nunca tive esse privilégio, Vasco.

— Braga situa-se num ponto muito bonito da região do Minho, ao norte de Portugal.

— Noroeste, Vasco — corrigiu-o a esposa.

— Certo. Ali tem muitas igrejas. Com certeza, gostaria de conhecer a Sé e a Igreja de Santa Cruz.

— Já fomos também em peregrinação ao Santuário de Bom Jesus do Monte, não é Vasco?

— É verdade. Atrás dessa igreja fica o Monte do Sameiro, onde colocaram uma estátua muito grande de Maria de Nazaré.

— Andando um pouco mais, Juvêncio, chega-se a Esposende, na freguesia de Apúlia, onde se pode contemplar a beleza do mar — disse Alvina, com entusiasmo.

— É a pura verdade. — Concluiu Vasco, acrescentando: — Mas quanto a isso, Paraty não perde em nada. Gostaria, entretanto, de ouvir um pouco sobre a Ilha da Madeira, Juvêncio. Infelizmente, nunca pude conhecê-la.

— Foi lá que nasci, criei-me e me casei.

Quando se recordava dos momentos felizes que vivera em sua terra natal, particularmente com a esposa, Juvêncio calava-se e uma onda de tristeza tomava conta do seu ser. Vasco, percebendo o que ocorria, procurava tirá-lo daquele poço de recordações melancólicas.

— Nada de tristeza, homem. Fale das belezas da sua terra.

— Tudo bem. Eu morava nos arredores de Funchal, a cidade mais antiga criada pelos portugueses no Oceano Atlântico. Ali encontramos toalhas de linho, jogos de cama, jogos de sala e guardanapos com bordado incomparável. Foi lá que minha esposa, Mercedes, aprendeu a bordar. Nossa patroa, na fazenda de onde vim, era fascinada pelos bordados que ela fazia. E olha que essa senhora veio de Viana do Castelo, onde os bordados são também muito bonitos.

— Eu conheço os bordados de lá, Juvêncio. Se sua esposa conseguiu arrancar elogios da patroa é porque ela bordava muito bem. Do que você mais gostava? — perguntou Vasco, interessado.

— Lembro-me muito bem da praia de São Tiago, onde se localiza a famosa Fortaleza de São Tiago, que dizem ter sido construída por volta de mil e seiscentos. Casei-me muito cedo e, logo após, saí da Ilha da Madeira para trabalhar numa fazenda, nas cercanias de Moura.

— E de Moura, o que me diz?

— Bem, é uma localidade voltada ao trabalho no campo. Conheço bem, entretanto, o Castelo de Moura, no Alentejo, localizado mais propriamente na Freguesia de São João Baptista. É uma construção muito antiga e um verdadeiro monumento nacional. Foi palco das guerras entre cristãos e muçulmanos.

— É verdade, Juvêncio — disse Alvina. — E isso me lembra uma lenda que fala exatamente dessa luta religiosa.

— A lenda da moura Salúquia?

— Essa mesma.

— A lenda conta que Salúquia era a bela filha do governador muçulmano da região, Abu Hassan, e noiva do príncipe Bráfama, valente guerreiro muçulmano. Essa bela moura aguardava o príncipe guerreiro para as bodas, enquanto a luta entre cristãos e muçulmanos se desenrolava. A cada dia, debruçada na amurada de uma das torres do castelo, ela esperava com ansiedade a volta do noivo, que partira para combater os cristãos. Entretanto, estes conseguiram armar uma emboscada e o príncipe e seus soldados morreram. Foi aí que tiveram a ideia de trocar seus mantos pelos dos inimigos mortos, cavalgando em seguida em direcção ao castelo e desfraldando a bandeira do príncipe Bráfama. Conseguiram, desse modo, que lhes fossem abertos os portões. Entretanto, percebendo o ardil, a jovem moura, preferindo a morte a ser aprisionada pelos cristãos, jogou-se da torre e morreu, como acontecera com seu noivo. Comovidos, os cristãos, deram o nome de Moura ao castelo conquistado. Dizem que, ainda hoje, em noites de luar, a bela moura, em espírito, perambula pelo alto da torre, olhando atentamente a planície, na tentativa de encontrar o noivo para realizar as bodas.

Vasco sorriu, dizendo:

— Eu não me recordava mais dessa lenda. Não fosse Alvina ter-se lembrado, eu não a teria mais em minha memória.

— Portugal é uma terra romântica, Vasco — disse Juvêncio —, e guarda muitas lendas que, aos poucos, vão se perder, caso os jovens não as propaguem à sua descendência.

As conversas ao pôr do sol giravam quase que frequentemente em torno de assuntos amenos. Sempre que Juvêncio levava o diálogo para o lado do sofrimento, Vasco e Alvina buscavam temas mais suaves e alegres, a fim de que a dor interna do amigo fosse desvanecida. Com o passar do tempo, ele se tornou mais tranquilo, guardando singelas recordações mentais da esposa que estava agora no plano espiritual. A presença constante de Pitoco alegrava-o muito, fazendo com que seus momentos em casa fossem repletos de alegria e muitas brincadeiras. Assim os anos foram se passando. Juvêncio nunca mais quis casar-se, tornou-se um "homem só, mas não solitário", como costumava dizer.

Corria o ano de 1866, quando, numa certa madrugada, Juvêncio levantou-se e, vendo Pitoco encostado em seu corpo, foi colocá-lo um pouco mais para o lado, a fim de que continuasse dormindo. Quando o carregou, notou que o corpo estava enrijecido. Preocupado, pousou a mão sobre a cabeça do gatinho e notou que estava fria. Todo seu corpo estava endurecido e frio. Pitoco já não estava mais ali. Restara apenas a sua vestimenta carnal. Sua tristeza foi imensa. Perdera seu companheiro de todos os dias. "Só quem ama um animalzinho, como eu amei o meu, pode saber da dor que toma conta do meu peito", pensou enquanto enxugava as lágrimas que lhe escorriam dos olhos. Durante alguns meses, cada vez que ele chegava a casa e olhava para a cama, sentia grande falta daquele com quem tanto brincara, entre risos e palavras de carinho. Vasco prometeu arrumar rapidamente nas redondezas algum filhote, mas Juvêncio recusou.

— Por que não quer mais um animalzinho, Juvêncio?

— Não vou ficar muito tempo por aqui, Vasco. E não poderei levar o meu gato.

— O que está dizendo? Vai mudar? Nada me falou! Para onde pretende ir?

— Não sei não, meu amigo. Não sei não.

— Como assim? Está fora do juízo? Você nem bebe! O que está acontecendo? Não gosta mais daqui?

— Gosto muito, Vasco, e para qualquer lugar que for, nunca terei amigos tão sinceros e tão leais como você e sua esposa.

— Mas... então, não estou entendendo. Pode ser mais claro?

— Não tenho mais muito tempo de vida. É isso: logo morrerei. Seria crueldade conseguir um animal para deixá-lo na rua algum tempo depois.

— Você deve ter bebido. Como é que sabe quando vai morrer? Quem lhe disse? Recebeu, por acaso, uma carta de Deus?

— Ninguém me disse nada, Vasco, mas algo aqui dentro me faz ter certeza de que não passo mais do que uns poucos anos com vocês.

— Tire essa ideia da cabeça. É moço ainda. Tem saúde. Não alimente bobagens em sua mente. Está precisando mesmo de uma esposa.

Juvêncio, entretanto, ficou firme na decisão: não adotaria nenhum gatinho, pois tinha certeza de que logo desencarnaria. E estava certo. No inverno de 1868, notando que o amigo não saía de casa para a pesca, Vasco bateu forte na porta, chamando por ele. Sem resposta, pulou uma janela que ficara aberta e procurou o amigo. Juvêncio jazia sentado na cama, com as costas apoiadas na parede e um semblante tranquilo. O impacto foi muito grande e a tristeza tomou conta do casal que acabara de ver interrompida uma grande amizade. Não sabiam, porém, que a verdadeira amizade se perpetua por séculos afora. Já se haviam encontrado em encarnações passadas e continuariam ainda em encarnações futuras a cultuar a verdadeira amizade que reinava entre eles.

Oito anos depois da desencarnação de Juvêncio, Alvina contraiu uma gripe muito forte, que levou à pneumonia e, sem os recursos necessários, ela não resistiu e desencarnou. Nesse momento, mais que nunca, Vasco se lembrou de Juvêncio. Sofrendo as dores da separação, pôde aquilatar a aflição e amargura que sentira o amigo pelo desencarne da esposa. O momento mais difícil era quando, ao entardecer, ele se sentava à beira da porta e ficava com os olhos perdidos no mar, revivendo os bons momentos que ali passara com a esposa e o amigo, conversando sobre as belezas de Portugal. Quando caía a noite, ele entrava, acendia o lampião, lia algum trecho do livro *O Novo Testamento*, já amarelado pelo uso, e deitava-se com o pensamento voltado para aquela que partira e o deixara sozinho. Envelhecido e debilitado, Vasco não aguentou viver por muito tempo. Na madrugada do domingo de Páscoa de 1879, o coração parou de bater. Finalmente, ele estava tendo a oportunidade de se encontrar com aqueles a quem mais amara na Terra. A via interrompida a respeito da qual falara Juvêncio, poderia agora ser reconstruída.

Vasco e Alvina, depois de breve período na erraticidade, voltariam na próxima encarnação como Amarildo e sua esposa Esther, ao passo que Juvêncio e Mercedes retornariam como Jorge Luís e Beatriz.

29

Tudo tem a sua finalidade

O NAMORO ENTRE BEATRIZ E JORGE colaborou para que a família se tornasse unida. O rapaz já era considerado por Marcondes e Dora como filho. No entanto, eles ainda não tinham tido a oportunidade conhecer os pais dele. Isso aconteceu no aniversário de Jorge Luís. Edgar fez questão que o filho convidasse seus futuros sogros para um jantar comemorativo num restaurante conhecido. Foi ali que se viram pela primeira vez. De início, o fluir da conversa não foi muito fácil, no entanto, passados alguns minutos, Edgar perguntou sobre a profissão de Marcondes, dando margem a uma conversa cordial e animada. Eugênia preferiu comentar sobre os pratos que pediriam em seguida, dando vazão a um diálogo bastante solto.

— Quer dizer que você passa o dia sondando a alma das pessoas? — perguntou Edgar, rindo.

— Mais ou menos isso. Já comentei com amigos que faço uma investigação psíquica completa.

— Estou brincando. No meu trabalho, costumo gracejar com o psicólogo, chamando-o de "Sherlock Holmes da Alma". Mas, falando sério, acho a Psicologia uma profissão penosa, pois o terapeuta passa o dia ouvindo queixas dos outros e quando chega a casa, tem de estar equilibrado, pois poderá ouvir ainda alguns problemas familiares.

— Acredito que todas as profissões têm o seu lado agradável, gratificante, mas também o lado penoso e ingrato. Concorda?

— Plenamente. Eu vejo isso na Secretaria da Fazenda, onde trabalho. Sou chefe de setor da área de contabilidade e passo por isso todos os dias. Gosto muito do meu trabalho, pois sou graduado em Ciências Contábeis. Mas o relacionamento com os meus subordinados, pares e superiores nem sempre é fácil. Para que tudo corra bem, é preciso ter muito *jogo de cintura*. Isso, às vezes, desgasta.

— Um dos maiores problemas que ouço no consultório é exatamente o do relacionamento interpessoal. Encontrar o meio-termo, sendo afável e, ao mesmo tempo, fazendo-se respeitar nem sempre é fácil. Quanto à minha profissão, tenho de dedicar-me plenamente ao auxílio de quem me pede ajuda, mas não posso envolver-me com o seu problema, tomando-o para mim. Quando saio do consultório, não levo nenhum problema para casa. Fazendo assim, consigo chegar a casa em paz e harmonia.

Eugênia e Dora começaram um diálogo, falando sobre os pratos que pediriam em seguida, mas logo passaram para o tema da educação dos filhos.

— Atualmente, não é fácil educar os filhos, não é mesmo? — Ponderou Eugênia, continuando: — O mundo está de cabeça para baixo.

— Concordo plenamente. Quando Bia era criança, não era tão difícil impor os limites necessários. Agora, parece que os pais pensam que a criança precisa de liberdade absoluta, e com isso perdem a direção sobre seus atos. Quando os filhos chegam à adolescência, os pais já não têm nenhuma influência sobre eles.

— Dora, você está coberta de razão. Os pais sentem-se inseguros, desorientados, sem saber muito bem quais são os verdadeiros papéis como educadores. E, nessa balbúrdia, enfiam os pés pelas mãos, deixando que os filhos façam o que bem entendem, sem se importar com as consequências.

— Como eu disse, os grandes problemas estouram na adolescência. Felizes de nós que temos filhos que fogem à regra tão comum de viver sem nenhum compromisso e sem pensar no dia de amanhã.

— Falando nisso, adorei a Bia, desde o dia em que Jorge Luís a trouxe para que eu a conhecesse.

— Quanto a isso, Eugênia, posso falar o mesmo em relação ao Jorge.

A conversa estava animada quando o garçom chegou para anotar os pedidos. Escolhidos os pratos, o diálogo prosseguiu dentro da cordialidade e do bom ânimo. Quando tomavam o cafezinho, Eugênia perguntou se Dora e Marcondes gostavam de teatro.

— Gostamos sim — respondeu Marcondes —, embora faça já um bom tempo que não saímos para uma *esticada* cultural.

— Eu gostaria então de convidá-los para irmos assistir a uma peça. O que vocês acham?

— Eu adoraria — respondeu Dora. — Qual a peça que você sugere?

— Se vocês tiverem alguma preferência, nós a seguiremos, caso contrário, sugiro "Sonhos de uma Noite de Verão", de Shakespeare. É uma peça leve e muito agradável.

— Eu assisti a uma montagem quando ainda estudava na faculdade — disse Marcondes. — Depois disso, não tive mais oportunidade de revê-la. Por mim, a peça já está escolhida.

— Também concordo — disse Dora.

Edgar riu e falou em tom de brincadeira:

— Tudo bem, mas depois vocês vão comigo assistir a um jogo do São Paulo.

O encontro entre os dois casais não poderia ter sido melhor. A simpatia foi mútua. Chegando ao apartamento, Dora comentou:

— Como Eugênia e Edgar são adoráveis. Gostei tanto deles!

— Parece que não têm maldade na alma. Tudo é sincero e feito com o desejo de agradar aos outros. Você notou como antes de tomar qualquer decisão, eles perguntavam o que achávamos?

— Sim, e procuraram nos envolver num clima de muito respeito e amizade.

Também Edgar e Eugênia saíram do restaurante com uma impressão muito boa a respeito dos novos amigos.

— Edgar, a Bia tem pais muito bons. Eu não esperava que combinassem tanto com a gente.

— Tirando o autoelogio, concordo plenamente.

— Lá vem você com brincadeira.

— Falando sério, simpatizei-me muito com eles. Dando tudo certo entre Jorge e Bia, tenho certeza de que a nossa família será muito unida.

Se os dois casais saíram bem impressionados do encontro, também Bia e Jorge Luís voltaram muito satisfeitos com o resultado obtido.

— Parece que nossos pais se deram muito bem, não, Bia?

— Tenho certeza. Eu li nos olhos da minha mãe a alegria por estar participando desse encontro. E você viu o entrosamento do seu pai com o meu?

— Pareciam velhos amigos.

— Foi o que pensei.

Duas semanas depois, foram todos assistir à nova montagem de Shakespeare. Saíram risonhos com as confusões que acontecem na peça, e maravilhados com o clima onírico de que a montagem foi impregnada. Já se sentiam como membros de uma única família. Ao mesmo tempo, o namoro de Beatriz com Jorge foi criando raízes e se fortalecendo.

∿

Na família de Nestor e Albertina algo semelhante ocorria. O namoro de Ana e Augusto ia muito bem. Como quartanista de Engenharia Eletrônica e trabalhando numa fábrica de eletrodomésticos, Augusto estava muito bem encaminhado. Ana, estagiária de Direito em um grande escritório de advocacia, também se preparava para uma carreira de sucesso.

Nestor e Albertina já haviam conhecido os pais de Augusto e, para sua surpresa, souberam que se tratava de espíritas que trabalhavam como voluntários na área social de um centro espírita, no Pari. A simpatia foi recíproca, assim como acontecera entre Marcondes e Dora e os pais de Jorge Luís. Nestor foi convidado a ministrar uma palestra naquele centro espírita, tendo escolhido o tema "Como Prevenir-se das Obsessões". No dia aprazado, o salão da instituição estava lotado, e a grande oratória do juiz aliada ao seu profundo conhecimento da doutrina fez com que as suas palavras fossem acolhidas com muito entusiasmo. Isso selou ainda mais a amizade entre os dois casais, que se visitavam mensalmente, sempre num ambiente cordial e de muita alegria. Quanto a Ana e Augusto, as afinidades aumentavam, superando algumas diferenças de personalidade e unindo-os cada vez mais. Quando Augusto graduou-se, a alegria foi geral, e seus pais fizeram questão de oferecer um grande almoço num *buffet* das redondezas, onde estiveram presentes familiares e amigos. A partir daí, Augusto iniciou um *MBA* em Administração, preparando-se para, mais tarde, assumir postos de supervisão e gerência na empresa em que trabalhava. Ao mesmo tempo, já se começava a falar discretamente em casamento, mas Ana foi taxativa: apenas se casaria após a conclusão do seu curso de Direito.

— Augusto, sei que alguns dos nossos familiares já estão falando em casamento. Entretanto, você sabe que eu só quero pensar nisso após a minha graduação. Já estou no oitavo semestre. Esperemos mais um pouco.

— Sem dúvida, Ana. Da minha parte, não está havendo pressão.

— Sei disso. Quem me jogou algumas indiretas foi a sua tia Norma. No entanto, mesmo nos casando depois da minha formatura, vou prestar concurso para juíza do trabalho. E pretendo também fazer um curso de pós-graduação.

— Entendo perfeitamente. Também eu, após a conclusão do *MBA,* farei outros cursos. Esteja tranquila, nós nos casaremos quando decidirmos e não nossa família.

Aparada essa aresta, o namoro entre ambos prosseguiu com tranquilidade até a conclusão do curso de Direito, quando mais um passo seria dado na vida de Ana.

∾

— Jorge Luís, parece mentira que você já é um médico veterinário — disse entusiasmada Beatriz, ao abraçar o namorado na saída do prédio onde fora realizada a colação de grau. — Estou orgulhosa.

— Você nem sabe como me sinto, Bia. Esperei muito por isso. Valeu o sacrifício.

— E o consultório, como está?

— Amanhã você verá. Ficou muito *bacana.* O *pet shop* também foi muito bem montado. Agora, o restante é comigo.

— Você conseguiu o estagiário para dar banho nos bichinhos?

— Consegui um rapaz para tosa e banho, e uma garota para fazer o atendimento.

— Cuidado com essa garota. Longe dela.

— Você me conhece.

— É, conheço. Mas cuidado.

— Fique tranquila.

O tempo passara rápido. Com a formatura de Jorge Luís, faltavam apenas dois semestres para Beatriz terminar o seu curso. Assim como Ana, ela também queria prestar concurso para juíza do trabalho. O estágio com o pai da amiga, juiz competente e exemplar, aguçara a vontade de seguir carreira no judiciário. Já estava combinado com os pais que os jovens se casariam, assim que Beatriz se graduasse. Dada a grande amizade entre Ana, Augusto, Jorge e Beatriz, combinaram que se casariam no mesmo dia e fariam uma festa comum num grande *buffet*.

A espera para a graduação das duas jovens foi muito ansiosa. Finalmente, chegou a noite tão aguardada. Ambas as estudantes estavam felizes e radiantes na entrega dos diplomas. Mais duas advogadas estavam prontas para entrar no mercado de trabalho. Ficou combinado que até conseguirem prestar concurso e serem aprovadas, ocupariam as vagas que lhes coubessem. Ana trabalharia como assessora do pai, e Beatriz, para enriquecer-se com nova experiência, assessoraria um juiz do trabalho muito amigo de Nestor. Augusto fora promovido a supervisor na indústria de eletrodomésticos e Jorge Luís já estava se dando bem com o seu consultório veterinário, de modo que poderiam sobreviver financeiramente, não havendo mais empecilho para que protelassem a data do casamento.

Marcondes estava muito apreensivo com os preparativos do casamento de Bia. Dora, porém, encarava tudo com mais tranquilidade, lembrando-se das atividades preparatórias para o seu casamento, anos atrás. Naquela época, ela estava eufórica com a realização da união com o homem que a fascinara desde os primeiros momentos do namoro. As bodas significaram a realização de um dos seus grandes sonhos na vida. A convivência com Marcondes, logo após casados, foi muito agradável e a chegada de um bebê marcou o ápice da felicidade. Não que ter um bebê saído das próprias entranhas fosse uma exigência. Longe disso. Caso não pudesse ter filho, ela o adotaria, como já havia dito ao noivo. Marcondes sabia disso e concordava plenamente. "Educar filhos", dizia "é mais importante que parir filhos". Mas, com a chegada de Beatriz, a ideia da adoção acabou caindo no esquecimento. O contato diário com a filha gerou uma harmonia singular entre ambas. Marcondes, devido ao trabalho, ficou um pouco à distância, o que acabou por levar a um sentimento de culpa. A união com a esposa sempre fora marcada de muito cuidado e muita lealdade, mesmo sem os arroubos da paixão. Isso até o momento em que, sorrateiramente, foi-se instalando a obsessão em sua alma. E Dora lembrou-se dos momentos terríveis pelos quais passara, quase chegando ao extremo da separação. Felizmente, Nestor e Albertina apareceram em sua vida e a auxiliaram de modo incomum para que tudo voltasse à normalidade. Agora, olhando para o marido, ela via um homem de meia-idade, fiel e responsável, porém, intranquilo e ansioso. Teria de conversar com ele a esse respeito. No momento, porém, era necessário dar sequência às tarefas preliminares do casamento.

— Dora, você está sonhando?

— Estava pensando no casamento da Bia.

— Eu fico apreensivo; afinal, quero o melhor para ela.

— Jorge Luís é uma pessoa madura, responsável e ama a nossa filha, esteja certo.

— É verdade. Mas eu era tudo isso e acabei caindo fragorosamente no meio do caminho, quase pondo tudo a perder.

— Marcondes, você já se arrependeu, eu o perdoei, e agora você é até superior ao que se mostrava antes. Não pense mais nisso. E não é porque aconteceu com você, que vai ocorrer também com Jorge Luís.

— Você tem razão.

— Vamos continuar tranquilamente com os preparativos do casamento, orando a Deus para que eles sejam felizes.

— Está bem. E, por falar nisso, vou sair mais cedo para o consultório, pois pretendo passar no *buffet* para deixar o cheque de reserva.

— Ótimo. Eu vou sair mais à noitinha com a Bia para ela experimentar o vestido.

— Ela insiste em não querer casar-se na igreja?

— Ela diz que sendo espírita não faz sentido casar-se de acordo com as cerimônias de outra religião. E eu concordo. É muito lógica sua atitude. Augusto e Ana também se casarão só no civil, como você está sabendo.

— Mas, nesse caso, deveriam casar-se num centro espírita, não é verdade?

— A religião espírita é diferente das demais. Ela não tem igrejas, sacerdotes, hierarquia eclesiástica nem cerimônias e cultos. O Espiritismo procura resgatar o cristianismo na sua pureza inicial, como se originou a partir de Jesus. Portanto, não possui nenhum tipo de cerimônia para o casamento.

— Tudo bem, mas o que pensa Jorge Luís?

— Seus pais são evangélicos, mas ele não tem religião definida. Apenas diz que é cristão. Portanto, concorda com Bia.

— E os pais dela aceitaram essa decisão? Não querem que eles se casem num templo evangélico?

— No começo era isso que queriam, mas, com o tempo, aceitaram a decisão de Bia e Jorge. Afinal, eles também não frequentam os cultos evangélicos, não é mesmo?

— É verdade. Bem, se tudo está decidido em paz, esse não é um problema. Já estou saindo.

— Tome cuidado com o trânsito.

— Fique tranquila.

∽

Quando os dois casais entraram no grande *buffet,* foram aplaudidos de pé pelos convidados, que estavam nas mesas espalhadas pelo recinto. As noivas vestiam-se com simplicidade e elegância, o mesmo acontecendo com os noivos. Foi uma festa muito alegre, que reuniu familiares, amigos e colegas de trabalho dos noivos. Nestor fez um breve discurso, desejando aos dois casais paz, harmonia, sabedoria e muito amor. Tudo transcorreu num clima de cordialidade e alegria. Estava encerrada mais uma etapa na vida dos noivos e de seus pais.

Juvêncio e Mercedes, ou seja, Jorge Luís e Beatriz voltavam a unir-se para mais uma peregrinação nesta nova existência. Augusto e Ana também não haviam se unido por acaso. Seus vínculos afetivos vinham igualmente de encarnações passadas. Tinham os dois casais oportunidade de resgatar dívidas pretéritas e de construir, pelas boas ações no presente, um novo caminho de sabedoria e amor.

E como tudo tem a sua finalidade, o encontro quase casual entre Jorge e Beatriz, na verdade, estava previsto antes da reencarnação de ambos, o mesmo ocorrendo em relação a Augusto e Ana. Eles haviam, no período entre uma e outra encarnação, escolhido trilhar lado a lado o caminho para o autoaperfeiçoamento, uns dando as mãos aos outros, a fim de terem o ânimo necessário para progredir e ajudar os semelhantes a seguir pela mesma direção.

Os espíritos Amarildo e Esther, que haviam sido anteriormente Vasco e Alvina, amigos de Juvêncio, estiveram presentes com Jorge Luís e Beatriz, aplicando-lhes, como também em Augusto e Ana, passes de paz, amor e coragem para o enfrentamento da nova vida de casados e a continuidade das tarefas a que se haviam proposto para esta encarnação.

Com o passar do tempo, tanto Beatriz quanto Ana prestaram concurso para juíza do trabalho e foram aprovadas, passando a incumbir-se dessa nobre profissão. Ana mudou-se para o interior, sem perder contato com os amigos, e Beatriz continuou na capital, tornando-se mais tarde desembargadora. Augusto chegou a gerente-geral na mesma empresa em que se iniciara na vida profissional e Jorge Luís teve uma vida de muito amor e dedicação aos animais, tornando-se presidente de uma ONG de proteção e auxílio aos animais perdidos e abandonados. O amor que, no passado, Juvêncio tivera pelo gatinho Pitoco dava frutos no amor e na dedicação de Jorge Luís por todos os animais. Afinal... tudo tem a sua razão de ser.

30
Do vazio à plenitude

MARCONDES CONHECIA MUITO BEM O QUE pensava Jean-Paul Sartre sobre o vazio existencial ou a "náusea", como ele o chamava. Num de seus livros, o filósofo existencialista narra a história de um pesquisador que fora a uma cidade, no interior da França, a fim de escrever a biografia de um marquês que ali vivera no século XVIII. Entretanto, no transcorrer de suas pesquisas, ele decepciona-se tanto pela biografia como pelas condições humanas com as quais se defronta naquela localidade. A situação chega a tal ponto que ele é assaltado por estranha sensação de aversão ao ser humano e sua condição existencial. É o que o filósofo chama de "náusea", que é para ele a experiência emotiva da gratuidade da existência. Ou seja, para Sartre, a existência é gratuita e ilógica. A vida não tem nenhum sentido. Já havia dito o psicólogo humanista Rollo May, em meados do século passado, que o problema fundamental do ser humano é o vazio. E Marcondes também conhecia essa afirmação de May, entretanto, agora, ele estava sentindo a "náusea" e o vazio na sua própria pele, ou melhor, na sua própria alma. Quando o ímpeto de conquistar suas clientes já não se fez sentir, pois seu obsessor deixou de assediá-lo, em seu lugar nada foi colocado, de modo que a nulidade tomou conta do seu ser. O casamento de Beatriz aprofundou ainda mais a vacuidade que lhe ia no íntimo. Na sua imaginação, via-se como um homem oco, sem nada por dentro. Foi justamente nessa época que ele teve um sonho que confirmou tudo o que estava sentindo. Sonhou que fora para o Texas, nos Estados Unidos, com a sua filha. Contudo, lá chegando, Beatriz resolveu fazer um passeio pelas redondezas do deserto, sozinha. Demorando para voltar, Marcondes partiu à sua procura, caminhando com extrema dificuldade pelas areias desérticas. Em pouco tempo, chegou a uma cidadezinha, o que lhe aguçou a esperança de encontrar a filha ali. Contudo, as ruas eram ermas. Viam-se carroças e diligências abandonadas, sem condutores e sem animais de tração. Depois de bater e não obter resposta, ele entrou numa casa, cuja porta estava aberta. Lá dentro nada havia, estando o edifício mergulhado num grande silêncio. Olhando pela janela aberta, o terapeuta notou que já não havia à sua frente nem rua, nem casas. Tudo se transformara numa névoa espessa, que lhe deu um medo terrível. Pondo as mãos na cabeça, ele soltou um grito muito forte, que ecoou pela paisagem desoladora da neblina impenetrável.

Quando se deu conta, estava sendo acordado por Dora, que ouvira seus gemidos. Mais tarde, no consultório, refletiu demoradamente sobre o sonho, que se convertera em pesadelo. Ao se perguntar ao que associava as imagens daquele pesadelo, uma resposta surgiu com força e nitidez: ao vazio interior. Como psicólogo, ele sabia que, mais cedo ou mais tarde, todo ser humano enfrenta em maior ou menor grau o vazio existencial. Ele não desconhecia também que, de acordo com a filosofia existencialista de Martin Heidegger, o Homem é lançado no mundo sem saber por que, o que lhe causa uma angústia de proporções gigantescas. Mas é justamente esse sentimento profundo de vacuidade que faz com que ele desperte da sua existência inautêntica, que é a angústia, para a tentativa de construir uma existência autêntica. "Mas o que é a *existência autêntica*?", pensou Marcondes. E concluiu com Heidegger: "É a que revela o ser do próprio Homem. E o ser do Homem, a partir da apreensão da angústia, é o *ser para a morte*, devido ao fato de ele intuir o absurdo da existência". Após essa conclusão desanimadora, Marcondes notou que entrara num círculo vicioso, que sempre levava ao vazio, em vez de tirá-lo dele. E aí ficou sem resposta e sem ação. O atendimento aos pacientes desse dia foi muito difícil, pois ele também estava precisando de ajuda. Num ponto, entretanto, Heidegger parecia instigá-lo a rever a sua vida. "Afinal", pensou, "é a angústia que nos leva a refletir mais profundamente sobre a nossa existência, fornecendo ânimo para sairmos dessa condição e construirmos uma existência melhor". Nessa altura, ele pensou em Nestor e em Albertina. Eles pareciam ter encontrado um sentido profundo para o seu existir e, guiados por ele, tinham conseguido dar um rumo seguro à sua vida. Até mesmo Dora e Beatriz, que também haviam enveredado para o Espiritismo, tinham se tornado melhores, após encontrar um significado para os seus atos cotidianos.

Foi em meio a esses pensamentos que Marcondes resolveu conversar mais profundamente com Nestor a respeito desse tema, que agora tomava conta de todos os momentos do seu dia a dia. O juiz ficou muito contente com o despertar de Marcondes para um assunto que poderia mudar o rumo da sua existência. Foi assim que, num sábado à noite, em seu apartamento, Marcondes expôs, primeiramente, o pesadelo que tivera, para mostrar ao juiz a força das imagens terríveis que fotografavam o seu próprio íntimo.

— Não dá mais para fugir desse tema. Ou eu trato disso agora ou vou submergir diante das imagens arquetípicas a que o pesadelo me expôs.

— Há sempre um momento em nossa vida, Marcondes, em que não podemos colocar panos quentes sobre os problemas que nos afligem. Nessa altura, a nossa máscara cai e temos de mostrar como somos.

— Você tem toda razão. E aqui estou eu, sem nenhuma armadura e sem nenhum véu sobre o rosto. A verdade é que, ao refletir sobre o meu vazio interior, pensei em você e Albertina. Qual o sentido que encontraram para a vida, que os tornou tão maravilhosos?

— Nem tanto assim, Marcondes. Mas encontramos, sim, um significado para a nossa existência. Diz Jesus que devemos amar a Deus sobre todas as coisas e ao próximo como a nós mesmos. Bem, como é que podemos amar ao próximo se não nos amarmos, não é verdade? Desse modo, tanto Albertina quanto eu escolhemos para a nossa existência buscar amar a nós mesmos para poder amar aos nossos semelhantes e poder servi-los tanto quanto nos seja possível. O sentido que encontramos para a nossa vida é, portanto, amar a nós mesmos e amar aos que nos rodeiam, procurando, na medida do razoável, satisfazer as suas reais necessidades.

— Agora entendo o desprendimento de vocês.

— Marcondes, só pode sentir vazio em seu íntimo quem não procura preenchê-lo com boas ações, ou seja, com ações humanitárias.

— Você tem razão. Lembro-me de ter lido em algum lugar que um ator, muito bem pago, praticou vários atos insanos e, ao ser entrevistado por uma repórter, afirmou: "Eu usava *crack* para atenuar o tédio que vinha sentindo". Fiquei pasmo, pois há tanta coisa produtiva que se pode fazer para eliminar o tédio. Por que escolher justamente o lado tenebroso? Bem, eu poderia ficar aqui tentando explicar pela psicoterapia o gesto insensato desse ator, mas não é isso que está em jogo em nossa conversa.

— Você nota como esse ator ainda não conseguiu encontrar um sentido para a sua existência? É por esse motivo que sente o vazio e acaba praticando atos insanos. Eu também passaria por esse vazio interior se não o houvesse preenchido com o desejo de servir ao próximo.

— Quer dizer que se eu agisse pensando também nos outros, e não apenas em mim mesmo, não cairia na náusea, de que fala Sartre?

— Sem dúvida. Atualmente, muitas pessoas não sabem o que fazer com o seu tempo livre. Provavelmente, era o que acontecia com o ator que você citou. Mas por que não usar esse tempo em benefício dos nossos irmãos? Você sabe, Marcondes, ao ajudarmos os outros, quem primeiro se beneficia somos nós mesmos!

— Pelo menos deixamos de sentir o vácuo da existência.

— Mais que isso, crescemos como espírito e atingimos novos patamares na escalada rumo à própria perfeição.

— Começo a entender por que você e Albertina estão sempre de bom ânimo, prontos para oferecer palavras de auxílio a quem precisa.

— Temos, como todo mundo, nossos altos e baixos, mas lutamos muito para que os "altos" se sobrepujem.

— Já vi que você está com a verdade. Não foi em vão que o convidei para esclarecer-me. Não quero, entretanto, ficar apenas nos esclarecimentos, por esse motivo, vou fazer-lhe uma pergunta muito franca e prática: com o conhecimento que tem de mim, você pode sugerir-me o que fazer em benefício dos meus semelhantes?

Dora e Albertina deixaram que Marcondes conversasse à vontade com Nestor. Ambas ficaram na sala. Contudo, Dora estava com uma dúvida na alma. Depois de muitas leituras sobre o Espiritismo, achou que chegara o momento de colocá-lo em prática. Entretanto, como fazer? Diante da incerteza, fez uma pergunta semelhante à do marido:

— Albertina, como posso agir no sentido de ajudar o próximo, como você sempre fala?

— Há muitas maneiras, Dora. Diga-me o que você mais gosta de fazer. Ou melhor, quais as habilidades que você possui e que poderia usar em benefício dos necessitados?

— Bem, dizem que eu pinto muito bem.

— Os quadros que você tem na parede atestam isso. Por que você não pinta uma coleção de quadros a óleo e doa ao nosso centro espírita? Faríamos uma exposição e os venderíamos, arrecadando verba para as nossas obras assistenciais. Conhecemos muitas pessoas de elevado nível econômico que gostariam de ter uma de suas obras na parede da sala.

— Gostei da ideia. Poderei fazer quinze quadros grandes. Doarei com todo o prazer ao centro espírita que você frequenta.

— Então está combinado. Conversarei amanhã mesmo com a nossa presidente. Mas, fora isso, tudo o que puder fazer pelos outros, não deixe passar em branco: uma boa palavra, um gesto de carinho, escutar atentamente o que o outro tem a dizer, um agradecimento sincero e tantas pequenas coisas que têm grande valor.

∿

Marcondes pedira a Nestor que sugerisse uma atividade que ele pudesse fazer em benefício dos outros. O juiz pensou um pouco e respondeu:

— Você é um analista muito bem-sucedido. No centro espírita, estamos precisando expandir a nossa área de assistência social, criando uma unidade de atendimento psicológico. Por que você não oferece parte do seu tempo vago a alguns de seus irmãos?

Mesmo conhecendo bem Nestor, Marcondes esperava ouvir algum tipo de doutrinação, uma sugestão para adotar o Espiritismo e seguir sua visão de mundo para preencher o vazio que lhe ia na alma e encontrar um sentido para a vida. Mas, em vez disso, ele recebeu um convite prático e efetivo, alheio a qualquer tipo de catequese. Não se falou em valores morais nem em filosofia espiritualista, apenas foi-lhe colocada uma pergunta concreta, pragmática. A resposta exigia apenas um *sim* ou um *não*. E agora? Pego de surpresa, titubeou para replicar, buscando uma resposta sincera e honesta. Enquanto pensava, procurou sair pela tangente.

— Você tem razão, Nestor. Uma entidade de cunho religioso-assistencial como o centro espírita precisa mesmo de uma área de atendimento psicológico. Todos vocês estão certos. Atualmente são poucos os que não necessitam de um período de análise para colocar a sua vida íntima em ordem.

Nestor, percebendo que Marcondes estava *enrolando*, talvez para fugir de uma resposta objetiva, sorriu, encarando o amigo, e voltou à carga:

— Você aceita ou não?

— Eu não sou espírita, Nestor — respondeu Marcondes, pensando ter encontrado uma tábua de salvação, mas recebeu uma nova ofensiva do juiz:

— Você é um ser humano que tem toda a habilidade necessária para ajudar quem precisa dos seus préstimos. Não são apenas os espíritas que buscam servir o semelhante por meio de um trabalho abnegado e altruísta. Você quer agarrar as mãos de náufragos que lhe pedem socorro?

Vendo que estava sendo egoísta e frio em relação ao sofrimento dos semelhantes, Marcondes respondeu convicto:

— Quero, Nestor, quero. Diga-me mais o que vocês pretendem realmente implantar no centro espírita e contem comigo.

Marcondes não sabia, mas ali começava a etapa mais feliz e regeneradora da sua presente existência.

∾

Meses depois do encontro com Albertina em seu apartamento, Dora inaugurava, num clube social e cultural, a sua exposição de pinturas, que ela denominou "Florais da Vida". Vendidos os quadros, o montante arrecadado foi endereçado ao centro espírita, que agora ela frequentava duas vezes por semana, como voluntária da área assistencial. Satisfeita por ter escolhido seguir a filosofia de vida do Espiritismo, ela passava as tardes pintando ou fazendo crochê, doando as peças ao bazar da instituição. Ao mesmo tempo, incentivava Marcondes no seu trabalho de psicoterapia na mesma entidade. Este, por sua vez, estava feliz com o resultado de suas atividades, dedicando todos os sábados ao atendimento psicológico e supervisionando dois jovens terapeutas, que se iniciavam na profissão e também doavam parte do seu tempo às atividades do centro espírita.

Sem que Marcondes se desse conta, o vazio existencial foi cedendo lugar à alegria de servir aos semelhantes. Num sábado à noite, quando conversava prazerosamente com Dora, esta lhe perguntou inesperadamente:

— E o vazio que você estava sentindo? Continua?

Foi aí que Marcondes lembrou-se de que escolhera oferecer seus préstimos ao centro espírita, porque esperava fugir do vácuo que sentia em seu íntimo.

— Dora, para dizer a verdade, nem me lembrava mais disso. Sem que eu pensasse a respeito, a angústia foi sumindo e em seu lugar surgiu a alegria que agora sinto em poder fazer o meu trabalho com aquelas pessoas maravilhosas que vêm pedir-me ajuda. O vazio é coisa do passado.

— E quando vai abraçar a doutrina espírita?

Esse era o assunto que ele menos gostava de tocar. Era o calcanhar de aquiles a atazanar-lhe a vida. Afinal, quase tudo que lera sobre o Espiritismo estava dentro do que ele chamava de "razoável". Entretanto, algo o impedia de aceitar a doutrina como um todo, pois implicava abster-se do rótulo de *materialista*. Afinal, desde a juventude, nos velhos tempos da faculdade, ele se dera o título de ateu, seguindo as trilhas obscuras do materialismo. Para sair dessa viela trevosa era necessário uma luz muito forte, muito viva, que ele ainda não encontrara.

— E quem lhe disse que eu abraçarei algum dia a doutrina espírita? Para mim, basta fazer o trabalho que venho realizando. Isso já é o suficiente.

— Não quero ser maçante, mas vou insistir nessa tecla. Você já leu as obras básicas do Espiritismo e falou-me que não havia quase nada de que discordasse. Então, o que o impede de tornar-se um dos nossos? Ou, antes ainda, do que é que você discorda?

Marcondes pensou e respondeu:

— Sinto-me ainda materialista. Desde a juventude sou materialista. Por que mudar agora?

— Na juventude, você já havia lido as obras de Kardec?

— É claro que não.

— Já tinha amigos espíritas, como tem hoje?

— Não.

— Já havia se dado ao trabalho de refletir sobre a filosofia espírita?

— Você sabe que não.

— E como quer permanecer o que foi na juventude? O ser humano muda, Marcondes. Não foi você mesmo quem deu uma verdadeira aula para Bia e Jorge Luís sobre aquele filósofo grego... Heráclito? Qual foi mesmo a frase que serviu de base para suas explicações?

— "Um homem nunca entra duas vezes no mesmo rio."

— E por quê, Marcondes? Não é só porque as águas já serão outras, mas também porque o próprio homem já terá se modificado e a circunstância também será outra. Estou certa?

— Certíssima.

— E só você não muda? É a exceção?

Já impacientado com o rumo da conversa, Marcondes respondeu:

— Sou, qual é o problema?

— O problema, querido analista, é que você está com medo de mudar. A mudança não leva a um desequilíbrio inicial?

— Leva, Dora, mas o que tem isso a ver comigo?

— Já lhe disse: você está com medo de mudar. Não quer dar o braço a torcer. Você tem um sério problema: rigidez crônica.

— Isso é invenção, Dora. Você está agindo como o Zé Povinho. Repete frases feitas ou inventa expressões que não existem.

— Não fuja do essencial: qual o problema que o impede de tornar-se adepto do Espiritismo? Não precisa responder agora. Apenas reflita e, quando julgar oportuno, converse comigo.

O diálogo parou por aí, mas quando Dora conversou com a diretora da área assistencial do centro espírita, esta discordou da atitude tomada pela amiga.

— Não faça mais isso, Dora. Não é colocando alguém contra a parede que se obtém a sua adesão. Pelo contrário, ele pode tornar-se ainda mais refratário à mudança, mesmo que racionalmente esteja de acordo.

— É, você tem razão. *Forcei a barra.*

— Quando agimos assim, imitamos aqueles religiosos que batem de porta em porta, obrigando as pessoas a ouvir o que eles julgam constituir a única verdade. E o que ganham com isso? As pessoas ficam cada vez mais avessas às suas crenças. Não é verdade?

— Você está muito certa.

— Deixe que Marcondes apenas faça o seu trabalho aqui no centro espírita. Aliás, o trabalho que ele está realizando tem melhorado muito a qualidade do nosso atendimento. Os emissários do Plano Espiritual sabem disso. Dia haverá em que ele mudará o conteúdo do raciocínio. Pode ser hoje, amanhã e até numa próxima encarnação. É preciso respeitar o ritmo de suas mudanças. Há dez anos, ele se disporia a dedicar, num centro espírita, um dia inteiro a serviço do semelhante?

— Não. Certamente não. Mudarei a minha conduta a esse respeito.

Envergonhada com a atitude ostensiva diante do marido, Dora resolveu pedir-lhe desculpas. Na primeira oportunidade, tocou no assunto:

— Marcondes, devo pedir-lhe desculpas por minha atitude um tanto agressiva com você, outro dia.

— Atitude agressiva?

— Quando quis forçá-lo a abraçar a doutrina espírita.

— Ah! Sim. Deixe isso para lá. Entendi a sua preocupação e não achei que tenha sido agressiva. Quanto a mim, tenho pensado muito no que me disse. Realmente, mudar nessa altura da vida não é fácil. Detesto frases feitas, mas não diz o ditado popular: "É de menino que se torce o pepino"? No entanto, para minha alegria, tenho visto pessoas da terceira idade fazerem mudanças radicais que até mesmo os jovens não conseguem realizar com tanta rapidez. Uma paciente, senhora viúva, de setenta e poucos anos, contou-me que tinha grande mágoa de sua filha, que a abandonara havia alguns anos para casar-se com um moço de cidade vizinha, tendo depois se mudado para o Nordeste. Há poucos dias, ela recebeu uma carta em que a filha lhe pedia perdão e dizia que iria visitá-la com o marido e os três filhos. De início, a senhora, que sofria cronicamente do estômago, exatamente por causa dessa mágoa encravada na alma e manifesta no corpo, disse na sessão que jamais perdoaria a filha. Para minha surpresa, depois de três sessões, ela chegou com um sorriso que eu nunca tinha visto e me disse com lágrimas nos olhos: "Perdoei minha filha... e meus netos são lindos".

— Que caso bonito, Marcondes.

— E não é o único. Poderia falar de outros que aconteceram, tanto no consultório particular como no centro espírita, aos sábados. Por tudo isso, depois de muitas reflexões, decidi: "Se meus pacientes conseguem mudar condutas enraizadas há tanto tempo em sua estrutura neurótica, eu, que sou o analista, também posso, e com muito mais respaldo, pois consigo com mais facilidade chegar às causas do problema para exterminá-las". Com a ajuda da autoanálise, dispus-me a solucionar o problema da melhor maneira possível, e hoje, Dora, posso dizer-lhe sem meias palavras que não me considero mais um materialista, muito menos ateu. Kardec e Denis me convenceram, e meus pacientes me deram a força necessária para assumir a minha nova crença.

Dora arregalou os olhos e, esperançosa, perguntou:

— Nova crença?

— Sim, meu amor, tudo o que li, tudo o que pesquisei, enfim, tudo que presenciei no centro espírita derrubou a muralha que eu havia construído ao redor da minha alma. Sem mais delongas, devo dizer: hoje eu me considero espírita. Ou melhor, um espírita iniciante.

Depois de ouvir a expressão "meu amor" e de escutar a última frase dita por Marcondes, Dora precipitou-se em seus braços, rindo e chorando ao mesmo tempo. A felicidade era imensa. Após algum tempo, ainda enxugando as lágrimas, disse convicta:

— Eu sabia que havia me casado com um grande homem. Eu tinha certeza.

— Não exagere, Dora. Apenas consegui a humildade necessária para transformar meus pensamentos e sentimentos.

— Mas é preciso muita força de vontade e muito caráter para isso. Estou orgulhosa de você.

Marcondes sorriu um tanto desajeitado e seguiu para o escritório. Havia muito ainda em que pensar, principalmente como viveria dali para a frente, após a confissão que abrira a sua alma para as verdades do Mundo Maior. Se antes vivera no vazio, agora tinha certeza de que se iniciava na caminhada rumo à plenitude.

31
O Mestre e seus aprendizes

FAZENDO QUESTÃO DE CONVERSAR COM A presidente do centro espírita, Marcondes preparou-se muito bem para contar-lhe a transformação que ocorrera em sua vida. Judith acolheu-o com carinho e, pensando tratar-se de uma reivindicação que ele estava fazendo a respeito do atendimento psicológico, perguntou-lhe alegremente:

— Você veio falar sobre seus assistidos? Quer ampliar o espaço?

— Conversarei depois com a senhora a esse respeito, mas vim até aqui para tratar de outro assunto.

— Esteja à vontade, Marcondes. Do que se trata?

Com os olhos lacrimejantes, ele fez uma narrativa de toda a sua vida para Judith, que o escutou atentamente. Não omitiu nada sobre a obsessão e seguiu em frente até contar-lhe sobre a decisão de adotar o Espiritismo como filosofia de vida. Ao ouvir isso, foi a presidente do centro espírita quem enxugou lágrimas nos olhos e abraçou o psicólogo com muita alegria.

— Sempre respeitei suas convicções, Marcondes, e acatei sua decisão de manter-se ateu e materialista. O que me importava era o trabalho humanitário que você vinha realizando. Você já estava cumprindo o mandamento de amor ao próximo. Contudo, devo lhe ser franca, alimentava a esperança de vê-lo realmente entre os nossos, aceitando e vivendo de acordo com os princípios da doutrina espírita. Estou imensamente feliz pela sua sábia resolução. Deus o abençoe.

Conversaram ainda mais e, aproveitando a oportunidade, Marcondes se propôs a fazer, com dinheiro do próprio bolso, uma reforma da parte destinada ao atendimento psicológico, como também de outra área, que estava um tanto deteriorada. Judith agradeceu e prometeu levá-lo à próxima reunião da diretoria para expor os seus planos. Marcondes saiu aliviado.

Dias depois, iniciavam-se as reformas de duas alas da casa espírita. O setor de atendimento psicológico ficou maior e mais funcional, abrangendo o trabalho de mais uma psicóloga. Marcondes estava muito feliz, pois iria aposentar-se dali a alguns meses e, de acordo com seus planos, diminuiria o trabalho em seu consultório particular para dedicar mais um dia ao atendimento no centro espírita. Dora, por sua vez, estava vivendo o período mais tranquilo da sua vida, diante da mudança radical por que vinha passando Marcondes.

— Você está sendo realmente a pessoa com quem eu gostaria de conviver se estivesse na minha juventude em busca do casamento.

— Só posso dizer o mesmo em relação a você, Dora. E mais: se venho mudando é porque você me deu o exemplo. A partir do momento em que começou a dedicar-se ao próximo, notei um novo brilho em seus olhos e um sorriso que você nunca havia ostentado.

— Fico feliz por você pensar assim, mas o verdadeiro mérito da mudança é totalmente seu. Se não houvesse buscado a Verdade, assim como eu, poderíamos estar agora vivendo um período muito difícil em nossa vida, como acontece com outros casais cujos filhos se casam e deixam o lar, a fim de construir a sua própria existência.

— Tenho uma cliente que está passando por isso. Tanto assim que combinamos uma terapia de casal, pois a qualidade de vida de ambos, marido e esposa, vem se deteriorando, depois que o filho único se casou e foi morar nos Estados Unidos.

— Você se lembra da dra. Orminda?

— Doutora Orminda?

— Aquela oftalmologista que tem uma filha muito inteligente e estudiosa. Ela vivia falando das conquistas que a moça estava realizando! Eu me encontrava sempre com ela no supermercado ou, às vezes, na drogaria.

— Ah! Lembro-me. O que aconteceu?

— Ela está vivendo um período muito difícil. A filha tornou-se também oftalmologista e está fazendo especialização e mestrado na Inglaterra. Deve ficar por lá uns quatro ou cinco anos. Como a dra. Orminda é viúva, tem sentido uma solidão muito grande. Ela emagreceu, está pálida, e o seu semblante tornou-se austero demais.

— Por que você não combina alguma coisa com ela? Talvez um jantar em casa? Poderíamos dar-lhe a mesma ajuda que recebemos desinteressadamente de Nestor e Albertina.

— Esse é o Marcondes de quem me orgulho — disse Dora, com um largo sorriso. — Eu cheguei a convidá-la para visitar-nos, mas ficou tudo muito formal. No entanto, ela me deu um cartão de visitas. Tentarei convencê-la a vir aqui no próximo sábado à noite, o que você acha?

— Combinado. Prepararei um prato especial.

— E eu farei uma deliciosa salada para acompanhar.

Dora entrou em contato com a médica e tentou convencê-la a fazer a visita na data marcada, entretanto, alegando compromissos profissionais, ela descartou a possibilidade, agradeceu e ficou de ligar assim que pudesse.

— Ela não vai ligar, Dora.

— Penso que não. Pareceu-me estar envolta em um desânimo muito grande. Parecia estar abatida e falava mecanicamente. Não senti emoção em suas palavras.

— Ela deve estar deprimida. Desânimo, abatimento, tristeza profunda e duradoura, perda da esperança e falta de interesse pela vida são indícios de quem está com depressão.

— É pena que esteja acontecendo isso, gosto dela. Conversávamos muito no café do supermercado. Ela era alegre, jovial, otimista. Agora mudou drasticamente. Precisamos mesmo ajudá-la.

Passaram-se os dias e, de fato, Orminda não entrou em contato com Dora. Entretanto, na semana seguinte encontraram-se no supermercado e, notando o ar de abatimento da médica, Dora, sem dar muito tempo à reflexão, marcou de se encontrarem no sábado seguinte à noite. Orminda comprometeu-se a ir. Forçada pelas circunstâncias, na data aprazada, ela compareceu ao apartamento do casal.

Marcondes havia preparado um bacalhau *à alentejana* e, na dúvida se a médica iria gostar, também um *spaghetti* ao sugo, com almôndegas *à parmegiana*. Dora fez uma salada de batata com cebola caramelada. Serviram também sucos de abacaxi e melão, e, como sobremesa, sorvete de creme com ameixas. Orminda ficou maravilhada quando viu a mesa posta.

— Parece que vocês identificaram tudo de que gosto. Fico até constrangida.

— Doutora Orminda, a senhora merece — disse Marcondes, rindo.

Orminda respondeu, também com um riso franco:

— Mas nem tanto. Ah! Quero pedir-lhes um favor. Parece que somos amigos, não é mesmo? Então, me chamem apenas pelo nome. Marcondes, você é psicólogo clínico?

— Sou.

— Que bom!

Com a informalidade estabelecida, a conversa seguiu animada. Nem parecia que a médica estava passando por um problema tão sério! Contudo, quando se tocou no assunto referente à estada da filha na Inglaterra, uma nuvem escura turvou seu semblante.

— Estou muito triste. Não consigo deixar de pensar na minha filha. Perdi meu marido há três anos e agora perco também a minha filha. Isso não é justo.

— Entendo — disse Marcondes. — A distância da sua filha é como uma perda para você.

— Acertou. É exatamente isso. É como se eu a tivesse perdido. Aliás, quem pode me afirmar que ela não vai arrumar um namorado por lá, casar-se e fixar residência em Oxford ou Londres?

— Como, exatamente, você vem se sentindo com a ausência de sua filha?

— Sinto-me como alguém traído. Ela precisava abandonar-me justamente nesta fase tão difícil da minha vida? Cuidei tanto dela, fiz tudo o que pude para que se tornasse uma profissional competente. E justamente agora que poderia começar a trabalhar comigo, valendo-se do bom número de meus pacientes, ela deixa tudo e parte, aventurando-se num mundo desconhecido. Ela poderia fazer especialização e mestrado aqui mesmo em São Paulo. Precisava ir para tão longe?

Nessa altura, Orminda começou a soluçar fortemente e as lágrimas escorreram pelas suas faces. Durante alguns minutos, ela não conseguiu falar. Depois, mais calma, pediu desculpas.

— Você não tem do que desculpar-se, Orminda — disse Dora, com pena da médica. — É preciso extravasar o que lhe vai na alma. Estamos aqui para ajudá-la, na medida do possível.

— Eu sei. E agradeço por me terem convidado com tanto carinho e atenção. Agora entendo como foi bom ter vindo ao seu apartamento. No meu, o ar parece viciado, a tristeza está impregnada em cada poltrona, cortina e objeto.

— Eu entendo seus sentimentos porque a nossa filha também deixou esta casa quando se casou e foi morar no bairro de Pinheiros. Estamos na mesma cidade, mas, tanto eu como Marcondes, sentimos um vazio muito grande. Em tudo o que olhávamos, víamos a Bia com seu sorriso costumeiro. Não foi fácil no início.

— Pois é isso que eu sinto: vazio e solidão.

Marcondes falou a respeito da sua experiência com o vazio existencial e da maneira como conseguiu sair da situação.

— Penso que eu teria dificuldade em fazer autoanálise, Marcondes. Não sou psicóloga, portanto, não tenho a sua habilidade para chegar às profundezas de mim mesma.

— Caso você aceite, posso indicar-lhe um colega que, certamente, vai ajudá-la muito.

— Quer saber de uma coisa? Eu aceito. Preciso mesmo de mudanças benéficas em minha vida.

— Anotarei o número do telefone dele. Mas o que mais preencheu o meu ser, Orminda, foi trabalhar por meus irmãos.

— Você tem irmãos? E que tipo de trabalho faz?

— Estou falando dos meus semelhantes. Do trabalho que comecei a realizar em benefício deles.

— Mas é claro! Desculpe-me a ignorância.

— Nada disso. Eu também poderia ter-me enganado se estivesse ouvido outra pessoa falar assim. Mas, Orminda, foi o trabalho que mais me ajudou. Trabalho em benefício dos menos afortunados.

Dora, lembrando-se de uma palestra a que assistira no centro espírita, completou:

— Chico Xavier sempre enalteceu o trabalho. É dele a frase "O trabalho engrossa o fio da vida". Trabalho era a sua receita para todos os males: desespero, depressão, apatia, desistência da vida. Mas o que ele considerava como remédio mais poderoso era mesmo o trabalho em favor de nossos irmãos.

— Posso dizer que essa é uma grande verdade.

— E qual foi, especificamente, o trabalho que você realizou, Marcondes?

— Montei, com a ajuda de outras pessoas, um centro de atendimento psicológico gratuito.

— Que maravilha! E onde está localizado?

— Na casa espírita que frequentamos.

— Casa espírita? Vocês são espíritas?

— Somos — respondeu Dora, olhando bem para Orminda.

— Pois tenho uma amiga, também oftalmologista, que é espírita. Ela tem me convidado para tomar passes e ouvir palestras, mas até agora não me animei.

— Seria muito bom, Orminda — disse Marcondes —, principalmente neste momento difícil pelo qual você está passando.

— Mas eu acabei cortando o que você dizia. Por favor, continue. Depois voltamos ao assunto.

Marcondes, feliz por poder falar a respeito do trabalho que o enchia de orgulho, disse com vagar:

— Temos um casal de amigos, Nestor e Albertina, voluntários de um centro espírita. Numa de nossas conversas, eles falaram a respeito da necessidade de se abrir ali uma área de atendimento psicológico. Como ainda não tinham conversado com ninguém, sugeriram que eu montasse esse departamento. Acabei aceitando e não me arrependo. Atualmente, além de fazer atendimento, supervisiono o trabalho de outros psicólogos. Aprendi muito nesse local. E, sendo honesto, mais recebi do que doei. Antes, quando me achava envolto com o vazio existencial, estava centrado em mim mesmo. Por me encontrar assim, não havia espaço para o semelhante. Falando claramente: eu era egoísta. *O Evangelho Segundo o Espiritismo* afirma categoricamente que o egoísmo é uma horrenda chaga da humanidade, porque impede o progresso moral da pessoa. E diz também que a alma não pode elevar-se às altas dimensões espirituais a não ser pelo devotamento ao próximo. É isso que venho tentando fazer. E não me arrependo.

Orminda meditou um pouco, enquanto um silêncio benéfico pairou sobre o ambiente. Ela sentia que depois de ter estado ali por algumas horas, a mágoa com a filha havia sido atenuada e o sofrimento pela solidão dera uma apaziguante trégua. A sua vontade era continuar a conversa que estava lhe fazendo muito bem, mas, olhando para o relógio, falou desculpando-se:

— As horas voaram e eu nem percebi. Tenho de retirar-me.

— Ainda é cedo e a conversa está boa, Orminda. Fique mais um pouco.

— Não, Dora, vocês têm o que fazer amanhã. E eu também. Não sei como agradecer os bons momentos que aqui passei.

— Nós é que agradecemos a sua visita.

— Mas, antes de sair, quero convidá-los para um jantar no meu apartamento, no próximo sábado. E não aceito recusas.

Marcondes e Dora aceitaram, rindo, o convite para um encontro que renderia bons frutos. No trajeto de volta, Orminda seguiu fazendo um levantamento da visita. "Eu não sabia que Dora era tão espiritualizada e seu marido também. Durante todo o tempo em que ali estive, não ouvi nenhum comentário desairoso à vida alheia, nenhuma queixa contra ninguém. Senti mesmo uma energia muito boa, tanto assim que estou voltando para casa com uma sensação de leveza. Não estou sentindo o coração oprimido e já prevejo que terei uma noite de sono reparador. Valeu a pena ter ido visitá-los."

Logo que Orminda se despediu, Dora olhou sorridente para o marido e disse, com muita alegria:

— Marcondes, você foi fenomenal!

— Eu?

— Você mesmo. Falou com Orminda como um verdadeiro espírita. Até citou *O Evangelho Segundo o Espiritismo*.

— Para dizer a verdade, falei o que estava sentindo.

— Quando as palavras saem do coração, o discurso atinge a alma.

— Dora, que pensamento lindo.

— Inspirei-me em você. Parabéns, Marcondes. Orminda vai pensar bastante na sua vida antes de adormecer. E essa reflexão poderá ajudá-la muito.

∾

À noitinha do sábado seguinte, enquanto Marcondes e Dora dirigiam-se ao apartamento de Orminda, caía uma chuvinha fina e a temperatura estava bastante amena. Animados com a perspectiva de um encontro proveitoso, o casal tocou a campainha do apartamento e, ao serem recebidos efusivamente pela médica, ambos tiveram certeza de que seria uma noite memorável. A médica atendeu-os com um largo sorriso. Depois de uma conversa tranquila, Orminda olhou para o casal e disse, bastante séria:

— Nesta semana eu vivi muito melhor, graças a vocês. Tive, sim, minhas crises de solidão e mágoa, mas consegui superá-las, lembrando-me do que me disseram.

— Orminda — disse Dora —, tenho certeza de que, lendo o livro que lhe trouxe, você vai sentir-se ainda muito melhor.

Agradecendo pelo livro que lhe estava sendo presenteado, Orminda considerou:

— Não nego que já tenha ouvido falar de O Evangelho Segundo o Espiritismo, mas confesso que nunca tive motivação para lê-lo.

— Foi com essa leitura que eu comecei a mudar a minha visão de mundo. Marcondes, por ser mais dado às argumentações filosóficas, iniciou a sua modificação, ao ler O Livro dos Espíritos e algumas obras do pensador francês, Léon Denis.

— Pode estar certa de que iniciarei a minha leitura hoje mesmo. Mas vamos à mesa. Como não tenho o dom da culinária, como vocês, os pratos vieram de uma cantina próxima daqui. Vocês vão comer fettucine ao molho branco, gnocchi altoatesini e salpicão.

O jantar foi entremeado com muita alegria e descontração. Orminda já se sentia amiga de Dora e Marcondes, de modo que se abriu mais, eliminando qualquer formalidade. Depois de saborearem, como sobremesa, uma saudável salada se frutas, sentaram-se nas poltronas para continuar a conversa. Dora, aproveitando o tom informal e intimista do diálogo, fez um convite à Orminda:

— Orminda, você está livre na quarta-feira à noite?

— Todas as minhas noites são livres. É quando mais me sinto sozinha.

— Quero, então, convidá-la a ir comigo à casa espírita que frequento.

— Bem... eu...

— Garanto que vai lhe fazer muito bem. Notei que você é uma pessoa espiritualizada, embora não costume dar vazão aos sentimentos religiosos.

— É verdade. Eu, quando criança e no começo da juventude, ia todos os domingos à missa e confessava-me uma vez por mês. Depois, quando ingressei no mundo acadêmico, encerrei esse hábito. Meu falecido marido, entretanto, dizia-se católico, embora não frequentasse a igreja. Quanto a mim, principalmente depois que ele faleceu, fechei as portas à espiritualidade. Senti-me injustiçada, pois trabalhei tanto a minha vida toda e justamente quando estava para aposentar-me e viver mais tranquilamente com ele, recebi um golpe pesado demais para ser suportado.

— Tudo tem a sua razão de ser, Orminda — disse Marcondes.

— Até a morte?

— Mesmo a morte — respondeu Dora. — Empreste-me um pouquinho o livro que lhe dei. Vou ler uma passagem que vai lhe interessar.

Orminda entregou o livro nas mãos de Dora, que logo encontrou o trecho que procurava e o leu em voz alta, explicando antes a que se referia a passagem:

— Quem ditou esta passagem foi um espírito chamado Sanson, que, em sua última encarnação, pertenceu à Sociedade Espírita de Paris, no século XIX. Ele fala a respeito da morte prematura, mas cabe também ao desencarne de seu marido. Ouça:

Criaturas humanas, é neste ponto que precisais elevar-vos acima do plano terreno da vida, a fim de compreenderdes que o bem, muitas vezes, está onde julgais ver o mal e a sábia previdência onde acreditais ver a cega fatalidade do destino. Por que medir a justiça divina pela medida da vossa? Será que o Senhor dos Mundos iria querer, por um simples capricho, infligir-vos penas cruéis? Nada se faz sem um objetivo inteligente e tudo o que acontece tem sua razão de ser. Se meditásseis melhor a respeito de todas as dores que vos atingem, nelas encontraríeis sempre a razão divina, razão regeneradora e os vossos miseráveis interesses mereceriam uma consideração tão secundária, que os relegaríeis para o último plano.

Dora fez uma pausa e olhou para Orminda, que parecia refletir sobre as palavras ouvidas. A médica pensou um pouco e disse:

— Palavras duras, não é mesmo?

— Mas, ao mesmo tempo, consoladoras. Posso ler mais um pequeno trecho? Você entenderá melhor.

— Claro, continue.

Dora pousou os olhos no livro e continuou:

Acreditai em mim, a morte é preferível numa encarnação de vinte anos, a esses desregramentos vergonhosos que desolam famílias honradas, cortam o coração de uma mãe e fazem branquear o cabelo dos pais antes do tempo. ...Aquele que morre na flor da idade não é vítima da fatalidade, Deus apenas julga não ser mais necessário que ele permaneça na Terra. ...Aquele que compreende a vida espiritual deve fazer vibrar seu coração em favor desses entes queridos que já desencarnaram. Se pedirdes a Deus que os abençoe, sentireis fortes consolações que até mesmo vossas lágrimas secarão. Sentireis aspirações grandiosas que vos mostrarão o futuro prometido pelo soberano Senhor.

Dora fechou o livro e olhou fixamente para Orminda, que disse:

— Se isso for verdadeiro em relação a jovens que falecem prematuramente, que dizer de quem já alcançou a maturidade, como foi o caso do meu marido? Fiquei até envergonhada.

— Não se envergonhe, Orminda. Ainda não atingimos os pontos mais elevados da nossa peregrinação até Deus — disse Dora. — Todos nós temos as nossas fraquezas. O importante mesmo é que recolhamos as lições que os bons espíritos nos passam, aplicando-as em nossa vida.

— Começarei a ler este livro quando for para a cama. A primeira impressão a seu respeito foi muito boa.

— E quanto à pergunta que lhe fiz? Aceita ir comigo na próxima quarta-feira à casa espírita em que trabalho?

— O que haverá nesse dia?

— É dia da aplicação de passe. Seria muito bom se você aceitasse — disse Marcondes.

— Lembro-me de ter ido certa vez com uma amiga receber passe num centro espírita — disse Orminda —, mas faz tanto tempo que nem sei se me senti bem.

— Pois é uma boa oportunidade de verificar.

— Está bem. Eu vou.

No dia aprazado, Dora e Orminda foram à casa espírita. Dora colocou a amiga a par de todas as atividades que havia na instituição. Orminda surpreendeu-se ao saber que se realizava atendimento médico no local. Como a médica da instituição ainda se encontrava ali, ambas puderam conversar durante certo tempo. De volta para casa, Orminda sentia-se muito bem. Dora ficou feliz por poder contribuir para o início de mudança da amiga. E, quando o carro conduzido pela médica estacionou diante do prédio onde morava, ela teve uma grande surpresa. Orminda perguntou-lhe:

— Será que aceitam uma oftalmologista no atendimento médico do centro?

∽

Assim, Orminda passou a fazer parte do departamento médico da casa espírita, esquecendo de vez a mágoa pela ausência da filha e a solidão pelo desencarne do marido. Deixar de fixar-se apenas em si mesma para oferecer amor ao semelhante foi a terapia encontrada para sanar os seus males. Entretanto, ela iniciou também as sessões de psicoterapia, que muito a ajudaram a se conhecer melhor para usar o seu potencial em favor do bem. Marcondes e Dora ficaram felizes, contando o ocorrido a Nestor e Albertina, que acabaram por se tornar amigos da médica. Grandes encontros eram feitos quase toda semana no apartamento de um deles.

Um ano após o início de seu trabalho como voluntária no setor médico da casa espírita, Orminda confessou aos amigos que se tornara espírita.

— A leitura das obras básicas e dos textos de alguns luminares do Espiritismo, aliada às lições recebidas no trabalho realizado na instituição não me deixaram alternativa — disse emocionada. — É com orgulho que me confesso adepta da doutrina espírita, embora me situe apenas como uma das trabalhadoras de última hora.

Ao ouvir isso, Nestor completou:

— Todos nós somos trabalhadores de última hora, Orminda. O importante é que temos um Divino Mestre a quem pretendemos seguir. Se não podemos chamar-nos ainda de discípulos, sem dúvida podemos considerar-nos seus aprendizes.

Nesse mesmo ano, Orminda recebeu a notícia de que sua filha, após ter concluído o curso de especialização, queria voltar para São Paulo, onde faria o mestrado. Era também seu desejo trabalhar com a mãe em seu consultório. A alegria foi imensa. Poucos dias depois, Orminda recebia a filha em seus braços, agradecendo a Deus pela presença daquela a quem tanto amava. Imediatamente, Liliana notou uma grande diferença no comportamento da mãe. Aos poucos, soube o que acontecera e, embora nunca tivesse sido espírita, incorporou em sua vida os mesmos valores que haviam iluminado a alma de sua mãe.

Passados alguns anos, após o desencarne de Orminda, Liliana passou a colaborar com seus serviços no mesmo departamento da casa espírita em que sua mãe ofertara o seu amor aos semelhantes. O Divino Mestre sempre encontra novos aprendizes, dispostos a modelarem-se em seu exemplo, deixado nas páginas veneráveis da Boa-Nova.

32
Portais da Eternidade

EM SINTONIA COM AS MUDANÇAS OPERADAS na vida de outras tantas pessoas que haviam abraçado a doutrina espírita, Marcondes passou a revelar na sua conduta os valores morais do Espiritismo, atraindo para si as bênçãos de benfeitores espirituais que acompanhavam sua trajetória. Quando deixou de clinicar, repassou todo o tempo livre para o seu trabalho na casa espírita em que servia. Dora vivia em estado de felicidade por ver sepultada a obsessão que, no passado, tomara conta da existência do marido. Marcondes tornara-se um exemplo para os trabalhadores do centro espírita, sem nunca ostentar o sorriso vaidoso de quem ainda não amadureceu na via espiritual. Pelo contrário, a sua humildade era exemplar. Nos grandes eventos da casa espírita, ele não ocupava a mesa central, e nas reuniões sociais a que era convidado, buscava os cantos vazios, onde pudesse levar a quem necessitasse algum esclarecimento fundado no Evangelho e na doutrina espírita, que abraçara de toda a sua alma. Eram comuns diálogos como este:

— Marcondes, o que acontece quando alguém desencarna?

— Leonardo, quando isso acontece, o espírito passa por um período que se chama *perturbação*. Corresponde a um tempo, curto ou longo, necessário para que o espírito possa retomar o conhecimento de si mesmo. Ele somente recupera inteiramente a lucidez de suas ideias quando termina toda a influência da matéria que carrega consigo.

— Então, logo após a morte, o espírito perde a noção de si mesmo?

— Imagine alguém que estivesse dormindo profundamente e acordasse. Não ficaria por algum instante num estado de sonolência, alheio à realidade que o circunda? Não lhe ocorreu, por exemplo, acordar e não saber se era noite, madrugada ou manhã? Às vezes, não sabemos nem que dia da semana é. Ficamos um tanto confusos, não é mesmo? Pois acontece algo semelhante ao espírito logo após o desencarne.

— Mas você falou que isso pode durar um tempo curto ou longo.

— É verdade.

— Você quer dizer que, ao desencarnar, eu poderei ficar muito tempo nesse estado de perturbação?

— O tempo que o espírito permanece nesse estado depende do grau de apego à matéria.

— Como assim?

— Alguém que passou toda a existência dedicado ao próprio corpo, esquecendo-se do lado espiritual, ou alguém que se apegou desmesuradamente aos bens materiais, ou ainda alguém que se apegou a cargos, *status*, títulos e honrarias. Essas pessoas por prenderem-se muito ao plano material, terão mais dificuldade para sair do estado de perturbação espiritual. Poderão ficar, portanto, um longo tempo nesse estado. Já uma pessoa que tenha realmente dado primazia à dimensão espiritual da sua vida, certamente permanecerá um curto período de tempo nessa situação.

— Então, quem é espírita não fica quase nada em estado de perturbação, não é verdade?

— O fato de alguém dizer que é católico, evangélico ou espírita não significa que vai ficar um curto ou longo tempo no estado de perturbação. Como eu disse, é a conduta da pessoa, quando encarnada, que vai determinar esse tempo, independentemente da religião ou da filosofia que tenha adotado.

— E quando a pessoa já recobrou a lucidez de suas ideias? Para onde vai? Céu ou inferno?

— Nem para um céu nem para um inferno. De acordo com a doutrina espírita, o espírito desencarnado segue para a localidade espiritual que merecer, de acordo com a sua conduta na última existência. Há quem pense que basta morrer para tornar-se santo. Não é bem assim. Quando desencarnamos, continuamos no mesmo nível em que nos encontrávamos quando encarnados.

— No mesmo nível? Não entendi.

— Quando o espírito deixa o corpo físico, é atraído para as faixas vibratórias que estejam em sintonia com os seus pensamentos e sentimentos e de acordo com o modo como viveu na Terra. Há inúmeros planos na dimensão espiritual. Cada espírito segue para aquele plano com o qual está em sintonia. Os espíritos tendem a formar coletividades, de acordo com a lei de afinidade. Ali, interagem e formam os próprios ambientes.

— E depois?

— Depois, Leonardo, cada espírito vai dar sequência ao seu aprendizado, a partir do ponto onde parou na Terra. Para os que viveram de acordo com a Lei Divina, o aprendizado será suave e banhado nas fragrâncias do amor. Já para aqueles que voluntariamente transgrediram tal Lei, o aprendizado será duro e submerso no sofrimento. Daí falarem alguns em céu e inferno. Devo dizer-lhe que não há sofrimento eterno como punição de faltas cometidas. De todo sofrimento resulta um aprendizado e tal sofrimento terminará mais cedo ou mais tarde. Deus não pune por meio do sofrimento, mas ensina, para que o espírito aprenda e possa crescer, partindo para novas experiências redentoras, em novas encarnações.

— Tirar o inferno das nossas costas é libertar-nos de um fardo insuportável.

— Deus é justo e bom. Ele quer apenas o nosso bem, de modo que caminhamos sempre para o nosso autoaperfeiçoamento, sem punições, mas com muito aprendizado.

Marcondes procurava aproveitar o tempo que tinha, agora que estava aposentado, colaborando em casa com os seus dotes de culinária e, no centro espírita, oferecendo seu conhecimento e sua experiência em benefício daqueles que o procuravam. Também eram constantes as visitas a Beatriz e Jorge Luís, que tiveram dois filhos, tratados com grande carinho pelos avós. A amizade com Nestor, Albertina e Orminda prosseguiu fortalecida pela doutrina abraçada por todos. Em encontros frequentes, passavam longas horas dialogando com alegria e descontração.

Com o passar dos anos, a vida para o casal Dora e Marcondes tornou-se tranquila e repleta de grandes satisfações pelo trabalho que realizavam em benefício do semelhante. Tudo seguia numa placidez que eles mesmos nunca haviam pensado conseguir. Entretanto, Marcondes, já envelhecido, teve uma gripe muito forte, que o deixou acamado. Foi difícil mantê-lo no leito, pois queria a todo custo ir ao centro espírita oferecer o seu trabalho.

— É preciso repouso, Marcondes. Você já não é jovem.

— Também não sou um velho imprestável.

— Eu sei. Mas o médico orientou-me para não deixar você levantar-se até que ele retorne amanhã.

Não tendo como contra-argumentar com a esposa, resolveu manter-se deitado, aproveitando o tempo para ler.

— Vou reler Kardec — disse, enquanto abria *Obras Póstumas*. Assim passou o dia todo em repouso, esperando poder levantar-se no dia seguinte. Contudo, quando o médico foi visitá-lo pela manhã, notou que a temperatura tinha subido muito, os batimentos cardíacos haviam acelerado, a tosse havia aumentado e, além disso, ele acusava uma dor intensa no peito. Diante da gravidade da situação, ele foi internado num hospital das redondezas. Ali permaneceu por dez dias, quando, finalmente, teve a notícia de que poderia voltar para casa. Estava, no entanto, proibido de realizar qualquer tipo de tarefa, devendo permanecer em repouso por um mês no seu apartamento. Durante esse tempo, recebeu várias visitas, aproveitando cada uma delas para colher informações sobre os trabalhos na casa espírita ou para levar a conversa a temas espiritualizados, que o encantavam. Assuntos banais não conseguiam ser digeridos por ele.

— Judith, você tem notícias dos trabalhos na área de assistência psicológica do centro espírita? A nova psicóloga já começou a trabalhar? Albertina, estão falando de um congresso internacional de Espiritismo a ser realizado aqui em São Paulo. Você acha que poderá mesmo ocorrer até o fim do ano? Eu gostaria muito de participar. Nestor, como estão os trabalhos de desobsessão? Faz tempo que você não me fala sobre eles. Dora, ouvi dizer que está sendo editado um novo livro sobre a história do Espiritismo. Vamos ficar atentos. Assim que for lançado, quero adquirir um exemplar.

Com conversas desse teor, Marcondes passava os dias na cama ou sentado numa poltrona, onde costumava conversar com Dora, muitas vezes relembrando acontecimentos ocorridos no passado do casal. A sua voz, porém, tinha enfraquecido e ele estava sentindo um cansaço incomum num homem que havia tido uma existência bastante agitada. Já não reclamava mais por não poder ir ao centro espírita. Estava dócil e resignado, aproveitando o tempo para estudar e orar, quando não permanecia em ternas confabulações com a esposa ou em diálogos elevados com os amigos. Somente quando não conseguia manter os olhos abertos é que se entregava ao sono repousante. Pois foi depois de mais de um mês nessa situação que, certa noite, quando conciliava o sono, viu aproximar-se um senhor que o cumprimentou sorridente e perguntou:

— Como você está se sentindo?

— Para ser sincero, estou bem. É verdade que gostaria de estar clinicando, como fiz a minha vida toda, no entanto, diante das circunstâncias atuais, estou bem. Já estive pior. Mas, desculpe, não me recordo do senhor.

— Um amigo, Marcondes, um amigo de longa data. Sou Amaro, não se lembra?

Marcondes vasculhou a memória e, num pequeno instante, lembrou-se claramente que se tratava de um amigo que tivera em encarnações passadas. A sua fisionomia era de um homem de seus trinta e cinco a quarenta anos e a maneira como se aproximava era cordial e afetuosa. Vê-lo à sua frente foi para Marcondes muito gratificante.

— Sinto-me feliz por você estar aqui, Amaro. Nunca mais pude comprazer-me com a sua presença, como já fizemos tantas vezes em épocas passadas.

— O caminho de todos nós é o mesmo, já o disse o nosso Mestre, no entanto, as vielas que cada um escolhe pelo seu livre-arbítrio são diversificadas. Posso, todavia, dizer-lhe que, em pouco tempo, vamos nos unir outra vez, palmilhando as mesmas paisagens.

Contudo, até lá, você tem ainda de cumprir uma tarefa, a sua última tarefa, com muito carinho, dedicação e amor.

— E que tarefa é essa, Amaro?

— Logo você saberá. Prepare-se com muita prece e muito amor. Estarei por perto para ajudá-lo, sempre que você precisar.

De manhã, ao abrir os olhos, Marcondes lembrou-se de partes do que ouvira e comentou com Dora. Esta lembrou-se dos sonhos premonitórios, em que há um pressentimento do futuro, permitido por Deus, ou a visão do que no momento ocorre em outro lugar a que a alma se transporta.

— Dora — disse Marcondes convicto —, na verdade não foi apenas um sonho, mas um contato real com um espírito que demonstrou fraternidade para comigo. O que mais ficou impregnado em minha memória foi o fato de ele ter dito que tenho ainda uma tarefa a cumprir.

A partir desse evento, Marcondes sentiu-se mais fortalecido, melhorando a cada dia. Ao fim de quase dois meses de repouso, estava pronto para voltar às atividades do centro espírita. Quando faltava apenas uma semana para esse retorno, que ele teve a notícia de que Judith, a presidente do centro espírita, desencarnara. Não podendo ainda sair de casa, ficou recolhido em prece, pedindo a Deus que recebesse de braços abertos aquele espírito que tanto bem fizera ao semelhante.

Alguns dias depois de retornar ao centro espírita, ele recebeu um convite do Conselho para participar de uma reunião extraordinária. Na data aprazada, compareceu ao centro espírita e, quando chegou diante dos conselheiros, o líder pediu que ele se achegasse à mesa e disse com ar solene:

— Marcondes, você foi aclamado o novo presidente do nosso centro espírita.

Naquele momento, ele se lembrou da parte do "sonho" em que o espírito Amaro lhe dizia: "Você tem ainda de cumprir uma tarefa, a sua última tarefa, com muito carinho, dedicação e amor". Embora surpreso com a escolha, pois julgava não estar à altura daquele posto, aceitou para cumprir com sua derradeira empreitada. Solicitou, porém, aos conselheiros, que Nestor fosse designado para o cargo de vice-presidente, no que foi aceito. Quanto à escolha dos coordenadores das diversas seções de serviço da casa, ficaria por sua conta. Para o setor de realização de eventos, escolheu Dora que, temerosa, perguntou:

— Não julgarão que você está apelando para o nepotismo, Marcondes?

— Eu não a escolhi por ser a minha esposa, Dora, mas por ser competente e comprometida com as causas do centro espírita. E Albertina poderá compor a equipe, fazendo par com você.

— Se ela aceitar, ficarei muito contente.

— Pois, então, eu nomeio vocês duas para conduzir esse setor.

Marcondes, que teria dois anos para administrar a casa espírita, começou a trabalhar imediatamente. Várias inovações foram introduzidas, sempre com muita cautela e prudência. Alguns poucos espaços ociosos foram ocupados com grupos de estudos e de assistência social e espiritual. O seu ânimo cresceu muito, assim como a sua atividade, que era notada pelos que lhe estavam mais próximos. Contudo, ele não perdeu a humildade. Tratava a todos apenas como um trabalhador da casa, não fazendo uso do seu posto para impor seus caprichos.

Respeitado e amado pelos companheiros e assistidos, cumpriu um ano e meio de intenso e dedicado serviço, quando passou a sentir-se muito cansado. Dora notou que ele havia perdido peso nos últimos meses e começou a ficar preocupada. Contudo, o trabalho do marido era tão intenso, que ele dizia não encontrar tempo para ir ao médico. Na verdade, estava querendo cumprir da melhor maneira possível a sua última incumbência, como dizia. Mas quando começou a sentir falta de ar e dor no peito, Dora fez com que ficasse em repouso e chamou um cardiologista, que também trabalhava na casa espírita. Depois de examiná-lo e analisar os resultados de uma série de exames, ele chamou Dora de lado e lhe disse:

— Marcondes está com endocardite, Dora. Trata-se de uma infecção no endocárdio, a camada interna do coração, do qual fazem parte as válvulas cardíacas.

— É grave, doutor?

— Ele deverá ser internado, pois os pulmões já estão gravemente afetados, assim como o baço. Eu mesmo cheguei a pedir-lhe para diminuir o ritmo de trabalho, mas o seu desejo de servir foi maior que as minhas ponderações. Farei o que for possível, devo, entretanto, dizer que a situação é extremamente preocupante.

Pela fisionomia do cardiologista, Dora intuiu que Marcondes estava chegando ao fim de sua jornada, e perguntou:

— Quanto tempo ele ainda tem de vida?

— Como você bem sabe, a vida a Deus pertence, mas o tempo concedido pelo Criador a Marcondes está prestes a terminar. Seja forte. Tudo indica que é questão de semanas ou dias. Usarei de todos os recursos disponíveis, no entanto, o coração está muito comprometido.

Internado no hospital, Marcondes estava resignado. Dora não quis dizer-lhe nada a respeito do prognóstico médico, porém, ele a chamou para bem perto do seu rosto e disse:

— Dora, a areia da ampulheta está chegando ao fim. Tenho pouco tempo para despedir-me de todos. Entretanto, quero neste momento pedir-lhe perdão por todo mal que lhe causei nesta e em outras existências. Perdão pelos meus erros, perdão pelos meus desvios.

— Marcondes, já lhe foi concedido o perdão. Agora, só resta o meu amor por você, que se mostrou um valoroso soldado de Deus.

Mas eu também lhe peço perdão por minhas incompreensões e pela minha insensibilidade.

— Você foi sempre um farol para mim, Dora, todavia nem sempre consegui perceber.

Respirando com dificuldade, Marcondes pediu também perdão a todos quantos levou o mal, em qualquer uma das suas encarnações, desejando-lhes todo o bem e as bênçãos do céu, ao mesmo tempo em que perdoou todos os que agiram de forma errada com ele.

Depois de três dias internado, já não havia mais esperança de reverter a situação. Os parentes, amigos e companheiros do centro espírita foram avisados, mas ele apenas pôde receber a visita de um grupo selecionado. O caso era gravíssimo e os médicos não queriam que ele tivesse muitas emoções. Apesar de tudo, eles ainda lutavam para que Marcondes vencesse a doença. Contudo, realmente, o momento da partida se aproximava rapidamente...

Quando a sós com Dora, bastante sereno, Marcondes fez-lhe um pedido:

— Por favor, meu anjo, leia em meu benefício a Prece por um Agonizante, que está no *O Evangelho Segundo o Espiritismo*.

Com os olhos marejados de lágrimas, porém com serenidade, Dora pegou o livro que estava no criado-mudo e leu de modo que Marcondes pudesse ouvir:

> *Deus poderoso e misericordioso, eis aqui uma alma que está prestes a deixar seu corpo para retornar ao mundo espiritual, que é a sua verdadeira pátria! Que ela possa entrar em paz e que a vossa misericórdia se estenda sobre ela. Bons espíritos que acompanharam seus passos na Terra, permanecei com ela nesse momento supremo, dando-lhe as forças necessárias para que possa suportar os últimos sofrimentos que ainda deva*

passar na Terra, visando seu adiantamento futuro. Orientai-a para que ela consagre ao arrependimento de suas faltas os últimos clarões de inteligência que lhe restam ou que momentaneamente possa vir a ter. Fazei com que meus pensamentos possam ajudá-la a separar-se dos laços com mais facilidade, e que ela leve consigo, no momento de deixar a Terra, as consolações da esperança. Assim seja.

Quando a prece se encerrou, Marcondes apontou na altura dos pés da cama e disse comovido:

— Dora, veja quem está aqui. São meus pais e com eles aquele espírito com quem me encontrei certa noite e me predisse que eu ainda teria um derradeiro serviço a cumprir. Já sei, é Amaro, o meu grande amigo. Veja, estão chegando outros espíritos. Estão me acolhendo com um sorriso de amor e amizade.

Dora não conseguia ver o que estava acontecendo, mas sabia que os espíritos chegavam para ajudar aquela alma a desprender-se do invólucro carnal. Segurando a mão de Marcondes, ela fez ainda uma última prece, enquanto o cordão fluídico, que atava Marcondes ao corpo físico, era rompido. Em pouco tempo, sua mão tornou-se fria. Estava encerrado o seu estágio no mundo material.

Marcondes tinha agora uma nova fase a ser cumprida. Precisaria refletir sobre a existência passada para poder corrigir os erros cometidos em seu percurso. Teria um novo aprendizado, coroado por trabalho futuro, como preparação para a próxima encarnação. Recebido com amor e carinho pelos entes queridos que já estagiavam no plano espiritual, seguiu depois para um local de refazimento, enquanto aguardava o momento de viver na colônia espiritual. Um novo degrau teria de ser transposto...

Dora sentiu muito a ausência física do marido, mas com os conhecimentos sobre a doutrina espírita, sabia não existir separação eterna. O desencarne, para ela, significava apenas a porta pela qual Marcondes ingressara no mundo espiritual. Logo seus dias também chegariam ao fim e ela o encontraria mais elevado moralmente do que partira. Dali para a frente, seu desejo era de trabalhar ainda mais em prol do semelhante.

Nestor deu continuidade à presidência da casa espírita até o fim do mandato, sendo em seguida aclamado presidente para o próximo biênio. Albertina tornou-se vice-presidente e Dora continuou coordenando a área de eventos, o que fez com muito carinho e dedicação durante um ano, ao fim do qual foi acometida por uma forte dor no peito. Foi obrigada a retirar-se das atividades do centro espírita, permanecendo no leito por recomendação médica. Beatriz providenciou duas enfermeiras, que se revezavam para o devido cuidado com a paciente. A dor era proveniente de *angina pectoris*, resultante de aterosclerose coronária. Ela já passava dos setenta e cinco anos e estava bastante debilitada fisicamente, o que complicou sua situação. A evolução do quadro sintomático evoluiu rapidamente, de modo que Dora teve de ser internada. Ela chegou a passar três dias num hospital. Sempre que tinha condições, abria *O Evangelho Segundo o Espiritismo* e lia algumas páginas, ficando depois a meditar. No terceiro dia de internação, às vinte e duas horas aproximadamente, ela abriu aleatoriamente o livro e leu:

> *Segundo a ideia muito falsa de que não lhe é possível reformar a sua própria natureza, o homem se julga dispensado de fazer esforços para se corrigir dos defeitos em que se compraz voluntariamente, ou que exigiriam muita perseverança para serem extirpados. Assim, por exemplo, o homem inclinado à cólera quase sempre se justifica com o seu temperamento, atribui a*

falta ao seu organismo, acusando deste modo a Deus por suas próprias faltas. Isso é ainda uma consequência do orgulho, que se acha mesclado a todas as suas imperfeições.

Dora interrompeu a leitura por um instante e pensou: "Meu Deus! Isso serve para mim. Durante toda a minha existência, não trabalhei os meus defeitos como deveria ter feito. Deus me concedeu o tempo necessário para a minha modificação, mas eu não o aproveitei como poderia. Desperdicei muito os momentos e só agora o percebo. Oportunidades para a minha reforma interior não me faltaram, fui uma relapsa. Perdão, meu Pai".

Quando pediu perdão a Deus, Dora ouviu uma voz conhecida:

— Você fez o que pôde, Dora. Deus é um Pai justo e amoroso. Novas oportunidades lhe serão concedidas no mundo espiritual, antes de você reencarnar.

Ela olhou bem para quem lhe dizia palavras tão reconfortantes, quando o identificou:

— Marcondes! É você?

Sim, Dora. Vim buscá-la. Poderemos agora estudar e trabalhar juntos. Venha, é hora de partir.

Estendendo as mãos para Dora, Marcondes puxou-a suavemente para si, enquanto eram rompidos os últimos fios do laço fluídico que a ligava ao mundo terreno. Nesse momento, Beatriz e Jorge entraram no quarto.

— Mãe!

Depois de assim falar, num misto de amor e apreensão, Beatriz não teve dúvidas: sua mãe acabava de partir suavemente para a Pátria Espiritual. Seu rosto ainda mantinha o sorriso que ela esboçara diante daquele a quem mais amara em sua última existência.

— Ela se foi, Jorge. Ao sair de casa, algo me disse que seria nesta noite. Eu estava certa. Façamos uma prece pela sua alma.

O médico de plantão esclareceu que ocorrera uma parada cardíaca devido ao estado debilitado da paciente. Beatriz, porém, sabia que fora Deus que a chamara a cumprir um novo estágio em sua vida.

∾

Quando, preocupada, Dora refletia sobre a sua última experiência na Terra, ela já sabia, pelo estudo da doutrina espírita, que três são as finalidades da reencarnação: aprendizado, elevação e reparação. Pelo *aprendizado*, temos a oportunidade de instruir-nos, cumulando-nos de sabedoria, utilizada em nosso próprio proveito e em benefício do semelhante; pela *elevação* moral, erguemo-nos a planos espirituais superiores, que nos possibilitarão, no devido tempo, o ingresso em colônias espirituais mais adiantadas e a mundos mais evoluídos; e pela *reparação*, conseguida por meio do trabalho incessante na direção do amor fraterno, fazemos o bem a quem tenhamos feito o mal, como assinalou Kardec. A preocupação cessou quando Marcondes lembrou-a de que fizera o que estava a seu alcance nessa encarnação; entretanto, outras ainda ela teria para dar continuidade a seu autoaprimoramento. Naquele momento, ocorreu-lhe o que dissera Jesus no Evangelho: "O meu reino não é deste mundo". Rememorou também as palavras de Kardec, segundo o qual aquele que crê na vida futura é semelhante a um homem rico que perde uma pequena soma e não se abala. Já o que concentra seus pensamentos na vida terrena, assemelha-se a um homem pobre que perde tudo o que tem e se desespera. A maior parte da sua vida fora vivida na crença numa vida futura; portanto, quando se desprendeu do corpo físico para ingressar no mundo espiritual, ela o fez com alegria e esperança. Impelida pelas mãos de Marcondes, encontrou-se com muitos amigos que haviam partido antes dela e agora a recepcionavam com abraços efusivos e alvissareiros. Assim, a preocupação deu lugar à satisfação, e Dora entregou-se inteiramente àquele momento de reencontro com tantos espíritos que ela prezara um dia na Terra. Em seguida, começou a caminhada para a colônia espiritual à qual fora destinada pelos méritos que conquistara na encarnação que acabara de encerrar-se. Era o início de um novo aprendizado e muito trabalho para promoção da reforma íntima, a respeito da qual tanto falara quando confabulava com os amigos e companheiros do centro espírita. O caminho era luminoso e brancas nuvens o ladeavam, tornando-o quase uma paisagem bucólica pela graciosidade de seu aspecto. Abaixo ficava a cidade São Paulo, e mais além a colônia que a esperava. Em tal circunstância, ela se lembrou ainda do que lhe dissera Marcondes, pouco antes de desencarnar: "Agora que estou partindo, sinto-me como o viajante surpreso, que transpõe, maravilhado, os Portais da Eternidade". Era exatamente essa a sua impressão, enquanto contemplava com inusitada tranquilidade a diáfana paisagem à sua frente...

Fim

Emocionantes romances do espírito Marius

Psicografia de Bertani Marinho

Sempre é Tempo de Aprender

Neste romance, você vai conhecer a família de Maurício Benevides, professor universitário, filósofo, casado com Adélia, proprietária de uma loja de miudezas. E seus dois filhos: Ricardo e Luísa. Em Sempre é tempo de aprender, o espírito Marius, pela psicografia de Bertani Marinho, conta-nos como podemos suportar a dor da perda de um ente querido e o que encontraremos no plano espiritual após nossa passagem. Mostra-nos, ainda, como melhorar nossa conduta com os ensinamentos do Espiritismo, lições de vida inesquecíveis em benefício de nossa própria reforma íntima.

Portais da Eternidade

Ivete, uma jovem executiva bem-sucedida, resolve mudar radicalmente sua vida. Abandona tudo e vai para um mosteiro. Será que ela conhecerá a verdadeira humildade? Romance imperdível que nos traz o bálsamo do Espiritismo. Uma obra repleta de ensinamentos psicológicos, filosóficos e espíritas que tem como objetivo maior o aperfeiçoamento moral e intelectual do ser humano.

Leia os romances de Schellida!
Emoção e ensinamento em cada página!
Psicografia de Eliana Machado Coelho

CORAÇÕES SEM DESTINO – Amor ou ilusão? Rubens, Humberto e Lívia tiveram que descobrir a resposta por intermédio de resgates sofridos, mas felizes ao final.

O BRILHO DA VERDADE – Samara viveu meio século no Umbral passando por experiências terríveis. Esgotada, e depois de muito estudo, Samara acredita-se preparada para reencarnar.

UM DIÁRIO NO TEMPO – A ditadura militar não manchou apenas a História do Brasil. Ela interferiu no destino de corações apaixonados.

DESPERTAR PARA A VIDA – Um acidente acontece e Márcia passa a ser envolvida pelo espírito Jonas, um desafeto que inicia um processo de obsessão contra ela.

O DIREITO DE SER FELIZ – Fernando e Regina apaixonam-se. Ele, de família rica. Ela, de classe média, jovem sensível e espírita. Mas o destino começa a pregar suas peças...

SEM REGRAS PARA AMAR – Gilda é uma mulher rica, casada com o empresário Adalberto. Arrogante, prepotente e orgulhosa, sempre consegue o que quer graças ao poder de sua posição social. Mas a vida dá muitas voltas.

UM MOTIVO PARA VIVER – O drama de Raquel começa aos nove anos, quando então passou a sofrer os assédios de Ladislau, um homem sem escrúpulos, mas dissimulado e gozando de boa reputação na cidade.

O RETORNO – Uma história de amor começa em 1888, na Inglaterra. Mas é no Brasil atual que esse sentimento puro irá se concretizar para a harmonização de todos aqueles que necessitam resgatar suas dívidas.

FORÇA PARA RECOMEÇAR – Sérgio e Débora se conhecem e nasce um grande amor entre eles. Mas encarnados e obsessores desaprovam essa união.

LIÇÕES QUE A VIDA OFERECE – Rafael é um jovem engenheiro e possui dois irmãos: Caio e Jorge. Filhos do milionário Paulo, dono de uma grande construtora, e de dona Augusta, os três sofrem de um mesmo mal: a indiferença e o descaso dos pais, apesar da riqueza e da vida abastada.

PONTE DAS LEMBRANÇAS – Ricos, felizes e desfrutando de alta posição social, duas grandes amigas, Belinda e Maria Cândida, reencontram-se e revigoram a amizade que parecia perdida no tempo.

MAIS FORTE DO QUE NUNCA – A vida ensina uma família a ser mais tolerante com a diversidade.

MOVIDA PELA AMBIÇÃO – Vitória deixou para trás um grande amor e foi em busca da fortuna. O que realmente importa na vida? O que é a verdadeira felicidade?

Leituras envolventes de Tanya Oliveira

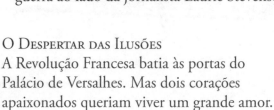

Longe dos Corações Feridos
Em 1948, dois militares americanos da Força Aérea vão viver emoções conflitantes entre o amor e a guerra ao lado da jornalista Laurie Stevenson.

O Despertar das Ilusões
A Revolução Francesa batia às portas do Palácio de Versalhes. Mas dois corações apaixonados queriam viver um grande amor.

A Sombra de uma Paixão
Um casamento pode ser feliz e durar muitos anos. Mas um amor de outra encarnação veio atrapalhar a felicidade de Theo e Vivian.

Das Legiões ao Calvário
O espírito Tarquinius nos relata fatos ocorridos em uma época de grande conturbação no Império Romano. Vinicius Priscus, orgulhoso legionário romano, retorna a Roma com a intenção de desencadear violenta perseguição aos cristãos. Para tanto, procura realizar algumas alianças, como com Ischmé uma bela, ambiciosa e influente cortesã em Roma e Caius Pompilius, seu melhor amigo.

Duda – A reencarnação de uma cachorrinha
Uma ligação tão forte que nem a morte foi capaz de separar. Uma história de afeto e dedicação a uma amiga inseparável: Duda, que assim como nós, também reencarnou para viver novas experiências na Terra.

Romances imperdíveis!
Psicografia de Maurício de Castro

Nada é para Sempre

Clotilde morava em uma favela. Sua vida pelas ruas a esmolar trocados e comida para alimentar o pequeno Daniel a enchia de revolta e desespero. O desprezo da sociedade causava-lhe ódio. Mas, apesar de sua condição miserável, sua beleza chamou a atenção de madame Aurélia, dona da Mansão de Higienópolis, uma casa de luxo em São Paulo que recebia clientes selecionados com todo o sigilo. Clotilde torna-se Isabela e começa então sua longa trilha em busca de dinheiro e ascensão social.

Ninguém Lucra com o Mal

Ernesto era um bom homem: classe média, trabalhador, esposa e duas filhas. Espírita convicto, excelente médium, trabalhava devotadamente em um centro de São Paulo. De repente, a vida de Ernesto se transforma: em uma viagem de volta do interior com a família, um acidente automobilístico arrebata sua mulher e as duas meninas. Ernesto sobrevive... Mas agora está só, sem o bem mais precioso de sua vida: a família.

Herdeiros de Nós Mesmos

Herdeiros de Nós Mesmos
A fazenda Boa Esperança era uma verdadeira mina de ouro. Durante anos, vinha sustentando a família Caldeiras com luxo e muito dinheiro. Mas o velho Mariano, dono de todo aquele império, agora estava doente e à beira da morte. Uma emocionante obra que nos mostra as consequências do apego aos bens materiais, sobretudo quando ele contamina o amor entre as pessoas, gerando discórdia e desarmonia.

O Preço de uma Escolha

Neste emocionante romance, uma trama repleta de momentos de suspense, com ensinamentos espirituais que vão nos ajudar no decorrer de nossa vida a fazermos sempre as escolhas certas sem prejuízo ao semelhante.

Sem Medo de Amar

Até quando o nosso medo de amar vai impedir que sejamos felizes? Hortência, Douglas e Amanda venceram esse desafio.

Ninguém Domina o Coração

Luciana e Fabiano têm uma relação apaixonada, mas a vida separa o casal. Luciana não vai desistir e quer se vingar. Um enredo cheio de suspense, vingança e paixão, no qual descobrimos que ninguém escolhe a quem amar, mas que o caminho do verdadeiro amor deve sempre ser preenchido pelo perdão incondicional, não importando as mágoas de um doloroso passado.

Obras da terapeuta Lourdes Possatto
O caminho do autoconhecimento

EQUILÍBRIO EMOCIONAL – COMO PROMOVER A HARMONIA ENTRE PENSAR, SENTIR E AGIR – Neste livro, a autora nos ensina a conhecer nossos próprios sentimentos, atingindo dessa forma o equilíbrio necessário para uma vida emocional saudável.

EM BUSCA DA CURA EMOCIONAL – "Você é cem por cento responsável por você mesmo e por tudo o que lhe acontece". Esta Lei da Metafísica é abordada neste livro que nos auxilia a trabalhar a depressão, a ansiedade, a baixa auto-estima e os medos.

É TEMPO DE MUDANÇA – Por que somos tão resistentes às mudanças? Por que achamos que mudar é tão difícil? E por que não conseguimos as coisas que tanto queremos? Este livro nos ajuda a resolver os bloqueios emocionais que impedem nossa verdadeira felicidade.

A ESSÊNCIA DO ENCONTRO – Afinal, o que é relacionamento? Por que vivemos muito tempo presos a relacionamentos enganosos em um mundo de ilusão como num sofrimento sem fim? Aqui você encontrará dicas e reflexões para o seu verdadeiro encontro.

ANSIEDADE SOB CONTROLE – É possível deixarmos de ser ansiosos? Não, definitivamente não. O que devemos fazer é aprender a trabalhar com a ansiedade negativa.

MEDOS, FOBIAS E PÂNICO – Do que você tem medo? Medo de viver? Medo de morrer? Medo de doenças? Do escuro, de água, de altura, de insetos, de animais, de perdas materiais, de perder pessoas queridas? Medo de que o mundo acabe? Medo do futuro, hipocondria, claustrofobia, solidão, medo de sonhar, medo de dormir, síndrome do pânico, fobias? Medo de ser você mesmo? Saiba, então, que esses medos são comuns e saudáveis.

POR QUE SOFREMOS TANTO? – Leia esta obra e compreenda que problemas fazem parte da vida e que cada um é como é. A aceitação dos fatos como se apresentam é o primeiro passo para a reeducação emocional, um trabalho renovador que nos leva a um processo evolutivo maravilhoso, rumo à felicidade e ao bem viver. Com alegria e sem sofrimento.

Livros da médium Eliane Macarini

Resgate na Cidade das Sombras

Virginia é casada com Samuel e tem três filhos: Sara, Sophia e Júnior. O cenário tem tudo para ser o de uma família feliz, não fossem o temperamento e as oscilações de humor de Virginia, uma mulher egoísta que desconhece sentimentos como harmonia, bondade e amor, e que provoca conflitos e mais conflitos dentro de sua própria casa.

Obsessão e Perdão

Não há mal que dure para sempre. E tudo fica mais fácil quando esquecemos as ofensas e exercitamos o perdão.

Aldeia da Escuridão

Ele era o chefe da Aldeia da Escuridão. Mas o verdadeiro amor vence qualquer desejo de vingança do mais duro coração.

Comunidade Educacional das Trevas

Nunca se viu antes uma degradação tão grande do setor da Educação no Brasil. A situação deprimente é reflexo da atuação de espíritos inferiores escravizados e treinados na Comunidade Educacional das Trevas, região especializada em criar perturbações na área escolar, visando sobretudo desvirtuar jovens ainda sem a devida força interior para rechaçar o mal.

Amazonas da Noite

Uma família é alvo de um grande processo obsessivo das Amazonas da Noite, uma falange de espíritos comandada pela líder Pentesileia. Elas habitam uma cidadela nas zonas inferiores e têm como inspiração as amazonas guerreiras de tempos remotos na Grécia.

Vidas em Jogo

Nesta obra, a catastrófica queda de jovens no mundo dos vícios e torpezas até a ascensão, que liberta e dignifica a própria existência. Uma lição de vida, que toca fundo no coração.